# A EXPERIÊNCIA CONSTITUCIONAL DE CÁDIS
## ESPANHA, PORTUGAL E BRASIL

Márcia Berbel
Cecília Helena de Salles Oliveira
(orgs.)

# A EXPERIÊNCIA CONSTITUCIONAL DE CÁDIS
ESPANHA, PORTUGAL E BRASIL

Copyright© 2012 Márcia Berbel & Cecília Helena de Salles Oliveira

*Grafia atualizada segundo o Acordo Ortográfico da Língua Portuguesa de 1990, que entrou em vigor no Brasil em 2009.*

*Publishers*: Joana Monteleone/Haroldo Ceravolo Sereza/Roberto Cosso
*Edição*: Joana Monteleone
*Editor assistente*: Vitor Rodrigo Donofrio Arruda
*Projeto gráfico e diagramação*: Sami Reininger/João Paulo Putini
*Capa*: Sami Reininger
*Revisão*: Íris Friedman
*Assistente de produção*: Gabriela Cavallari
*Imagem da capa*: Salvador Viniegra. *La Promugación de la Constituición de 1812.*

CIP-BRASIL. CATALOGAÇÃO-NA-FONTE
SINDICATO NACIONAL DOS EDITORES DE LIVROS, RJ

D58b

A EXPERIÊNCIA CONSTITUCIONAL DE CÁDIS: ESPANHA, PORTUGAL E BRASIL
Márcia Berbel/Cecília Helena de Salles Oliveira (orgs).
São Paulo: Alameda, 2012.
310p.

Inclui bibliografia
ISBN 978-85-7939-091-3

1. História espanhola. 2. Constituição no Brasil. 3. Brasil – Cidadania.
4. História geral. I. Título.

| 11-1620. | CDD: 869.92 |
| | CDU: 821.134.3(81)-2 |

025332

ALAMEDA CASA EDITORIAL
Rua Conselheiro Ramalho, 694, Bela Vista.
CEP: 01325-000 – São Paulo, SP
Tel. (11) 3012-2400
www.alamedaeditorial.com.br

# SUMÁRIO

**PRÓLOGO** 7

**PRIMEIRA PARTE: REVOLUÇÃO, CONSTITUCIONALISMO E CIDADANIA** 9

As Cortes de Cádis, a Constituição de 1812 11
e sua transcendência americana
*Manuel Chust Calero*

Leituras moderadas da Constituição de Cádis no Triênio: 31
*El Universal*: 1820-1823
*Ivana Frasquet*

A cultura de "castas" e a formação do cidadão moderno 77
(Um ensaio sobre a particularidade do Império Espanhol)
*Josep Maria Fradera Barceló*

Da "carta de alforria" ao "alvará de assimilação": 109
a cidadania dos "originários de África" na América
e na África portuguesas, séculos XIX e XX
*Cristina Nogueira da Silva*

Apropriações do Constitucionalismo nas Minas Gerais (1820-22) 137
*Ana Rosa Cloclet da Silva*

**SEGUNDA PARTE: A EXPERIÊNCIA DE CÁDIS NA CONSTRUÇÃO DE** 167
**GOVERNOS CONSTITUCIONAIS**

Soberanias em questão: apropriações portuguesas 169
sobre um debate iniciado em Cádis
*Márcia Berbel* e *Paula Botafogo C. Ferreira*

Linguagens, conceitos e representações: reflexões e comentários    201
sobre *As Apropriações Portuguesas* do debate gaditano
*Lúcia Maria Bastos Pereira das Neves*

A Carta de 1824 e o poder do monarca: memórias e controvérsias    219
em torno da construção do governo constitucional no Brasil
*Cecília Helena de Salles Oliveira*

A administração da justiça como um problema:    251
de Cádis aos primórdios do Império do Brasil
*Andréa Slemian*

A Constituição moderna    285
*José Reinaldo de Lima Lopes*

# PRÓLOGO

A presente publicação reúne trabalhos apresentados no Colóquio Internacional *A experiência constitucional de Cádis – Espanha, Portugal e Brasil*, realizado entre 5 e 7 de outubro de 2010, na Universidade de São Paulo.

O evento contou com a participação de pesquisadores brasileiros, espanhóis e portugueses dedicados aos estudos sobre a configuração de governos constitucionais e representativos no mundo ibérico dos inícios do século XIX, impactado pela guerra europeia e pelas invasões napoleônicas. Nesse contexto, a reunião das Cortes espanholas na cidade de Cádis entre os anos de 1810 e 1814 é tema relevante, sobretudo, pela intensificação do debate que acompanha as comemorações do segundo centenário desse evento, entre 2010 e 2014. Destaca-se a promulgação do texto constitucional, motivo das celebrações de 2012.

A proposta do Colóquio e desta edição resultou de intercâmbio desenvolvido desde o ano de 2004 e iniciado no âmbito do projeto Temático *A fundação do Estado e da nação brasileiros (c.1780 – c.1850)*, coordenado pelo professor István Jancsó. Os pressupostos norteadores do projeto impulsionaram o contato com pesquisadores estrangeiros e a reflexão sobre os significados históricos e políticos das Cortes de Cádis e da Constituição ali produzida. Partíamos da centralidade analítica do conceito de "crise", tomado nos sentidos que lhes emprestou Koselleck, e tendo como referência as transformações em curso desde a segunda metade do século XVIII, na América e na Europa, no interior dos impérios coloniais português e espanhol. O esforço voltou-se para a compreensão da superação dos marcos estruturais do Antigo Regime e suas implicações na formação do Estado nacional brasileiro, nas primeiras décadas do século XIX, entendendo-se que a "crise" manifestava-se como uma mesma realidade atlântica resultante de nexos que fixavam campos de experiências e de expectativas compartilhadas, o que possibilitava, entre outras circunstâncias, a apropriação e reinvenção de projetos formulados nas diversas partes do Atlântico.

Nesse sentido, as primeiras constituições surgidas de movimentos revolucionários na Península Ibérica e na América portuguesa e espanhola podem ser interpretadas como formas de percepção da "crise" e emergem como projetos que visavam equacionar conflitos e reivindicações no presente, buscando o estabelecimento de novos parâmetros de ação e de relacionamento entre diferentes atores sociais dos dois lados do Atlântico. Representaram a multiplicidade de leituras e o quadro complexo e matizado em que se situaram propostas políticas inovadoras, como as iniciadas com a Constituição norte-americana de 1787 ou com as várias constituições francesas do período revolucionário.

Mas é necessário destacar que, no interior dessa transformação atlântica, a primeira Constituição para o Império Espanhol em desagregação, formulada em Cádis, durante o processo revolucionário entre 1810 e 1814, encontrava-se em estreita sintonia com o processo verificado na monarquia portuguesa e, por isso, não se esgotou na Espanha desse período. A experiência constitucional de Cádis – debates, projetos, opções constitucionais, perfil de governo monárquico – foi retomada pelos portugueses de ambas as margens do Atlântico na revolução de 1820 e às vésperas da proclamação da Independência do Brasil. Marcou as tentativas para um novo *pacto* no interior da velha monarquia, e, finalmente, integrou as discussões que levariam à formulação da Carta constitucional outorgada em 1824, adotada durante todo o século XIX no Brasil independente.

Os debates realizados durante o *Colóquio* reforçaram essas questões iniciais e avançaram conclusões importantes para a continuidade das investigações sobre o tema e o período. As mesas foram organizadas a partir de eixos centrais diretamente associados ao fenômeno do constitucionalismo moderno: linhas definidoras do processo revolucionário, sistemas de representação e soberania, cidadania e escravidão, constitucionalismo e justiça. Os textos aqui reunidos expressam o calor das discussões e acrescentam a dimensão luso-americana ao conjunto de eventos que, em 2012, comemoram os 200 anos da Constituição Gaditana.

# PRIMEIRA PARTE

REVOLUÇÃO, CONSTITUCIONALISMO
E CIDADANIA

# AS CORTES DE CÁDIS, A CONSTITUIÇÃO DE 1812 E SUA TRANSCENDÊNCIA AMERICANA[1]

*Manuel Chust Calero*
Universidade Jaume I de Castellón

Vivemos um momento historiográfico importante no estudo dos liberalismos gaditanos e *doceañistas*,[2] e não o afirmamos pelas diversas comemorações, as passadas e as futuras, e sim pelos estudos que surgiram, como em todas as celebrações, em torno delas. É notável a produção historiográfica sobre esse tema nas últimas décadas, tanto em âmbitos peninsulares quanto americanos. Isso conduz à realização de estudos de envergadura e muito sugestivos e, simultaneamente, a diversas concepções, interpretações e debates acadêmicos.[3]

---

1   Este trabalho foi realizado com a ajuda do Projeto de Pesquisa do Ministério de Ciência e Inovação da Espanha HAR 2009-08049.

2   N. T. – Partidário ou autor da Constituição espanhola de 1812.

3   Embora a bibliografia seja extensa, pode-se consultar como referência QUINTERO, Inés. "La Junta de Caracas". In: CHUST, Manuel (coord.). *1808. La eclosión juntera en el mundo hispano*, México: Fondo de Cultura Económica, 2007, p. 334-355. PERALTA, Víctor. "Elecciones, constitucionalismo y revolución en el Cuzco, 1809-1815". In: MALAMUD, Carlos (ed.). *Partidos políticos y elecciones en América Latina y la península ibérica, 1830-1930*, Madri: Instituto Universitario Ortega y Gasset, 1995, 2 Vols, *En defensa de la autoridad*. Política y cultura bajo el gobierno del virrey Abascal, Perú: 1806-1816. Madri, CSIC, 2002. PIMENTA, João Paulo G. *Brasil y las independencias de Hispanoamérica*, Castellón: Universitat Jaume I, 2007. MARTÍNEZ GARNICA, Armando. "Vicisitudes de la soberanía en la Nueva Granada". In: CHUST, Manuel e FRASQUET, Ivana (eds.). *Bastillas, cetros y blasones: la independencia en Iberoamérica*, Madri: Mapfre, 2006; *La agenda liberal temprana en la Nueva Granada, 1800-1850*, Bucaramanga: Universidad Industrial de Santander, 2006. CHUST, Manuel (coord). *Doceañismos, constituciones e independencias. La Constitución de 1812 y América*, Madri: Fundación Mapfre, 2006; CHUST, Manuel e SERRANO, José Antonio (eds.). *Debates sobre las Independencias Iberoamericanas*, Estudios AHILA, Madri: Vervuert, 2007; CHUST, Manuel (ed.). *1808. La eclosión juntera en el mundo hispano*. México: Fondo de Cultura Económica-El Colegio de México, 2007. BERBEL, Márcia Regina. *A nação como artefato: deputados do Brasil nas Cortes Portuguesas, 1821-1822*, São Paulo: Hucitec, 1998. FRASQUET, Ivana (coord,). *Bastillas, cetros y blasones:* la independencia en Iberoamérica, Madri: Mapfre, 2006; *Las caras del Águila. Del liberalismo gaditano a la república federal mexicana, 1820-1824*, Castellón, Universitat Jaume I, 2007.

Devo advertir o(a) leitor(a) que não faço parte do grupo de autores que subvalorizam, minimizam ou relativizam o trabalho das Cortes e o impacto da Constituição de 1812. Tampouco estou entre aqueles que insistem mais nas continuidades do que nas rupturas ocorridas com a sanção dos decretos das Cortes e da Constituição Gaditana, seja por estabelecer um fio condutor, sem mudanças, entre as antigas constituições ou leis fundamentais e a obra gaditana, seja pelo peso que atribuem a determinadas questões religiosas como um elemento valorativo de peso que qualificaria todo o conjunto liberal gaditano. Ou seja, nesse tipo de interpretação pesam mais o objeto estudado que o sujeito, as partes que o todo, o particular frente ao geral.

Também é preciso dizer que, a essa altura do século XXI, percebemos uma diferença notável em relação a outros momentos historiográficos, especialmente nas décadas de 60 e 70 do século XX.[4] Desta vez, não se trata de uma questão de crença(s), de postura(s) ideológica(s) ou de atitude política, ou mesmo de renovação historiográfica, e sim de interpretação histórica e, sobretudo, de procedência metodológica de análise de determinados conteúdos. Este é um matiz muito diferente dos debates da revolução burguesa espanhola[5] dos anos 70 e 80 ou daqueles do bicentenário[6] da Revolução Francesa, de vinte anos atrás.

Depois de mais de duas décadas estudando esses temas,[7] lendo e relendo fontes primárias e secundárias, parecem-me cada vez mais complexos o tema, a temática, o período, seus atores, suas causas e suas consequências. Daí também surge meu respeito intelectual àqueles que, há tempos, fazem dessas questões objeto de estudo, apesar de não coincidirem em suas interpretações. Estamos longe, por outro lado,

---

4   CHUST, Manuel e SERRANO, José Antonio (eds.). *Debates sobre las Independencias op. cit. Idem* "Independencia, independencias y emancipaciones: debates y reflexiones." In: CORONA, Carmen, FRASQUET, Ivana e FERNÁNDEZ, Carmen María (eds.). *Legitimidad, soberanías, representación: independencias y naciones en Iberoamérica*, Castellón: Universitat Jaume I, 2009, p. 147-164.

5   MARICHAL, Carlos. *La revolución libera y los primeros partidos políticos en España (1834-1844)*, Madri: Cátedra, 1980.

6   Cf. FURET, François. *Penser la Révolution française*, Paris: Gallimard, 1978. SOBOUL, Albert. *La Revolución francesa*, Crítica, Barcelona: 1982, *Comprender la Revolución francesa*, Crítica, Barcelona: 1981.

7   CHUST, Manuel. "La cuestión nacional americana en el doceañismo español". In: BUESO, Juan Cano (ed.). *Materiales para el estudio de la Constitución de 1812*, Sevilla: Parlamento de Andalucía, 1989, p. 217-233.

de nos determos em análises das obras de autores alheios a essa temática que, atraídos por uma *conmemoranitis*, publicam obras que denotam uma certa pressa em suas conclusões, uma má digestão de fichas ou leituras, ou, talvez pior, um evidente oportunismo temático. Seu currículo diletante, assim como sua produção historiográfica inexistente ou escassa nesses temas, os delatam, como se interpretassem uma música alheia, vagamente compreendida e certamente mal interpretada, dada a urgência editorial que os motiva a realizar a publicação comemorativa.

Estamos tão longe destes quanto próximos dos jovens autores que, em uma conjuntura pouco atraente para esses temas, adentram-se em areias movediças buscando novas propostas, lutando com as fontes e os arquivos, com os ponderáveis e imponderáveis do trabalho de pesquisa em ambos os hemisférios. Para eles também vai nosso respeito.

Liberalismo gaditano, sem dúvida, tem um caráter multifacetado, o que não impede que, depois dessas leituras e das análises subsequentes, se continue acreditando que a transcendência,[8] o legado dessas Cortes e da Constituição, foi um fato revolucionário. Nesse sentido, um retorno a autores contemporâneos, a seus escritos, faz com que se concorde mais com eles do que com esta nova/velha onda de revisionismo do liberalismo gaditano. Historiadores que apresentaram, já há algumas décadas, o *ethos* revolucionário do *doceañismo*. Autores já clássicos, embora diversos, como Miguel Artola, Josep Fontana, Maria Cruz Seoane, Alberto Gil Novales, Enric Sebastià ou Francisco Tomás y Valiente,[9] entre outros, que caracterizaram esta época como um período revolucionário. É paradoxal, e ainda guardando a devida distância, que nos prolegômenos do bicentenário da Revolução Francesa também se tenha travado esse

---

8   CHUST, Manuel e FRASQUET, Ivana. *La trascendencia doceañista en España y en América, Valencia*: Biblioteca Valenciana, 2004.

9   ARTOLA, Miguel. *Los orígenes de la España contemporánea 2 vols.*, Madri: Instituto de Estudios Políticos, 1975; *La España de Fernando VII. Historia de España de R. Menéndez Pidal*, vol. XXXII, Madri: Espasa, 1978, *La burguesía revolucionaria*, Madri: Alianza Editorial, 1981. FONTANA, Josep. *La crisis del Antiguo Régimen, 1808-1833*, Barcelona: Ariel, 1971. SEBASTIÁ, Enric. *La revolución burguesa*, València: UNED, 2001. SEOANE, Maria Cruz. *Historia del periodismo en España*, Madri: Aliana Editorial, 1996. GIL NOVALES, Alberto. Las sociedades patrióticas, Madri: Tecnos, 1975. TOMÁS Y VALIENTE, Manuel. *Manual de Historia del Derecho español*, Madri: Tecnos, 1979.

debate sobre revolução/continuidade. Albert Soboul,[10] em um inteligente e magnífico texto, apontou isso há quase trinta anos ao esmiuçar os pormenores *do* rebeldes na Revolução Francesa. Debate que agora também volta a se apresentar em um bicentenário das origens do parlamentarismo espanhol/americano, isto é, gaditano, que passou tristemente despercebido para boa parte dos cidadãos espanhóis.

Soboul sublinhava que o que distinguia a Revolução Francesa de outras revoluções burguesas anteriores era seu *universalismo*. Para o historiador francês, revoluções passadas como a holandesa do século XVI ou a inglesa do século XVII, ou inclusive a revolução em forma de independência dos Estados Unidos da América do Norte, não gozavam deste atributo. É possível que neste universalismo resida também o *fato* revolucionário do liberalismo gaditano, da obra de Cádis e do *doceañismo*. Mais que hispano, ainda, iberoamericano.

Nesse sentido, nos propomos a enunciar um estado da questão do liberalismo gaditano e *doceañista* e sua extensão naquilo que é cada vez mais conhecido e levado em conta, ou seja, sua transcendência nos territórios de ambos os hemisférios, e não apenas nos peninsulares.

## Revisão e nova historiografia sobre a transcendência das Cortes de Cádis na América

Toda uma renovação historiográfica ocorreu nas duas últimas décadas na historiografia iberoamericana sobre as repercussões do liberalismo gaditano[11] no contexto dos processos de independência iberoamericanos.[12]

---

10  SOBOUL, Albert, *Compender... op. cit.*

11  Ver a monografia coordenada por QUIJADA, Mónica e CHUST, Manuel. "Liberalismo y doceañismo en el mundo iberoamericano". *Revista de Indias*, 2008, vol. LXVIII, n. 242

12  Já citamos algumas referências e completamos: ORTIZ, Juan. *Guerra y gobierno. Los pueblos y la independencia de México.* Sevilha: El Colegio de México, Instituto Mora, Universidad de Sevilla, 1997. ORTIZ, Juan (coord.). *Fuerzas militares en Iberoamérica. Siglos XVIII y XIX.* México: El Colegio de México, El Colegio de Michoacán, Universidad Veracruzana: 2005. SERRANO ORTEGA, José Antonio e ORTIZ ESCAMILLA, Juan (eds.). *Ayuntamientos y liberalismo gaditano en México.* Zamora: Universidad Veracruzana, El Colegio de Michoacán, 2007.

Seria injusto se, antes de detalhá-los espacial e tematicamente, não apontássemos a importância dos estudos anteriores que o abordaram. Obviamente, os escritos, entre outros, de Jaime Rodríguez, Antonio Annino, François Xavier Guerra, Brian Hamnet e Mario Rodríguez[13] na década de 80 atuaram como um elemento de ação/reação para desencadear temas de pesquisa e, sobretudo, enquadrar como um elemento importante, embora dependendo dos distintos espaços regionais americanos, o liberalismo gaditano, seu impacto, suas reações, suas ações, enfim, sua transcendência. É digno de nota que a maior parte destes historiadores não era iberoamericano e procedia de outras historiografias europeias ou norte-americanas. Talvez esta renovação tenha sido possível a partir de um olhar distanciado, mais permeável do que a pouco flexível impermeabilidade do nacionalismo iberoamericano que impedia a proposição de novas peças para o quebra-cabeça. Este trabalho, contudo, não pretende ser um guia bibliográfico, e sim, como dissemos, um motivo de reflexão.

Nos últimos anos, proliferaram trabalhos de capacidade historiográfica considerável sobre os temas das forças armadas, tanto das milícias quanto do exército;[14] do poder local, isto é, da importância das prefeituras constitucio-

---

13 ANNINO, Antonio, "Prácticas criollas y liberalismo en la crisis del espacio urbano colonial", *Secuencia*, 24, setembro-dezembro, 1992; "Soberanías en lucha". In: ANNINO, Antonio; LEIVA, Luis Castro; GUERRA, Francois Xavier (eds.). *De los Imperios a las naciones: Iberoamérica*. Zaragoza: Iber Caja, 1994 e "Cádiz y la revolución territorial de los pueblos mexicanos, 1812-1821". In: ANNINO, Antonio (ed.). *Historia de las elecciones en Iberoamérica. siglo XIX*. Buenos Aires: Fondo de Cultura Económica. GUERRA, François. *Modernidad e independencia. Ensayos sobre las revoluciones hispánicas*. México: Fondo de Cultura Económica, 1993. RODRÍGUEZ, Jaime E. *"La transición de colonia a nación: Nueva España, 1820-1821"*, *Historia Mexicana*, XLIII: 2, outubro-dezembro, 1992. p. 256-322; "La Constitución de 1824 y la formación del Estado Mexicano" *Historia Mexicana*, 40:3, janeiro-março, 1991 e "Las Cortes mexicanas y el Congreso constituyente". In: GUEDEA, Virginia (ed.). *La independencia de México y el proceso autonómico novohispano, 1808-1824*. México: Universidad Nacional Autónoma de México, 2001. GUEDEA, Virginia (ed.). *La independencia de México y el proceso autonómico novohispano, 1808-1824*, México: Universidad Nacional Autónoma de México, 2001; "Las primeras elecciones populares en la ciudad de México, 1812-1813". *Mexican Studies/Estudios mexicanos*, 1991, 7:1, inverno, p. 1-28.

14 SERRANO ORTEGA, José Antonio. "Liberalismo gaditano y milicias cívicas en Guanajuato, 1820-1836". In: CONNAUGHTON, Brian; ILLADES, Carlos; TOLEDO, Sonia Pérez (coords.). *Construcción de la legitimidad política en México*. México: El Colegio de Michoacán, Universidad Autónoma Metropolitana, El Colegio de México e Universidad Autónoma de México, 1999, p. 169-192. CHUST,

nais[15] e de suas problemáticas; do poder provincial;[16] da atuação dos deputados americanos,[17] de sua transcendência, de suas conexões na América etc; da influência do constitucionalismo *doceañista* nas primeiras constituições, dos processos eleitorais, da imprensa e a formação da opinião pública, da extensão dos decretos e da constituição gaditana, de seus juramentos,[18] de seus rituais, da relação dinâmica entre as propostas liberais gaditanas, a insurgência e a reação das autoridades coloniais espanholas a ambas.[19] Definitivamente, de uma pluralidade de temas e temáticas que puseram em evidência o papel, em uma conjuntura determinada, do liberalismo gaditano para poder explicar o surgimento e o triunfo do Estado-Nação na América dentro de um processo histórico que lhe conferiu uma via revolucionária.

Mas muito também podemos dizer da historiografia espanhola.[20] Já se tornou anacrônico continuar falando de *Cádis sem América*. Um conjunto de obras foi pu-

---

Manuel. "Milicia, milicias y milicianos: nacionales y cívicos en la formación del Estado-nación mexicano, 1812-1835". In: ESCAMILLA, Juan Ortiz (ed.). *Fuerzas militares en Iberoamérica. Siglos XVIII y XIX*. México: El Colegio de México, 2005. KUETHE, Alan e MARCHENA, Juan (ed.). *Soldados del Rey*, Castellón: Publicacions de la Universitat Jaume I, 2005.

15  CHUST, Manuel. "La revolución municipal". In: ESCAMILLA, Juan Ortíz e ORTEGA, José Antonio Serrano (eds.). *Ayuntamientos y liberalismo gaditano, 1812-1827, op. cit.*

16  Interessantíssimo o resgate das atas das assembleias provinciais na Nova Espanha: *Actas de la Diputación Provincial de Nueva España*. Edição de Carlos Herrejón, México, Instituto de Investigaciones Legislativas, Cámara de Diputados, 1982; Yucatán. Congreso. *Actas de la Diputación Provincial de Yucatán, 1813-1814 y 1820-1821*. México, Instituto Mora, 2000 y Zacatecas. Congreso. *Actas de la diputación provincial de Zacatecas* Edição de Beatriz Rojas, México: Instituto de Investigaciones José María Luis Mora, 2008.

17  CHUST, Manuel. *La cuestión nacional americana en las Cortes de Cádiz*. Valencia: UNED-UNAM, 1999. RIEU MILLAN, Marie Laure. *Los diputados americanos en las Cortes de Cádiz (Igualdad o independencia)*, Madri: CSIC, 1990.

18  FRASQUET, Ivana. "Se obedece y se cumple". La jura de la Constitución de 1812 en México". In: ÁLVAREZ, Izaskun e GÓMEZ, Julio Sánchez. *Visiones y revisiones de la independencia americana: la Constitución de 1812*. Salamanca: Universidad de Salamanca, 2007.

19  PERALTA, Víctor, *En defensa op. cit.*

20  CHUST, Manuel e SERRANO ORTEGA. J. A."Adios a Cádiz: liberalismo, doceañismo y revolución en México, 1820-1835". In: RODRÍGUEZ, Jaime (ed) *Las nuevas naciones: España y México, 1800-1850*. Madri: Mapfre. 2008, p. 191-225. Também CHUST, Manuel e SERRANO, José Antonio,

blicado nas duas últimas décadas neste sentido. O que, em nossa visão, contribuiu para renovar e enriquecer notavelmente a historiografia espanhola.

## Trascendência dos deputados americanos nas Cortes de Cádis

Desde os trabalhos pioneiros de Nettie Lee Benson[21] e seus discípulos,[22] houve um interesse, ainda que desigual, pela chamada "assembleia americana" nas Cortes de Cádis e de Madri nos anos 10.[23] Não só continua existindo um interesse notável pela participação dos deputados americanos nas Cortes de Cádis, como também este se renovou. Referimo-nos a um sentido diferente – por um lado, há especialistas no período que, embora tenham considerado estes deputados americanos em sua explicação dos processos de independência, agora se aprofundaram neles a partir de sua participação nos debates das Cortes de Cádis. É cada vez mais frequente ver nos congressos sobre independências pesquisadores que se debruçam, às vezes defendendo-o, como um estudo de caso regional, sobre um deputado concreto e sua participação nas Cortes na década de 10, especialmente, ou na de 20.

A mudança é, inclusive para nós, surpreendente. Podemos hoje ler textos de historiadores que, não faz muito tempo, em congressos ou em seus estudos, subestimavam a importância das Cortes de Cádis para a explicação da independência ou da formação dos Estados-Nações americanos. Os mesmos que agora participam do resgate prosopográfico de deputados americanos em macroprojetos como o *Diccionario biográfico de parlamentarios españoles.*[24] Exemplo magnífico, sem dúvida, do que foi

---

coordenadores do Dossier de Ayer "La formación de los Estados-naciones americanos (1808-1830)", 2009 (2).

21 BENSON, Nettie Lee. *La diputación provincial y el federalismo mexicano.* México: El Colegio de México-UNAM, 1994.

22 BENSON, Nettie Lee (dir.). *México and the Spanish Cortes (1810-1822). Eight essays*, University of Texas Press, 1966.

23 CHUST, Manuel, "Legislar y revolucionar. La trascendencia de los diputados novohispanos en las Cortes hispanas, 1810-1814". In: GUEDEA, Virginia. *La independencia de México y el proceso autonomista novohispano 1808-1824.* México: UNAM, 2001.

24 URQUIJO, Mikel (dir.). *Diccionario biográfico de parlamentarios españoles, Cortes de Cádiz. 1810-1814*, Madri: Cortes Generales, 2010. CD.

anteriormente apresentado. Enquanto as palavras são levadas pelo vento, o mesmo não ocorre com a tipografia do preto no branco.

No entanto, sempre apresentamos essa transcendência da representação americana a partir de um duplo binômio: no contexto americano em que esses deputados estavam inseridos antes de partir de suas respectivas regiões rumo às cortes na península e seu conhecimento, não apenas da realidade social e econômica de seus territórios representados, mas também de suas propostas e contatos políticos, sempre em contínua comunicação com os acontecimentos na América, em níveis tanto gerais quanto especialmente particulares. Em segundo lugar, não é de todo certo que esses deputados, com suas intervenções, propostas e debates formaram um "grupo americano", se com isso queremos dizer que eles se limitaram a defender e obter conquistas e decretos "americanos". Sua transcendência, a nosso ver, foi muito mais além – eles alcançaram e conquistaram a criação constitucional de um Estado-nação hispânico, ao fazer com que todos os decretos fossem publicados também na América como na Península, e, em segundo lugar, ao estabelecer um Estado-Nação em igualdade de territórios e cidadania entre peninsulares e americanos, modificando, sem dúvida, as propostas políticas de liberais e absolutistas peninsulares. Esta é a conquista, a nosso ver revolucionária, desses parlamentares; esta é a notória transcendência dos "americanos". Evidentemente, sob muitas ópticas.

Paralelamente, acreditamos que agora o interesse deveria se concentrar também em sua intra-história, ou seja, na história desses homens antes e depois das Cortes. É notável o avanço do conhecimento nesse sentido do mencionado *Diccionario Biográfico de Parlamentarios españoles*, mas certamente faltam histórias mais profundas que relatem e indaguem sobre sua formação intelectual, suas conexões, suas relações, seu patrimônio, suas carreiras profissionais antes das Cortes e especialmente depois. E não só nas Cortes da Ilha de León, Cádis ou Madri no período de 1810 a 1814, mas também nas Cortes dos anos 20.

## A notória dialética da luta ideológico-política do período de 1810 a 1814

Há anos defendemos que o liberalismo gaditano foi uma das opções políticas e ideológicas mais cheia de possibilidades surgidas no período de 1810 a 1814.

Liberalismo gaditano, que continuamos interpretando como a fusão dos pressupostos dos liberais espanhóis e americanos, na qual prevalecerá o triunfo da questão nacional americana no ínterim da revolução liberal, parlamentar e constitucional frente ao Antigo Regime. A singularidade fundamental desta revolução liberal hispânica está em integrar os territórios americanos como parte do Estado-Nação. A singularidade e a problemática implícita em seu triunfo.

É neste sentido que afirmamos que esta premissa condicionou toda a proposta revolucionária do liberalismo *doceañista*, porque arrebatou economicamente do Rei os territórios americanos até então de sua propriedade. Ou seja, as propostas hispânicas do liberalismo gaditano contribuíram para a queda do Antigo Regime não só ao transformar a Fazenda Real em Nacional, mas também, e especialmente, porque vão arrebatar da primeira as receitas coloniais ultramarinas ao considerar os territórios americanos parte integrante da nação espanhola, e não só da coroa espanhola.

Se observarmos adequadamente a evolução da guerra na península e na América, poderemos concluir que onde primeiro se sancionaram e aplicaram os decretos e a Constituição de 1812 foi em amplos territórios da América, dado que na Península, até o outono de 1813, as tropas francesas dominavam as grandes capitais e a maior parte de seu território.

Por outro lado, é preciso deixar de estudar as insurgências e o liberalismo gaditano como duas propostas antagônicas e divididas em compartimentos estanques. A respeito desta última consideração, existem numerosos testemunhos, memórias e documentos que demonstram a perfeita comunicação ocorrida ao longo desse período entre as propostas políticas e econômico-sociais de uns e outros, desenhando durante muitos meses todo um diagrama de ações e reações políticas em um sentido e outro. Além disso, notáveis deputados americanos nas Cortes de Cádis estavam em contato com pessoas ligadas à insurgência, ou diretamente com grupos insurgentes, como Mejía Lequerica, Esteban Palacios ou Domingo Rus, sem que, por isso, tenhamos de classificá-los como "quintacolunistas" ou traidores. Em especial porque o processo das independências foi histórico, ou seja, mutável, dinâmico, capaz de engendrar em suas ações e reações novas dinâmicas e reivindicações que antes de 1808 provavelmente não existiam.

Também será necessário deixar claro que a visão estática do período ou de seus atores contribuiu para desenhar um quadro pouco mutável e pouco flexível destes anos, nos quais a inflexibilidade de suas posições ideológicas e políticas contrasta com o dinamismo mutável e acelerado dessa conjuntura dentro da estrutura já em si mutável que invadiu todo o processo revolucionário. Como se ao longo desses quatro anos não pudesse haver mudanças ideológicas, frustrações de posições políticas ou reações a ações de um ou outro setor. Uma visão mais evolucionista e menos estática talvez nos ajude a compreender melhor as mudanças de estratégia, de táticas e também de grupos.

Enfim, é necessário continuar insistindo na complexidade deste momento, em que coincidem em um mesmo cenário propostas reformistas e revolucionárias que tinham como objetivo derrubar o Antigo Regime da monarquia absolutista espanhola, mas divergiam na concepção nacional e nacionalista que o sucederia. Isto é, as propostas afrancesadas, liberal gaditana e *doceañista* e as insurgentes opuseram-se com diferentes estratégias ao Antigo Regime, seja com as reformas e o gradualismo do regime josefino, seja a partir de propostas revolucionárias mediante decretos e a constituição do liberalismo gaditano, seja com a proclamação do autonomismo e/ou independentismo que defendiam formações nacionais ou regionais à margem das instituições *junteras* peninsulares. E as três conviveram, coexistiram, retroalimentando-se e propondo não só modelos de derrubada do Antigo Regime, mas também de construção de modelos de nação diferentes: vinculados à França, independentes desta ou à margem de ambas, da França napoleônica e da Espanha liberal *doceañista*.

As três, contudo, tiveram um elemento comum: o combate ao Antigo Regime foi promovido com um plano inclusivo dos territórios americanos, a partir do reformismo josefino, do universalismo gaditano ou da singularidade já nacionalista e de construção de nações das diversas insurgências. Embora houvesse elementos comuns no início, a discussão sobre qual nação seria a vitoriosa impediu de imediato qualquer vínculo ou proposta de consenso.

Mas em toda essa conjuntura que ameaçava liquidar a estrutura do Antigo Regime há um elemento que não deve ser esquecido: a guerra. As três vias de derrubada do velho – peninsular e colonial – e construção do novo se moveram em um contexto bélico, na península contra o outrora aliado e de imediato inimigo francês e na América contra as estruturas da monarquia absoluta, especialmente a partir de 1814. Embora houvesse partidários, e não só intelectuais, mas também ilustrados e burgueses da península e além-mar, era mais partidária do gradualismo que da revolta e rebelião embarcada em uma guerra que estava supondo a revolução gaditana em ambos os hemisférios.

Mas é preciso continuar insistindo que essa guerra foi diferente.[25] Os parâmetros das contendas napoleônicas haviam subvertido a ordem bélica. O triunfo das armas napoleônicas contribuiu não só para a derrota militar das monarquias absolutistas, como também para o desmoronamento dos exércitos do Antigo Regime, superados por um exército que representava o inimigo militar e, pela primeira vez, também nacional. Foi por isso que os confrontos com as águias francesas não só provocaram xenofobia, como também suscitaram valores "nacionais" cultivados até hoje.[26] O recrutamento em massa e a abolição das provas de nobreza, também em ambos os hemisférios, provocaram o surgimento de um exército diferente a partir das cinzas do anterior, do monarca, o que não impediu que sobrassem restos das antigas cinzas ou que na América, onde não houve este confronto "nacional" – franceses/espanhóis –, os oficiais *gatopardistas* bourbonistas vestissem casacas constitucionais para combater os rebeldes insurgentes, gerando, porém, uma guerra entre nações, a espanhola e as americanas insurgentes.

## A aplicação do gaditanismo e do doceañismo na América

Passou-se o tempo historiográfico de continuar alegando que a Constituição de 1812 ou os decretos gaditanos não tiveram influência, passaram despercebidos tanto na América como na península ou foram alheios aos processos de independência. Sabemos, depois de estudos minuciosos já mencionados, que a Constituição foi proclamada, lida, difundida e sancionada em uma pluralidade de cidades, povoados, vilas, comunidades indígenas, mestiças etc. de muitas partes da América.[27]

Os mecanismos de sua difusão incluíram diversas formas de transmissão da informação e do conhecimento. A leitura nas praças das urbes foi uma constante, assim como sua inclusão em panfletos, periódicos, diários, revistas. Além disso,

---

25 CANALES, Esteban. *La Europa napoleónica, 1792-1815*. Madri: Cátedra, 2008.

26 VILAR, Pierre. *Hidalgos, amotinados y guerrilleros*. Barcelona: Crítica, 1982.

27 FRASQUET, Ivana. "Se obedece" *op. cit.*

compuseram-se odes, canções, peças de teatro e catecismos políticos para difundir o texto constitucional.

As artes plásticas contribuíram com a nova mensagem por meio de uma multidão de gravuras, baixos-relevos, estátuas e arte efêmera.[28] Isso porque, embora as formas de celebração ou de transmissão fossem parecidas ou similares às do Antigo Regime, o conteúdo da mensagem era diferente, marcadamente diferente.

A sanção dos decretos e da Constituição de 1812 na América implicou um verdadeiro terremoto do qual ninguém nem nada saiu ileso. Depois dessas determinações, poucas coisas voltaram ao *status quo* anterior a 1810., pelo menos até 1814 ou 1815. Explicamos: sabe-se que os deputados americanos nas Cortes de Cádis não atuaram sozinhos, nem sob um mandato pessoal, e sim que a maioria deles pertencia a uma rede mais ou menos extensa de *criollos* e peninsulares que apoiavam medidas reformistas, com um *corpus* similar em quase todo o continente americano no que dizia respeito à propostas econômicas e políticas. Ou seja, os decretos "americanos" e os demais decretos liberais que os representantes americanos ajudaram a aprovar com seus votos, faziam parte, havia pelo menos uma década, de uma série de demandas que tinham a ver com a necessidade de reformas exigidas de um Antigo Regime em decomposição estrutural.[29] É por isso que, nesta conjuntura, eles logo entraram em acordo sobre um mínimo de reformas que implicavam a derrubada do Antigo Regime. Ou seja, a busca de uma Nação americana não foi o objetivo primordial dos deputados americanos, mas foi consubstancial com as reformas e com a própria Constituição. Desta maneira, o liberalismo gaditano, ao gerar-se a partir da representação de ambos os hemisférios, levou o germe nacional a parâmetros revolucionários ao questionar se os territórios americanos deviam continuar integrando a Coroa. Embora os americanos nunca tivessem questionado a monarquia, eles questionaram o fato de continuar integrando a Coroa como patrimônio real. Nesse sentido, uma das grandes diferenças entre a península e a América é que, enquanto o Rei estava ausente da península, estava mais do que presente na América na figura do vice-rei, dos capitães gerais, das audiências, de parte da hierarquia eclesiástica etc. Ou seja, na América, a revolução gaditana também suscitou de

---

28 REYERO, Carlos. *Alegoría, nación y libertad. El Olimpo constitucional de 1812*. Madri: Siglo XXI, 2010.

29 CHUST, Manuel e SERRANO, José Antonio. "El ocaso de la monarquía: conflictos, guerra y liberalismo en Nueva España. Veracruz, 1750-1820". *Ayer* n. 74/2009 (2), p. 23-47.

imediato a reação antigaditana por parte de titulares das instituições do Antigo Regime colonial que a guerra ou o próprio processo ainda não haviam deposto. Autoridades coloniais que se encontraram cada vez mais desautorizadas pelo texto constitucional e que resistiram, seja derrubando-o, seja adaptando-se ou "hibernando" à espera de tempos melhores. Mas o que nos parece mais importante foi o aproveitamento, especialmente no plano militar, das reformas promovidas pelas Cortes e pela Constituição e sua aplicação na guerra contra a insurgência. Vê-se, como explica perfeitamente Juan Ortiz,[30] como o vice-rei da Nova Espanha, Félix María Calleja, militarizou os povoados e incorporou às suas forças armadas milícias chefiadas às vezes por *criollos*, ou seja, não privilegiados, contra a insurgência. O que levou a um clamoroso triunfo bélico frente à insurgência. Ao mesmo tempo, introduziu elementos antagônicos no modelo de exército bourbonista, como a continuação da anulação das provas de nobreza para os oficiais ou o mantimento d altos níveis de recrutamento entre a população. O que pode explicar, como fazem Juan Ortiz e Ivana Frasquet,[31] o surgimento, com relativa surpresa, de um Exército Trigarante de oficiais *criollos* em 1821.

## A Constituição de 1812: os fundamentos do estado liberal hispânico

Sabemos da sanção e da implementação dos decretos e da Constituição em extensos territórios americanos, como Nova Espanha, a capitania geral da Guatemala – ou seja, a maior parte da população da América do Norte e a totalidade da América Central –, Peru, o Reino de Quito, Chile, partes da Venezuela e partes de Nova Granada como Río Hacha, Santa Marta ou Pasto, assim como as ilhas de Cuba, Porto Rico e Filipinas. No entanto, fica a pergunta: por que a maior parte do Rio da Prata ou Paraguai, assim como Caracas e boa parte de Nova Granada, se distanciaram da convocação de Cortes? Fica a interrogação os historiadores especializados nesses territórios. A mudança de enfoque em parte da historiografia argentina[32] ou

---

30 ORTIZ, Juan. *El teatro de la Guerra, Veracruz. 1750-1825*, Castellón: Universitat Jaume I, 2008; "Las fuerzas militares y el proyecto de estado en México, 1767-1835". In: CHÁVEZ, Alicia Hernández. *Cincuenta años de Historia en México*. México: El Colegio de México, 1991, Vol. II, p. 261-282.

31 FRASQUET, Ivana. *Las caras del águila op. cit.*

32 GOLDMAN, Noemí e TERNAVASIO, Marcela. "La vida política". In: GELMAN, Jorge (coord.). *Argentina. Crisis imperial e independencia*. Madri: Taurus-Mapfre, 2010, p. 51-100.

colombiana[33] é notória. Enquanto em décadas anteriores se omitia a existência das propostas gaditanas para explicar os processos de independência dessas regiões, hoje é crescente o interesse de uma parte da historiografia, tanto argentina quanto colombiana, em questionar o motivo de sua ausência da convocação gaditana, ou apresentar como hipótese de trabalho a importância do liberalismo gaditano e do constitucionalismo *doceañista* como elementos aceleradores de medidas e decisões que levaram a uma concepção nacional própria cada vez mais distante da opção gaditana e mais próxima de posições em prol da independência, como a proclamação da independência de Cartagena das Índias, Caracas ou Assunção em 1811, ou a mais tardia de Tucumán, em 1816.

A primeira característica do constitucionalismo *doceañista* a destacar é que ele foi elaborado, pensado, debatido e idealizado com um propósito claro, direto e possível, que foi a redação de uma Constituição para *ambos os hemisférios*. Não só porque o artigo 1º expressa o que é a Nação espanhola – "A Nação espanhola é a reunião dos espanhóis em ambos os hemisférios" –, mas também porque essa dinâmica hispânica decretada pelas Cortes desde o primeiro dia de sua instalação, e inclusive desde sua convocação, foi uma constante bi-hemisférica da qual o texto constitucional não pôde escapar.

Ou seja, não foi um "experimento", como também já se escreveu, e sim uma dinâmica de união representativa hispânica explicada por diversos fatores – a luta dos impérios, os precedentes afrancesados de Bayona com a convocação de representantes americanos, as reivindicações reformistas *criollas* da segunda metade do século XVIII, a própria conjuntura bélica na Espanha, Europa e América, a necessidade de continuar contando com as fontes coloniais como recursos para a guerra na península etc, – que, desde 1808, fez com que a revolução parlamentar e constitucional que se levava a cabo nas Cortes, primeiro na Ilha de León, depois na cidade de Cádis e mais tarde em Madri, se propusesse a transformar a Monarquia espanhola – absolutista – em uma Monarquia constitucional e parlamentar em ambos os hemisférios.

A segunda singularidade que destacamos na Constituição *doceañista* é o fato de que ela levava, implícitas em seus artigos, partes fundamentais da criação do Estado.

---

33  Martínez, Armando. *La agenda liberal... op. cit.*

Em outros estudos, sublinhamos a precaução de muitos deputados de, em primeiro lugar, incluir na Constituição um conjunto de artigos no qual se autoconvocassem as cortes em cada dia 1º de março. Dessa maneira, escapava-se da dependência do Rei, até então vigente, para a convocação das cortes. Isto se motivou e justificou pela experiência negativa da convocação das Cortes pelos monarcas espanhóis. Foi por isso que os deputados liberais, americanos e peninsulares, decidiram resolver essa problemática outorgando à Constituição o poder antes detido pelo Rei para convocar Cortes. Com isso, garantiram a primazia da carta magna sobre a Coroa.

Em segundo lugar, a Constituição foi pensada como um conjunto de artigos capaz de recolher a maior parte dos elementos constitutivos de um Estado: os da fazenda – sistema fiscal –, militares – milícia nacional –, territoriais – criação das províncias como entes homogeneizadores, divisão provincial etc. Todas essas atribuições do novo estado levaram a um confronto com o Rei. Apesar da "confusão" provocada pela manutenção da mesma denominação do Antigo Regime – a Monarquia espanhola –, a diferença era substancial: a fazenda passou não só a denominar-se, mas também ser nacional, as milícias provinciais ou disciplinadas se tornaram nacionais, o território deixou de ser uma pluralidade de reinos para virar nacional, as intendências se tornaram assembleias provinciais, os *ayuntamientos*[34] constitucionais surgidos em função da população e não pelo privilégio concedido pelo rei etc.

Obviamente, os problemas surgiram quando o Estado ganhou um sobrenome: Nação. Elucidar quem pertencia à Nação e qual Nação estava sendo constituída foi o *quid* de boa parte das grandes discussões e da transcendência que esta Constituição teria. Na realidade, essas perguntas e questões ainda fazem parte da problemática política da Espanha atual, como bem sabemos.

Dessa forma, na Constituição desse Estado-nação de ambos os hemisférios, partes da Monarquia espanhola, como eram as americanas, agora passavam a ser territórios da Nação espanhola – artigos 1º e 10º –, de modo que a "Monarquia" se transformava em um Estado-nação transoceânico, uma *Commonwealth*, uma comunidade hispânica oitenta anos antes da criação da britânica. É por isso que a revolução promovida pela Constituição foi muito mais além do que outras, no

---

34  N. T. – órgãos executivos municipais introduzidos pelos espanhóis em seus domínios coloniais.

sentido de que integrou "todos os territórios da Monarquia espanhola", incluindo os coloniais, em territórios do novo Estado-nação, de forma que arrebatou da Coroa, ou seja, da casa dinástica dos Bourbons espanhóis, seus territórios, seus súditos americanos. O que implicava que, no aspecto econômico, essencial, a fazenda do rei perdia as receitas coloniais que lhe chegavam de suas "posses americanas", frutos do direito de conquista desde o século XVI: capitais comerciais, metais preciosos, rendas tributárias, alcavalas, dízimos etc., que passavam a se integrar em uma fazenda nacional. O professor Carlos Marichal[35] calcula nesse sentido que, em 1800, dois terços da fazenda do rei espanhol vinham da Nova Espanha. Elucidar quem eram os administradores do novo sistema fiscal e como e onde se arrecadava passou a ser um tema de discussão e programa. Especialmente nos anos 20, quando os deputados americanos já não se conformavam, como na década de 10, em criar apenas os parâmetros constitucionais, mas queriam colocá-los em prática, desenvolvê-los.

É por isso, especialmente pela *questão americana*, que Fernando VII iria se opor de maneira sistemática e armada ao liberalismo *doceañista*. Foi por isso também que, na discussão desses artigos nas Cortes, os deputados absolutistas manifestaram, para a irritação dos americanos, que "a América não pertencia à Nação espanhola, e sim ao Rei".[36]

Sabemos também do debate sobre a criação *a priori* ou *a posteriori* de propostas e/ou movimentos que defendiam outra Nação em outro Estado, ou seja, a independência do Estado espanhol, embora este fosse constitucional. Em outras palavras: quando surgiu a Nação? Antes ou depois das independências? Embora não pretendamos iniciar agora este complicado e documentado debate, que ultrapassa a ciência histórica e situa-se em âmbitos das ciências sociais, também acreditamos que a Nação foi criada pelo Estado a posteriori das independências e revoluções liberais. Nesse sentido, a Constituição atuou criando mecanismos de identidade, dotando os habitantes, antes súditos do rei, de uma nacionalidade – "espanhóis de ambos os hemisférios" –, e confiando à educação e ao exército nacional os mecanismos para

---

35 MARICHAL, Carlos. *La bancarrota del virreinato. Nueva España y las finanzas del Imperio español, 1780-1810*. México: Fondo de Cultura Económica, El Colegio de México y Fideicomiso de Historia de las Américas, 1999

36 CHUST, Manuel. *América en las Cortes de Cádiz*. Madri: Prisma Histórico, Doce Calles, 2010.

a nacionalização da população. Em relação à primeira, a alfabetização em escolas municipais começaria a ser um fator decisivo para construir novos cidadãos.

Obviamente, nesta Nação *doceañista*, e no que diz respeito à questão americana, um tema ficou pendente – a não inclusão das castas nos direitos de cidadania, embora a Carta Constitucional as houvesse incluído no âmbito da nacionalidade ao catalogá-las como espanholas. Nesse sentido, vale destacar que esta Constituição foi uma das poucas a postergar durante trinta anos a obrigatoriedade de se saber ler e escrever para poder exercer o direito ao voto, ou seja, para poder ter direitos políticos.

Em tudo isso, na criação constitucional do Estado, da Nação e do Estado-nação, a Constituição de 1812 encontrará um feroz antagonista no Rei, como já dissemos.

Tem sido escrito reiteradamente que o confronto entre Fernando VII e a Constituição seguia questões referentes ao antagonismo liberalismo-absolutismo, o que é correto, mas, a nosso ver, o que tornou essa carta constitucional "especial" e singular, foi o fato de ela incorporar constitucionalmente os territórios americanos, dotando seus habitantes de direitos e nacionalidade, homogeneizando seus territórios e equiparando-os à uma mesma lei, aos mesmos decretos, à uma mesma representação e soberania: a Nacional. Aqui o confronto com Fernando VII foi frontal, antagônico.

Além disso, a própria configuração desse novo Estado-nação fez com que especialmente os deputados americanos advogassem por parcelas de autonomismo quanto à organização do poder provincial ou regional. Toda uma dinâmica de propostas diversas surgiria entre os próprios deputados liberais de um e outro hemisfério, porque, uma vez resolvida e obtida a igualdade de direitos e liberdades políticas, grupos de deputados americanos queriam que o novo estado constitucional se projetasse de forma autonomista,[37] dadas suas dimensões colossais, a distância entre regiões, a diversidade de população, raças e etnias e, sobretudo, os interesses econômicos contrapostos não só entre as casas comerciais na Espanha e os centros produtivos e comerciais americanos, como também entre os próprios espaços regionais americanos, às vezes complementares e integrados em uma divisão da economia, e outras, pelo contrário, competitivos e inclusive contrapostos e antagônicos em

---

37 CHUST, Manuel. *La cuestión nacional, op. cit.*

seus interesses. Nessa contraposição de interesses destacou-se o confronto entre a capital das antigas administrações – vice-reinados ou capitanias gerais – e os outros espaços regionais.

Os representantes liberais peninsulares acusaram os deputados americanos de "federais" por quererem propor que as competências econômicas e políticas de cada província residissem nas *Diputaciones Provinciales*. Para os deputados americanos, era nestas instituições que residia a soberania da província, de modo que eles as consideravam o instrumento idôneo para administrar política e economicamente suas regiões. Para os liberais peninsulares, era exatamente o contrário – eles as interpretavam como um instrumento do poder do governo necessário para manter um estado centralista.

O conflito, político, teórico, econômico e ideológico então, explodiu. Nesse sentido, a disputa, o debate e as propostas divergentes não questionavam qual Nação e qual nacionalidade, e sim se a Nação espanhola podia ou não ter várias soberanias. O que pressupunha também uma luta para obter a gestão e administração dos recursos e habitantes. Se bem que formulados no plano mais superestrutural ao abordar questões não só de nacionalidade, mas também de identidade. Na verdade, o confronto de diversos interesses "nacionais" dentro de um mesmo Estado-nação era também uma luta entre diversos interesses econômicos no interior das regiões e sua relação com o centro e a península.

Os peninsulares se entrincheiraram em posições cada vez mais "centralistas", acusando os deputados americanos de pouco menos que secessionistas; os americanos, por seu lado, não viam problema em ter duas soberanias, a provincial e a nacional. Além disso, nessa conjuntura, o conceito federal remetia à *práxis* dos Estados Unidos da América do Norte, onde a forma de estado era republicana. Deste modo, República era sinônimo inexorável de jacobinismo, ou seja, da experiência francesa, muito mais que da experiência dos Estados Unidos. Para o mundo americano implicava outra referência, outro "fantasma", como era o Haiti, e, claro, este era outro tipo de problema que apelava ao racial e social. Nesse sentido, e apresentando-se nesses termos, a batalha estava perdida para os deputados americanos. O que produziu um sem fim de adesões de fidelidade ao monarca, de proclamações de monarquismo, etc. Mesclavam-se duas fórmulas muito diferentes, mas que marcariam a história da Espanha, especialmente de parte dos países iberoamericanos. A partir de então, centralismo foi sinônimo de monarquismo, enquanto federalismo coincidia com república. Esta foi a história da Espanha até a atual monarquia constitucional. Enquanto que, para a Iberoamérica, os centralistas foram os conservadores e os federais, os liberais.

Ao lado dos temas tratados há uma pluralidade de questões importantes da Constituição, como o tema da religião católica, o sufrágio universal indireto, o desenvolvimento e impacto do poder local, ou seja, as prefeituras ou a supremacia das Cortes frente ao veto do Rei, que aqui poderemos apenas mencionar.

Para concluir, insistimos que a Constituição de 1812 implicou toda uma revolução constitucional de parâmetros hispânicos e liberais, e aí repousa, a nosso ver, sua vertente revolucionária, *neste* universalismo.

# LEITURAS MODERADAS DA CONSTITUIÇÃO DE CÁDIS NO TRIÊNIO: *EL UNIVERSAL*: 1820-1823[1]

*Ivana Frasquet*
Universidade de Valência

## A liberdade de imprensa e a imprensa no Triênio

Desde que em março de 1820 foi restaurado o sistema político-constitucional liberal na monarquia espanhola, não só a Constituição de Cádis, mas muitos dos decretos emanados das Cortes de 1810-1814 foram também restabelecidos. Entre os mais destacados se encontra, sem dúvida, o da liberdade de imprensa. Decretada pela primeira vez em 10 de novembro de 1810 e abolida após o golpe absolutista de 1814, foi sancionada novamente em 3 de novembro de 1820. Ainda que a liberdade de imprensa estivesse limitada às ideias políticas e que se estabelecessem certos limites aos possíveis abusos que poderiam ser cometidos por seu uso incorreto, o certo é que esse decreto provocou uma verdadeira eclosão de periódicos, revistas, panfletos e folhetos durante a segunda etapa constitucional.[2] A nova lei pretendeu corrigir os

---

1   Este artigo é dedicado à memória do professor e mestre Istvan Jancsó, que nos deixou em 2010, antes que eu pudesse voltar a desfrutar de algumas de suas preciosas práticas de vida. Este trabalho se inscreve numa investigação mais ampla sobre a participação dos deputados valencianos nas Cortes de 1820-1823, financiado pelo Ministério de Ciência e Inovação do Governo da Espanha (HAR2009-08049).

2   A enorme quantidade de impressos surgidos durante os anos do Triênio Liberal (1820-1823) é uma demonstração da profusa aplicação do decreto de liberdade de impressão. Não é objetivo deste artigo analisar a imprensa da época; para isso podem ser consultados os trabalhos de NOVALES, Alberto Gil. *Las sociedades patrióticas (1820-1823). Las libertades de expresión e de reunión en la origem de los partidos políticos*. Madrid: Tecnos, 1975. Este autor chegou a contar mais de 700 periódicos entre folhetos, panfletos e imprensa durante esses anos; CREMADES, Enrique Rubio. "La Periódico-manía e la prensa madrileña en el Trienio Liberal (I)". *Anales de Literatura española*, n. 3, 1984, p. 429-446; *Idem*, "La Periódico-manía y la prensa madrileña en el Trienio Liberal (II)", Anales de Literatura española, *Anales de Literatura española*, n. 4, 1985, p. 383-414. Igualmente ROMANOS, Ramón de Mesonero "Visión y análisis de la prensa". In: *Memorias de un Setentón, Anales de Literatura española*, n. 14, 2000-2001, p. 201-212. SEOANE, María Cruz. *Oratoria y periodismo en la España del*

erros observados em sua aplicação durante o período constitucional anterior e restabeleceu a Junta Suprema de Censura, embora declarasse que "todos os espanhóis têm direito de imprimir e publicar seus pensamentos sem necessidade de censura prévia".[3] No entanto, essa ampla inclusão dos direitos de expressão e impressão dos espanhóis ficava restrita quando se tratava de escritos que versassem sobre os dogmas religiosos. Nesse caso, os escritos deviam efetivamente passar pela censura prévia do Ordinário (superior eclesiástico).[4] Também eram tipificadas as espécies de abusos que podiam ser cometidos por meio do exercício da liberdade de imprensa e as penas correspondentes. Conspirar contra a religião ou a Constituição ficou tipificado como um ato subversivo, enquanto incitar a rebelião ou perturbar a tranquilidade pública foram considerados atos sediciosos. A lei estabelecia uma série de penas que iam de multas pecuniárias até seis anos de prisão e observava que os delitos cometidos por abuso da liberdade de imprensa seriam julgados por juízes de fato e de direito, produzindo assim a perda de imunidade dos acusados.[5]

---

*siglo XIX*. Madri: Fundação Juan March/Editora Castalia, 1977. HERAS, Agustín Martínez de las. "La práctica periodística a traves de *El Universal* (1820-1823)". In: NOVALES, A. Gil (ed.). *La Revolución liberal*. Madri: Editora do Orto, 2001, p. 401-418. ZAVALA, Iris M. *Románticos e socialistas. Prensa española del XIX*. Madri: Siglo XXI 1972; *idem* "La prensa exaltada em el Trienio Constitucional: El Zurriago", *Bulletin Hispanique*, LXIX, 3-4, 1967, p. 365-388. HITA, Beatriz Sánchez. "La Constitución en preguntas y respuestas: *El Catecismo constitucional* de José Joaquín de Clararrosa. La educación política en el Cádiz del Trienio". In: SANTANA, A. Ramos (coord.). La *ilusión constitucional: pueblo, patria, nación*. Cádis: Universidad de Cádis, 2002, p. 191-210. LÓPEZ, Fernando Durán (ed.). *José Joaquín de Clararrosa. Diccionario tragalológico y otros escritos políticos, (1820-1821)*. Bilbao: Universidad del País Vasco, 2006. MORANGE, Claude (seleção, apresentação e notas). *Sebastián de Miñano. Sátiras y panfletos del Trienio constitucional*, Madri: CEPC, 1994. Entre os clássicos se pode consultar a obra de ROMANOS, Ramón de Mesonero. *Memorias de um Setentón, natural e vecino de Madrid*. ed. J Escobar e J. Álvarez Barrientos, Castalia-Comunidad de Madrid, Madri: 1994. HARTZENBUSCH, Eugenio. *Apuntes para un catálogo de periódicos madrileños desde el ano 1661 al 1870*. Madri: Sucesores de Rivadeneyra, 1894.

3     Parecer da Comissão de Liberdade de Imprensa. *Diario de Sesiones de Cortes*, 15 de setembro de 1820, p. 1023.

4     LOZA, Alicia Fiestas. "La libertad de imprenta en las dos primeras etapas del liberalismo español". *Anuario de Historia del Derecho*, n. 59, 1989, p. 351-490.

5     Também se consideravam delitos atacar os costumes, injuriar pessoas ou incitar a desobediência. Para os detalhes das penas para cada uma das infrações, ver A. Fiestas Loza, "La libertad de imprenta", p. 428-433.

A maioria dos grupos políticos, que terá reverberações no salão de sessões das Cortes, editará os próprios periódicos com uma dupla finalidade: por um lado, dar a conhecer ao público as notícias e informações mais interessantes e por outro, exercer um trabalho educativo simultâneo à criação de opinião pública. A imprensa nessa etapa será eminentemente política e já se proporá como um projeto empresarial em que se inscreverá também a origem da ética jornalística. Ou seja, já existe certa profissionalização do setor da comunicação social, pois os periódicos têm uma rápida penetração e difusão, ainda que em muitos casos também sua duração seja efêmera. A liberdade de imprensa será venerada pelos jornalistas como a única capaz de contribuir para a formação da opinião pública apoiada igualmente por esse trabalho educativo que os periódicos se atribuem. A revista-jornal *El Censor*, publicada entre 5 de agosto de 1820 e 13 de julho de 1822, dedicou três artigos em seus inícios ao tema da liberdade de imprensa.[6]

Como afirmamos, a imprensa tem um forte componente ideológico e político e será classificada pelas tendências que mostre nesse âmbito. Geralmente, os periódicos se qualificam ou desqualificam uns aos outros, adjetivando-se de "exaltados", "afrancesados", "moderados", "radicais" etc. Em geral, a imprensa de ideologia liberal mais exaltada é composta por *El Conservador, El Eco de Padilla, El Espectador, El Zurriago, La Ley, Diario Gaditano, El Independiente, El Tribuno*,[7] entre outros. Os

---

6   Esse periódico foi fundado por León Amarita e dirigido por Sebastián Miñano junto com dois colaboradores, Alberto Lista e José M. Gómez Hermosilla. Os quatro foram *afrancesados* durante a ocupação e tiveram de exilar-se em 1813. Seu regresso durante o Triênio os levou a participar de diversos projetos jornalísticos e de publicações, mesmo que finalmente se inclinassem por um liberalismo moderado que se apoiou cada vez mais na reação e no absolutismo. Veja-se PINO, Leandro Higueruela del. "Ética periodística en el Trienio Liberal". *Cuadernos de Historia Contemporánea*, n. 101, 2003, p. 101-111. Sobre a interessante figura de Sebastián Miñano, autor da série de panfletos "Lamentos políticos de un pobrecito holgazán que estaba acostumbrado a vivir a costa ajena", pode-se consultar MORANGE, Claude (seleção, apresentação e notas). *Sebastián de Miñano. Sátiras y panfletos del Trienio constitucional*. Madri: CEPC, 1994. As biografías desses quatro personagens podem ser consultadas no *Diccionario biográfico de España (1808-1833). De los orígenes del liberalismo a la reacción absolutista*, Fundação Madri: Mapfre, 2011, dirigido por Alberto Gil Novales.

7   Alguns desses periódicos têm duração efêmera e se sustentam uns aos outros. Citamos, em geral, a imprensa madrilhenha por ser esta a mais estudada entre os pesquisadores. *El Conservador (Madri, 27/3/1820-30/9/1820), El Eco de Padilla (Madri, 1/8/1821-31/12/1821), El Espectador (Madri, 15/4/1821-31/3/1823) El Zurriago (Madri, 1821-4/4/1823, La ley (Madri 4/4/1820-11/7/1820), Diario Gadita-*

considerados afrancesados ou liberais moderados são *El Universal, Correo General de Madrid* (em sua primeira etapa), *Nuevo Diario de Madrid, El Imparcial,*[8] enquanto *El Diario Realista, El Servil Triunfante, El Defensor del Rey* e *El Restaurador* reativaram os ataques absolutistas contra o liberalismo a partir de 1823, exercendo uma defesa do Altar e do Trono e contribuindo para a delação e a perseguição de liberais em suas páginas.[9]

Outra das modalidades importantes da profissão jornalística durante o Triênio constitucional foi a elaboração de "catecismos constitucionais" destinados à difusão e à transmissão da Constituição de 1812.[10] Será precisamente nessa etapa que ressurgirá a preocupação com um povo instruído, no qual o cidadão educado nos valores liberais e constitucionais deve converter-se no eixo da sociedade. Em consequência, explicar a Constituição e educar em seus valores se convertem em prioridade para os liberais do Triênio, que colocam todo o seu empenho na atualização do *Regulamento Geral de Instrução Pública* (29 de junho de 1821). Era mais difícil que um povo instruído caísse na tentação de deixar-se convencer pelas ideias contrarrevolucionárias ou pelos extremismos revolucionários. Os catecismos políticos tinham a função de explicar de forma simples os elementos básicos de uma monarquia constitucional moderada e hereditária. Por isso, explicar a Constituição e

---

no (*Cádzs, 15/9/1820-31/12/1822*), *El Independiente* (*Madri, 1/1/1822-21/3/1822*), *El Tribuno* (*Madri, 22/3/1822-6/6/1822*). Pode-se consultar uma descrição mais completa desses periódicos em HERAS, Agustín Martínez de las. "La prensa exaltada del trienio a través de *El Universal*". *Trienio*, n. 37, maio de 2001, p. 43-61.

8   *El Universal* (*12/5/1820-23/4/1823*), *Correo General de Madrid* (*1/11/1820-20/6/1821*), *Nuevo Diario de Madrid* (*1/2/1821-22/5/1823*), *El Imparcial* (*10/9/1821-junho de 1822*). Para uma descrição mais detalhada, veja-se *Idem, Ibidem, Historia e Comunicación social*, n. 5, 2000, p. 91-101 e CREMADES, Enrique Rubio. "Visión y análisis de la prensa". p. 205-206. Em seu magnífico livro *Las sociedades patrióticas*, Alberto Gil Novales considera *El Universal* como afrancesado e entregue à contrarrevolução. Em minha opinião a respeito da Constituição de 1812, penso que se trata antes de um periódico liberal moderado que, precisamente, tenta evitar que se propaguem as opiniões dos reacionários contra ela.

9   LOZA, A. Fiestas. "La libertad de imprenta", nota 324.

10  Sobre esse tema dos catecismos constitucionais pode-se consultar a profusa obra de Beatriz Sánchez Hita, por exemplo "La Constitución en preguntas y respuestas", p. 191-210. Essa autora dedicou diversos estudos à obra jornalística de José Joaquín de Clararrosa e à imprensa gaditana do Triênio.

justificá-la perante exaltados ou absolutistas será uma das obsessões dos liberais moderados, forjando-se assim essa parte do mito que se atribuiu à obra constitucional gaditana durante as primeiras três décadas do século XIX espanhol.

## El Universal e a Constituição de Cádis

*El Universal Observador Español* foi o nome adotado pelos redatores do jornal em sua segunda etapa constitucional a partir de 1820. O periódico tinha vivido uma etapa efêmera em 1814, tendo aparecido seu primeiro número em 1º de janeiro desse ano, mas foi obrigado a desaparecer – com o golpe absolutista de Fernando VII – em 11 de maio do mesmo ano. Naquela época seu primeiro editor foi Vicente de Aita, e seu principal objetivo era dedicar-se à política, à economia política e à moral, respeitando sempre a opinião do público e prometendo ser imparcial.[11] Para Agustín Martínez de las Heras, *El Universal Observador Español* foi o primeiro jornal profissional da época, baseado em parâmetros de rentabilidade e negócio empresarial, no qual se pretendia respeitar a ética jornalística e ao mesmo tempo melhorar as inovações técnicas da impressão. Entre seus objetivos se incluíam também instruir e conciliar as opiniões e ao mesmo tempo "auxiliar o Governo na difícil empresa da administração pública",[12] o que lhe valeu sempre a qualificação de porta-voz oficial do governo durante o Triênio. A partir do número 63, de 13 de julho de 1820, suprimirá seus sobrenomes e ficará com o nome de *El Universal*.

Desde a restauração do regime constitucional em 1820, *El Universal* voltou a ser impresso em Madri, na rua do Arenal, nº 20. Seu primeiro número saiu em 12 de maio desse ano e manteve-se na capital até 23 de abril de 1823. Então, frente à entrada do exército francês dos Cem Mil Filhos de São Luís, fugiu de Madri e instalou-se em Sevilha, onde ainda publicaria vários números entre 24 de abril de 1823 e 12 de junho de 1823. Essa periodicidade converte *El Universal* no jornal mais longevo e

---

11 HERAS, Agustín Martínez de las. "La práctica periodística a través de *El Universal* (1820-1823)". In: NOVALES, Alberto Gil (ed.). *La Revolução liberal*. Madri: Editora do Orto, 2001, p. 401-418. Uma breve resenha com os nomes de seus redatores e colaboradores em NOVALES, Alberto Gil. *Las sociedades patrióticas (1820-1823). Las libertades de expresión y de reunión en el origen de los partidos políticos*, Madrid: Tecnos, 1975, vol. II, p. 1043.

12 Citado em Agustín Martínez de las Heras, Idem, Ibidem em *Idem, Ibidem* p. 402.

mais estável de todos os publicados durante essa etapa. A competência exercida por ele obrigou muitos outros a reduzir suas edições ou desaparecer.

Esse jornal ficou conhecido, segundo Mesonero Romanos, como o "Sabanón"[13] ou o "Santo Sudário", devido a seu grande tamanho: suas dimensões eram de 38,2 x 22,7 cm, embora tenha mudado várias vezes e ao fim de sua existência medisse 40,2 x 25,1 cm. Durante o Triênio continuou tendo como editor principal Vicente de Aita, que nomeou como diretor Manuel J. Narganes de Posada, um pedagogo liberal e constitucionalista que havia colaborado com o governo de José I.[14] Junto a eles colaboraram também outros jornalistas, como José María Galdeano, Juan González Caborreluz e José Rodríguez.[15]

*El Universal* foi considerado um instrumento dos governos moderados para canalizar a revolução e evitar os extremos. Geralmente enfrentou a imprensa exaltada em suas páginas, mas também criticou os argumentos absolutistas. Uma parte importante de seus artigos destinava-se a oferecer informação sobre a situação das potências estrangeiras e os acontecimentos que se sucediam nos territórios americanos relacionados à independência.[16] Também começou a inserir extratos do *Diario de Sesiones de Cortes* e comentários sobre seus debates a partir da abertura das sessões em julho de 1820. Mas, sem dúvida, uma das tarefas mais impor-

---

13   N. T. – Lençolzão.

14   Manuel J. Narganes de Posada foi diretor do Real Colegio de San Antón em Madri, membro da Junta de Instrução Pública nomeada por José I e redator da *Gaceta de Madrid* na mesma época. Por esse passado junto ao rei José ele foi tachado de afrancesado ao regressar à Espanha em 1820, ainda que já então tivesse moderado suas posições a respeito de outros liberais, assumindo um conceito naturalista da educação pública, porém com distintos graus, segundo as classes sociais. Veja-se o trabalho de BERRIO, Julio Ruiz. "El plan de reforma educativa de un afrancesado: el de Manuel José Narganes de Posada", *Historia de la Educación. Revista Universitaria*, n. 2, 1983, p. 7-18.

15   As notícias que A. Gil Novales dá em seu *Diccionario biográfico de España (1808-1833)* sobre esses personagens os vinculam aos franceses durante a ocupação da península ou também, como é o caso de González Caborreluz, próximos à monarquia, já que este foi preceptor de Isabel II.

16   BURÓN, Camino Monje e DELGADO, Amparo López. "La guerra de la independencia hispanoamericana en El Universal, 1820-1823: tratamiento informativo". In: NOVALES, A. Gil (coord.). *Ciencia y independencia política*. Madrid: Editora do Orto, 1996, p. 333-346. No mesmo volume compilado veja-se a obra de HERAS, Agustín Sánchez de las. "La ideología de la prensa del trienio en relación con la independencia hispanoamericana". p. 7-55.

A EXPERIÊNCIA CONSTITUCIONAL DE CÁDIS

tantes a que se dedicou, e que será objeto deste estudo,[17] foi exercer uma função pedagógica ao explicar a Constituição de 1812. Os redatores do *El Universal* queriam ser úteis à sociedade e difundir os novos princípios do constitucionalismo. Fruto de seu entorno cultural e da conjuntura histórica dos anos 20, o liberalismo espanhol começa a ser reformulado em uma solução mais reformista depois dos anos revolucionários e do longo exílio de seis anos.[18] Assim, *El Universal* desempenhou um papel primordial na difusão desse matiz do liberalismo, que, sem deixar de ser liberal, crê que os excessos revolucionários cometidos em anos anteriores prejudicam a consolidação do sistema constitucional numa monarquia moderada. Desse modo, a Constituição, a liberdade de imprensa e a monarquia são os três princípios que guiam a publicação, entendendo a figura do monarca como guardião e defensor da Constituição. Ou seja, para esses liberais, o extremismo dos exaltados é o que impede o desenvolvimento do sistema moderado e, com seus argumentos "radicais", alimenta a reação das potências estrangeiras contra o sistema político espanhol, favorecendo a contrarrevolução. Não devemos esquecer o contexto cultural e ideológico da Espanha na época. Os liberais moderados, depois de anos de exílio e perseguição, regressam à Espanha e transmitem parte das experiências vividas em seu contato com os debates ideológicos da França e da Grã-Bretanha, onde os radicalismos revolucionários já foram limados. Em 1821, Jeremy Bentham é traduzido por Ramón de Salas e estudado também por Toribio Núñez, autores vinculados à Universidade de Salamanca e que difundem os princípios da obra benthamiana como um caminho para o assentamento do liberalismo.[19] Como explica Raquel Sánchez García, esses autores buscavam um liberalismo equidistante

---

17  Advertimos o leitor que nem todos os artigos constitucionais serão examinados por *El Universal* e que, nos limites deste artigo, não serão analisados pormenorizadamente cada um deles, ficando a explicação dos que não oferecem maior interesse articulada à de outros.

18  Sobre a incipiente divisão do liberalismo nos anos 1920, veja-se FRASQUET, Ivana. "La senda revolucionaria del liberalismo doceañista en España y México, 1820-1824". *Revista de Indias*, vol. LXVIII, n. 242, jan.-abr. 2008, p. 153-180.

19  Bentham ficou conhecido na Espanha a partir da tradução francesa de P. E. Dumont no ano de 1802, na qual já aparecerá como menos radical. Sobre as diferentes leituras da obra de J. Bentham na Espanha, veja-se GARCÍA, Raquel Sánchez. "Lecturas de Bentham en España (1820-1823)". In: TEJERA, Mª Carmen García *et al* (eds.). *Lecturas del pensamiento filosófico, estético y político*. Cádis: Universidade de Cádis, 2007, p. 117-128. A autora afirma que na Espanha não se conheceu o Bentham mais radical.

entre as reivindicações (e os excessos) dos revolucionários franceses e o historicismo *jovellanista* e viram nas reflexões benthamistas a fórmula exata para que o liberalismo fosse aceito por todos os seus detratores, inclusive os mais retrógrados. Assim escrevia Toribio Núñez: "O pensamento de Bentham garante um caminho de transformação social e política distante de radicalismos e de posições extremas que procuram acabar com a ordem estabelecida".[20]

Nesse contexto, a percepção e a difusão da Constituição gaditana por parte dos liberais moderados ganha interesse especial porque a converterão no centro de seus debates. Na defesa do liberalismo moderado a Constituição é a peça básica para conseguir esse equilíbrio entre a revolução exaltada e o absolutismo, ou seja, só a monarquia moderada e o rei constitucional poderiam assentar e fazer progredir o sistema constitucional. Nessa tarefa depositarão todo seu empenho os redatores do *El Universal*, que começam a difundir e explicar em suas páginas, um a um, cada artigo da Constituição em seu afã de demonstrar como era equilibrada e quão longe estava de representar posturas radicais, de um extremo ou de outro. A luta entre exaltados e moderados pela apropriação do código constitucional dessa época não foi estudada em profundidade, mas ambos os lados o interpretaram em seus argumentos como a "panaceia" do liberalismo perfeito. Nos anos do segundo período constitucional (1820-1823), os confrontos entre os liberais moderados e os radicais serão especialmente violentos nas páginas dos periódicos, nas tertúlias e até na rua. A luta mantida pelos dois grupos por erigir-se em paladinos do liberalismo e apropriar-se da Constituição de 1812 como exemplo superior de seus princípios já se observa durante esse período. Ou seja, a fratura se torna explícita durante o Triênio, mas vem de antes. Com o sistema liberal superado pela força depois de 1823, os políticos espanhóis no exílio culparão mutuamente a outra tendência por ter contribuído para seu fracasso. Os moderados porque insistiam na ideia de introduzir uma segunda câmara e assim aproximar o constitucionalismo espanhol dos modelos europeus, invocando a tradição espanhola nesse aspecto. Vem daí o apelido de "dozeanistas" com o qual, depreciativamente, os exaltados qualificaram

---

20 Citado em *Ibidem*, p. 124. Não esqueçamos que os redatores do jornal tinham participado das reivindicações *josefinas* durante a ocupação francesa e que se exilaram na França até a chegada do constitucionalismo des anos 20. Por isso, conheciam bem o sistema restauracionista francês, despojado já dos "excessos da revolução".

os moderados. Por seu lado, esses exaltados defenderam a vigência da Constituição insistindo que o bicameralismo implicava deixar a representação nacional nas mãos da nobreza e do clero. Além disso, acusaram os moderados de frear a revolução e fazer fracassar os princípios "democráticos" inseridos na Constituição.[21]

É nesse contexto de idas e vindas do liberalismo na reformulação de seus argumentos ideológicos e na situação que se vive nesses momentos no resto da Europa – triunfo das monarquias e reação, Congresso de Viena e Santa Aliança – e na América – consolidação da independência no cone sul-americano e erupção de novos focos independentistas na Nova Espanha e no Peru[22] – que a Constituição de Cádis emerge como "tábua de salvação" para os liberais espanhóis. Para alguns, por ser exemplo de equilíbrio, tradição e moderação, perfeitamente conjugável com um monarca constitucional. Para outros, por representar a luta contra o absolutismo mais reacionário e defender valores que, reinterpretados e levados ao extremo, podem representar o triunfo definitivo da revolução, entendida como democrática.

Desse modo, os redatores do *El Universal* iniciaram a publicação periódica com um editorial em que explicavam a intenção de dar a conhecer a Constituição em seus artigos mais importantes, de forma breve e sucinta e, sobretudo, no sentido de "contribuir para consolidar a opinião, afastar a ignorância e [...] dissipar o espírito obcecado de parcialidade".[23] É precisamente a esse espírito de parcialidade dos que estão interessados em acabar com o sistema constitucional, seja na reação ou no radicalismo, que se referirá varias vezes ao longo de suas edições. Além disso, para defender a obra constitucional de uns e outros, *El Universal* a definirá como uma "Constituição moderada, de governo monárquico representativo: Constituição que essencialmente é a antiga lei fundamental da Espanha [...] de modo que se pode assegurar que a Constituição que hoje vigora só tem de novo a colocação, a clas-

---

21 GARCÍA, Raquel Sánchez. "Interpretaciones del Trienio Liberal: aciertos y errores del liberalismo". In: SANTANA, A. Ramos (coord.). *La ilusión constitucional: pueblo, patria, nación*. Cádis: Universidade de Cádis, 2002, p. 225-234.

22 A relação existente entre o contexto europeu da Santa Aliança e reacionário e a consolidação das independências hispano-americanas não foi suficientemente estudada até o momento. Insisto que essa situação supõe uma tomada de posição dos liberais espanhóis frente à interpretação da Constituição de 1812.

23 *El Universal Observador Español*, sexta-feira, 12 de maio de 1820.

sificação e a distribuição de matérias vinculadas entre si [...]."[24] Nessas palavras, o editorial apresenta a linha que o jornal vai seguir em sua explicação do código constitucional. Várias vezes – como veremos – se insistirá na natureza tradicional da Constituição como mera reformulação e transmutação das mesmas leis já existentes na legislação castelhana.[25] Essa interpretação historicista da Constituição tem um duplo objetivo: por um lado, conter os ânimos contrarrevolucionários dos que a criticam como jacobina e radical; por outro, submeter a opinião dos que veem nela um instrumento perigoso em mãos de um monarca pouco afeito ao sistema representativo. Ademais, essa postura ideológica e justificativa lhe valeu as críticas de Mesonero Romanos, que, segundo o estudo de Enrique Rubio, opinava que "seus redatores defenderam com decoro suas opiniões e doutrinas, ainda que seu enfoque e sua análise da Constituição fossem um tanto confusos, pois explicaram a seu modo os decretos levados a cabo pelas Cortes".[26]

Em seu argumento, além disso, os redatores louvarão a dinastia bourbônica como a única capaz de proporcionar aos espanhóis a felicidade e o bem que se deseja e a Fernando VII como o monarca virtuoso que o levará a cabo. Reconhecem, entretanto, que a Constituição pode conter alguns defeitos, porém, apesar disso, é "por enquanto a mais acomodada ao estado atual de nosso povo, e a quanto ao homem em sociedade pode apetecer". A seguir, um decálogo dos postulados liberais moderados:

> [...] religião, culto, trono, administração de justiça e de rendas, exército, supressão de exceções e qualidade perante a lei, segurança pessoal e real, liberdade de imprensa, protegida por leis sábias; que mais pode o homem

---

24 *Ibidem.*

25 Como demonstrou Antonio Rivera, o conceito de constituição histórica referente ao conjunto de leis fundamentais da nação espanhola que têm sua origem no *Fuero Juzgo* é utilizado tanto pelos realistas de princípios do século XIX até pelos neocatólicos e, igualmente "os liberais dozeanistas colocarão ao serviço das novidades revolucionárias a constituição histórica, [...] sempre com o fim retórico de convencer os setores contrários das novidades liberais". García, Antonio Rivera. *Reacción y revolución en la España liberal.* Madri: Biblioteca Nueva, 2006, p. 38.

26 Cremandes, Enrique Rubio. "Visión y análisis de la prensa en *Memorias de un Setentón* de Ramón de Mesonero Romanos". *Anales de Literatura española*, n. 14, 2000-2001, p. 205.

desejar para que sejam respeitados, defendidos e garantidos seus direitos naturais e civis?[27]

Desse modo, com a gênese ideológica do liberalismo moderado condensada nesse último parágrafo, *El Universal* dava início à sua série de explicações breves sobre a Constituição gaditana de 1812.

## Evitando o aspecto revolucionário do liberalismo

No sábado, 13 de maio de 1820, começava, pois, a explicação por artigos da Constituição de Cádis. O jornal adotou uma série de aspectos formais para iniciar essa seção intitulada "Constituição Espanhola". Ato contínuo se dava conta do título e capítulo em que se encontrava o artigo que se procedia a explicar.[28] A seção se abriu com o Exórdio à Constituição ou Oração preliminar em que se invocava o nome de Deus como "autor e supremo legislador da sociedade". Já desde o primeiro momento o editorial mostrava a aparente contradição entre essa máxima divina e a razão filosófica pela qual as sociedades se haviam dotado de suas próprias leis. Não serão fáceis os arranjos que, ao longo das edições do *Diário*, os editores terão que construir para acomodar as teorias liberais às leis tradicionais, para tentar demonstrar, cada vez, que a Constituição gaditana não é mais que uma reunião das "antigas máximas constitutivas do governo monárquico moderado".[29] Para isso, em mais de uma ocasião terão de mistificar os principais fundamentos do pacto social. Por exemplo: o editorial afirma que onde não há lei não há justiça e, dado que a fonte de toda justiça é divina, pode-se afirmar que Deus é o supremo legislador da sociedade. O silogismo parece claro, mas entra em contradição com o código constitucional em que se estabelece uma câmara representativa com a exclusividade de ser depositária do poder legislativo. No entanto, se consideramos que é uma Constituição dada a um "povo católico", razão e revelação se unem para obter sua

---

27  *El Universal Observador Español*, sexta-feira 12 de maio de 1820.

28  O leitor poderá encontrar no anexo desta obra uma tabela na qual se indica em que dia e em que número do jornal se explica cada artigo.

29  *El Universal Observador Español*, sábado, 13 de maio de 1820.

felicidade, sobretudo e tendo em conta que – tal como ressalta o jornal – esse Código se deu "em meio ao estrondo inimigo". Isto é, em plena contenda com os franceses, que nesse momento representavam – Napoleão principalmente – o que havia de menos católico e mais ateu, tendo ficado a Revolução identificada com a violência mais extrema e com o antimonarquismo jacobino.[30] Por tudo isso, os editores de *El Universal* insistiram que só "a mais torpe ignorância ou a mais diabólica malícia" poderiam caluniar a obra constitucional e tentar desacreditá-la identificando-a com o período mais obscuro da Revolução Francesa. Sanar a primeira e anular a segunda serão os objetivos da seção dedicada a desentranhar os meandros da Constituição em chave liberal moderada.

Os artigos que compõem o Título I (Da Nação espanhola e dos Espanhóis), primeiro ao quarto, são explicados respectivamente em quatro números que vão do domingo 14 de maio à quarta-feira 17 do mesmo mês. O artigo 1 assinala – segundo os redatores – a igualdade de direitos e obrigações de todos os espanhóis europeus e americanos. Nesse sentido, insiste-se que, declarada a igualdade e a uniformidade entre uns e outros, já não é necessário continuar a guerra fratricida que se desenvol-ve naqueles territórios. A versão paternalista do liberalismo moderado que se fez ouvir em muitos discursos das Cortes em relação aos americanos também aparece-rá nesse artigo em forma de advertência. A independência, se fosse conseguida, não poderia ser garantida por qualquer governo estável e acabaria sendo revertida pela força conquistadora de alguma outra nação europeia. Por isso se concluía:

> Unidos à metrópole, garantidos seus direitos e representação nacional nas Cortes, para que conquistar a liberdade e a independência que já lhe oferece e assegura do modo mais solene a Constituição política da mo-narquia espanhola; Constituição que é tão sua como nossa?[31]

Nisso tinham razão os redatores: a Constituição era tão espanhola como ame-ricana, porém as interpretações que dela faziam os diferentes grupos e interesses

---

30  Sobre a propaganda antifrancesa do período da guerra de 1808-1814 e a identificação do espanhol com o católico, pode-se consultar JUNCO, José Álvarez. *Mater Dolorosa. La idea de España en el siglo XIX*. Madri: Taurus, 2001, esp. cap. VII.

31  *El Universal Observador Español*, domingo, 14 de maio de 1820.

políticos, ideológicos e também econômicos, dividiam-nos não no clássico binômio espanhóis/americanos, mas num crisol de matizes acomodatícias entre a reação mais absoluta e a revolução mais exaltada.

O artigo seguinte teve uma resenha muito breve. A independência e a liberdade da nação espanhola não eram questionáveis e, sobretudo, esta não podia pertencer ao patrimônio pessoal de nenhuma família ou pessoa. Recordemos que nos argumentos estabelecidos no debate desse artigo constitucional em 1811 alguns o aprovaram pensando em Napoleão e outros em Fernando VII.[32] Neste caso, a redação não deixava lugar a dúvidas e o contexto tampouco, pois se fazia referência explícita ao artigo 172 sobre as prerrogativas do monarca e as restrições às mesmas, entre as quais se encontrava a de não poder alienar, ceder, nem permutar parte alguma do reino. Para reforçar a função legislativa das Cortes, ainda acrescentava que só as leis aprovadas nelas podiam ser as que governariam o reino.

Surpreendentemente, a explicação do artigo 3 foi ainda mais breve. Ainda mais se a compararmos com as longas sessões que dedicaram os deputados em 1811 à sua discussão, e, sobretudo, pela introdução de um elemento discordante em sua argumentação:

> Este artigo declara a soberania da nação, e deduz dela o direito de estabelecer suas leis fundamentais, como o fizeram os *antigos Congressos nacionais*, e como o executaram em Cádis as Cortes extraordinárias, aperfeiçoando nossa Constituição política, e acomodando-a aos progressos que fez neste século a ciência de governar pelo sistema representativo.[33]

Tal como reivindicaram os representantes da tradição ilustrada em Cádis, não se tratava de uma nova e "moderna" Constituição, e sim de adequar a já existente aos progressos da ciência de governar. A mudança política se produzia assim sem transtorno, posto que tão só se eliminava o que era prejudicial nas monarquias absolutas e se fazia uma adaptação ao novo sistema monárquico moderado que, por

---

32   CHUST, Manuel e FRASQUET, Ivana. "Soberanía, nación y pueblo en la Constituición de 1812". *Secuencia*, n. 57, México: Instituto de Investigaciones José María Luis Mora, 2003, p. 39-60.

33   *El Universal Observador Español*, terça-feira, 16 de maio de 1820. Grifo nosso.

isso, incluía um governo representativo. Nisso insistirão os redatores em futuros artigos, supondo a preexistência de uma nação espanhola unificada e uniformizada desde o século XIII e reunida em Cortes medievais interpretadas na via liberal como "Congressos nacionais" representativos. Nem uma palavra sobre o revolucionário conceito de "soberania nacional" sancionado nesse artigo. A moderação fazia sua aparição em todo seu esplendor, roçando quase os limites da reação, mas sem atrever-se a cruzar a linha de um sistema que não garantia os direitos mínimos de cidadania política. Daí o contraste com o seguinte artigo, o quarto, dedicado a exaltar os direitos legítimos de todos os indivíduos que compõem a nação e ao sacrifício da independência e da liberdade pessoais por uma segurança garantida da convivência em sociedade. Clara alusão ao pacto social e à sua preservação por parte das leis e da Constituição. Notava-se aqui a posição ideológica do jornal que, sendo liberal, não pretendia exaltar os matizes políticos revolucionários da lei fundamental. E mais, disfarçava-os ou passava por alto sem dar-lhes maior importância: não será assim quando se trata de questões econômicas.

O capítulo II desse Título compreende os artigos quinto a nono. Em geral, a explicação desses artigos não inclui nada de novo ou notável. Novas alusões ao pacto social e ao respeito às leis emanadas de um governo eleito e à qualidade de bom cidadão ligado ao amor à pátria. A solução liberal se faz sentir novamente em questões de tributação, ainda que, brevemente, os redatores assinalem a necessidade de impostos de importação para a sustentação do Estado e a exclusão de "toda exceção privilegiada de classes, corporações ou pessoas" na distribuição proporcional das cargas de impostos.

### Nação, representação e soberania

Superados os artigos mais incômodos quanto à definição da nação e da soberania com breves e concisas alusões, *El Universal* passará a apresentar sua estratégia de campanha. A partir desse momento, seu objetivo – e quase sua obsessão – será demonstrar a correspondência dos artigos constitucionais com antigas leis espanholas e, para isso, não hesitará em fazer afirmações a-históricas e mistificar conceitos, em espirais argumentativas impossíveis. O desejo dos redatores – assim expresso – é

A EXPERIÊNCIA CONSTITUCIONAL DE CÁDIS 45

que se termine com as distintas jurisdições existentes no território e se assuma uma unidade nacional que supere as diferenças entre uns e outros:

> Nós [...] desejamos que em toda a Espanha, assim como temos um mesmo governo e mesmas leis, também tenhamos um só idioma e uniformidade de usos e costumes; e que de tal modo nos identifiquemos a ponto de chegar a esquecer as diferenças entre aragoneses, navarros, biscainhos, castelhanos etc., não se denominando de agora em diante mais do que espanhóis; o que se conseguirá, verificada a nova divisão do território, e se extinguirá imperceptivelmente a espécie de antipatia e estranheza que se mantêm como se pertencessem a nações distintas.[34]

Magnífico exemplo de construção de linguagem política adaptada a novas realidades históricas. O mesmo conceito de "nações" aplicado às variedades regionais espanholas em séculos anteriores seria aludido agora à "nação" que os redatores do jornal desejavam uniformizar? Existia ou se construía, portanto, um governo/estado espanhol e faltava a correspondente "nação"? O argumento nacionalista unificador de *El Universal* teria seu correlato nas propostas centralistas do liberalismo moderado desde os inícios da construção política do estado-nação. Ainda, já em época tão antiga quanto 1820 a invenção política da nação espanhola uniforme e unificada – desde o moderantismo – deixava de fora qualquer referência ou alusão aos espanhóis do outro hemisfério. A construção moderada, e futuramente conservadora, do nacionalismo espanhol se restringia ao estrito território peninsular.[35] Daí que as escassas referências à América ou aos americanos por parte dos redatores do *El Universal* ficaram reduzidas a meras menções em alguns artigos constitucionais que, em nenhum momento, pretendiam transmitir uma construção identitária conjunta do que havia sido definido como "a reunião dos espanhóis de ambos os

---

34 *El Universal Observador Español*, quarta-feira, 24 de maio de 1820. A data se refere ao artigo 11 da Constituição.

35 E assim seria, pois a revolução liberal se consuma na Espanha na década de 30, uma vez independente a maior parte dos territórios americanos e relegando à qualidade de colônias àqueles que ainda ficaram nela."El liberalismo doceañista, 1810-1837", em CORTINA, Manuel Suárez (ed.). *Las máscaras de la libertad. El lliberalismo español, 1808-1950*. Madri: Marcial Pons, 2003, p. 77-100.

hemisférios". Ao contrário, insistia-se que a qualidade de espanhol se obtinha por nascimento no território, definido como "Espanha", identificado expressamente como a península e evitando, conscientemente, o termo monarquia espanhola, que podia englobar suas outras partes territoriais.

Nessa construção identitária da nação espanhola, o liberalismo moderado encarnado nesse jornal plasmará uma visão histórica dessa nacionalidade remontada à época visigoda e resgatada agora pelo constitucionalismo gaditano. Como esclarece José Álvarez Junco, é o pensamento liberal do século XIX que atribui um protagonismo histórico à nação espanhola dividida em épocas passadas, em que a Idade Média supunha a idade de ouro e o advento dos Habsburgos produziu a supressão dos direitos e da soberania nacional.[36] Em seu argumento, a monarquia moderada ou o governo misto apareciam como os únicos capazes de evitar a anarquia que supunha viver em sociedade sem obedecer a leis e regras. "Os homens reunidos em sociedade necessitam submeter-se a certas regras de conveniência mútua",[37] explicava *El Universal*, e para isso dotaram-se de um corpo moral "chamado Governo". Desse modo, o governo moderado tinha existido na Espanha desde o século V, quando se estabeleceram os visigodos, porque estes não outorgaram nunca a seus reis uma autoridade ilimitada, porém estava "limitada pelo poder da representação nacional, depositada então nos bispos e principais dignitários do Estado e reunida nos conselhos nacionais". Nem mais nem menos. Para os redatores eram a mesma coisa a "representação nacional" das Cortes de Cádis e a dos Concílios do século V, aos quais só tinham acesso bispos e dignitários. Antes, nisso residia a necessidade de legitimar as evidentes mudanças introduzidas pela Constituição gaditana.[38] Sua reflexão política comprometida e a-histórica lhes servia para situar os inícios da nação espanhola naqueles tempos remotos com a finalidade de demonstrar que a Constituição de 1812 não era mais que uma reelaboração e reestruturação de antigas leis e costumes políticos já existentes desde há muito tempo. A resenha do artigo constitucional 27 foi a ocasião propícia para demonstrá-lo, apesar de assumir

---

36  Junco, José Álvarez. *Mater Dolorosa. La idea de España em el siglo XIX*. Madri: Taurus, 2001, p. 430.

37  *El Universal Observador Español*, sexta-feira, 26 de maio de 1820.

38  García, Antonio Rivera. *Reacción y revolución en la España liberal*. Madri: Biblioteca Nueva, 2006, p. 42.

A EXPERIÊNCIA CONSTITUCIONAL DE CÁDIS

inicialmente as diferenças: "Neste capítulo se observará a notável diferença entre as Cortes modernas e as antigas. Desde a fundação da monarquia dos godos no século V, sempre houve na Espanha uma representação nacional, constante em seus fins, mas variada segundo a época em sua formação, em suas classes e pessoas que a compunham".[39] Assim, a cronologia histórica da representação nacional era a seguinte: na primeira época os godos "deram à nação uma nova forma de governo" e um código de leis – o *Fuero Juzgo*. Durante essa época o "congresso nacional" tratava de temas eclesiásticos e políticos e se compunha dos bispos, abades e autoridades mais importantes do estado. Além disso, atribuía-se a esses conselhos autoridade soberana. Para os redatores parecia claro que o sistema institucional observado pelos reis godos continha os princípios da representação nacional, daí que afirmaram que "nossos" *conselhos nacionais* foram as Cortes ou estados gerais da monarquia gótica".[40] A mistificação conceitual é óbvia e o salto mortal histórico mais que revelador. Na segunda época os espanhóis se refugiaram nas montanhas depois da invasão sarracena e ali mantiveram o costume de reunir a representação nacional. Mais ainda, em meados do século XII se incluiu a novidade de reunir também – junto aos príncipes, magnatas e varões do reino – os procuradores das povoações. Ou seja, segundo os redatores, ao Terceiro Estado. Esse costume se manteve até fins do século XV. Seguindo claramente Martínez Marina – mesmo que sem citá-lo –, os redatores do *El Universal* afirmavam que as Cortes medievais haviam sido populares, pois o povo era representado nelas por seus deputados.[41] Daqui saiu a força que reuniu "Castela e Aragão, acabaram de expulsar os mouros, descobriu-se o novo mundo e formou-se o estado mais poderoso da Europa".[42] Os anacronismos conceituais e as

---

39 *El Universal Observador Español*, sábado, 1º de julho de 1820.

40 As perguntas parecem óbvias: Que valor tinha no século V a nação assim denominada? Que território representava? E, sobretudo, que tipo de estado sustentava?

41 A obra de Martínez Marina, *Ensayo histórico-crítico y Teoría de las Cortes*, supõe a influência mais determinante na construção do mito das Cortes medievais "democráticas". Esse autor chegou mesmo a afirmar que as Cortes medievais "foram antes de tudo defensoras dos direitos do homem e do cidadão e dos interesses da sociedade", citado em A. Rivera García, *Reacción y revolución*, p. 45.

42 Argumentos da construção épica da nação que, como explica Álvarez Junco, no século XIX foram defendidos pelo liberalismo em contraposição à visão nacional-católica dos antiliberais. Para seguir esse relato até a apropriação dessa épica pela direita nacionalista do século XX, veja-se J. Álva-

identificações do passado com conceitos e fatos só possíveis na realidade do início do século XIX, e depois das mudanças revolucionárias das Cortes de Cádis, não diminuem a interpretação que esses liberais moderados assumiam para legitimar e defender a Constituição gaditana de seus detratores. Isto é, o período gaditano era projetado – conscientemente – como uma continuidade, não como uma mudança liberal. A esse respeito, a Santa Aliança podia ficar tranquila.

Até aqui, era a época dourada da nação espanhola, que se veria subjugada a partir do século XV pelas dinastias estrangeiras da Casa da Áustria e Casa de Bourbon. A terceira época, portanto, viria marcada pela apropriação da representação nacional por parte de protegidos da Coroa e aristocratas que arrebataram das vilas e cidades sua autoridade nas Cortes. Esses reis "oprimiram os povos e usurparam todo seu poder, autoridade e jurisdição";[43] houve um esbulho de foros que suportaram as povoações por muito tempo, observando como norma geral a não concorrência das cidades e das vilas com a representação nacional. É assim que, segundo *El Universal*, o despotismo dos monarcas absolutos privou o povo espanhol de direitos inerentes à sua configuração e que as Cortes de Cádis e sua legislação não fizeram mais do que devolver à nação o que já era seu. Além disso, a nação – que conhecera o despotismo e os vícios do antigo sistema de governo – queria recuperar seu esplendor e corrigir os erros, por isso se conformara com um só corpo legislativo, as Cortes, de que podiam ser membros todos os cidadãos sem nenhuma distinção ou prerrogativa. Uma vez negado o caráter estamental das assembleias medievais e apresentado-se estas como "congressos nacionais" com caráter representativo, inclusive com capacidades legislativas, procedeu-se à adição do elemento moderno e liberal: a divisão de poderes.[44] Apesar de tudo, os articulistas reconheciam – na glosa dos artigos 28 e 29 – que a base da representação nacional que "agora se compõe de todos os cidadãos de ambos os hemisférios, e que é a mais natural e adequada aos princípios da asso-

---

rez Junco, *Mater Dolorosa, op. cit.*

43 *El Universal Observador Espahol*, quarta-feira, 5 de julho de 1820.

44 A. Rivera García indica que Martínez Marina era um bom leitor de Montesquieu e os redatores do *El Universal* o corroboram, pois é a autoridade mais citada ao longo das glosas e dos artigos constitucionais. Como indica esse autor, já em *El Discurso preliminar a la Constitución* se alega que a soberania nacional se deduz da "proteção das liberdades do povo pelas cortes e fóruns e Aragão, Castela e Navarra". Antonio Rivera García, *Reacción y revolución*, p. 47.

A EXPERIÊNCIA CONSTITUCIONAL DE CÁDIS

ciação política, não foi sempre a mesma na Espanha; ou, melhor dizendo, jamais o foi no todo e com a igualdade que agora se estabelece".[45] Admitia-se que as formas de compor essa representação nacional padeciam de graves inconvenientes, mas prosseguia-se com a argumentação já apresentada: desde o século XV compunha-se exclusivamente de clero, nobreza e 18 cidades capitais. Foi então que "desapareceu a representação nacional como uma imagem fantástica e não recobrou sua verdadeira consistência até a época de nossa regeneração política".[46] Tradição e Modernidade de mãos dadas. Parecia que nada havia acontecido entre o século V e o XIX, apenas alguns séculos de obscurantismo e despotismo que era preciso esquecer e apagar da história. O liberalismo moderado remexia o passado para cimentar seus argumentos ideológicos no campo cultural. Não nos esqueçamos do contexto de 1820. As monarquias moderadas, quando não a reação aberta, haviam se instalado nas potências mais poderosas da Europa, que viam com receio o restabelecimento do constitucionalismo na monarquia espanhola. Além disso, essas potências dispunham de força armada suficiente para enfrentar, se necessário de forma violenta, os liberais espanhóis. O discurso destes, portanto, se encaminhava não só para convencer os reticentes internos das virtudes históricas da Constituição gaditana, mas também calar as suspeitas que começavam a ser levantadas externamente. A atitude de Fernando VII, como sabemos, não ajudou em nada a tarefa desses liberais, pois suas contínuas atividades conspiratórias terminaram por conseguir precisamente o que eles tentavam evitar.[47]

Quanto à soberania, já vimos como os redatores do jornal passaram por alto de uma profusa explicação do artigo terceiro, pois continha as bases do princípio revolucionário

---

45  *El Universal Observador Español*, quinta-feira, 6 de julho de 1820.

46  Em contraposição a essas argumentações de Martínez Marina sustentadas pelos moderados, Ramón Salas, liberal revolucionário, escreveu em suas *Lecciones de derecho público constitucional* em 1821 que as cortes medievais não eram assembleias representativas, mas que simplesmente se limitavam a votar as contribuições, sem outras prerrogativas políticas.

47  A argumentação da pressão europeia e da Santa Aliança sobre o sistema constitucional espanhol do Triênio é reiterada na obra de Agustín Argüelles em sua obra *De 1820 a 1824. Reseña Histórica*, Madri, Imp. A. de San Martin e A. Jubera, 1864. Essa obra foi escrita em 1827, durante o exílio do autor, e seu título original era *Apéndice a la sentencia de la Audiencia de Sevilla*. Foi publicada pela primeira vez em 1834.

do liberalismo gaditano: a soberania reside em todos e em cada um dos cidadãos que formam a nação. Nesse sentido, não querem explicitar os atributos de um pacto social conformado pela vontade dos cidadãos que o compõem, de que emana o poder político e, portanto, um conceito constitucional de nação entendido como a reunião do conjunto dos espanhóis e não como uma realidade cultural anterior e superior ao mesmo.[48] No entanto, dedicam-se, sim, a explicitar outros atributos da soberania, como o exercício dos cargos públicos. O liberalismo dos redatores do *El Universal* revela-se quando se referem à conformação das juntas eleitorais estabelecidas no Título III da Constituição.

> Que honra maior do que representar em alguns desses ofícios o povo reunido, que é uma parte da nação e uma fração da soberania? E que maior crime para a sociedade do que a repugnância em preencher os deveres que o pacto social nos impõe? Se todo cidadão, sem distinção alguma, está obrigado a contribuir na proporção de seus haveres para os gastos do estado, [...] se todos estão igualmente obrigados a empunhar as armas quando a pátria os chame [...], com quanta maior razão estarão obrigados a servir os ofícios da república?[49]

O exercício dos cargos públicos, assim como o de deputado, é a honra mais satisfatória que poderia caber a um bom cidadão. Dada a igualdade perante a lei, tanto em direitos como em obrigações, já não existem motivos para querer exonerar-se de semelhantes encargos. Além disso, os deputados contraem com a nação um "pacto tácito" ao serem nomeados seus representantes. Em certo sentido, e sem dizê-lo abertamente, os redatores estavam deslocando o conceito liberal de soberania nacional exercida através dos representantes, ainda que em última instância a fonte de poder sempre fosse o povo, expressa nestas palavras: "Tu não és mais que cada um de nós". Por isso, os deputados tinham a missão de levar ao congresso nacional a voz das populações a quem representavam e se confiava neles para que respeitassem e fizessem respeitar as leis emanadas das mesmas.

---

48  A. Rivera García, *Reacción e revolución*, p. 52.

49  *El Universal Observador Español*, sexta-feira, 4 de agosto de 1820.

## Gênese do liberalismo moderado: monarquia e religião *versus* cidadania e divisão de poderes

A sociedade, bem instruída pela história do espírito humano [...], adotou quase geralmente o governo monárquico hereditário, que sem disputa previne e evita aquele número de males sem conta a que se expõem as nações [...], confiando sua sorte às eleições de supremos chefes [...].[50]

A monarquia – proposta como hereditária desde a época medieval – foi uma das premissas fundamentais do restabelecimento da constituição histórica por parte dos liberais moderados, que, seguindo Martínez Marina também nisso, viam nela o reforço necessário dos súditos a seu monarca. Como indicava *El Universal,* por ocasião da glosa do artigo 13 da Constituição referente à felicidade da nação, as múltiplas tentativas de sistemas de governos e as demais experiências haviam ensinado aos povos que os mais adequados entre eles eram os governos mistos e moderados. O editorial se esforçava por demonstrar que na monarquia espanhola essa havia sido a forma de governo desde o período antigo, portanto, era um sistema consubstancial ao povo espanhol, que, além disso, era propenso à moderação.

Os redatores se valeram dos artigos relativos à formação das leis e à sanção real para iniciar uma argumentação a favor dos sistemas de governo moderados. Neste caso, Montesquieu era a autoridade citada para explicar que o equilíbrio de poderes se baseava precisamente na capacidade que o rei tinha para sancionar as leis, mas estando obrigado a obedecê-las. Ao mesmo tempo, o poder legislativo não podia propor as leis sem o consentimento do monarca, senão se arrogaria todo o poder.

> Ao monarca em seu Governo misto ou moderado é necessário que tenha a faculdade de impedir, porém não de estabelecer [...] o poder executivo deve tomar parte na formação das leis, exercendo a faculdade de impedir sem a qual seria muito rapidamente despojado de suas prerrogativas. [...] Nossa Constituição, mais moderada e mais favorável à liberdade, exige na formação das leis de absoluta necessidade a sanção real [...].[51]

---

50   *El Universal Observador Español*, sábado, 27 de maio de 1820.

51   *El Universal*, segunda-feira, 5 de fevereiro de 1821.

Nesse sentido, os redatores do jornal aprovavam também como uma virtude desse governo moderado a capacidade de veto que as Cortes haviam conferido ao monarca. Assim, argumentavam que era próprio de governos moderados que o monarca pudesse exercer livremente a prerrogativa de negar a sanção de uma lei, mas não podia fazê-lo a seu arbítrio ou caprichosamente, e sim, fundando os motivos e dando explicações sobre sua razão. Com isso, como interpretava *El Universal*, a Constituição gaditana era muito mais sábia que outras e mais digna de um povo livre, pois equilibrava o excesso de poder de um monarca, que podia converter-se num déspota sem a limitação das leis, ou, ao contrário, a extravagância de um legislativo, que sem freio algum poderia degenerar em anarquia descontrolada. Daí que se louvava também a iniciativa dos deputados para propor leis às Cortes, qualidade – por outra parte – inerente aos representantes da nação. Insistia o jornal que outros Estados possuíam constituições nas quais a iniciativa das leis pertencia ao monarca e os deputados apenas debatiam as matérias e os projetos que lhes apresentavam os ministros. "Nesta parte – argumentavam – nossa Constituição é muito mais liberal, porque o voto público tem tantos condutos para fazer-se ouvir quantos deputados se achem no Congresso".[52] Isto é, nesses momentos de gestação do pensamento liberal moderado marcavam-se os pontos relevantes do mesmo. A moderação, ou equilíbrio, ou *justo meio*, eram o objetivo, mas sem esquecer a capacidade transformadora do liberalismo, ainda que às vezes esta tenha ficado minimizada nas argumentações para eludir precisamente a profunda mudança operada no sistema de governo. A teoria do justo meio, como bem indica Antonio Rivera, chegou ao pensamento moderado por influência do doutrinário francês Guizot, unida ao ecletismo de Cousin. Daí que, como demonstram os propagandistas desse jornal, o pensamento liberal moderado tenha sido considerado eclético, a meio caminho entre a superação de privilégios passados do Antigo Regime e a combinação de princípios modernos como a liberdade e a ordem. Esse liberalismo, estudado muito melhor a partir da década de 30, quando se forma o Partido Moderado, pretendia

---

52 Continuava o editorial: "A iniciativa das leis, reservada ao monarca, se acha estabelecida em outros governos para conter os excessos das opiniões democráticas, medida que seria supérflua entre nós pela moderação característica do povo espanhol e por nossa adesão inveterada aos princípios educacionais". *El Universal*, quarta-feira, 24 de janeiro de 1821.

acabar com o absolutismo e a ordem estamental – daí seu liberalismo –, porém, sem transtornar a ordem social, isto é, rechaçando o método revolucionário.[53]

Mas o que foi articulado na Constituição gaditana obrigava esses liberais a realizar sérios equilíbrios ideológicos a cada passo. O capítulo IV do Título II, dedicado à formação da cidadania, supôs um verdadeiro esforço de combinação de elementos antigos e tradicionais das leis espanholas com o novo "espírito do século". A respeito da cidadania, os redatores faziam sentir seu liberalismo apoiado nas máximas gaditanas. Só em um estado livre, governado pelo império da lei, podiam os naturais, os habitantes, serem considerados cidadãos, posto que eles constituíam uma parte da soberania. Prosseguiam: só os cidadãos têm direitos emanados do pacto social, sem os quais o homem não pode se considerar livre nem cidadão. Alusão obrigatória era o estatuto de cidadãos que haviam recebido os naturais da América, por serem considerados como originários. Nessa distinção, como sabemos, baseava-se a diferença entre direitos passivos e ativos da cidadania gaditana. Outra coisa será tentar justificar a exclusão das castas desses direitos. *El Universal* não se destaca precisamente pela integração de argumentos a favor dos americanos, nem se esforça por mostrar o caráter hispano-americano da Constituição, coisa que por outro lado, tampouco estaria entre as prioridades dos moderados. Bem ao contrário, como já indicamos, consolidada a revolução nos anos 30, optaram por isolar o que restava do Império espanhol dentro da monarquia moderada. Por isso, no artigo referente à exclusão das castas da cidadania política, puseram todo seu esforço explicativo em destacar a fresta pela qual, por meio da virtude e do merecimento, deixavam a porta timidamente entreaberta para que esse grupo social tivesse acesso à cidadania. Os redatores insistiam que as leis espanholas haviam favorecido o fim da escravidão, coisa de resto totalmente falsa, pois mais de uma vez se rechaçou até mesmo o debate desse tema nas Cortes.[54] Apesar disso, mostrava-se a Constituição gaditana como a única

---

53   Numa excelente obra sobre os inícios do Partido Moderado, Fidel Gómez fala até de "revolução conservadora" para qualificar a ambiguidade e o ecletismo característicos desse pensamento. Ochoa, Fidel Gómez. "Pero ¿hubo alguna vez once mil vírgenes? El Partido Moderado e la conciliación liberal, 1833-1868". In: Cortina, M. Suárez. *Las máscaras de la libertad. El liberalismo español, 1808-1950*. Madri: Marcial Pons, 2003, p. 135-168.

54   Veja-se, a propósito, o magnífico estudo sobre as discussões políticas da escravidão nos casos espanhol e português de Berbel, Marcia R. e Marquese, Rafael B. "La esclavitud en las experiencias constitucio-

numa monarquia com império que havia incluído essas cláusulas em seu conjunto de artigos e, que além disso, concedera esses direitos aos índios.

Iam ainda mais longe os redatores da publicação, pois distinguiam perfeitamente entre direitos e privilégios. Os primeiros eram aqueles de que gozava um sistema de governo representativo, os segundos, os que existiam nas monarquias absolutas:

> [...] os cidadãos têm preciosos direitos, que nunca gozaram nos [regimes] puramente monárquicos e absolutos, e nos que são regidos pelo sistema da aristocracia: nestes dois o direito de cidadão não é mais que um benefício, ou, se se quiser, um privilégio, porque no governo moderado e constituído o cidadão é parte da soberania segundo a lei, e da maneira que declara a lei; [...][55]

Assim, ficava aberto o caminho para a justificação de que só seriam considerados cidadãos aqueles que obtivessem os direitos políticos, plasmados no artigo 23 da Constituição. Desse artigo inferiam os redatores que se obteria a prosperidade necessária para a nação e a boa ordem econômica e da administração pública. Para os liberais moderados, a liberdade em questões econômicas era a chave para o progresso e o desenvolvimento de uma classe social, "a classe média" – como eles a chamavam – representativa da prosperidade comercial e política. Essa classe abastada, ilustrada, próspera, em quem o instinto de liberdade se desenvolvia de forma natural, era a mais adequada para exercer os cargos públicos e representar a nação no Congresso, porque podia distinguir entre o proveito particular e o bem geral, objetivo último de sua participação política e da expressão mais acabada do governo misto.[56]

Desse modo, *El Universal* prestou muita atenção à glosa dos artigos constitucionais dedicados às faculdades do poder legislativo e do executivo. Neles se condensava – em sua opinião – a conformação desse governo misto tão adequado às

---

nales ibéricas, 1810-1824". In: FRASQUET, Ivana. (coord.). *Bastillas, cetros e blasones. La independencia en Iberoamérica,* Madri: Fundação Mapfre, 2006, p. 347-374.

55  *El Universal Observador Español,* quinta-feira, 1º de julho de 1820.

56  Assim o expressavam dois representantes do liberalismo moderado, como eram Alcalá Galiano e Francisco Martínez de la Rosa. Cit. en A. Rivera García, *Reacción y revolución*, p. 100.

circunstâncias. Uma a uma, ia dissecando no periódico as atribuições contidas nos artigos constitucionais 131 a 156, relativos à formação das leis e à sanção real. Cada uma das disposições foi analisada em pormenores numa tentativa de reforçar a linha argumentativa que o jornal vinha desenvolvendo desde seu início: demonstrar que a Constituição de 1812 não era tão radical nem jacobina como seus detratores haviam pretendido. Para isso, os redatores resgataram as *leys de las Partidas* em mais outro dos argumentos a-históricos apresentados a favor do restabelecimento da constituição histórica.[57] O capítulo VII, portanto, dedicado às faculdades das Cortes, estabelecia o equilíbrio essencial e indispensável dos governos representativos conforme a divisão dos três poderes: "É tão necessário que a representação nacional não exceda os limites que a Constituição lhe assinala quanto o rei, seus ministros e os tribunais se contenham nos seus".[58]

A respeito do poder executivo e suas prerrogativas, o jornal insistia novamente no reforço da divisão de poderes devido aos limites em que o monarca devia conter-se na hora de sancionar as leis e exercer seu direito de veto. Uma vez mais, Montesquieu oferecia argumentos para explicá-lo: "O poder executivo [...] deve estar nas mãos do monarca, porque essa parte do governo tem quase sempre necessidade de uma ação imediata, que será administrada melhor por um do que por muitos; enquanto que o que é da competência do poder legislativo será mais bem ordenado por muitos do que por um só".[59] Como vemos, o liberalismo moderado estava sendo gestado nesses argumentos que transpiravam contradição e ecletismo por todos os lados. Enquanto se defendia o governo misto, cantavam-se louvores à divisão de poderes. Tais arranjos moderados vão se delineando no pensamento desses políticos e se consolidarão nos anos 30 do século XIX, uma vez regressados do exílio.[60] A fratura do liberalismo, ainda que inconscientemente, começava a

---

57  Em outro aparte insistiam: "Demonstramos que quase todas [as faculdades do legislativo] se achavam contidas nos antigos forais e nas liberdades que a nação exercia antes da dominação da dinastia austríaca". *El Universal*, terça-ferira, 23 de janeiro de 1821.

58  *El Universal*, quinta-feira, 23 de novembro de 1820.

59  *El Universal*, terça-feira, 21 de agosto de 1821.

60  A partir dos anos 30, o pensamento moderado preferirá o governo misto à divisão de poderes ainda defendida nas páginas do *El Universal*.

produzir-se desde 1820 e se cristalizará nas reivindicações dos progressistas, por um lado, e dos moderados ou conservadores, por outro.

Até aqui os redatores se esforçavam por demonstrar – e pareciam consegui--lo – o equilíbrio moderado do sistema de governo estabelecido pela constituição gaditana. Porém, como combinar isso com a acepção da "monarquia católica", título ostentado por Fernando VII – um dos bourbons cuja dinastia o jornal insultava – que ademais aludia à origem divina do poder real? Ainda mais quando o artigo 169 reconhecia esse tratamento protocolar para o monarca. *El Universal* teve de lançar mão aqui de toda sua capacidade literária e argumentativa para justificar a manutenção do título e, por sua vez, demonstrar que não significava mais poder para o rei do que o estabelecido pela limitação das leis. Majestade – escrevia o editorial – significa rigorosamente soberania e aludia à "majestade do povo" em tempos da república romana. Contudo, por que ir buscar exemplos tão distantes no tempo e no espaço? Sem dúvida eram menos incômodos e mais justificáveis. O que haviam feito as Cortes de Cádis em 1810, senão se atribuir o tratamento da soberania em representação da nação? Nem uma palavra alusiva a esse respeito. Esse havia sido precisamente um dos argumentos dos antiliberais para acusar a Constituição de jacobina, ao mesmo tempo em que, recordemos, também havia suposto uma das mais graves acusações contra os deputados liberais gaditanos durante o sexênio absolutista. Nos julgamentos celebrados contra eles se lhes acusava de delitos de lesa-majestade por ter usurpado o tratamento real.[61] Conscientemente, os redatores evitavam ressaltar as particularidades mais revolucionárias da constituição, passando pelos temas nas pontas dos pés ou simplesmente evitando-os, como era o caso. Ao contrário, aproveitavam qualquer ocasião para descarregar sua capacidade argumentativa contra as dinastias austracista e bourbônica em clara acusação de despotismo:

> Os imperadores usurparam esse tratamento com o poder soberano, que deslocaram segundo sua vontade despótica; os reis o aplicaram quando foram absolutos, e o conservam pelo uso universal, mesmo nas monarquias mistas ou moderadas: e a Constituição, conservando essas honras ao

---

61 *Juicio político en España contra Miguel Ramos Arizpe*, compilação e introdução de Antonio Martínez Báez, México: Senado da República, 1987.

monarca, não obstante haver declarado a soberania da Nação, quis deixar ao trono o esplendor desse alto título, que também poderia pertencer-lhe em razão da parte que tem no exercício da soberania pela sanção das leis.[62]

Aqui estava o nó argumentativo. Em realidade, e timidamente, se reconhecia que a soberania era da nação – assim sancionada no artigo terceiro – porém, se quis manter o título que, pelo uso universal, havia se estabelecido no tratamento dos monarcas, inclusive nos governos representativos. Para sustentar isso, o editorial remontava ao uso do tratamento pelos reis desde a época de Carlos I, que, havendo reunido as coroas do Império prussiano e espanhol, introduziu o título de Majestade Cesárea". Antes dessa época – diziam – os reis tinham só o tratamento de "Senhor", ao qual se acrescentavam alguns elogios lisonjeiros e aduladores. No entanto, o que ocorria com a qualificação de "Católico" aderida à dignidade real? Conferia uma qualidade especial aos monarcas espanhóis? Os reis Fernando e Isabel haviam sido designados católicos pelo Papa em reconhecimento à "expulsão dos mouros", porém, para os redatores de *El Universal*, não era mais que isso. Era um reconhecimento hereditário como o que ostentavam outros reis europeus: Cristianíssimo, o rei da França, Fidelíssimo, o de Portugal, Apostólico, o da Hungria e Defensor da Fé, o da Inglaterra. O Papado havia concedido esses títulos em virtude de sua preponderância acima das coroas e para demonstrar sua superioridade espiritual sobre os governos da terra. Entretanto, isso não significava que o mencionado título outorgara uma qualidade que se posicionava por cima das qualidades governativas sujeitas às leis que um monarca devia ter na era da razão e do Iluminismo, e nisso os propagandistas queriam ser explícitos. Por ocasião da glosa do artigo 155, referente à fórmula pela qual se publicavam as leis, explicavam:

> Essa fórmula para a promulgação das leis contém a cláusula geralmente usada por todos os reis, *pela graça de Deus*, a qual não significa que as famílias reinantes tenham uma especial delegação de Deus para governar aos povos, e por conseguinte, que de sua instituição derive direito divino, como se acreditou em tempos de ignorância e escravidão [...][63]

---

62  *El Universal*, sábado, 18 de agosto de 1821.

63  *El Universal*, quarta feira, 11 de julho de 1821. Para uma interpretação diferente da que fazem esses

Ou seja, apesar de reconhecer e insistir com prazer que a Constituição gaditana era uma recomposição de antigas leis, das quais só algumas haviam sido modificadas para adaptá-las aos tempos modernos, os articulistas tornavam claro o questionamento do poder divino dos monarcas. Como vimos em outras ocasiões, sua moderação não lhes impedia de reconhecer seu liberalismo. Em alguns temas não havia discussão possível nem argumentação válida. Mais do que isso, alongavam-se para deixar claro seu posicionamento. Se o poder do rei não provinha de Deus, então de onde? Da "Constituição da monarquia espanhola". Uma lei que havia reconhecido no trono a família reinante e que concedia ao monarca a faculdade de reinar e governar conforme a constituição do Estado. Sem dúvida, essas afirmações estavam relacionadas com a explicação que havia sido feita do artigo 12 da Constituição, artigo – como se sabe – no qual se reconhecia a religião católica como a única possível no Estado. Para os redatores, esse artigo era exemplo do que eles tentavam demonstrar constantemente, que a Constituição era um modelo de moderação e que em nada tinham sido excedidos os limites desta. Por isso, aludiam sarcasticamente a um futuro em que os legisladores e toda a sociedade não entenderiam como se pudera perseguir e ter por irreligiosos e ímpios os deputados que a compilaram: "Custará trabalho a nossa posteridade convencer que no segundo decênio do século XIX tentou-se fazer passar por destruidor da religião um Código de princípios fundamentais [...] É difícil adivinhar se lhes assombrará mais a estupidez dos caluniadores ou a paciência dos caluniados, mas é fácil assegurar que perguntarão se em nossos dias se sabia ler na Espanha, porque neste caso deveriam ter sido apedrejados os que propagaram tamanhos absurdos" [...].[64] Além disso, seguindo o debate que durante os anos do Triênio se levará a cabo sobre o tema da religião, os redatores defendem a proibição da liberdade de cultos justificando que a fé católica é a que professam os espanhóis desde sempre e por isso não pode ser tachada de intolerante.[65] Para esses liberais moderados, a liberdade de consciência faz

---

liberais do conceito de "católica" aplicado à monarquia espanhola, veja-se PORTILLO, José María. *Revolución de Nación: orígenes de la cultura constitucional em España, 1780-1812*. Madri: CEC, 2000.

64 *El Universal Observador Español*, quinta-feira, 25 de maio de 1820.

65 GARCÍA, A. Rivera. *Reacción y revolución*, p. 87.

parte de sua trama ideológica, por isso advertem que não se perseguirá o exercício de outros cultos privados sempre que não propendam ao proselitismo.

Por tudo isso, observamos nessa defesa da religião um objetivo interessado dos liberais moderados. Uma vez mais, não podemos esquecer o contexto histórico em que estão sendo defendidos esses argumentos. A Europa reacionária, em que as monarquias ultras selaram uma aliança santa para restabelecer a religião católica onde fosse usurpada pelo liberalismo revolucionário, ameaça destruir a obra liberal, em caso de manter os "excessos". Junto a isso, havia a lembrança de uma etapa funesta e obscura da recente história do país vizinho, França, onde o ateísmo de um governo sem divindade e sem culto se identificava plenamente com a adoção de um sistema republicano; e a do próprio, quando um Napoleão quis estabelecer "a república sobre a degradante base do materialismo".[66] "O que eram os materialistas e ateus?", perguntava-se o editorial: "Monstros, não homens", respondia. Monarquia e Religião, portanto, formam parte da trama ideológica e filosófica de um liberalismo que começa a matizar suas reivindicações mais revolucionárias da etapa anterior.[67] Já nos anos 30, um representante do liberalismo moderado como Alcalá Galiano concedia à religião a capacidade de manter firme o sistema político ao mesmo tempo em que reconhecia que "não estamos numa época em que se possa estabelecer uma constituição sobre um princípio religioso".[68] Apesar disso, esses princípios nunca serão colocados na mesma chave em que o fará o pensamento reacionário, antiliberal e conservador, no qual o catolicismo sempre seria muito superior quanto a respeito e firmeza do que a monarquia.[69]

---

66  *El Universal Observador Español*, quinta-feira, 25 de maio de 1820.

67  Já insistimos nessas questões em outra obra, FRASQUET, Ivana "Alteza *versus* Majestad: El poder de la legitimidad en el Estado-nación mexicano, 1810-1824". In: MÍNGUEZ, Víctor; CHUST, Manuel (eds.). *El imperio sublevado. Monarquía e Nación en España y Hispanoamérica*. Madri: CSIC, 2004, p. 255-276.

68  GALIANO, Antonio. Alcalá *Lecciones de Derecho político*. Madri: CEC, 1984, p. 71. Sobre a figura de Alcalá Galiano e seu pensamento político trabalhou GARCÍA, Raquel Sánchez. "El primer exilio de Alcalá Galiano, 1824-1834". *Investigaciones Históricas*, n. 19, 1999, p. 143-157. Também "Alcalá Galiano y el partido moderado", *Historia y Política*, n. 8, 2002, p. 255-272. Mais recentemente, a mesma autora publicou *Alcala Galiano y el liberalismo español*, Madri: CEPC, 2005.

69  Sobre o pensamento absolutista e reacionário pode-se consultar GARCÍA, A. Rivera. El *dios de los tiranos*. Editora Almuzara, 2007.

O liberalismo moderado reunia, portanto, ordem (no político) e liberdade (no econômico), num esforço de superar uma monarquia pura de origem divina (mais própria dos reacionários e tradicionalistas) e conter algumas reivindicações revolucionárias que tinham sua base na liberdade e na soberania nacional.[70] O interessante neste caso é que já aparecem claramente esses pressupostos em 1820, quando normalmente se atribuem mais às obras que os liberais escreveram depois do exílio forçado entre 1823 e 1833. Nessas obras,[71] os moderados apontavam que a fratura do liberalismo se produzira por questões de tipo político, mais do que por considerações relativas ao sistema econômico e social que se devia adotar. Por isso, consideramos que os argumentos e pensamentos vertidos nesses anos por *El Universal* sobre a Constituição e, em última instância, sobre a legislação gaditana liberal, são um claro exemplo de gestação e gênese do futuro liberalismo moderado ao qual antecedem em quase mais de dez anos quanto à consolidação da fratura do liberalismo. Isso matizaria a tese de que os políticos liberais espanhóis se voltaram para a moderação depois de entrar em contato com outros sistemas de governo no exílio, uma vez que desde 1820 já tinham começado a defender os matizes moderados para a revolução. Isso sem esquecer que o primeiro exílio pôde influir já na divisão entre os liberais.

## O ponto liberal revolucionário dos moderados: economia e tributação

Se em algum âmbito se expressa com mais clareza o liberalismo dos moderados é nas questões relativas à economia e à propriedade. A crítica furiosa das práticas políticas da dinastia bourbônica se intensifica ainda mais com as questões econômicas, em que os redatores de *El Universal* exporão suas convicções liberais sem rodeios. Já tínhamos adiantado suas reivindicações liberais revolucionárias quanto à consideração da igualdade contributiva explicitada no artigo oitavo da Constituição: a proporcionalidade e a igualdade fiscal excluíam todo privilégio de classes, corporações ou pessoas. A partir de um artigo aparentemente irrelevante como o 93 da Constituição gaditana, o editorial do periódico lança os argumentos

---

70 GARCÍA, A. Rivera. *Reacción y revolución*, p. 97.

71 São clássicos os livros que publicaram GALIANO, A. Alcalá. *Recuerdos de um anciano*. Madri: BAE, 1955, e ROSA, Francisco Martínez de la. *El espíritu del siglo*. Madri: BAE, 1962.

mais combativos contra o sistema de propriedade do Antigo Regime. Na realidade, o artigo era uma continuação do anterior, em que se explicitava que os deputados deviam possuir uma renda mínima com que se mantivessem. A suspensão dessa exigência era o que se refletia no artigo 93, encarregando as futuras Cortes de levá--la a cabo, posto que durante a invasão da península pelo exército napoleônico era difícil que os deputados pudessem ter acesso a suas rendas, mesmo que as tivessem, pela complicação das comunicações. Agora havia chegado o momento de discernir entre a continuidade ou não dessa disposição, a favor da qual se posicionava *El Universal*. O argumento era simples, mas contundente: quem possuía uma renda anual proveniente de bens próprios eram os que ostentavam os direitos de primogenitura, além das igrejas, dos conventos, das *encomiendas* e casas grandes. Junto a isso, e segundo os redatores, os detentores de primogenitura pertenciam a uma classe, "em geral a mais mal educada e a mais incapaz de representar dignamente a Nação".[72] Se, além disso, a representação nacional se circunscrevesse a essa nobreza, isso significaria que seria a aristocracia quem iria deter a soberania. Para não incorrer nesse erro, poder-se-iam considerar duas soluções: ou reduzir a cota pela qual um deputado deveria manter-se ou dever-se-ia considerar os bens próprios aos profissionais das classes médias (advogados, escrivães, médicos, cirurgiões, boticários etc.). Por isso, o jornal oferece a solução mais conveniente à nação naquele momento: que as Cortes não executem esse artigo "até que a riqueza territorial se divida e se estenda e torne mais numerosa a classe de proprietários". Com essa aparente simplicidade o editorial assumia a destruição de um dos princípios básicos do sistema senhorial, que era a vinculação territorial. A abolição dos senhorios e a desamortização foram insígnias dos liberais, inclusive dos moderados, que viam nelas a criação da classe proprietária e burguesa ideologicamente vinculada aos êxitos da revolução e do novo sistema de governo.[73] Os redatores de *El Universal* deixaram de lado seu prurido moderado e desfraldaram seu liberalismo revolucionário:

---

72 *El Universal*, sábado, 12 de agosto de 1820.

73 É certo que alguns liberais moderados, como o Conde de Toreno ou Martínez de la Rosa, se opuseram à desvinculação dos direitos dos primogênitos sobre os morgadios, numa tentativa de graduar a transformação em andamento, o que não evitou que o projeto de desvinculação fosse tratado nas Cortes. MATEO, María Cruz Romeo. *Entre el orden e la revolución*. Alicante: Instituto de Cultura Juan Gil-Albert, 1993, p. 132.

> Para isso será necessário que saiam da estagnação das mãos mortas as imensas propriedades [...] E é indispensável que se extingam os direitos de primogenitura, dividindo, como a razão natural ordena, esses bens destinados por uma bárbara instituição, [...] A divisão das grandes propriedades, e a faculdade de poder alienar e acumular as muito pequenas dos primogênitos de pouca renda formariam proprietários de média fortuna, que precisados de melhorar e aumentar um patrimônio que há de subdividir-se entre seus filhos, cuidarão mais de sua educação; e, ao passo que se aumente a riqueza geral, aumentará em proporção o número de proprietários ilustrados que sejam dignos de ser preferidos para a representação nacional.[74]

As teses utilitaristas de Bentham se faziam sentir nessa argumentação. Não só se havia de repartir e favorecer a apropriação particular dessa imensa riqueza territorial, mas também com isso se transfeririam para mãos laboriosas e ativas essas propriedades, adquirindo assim o valor produzido pelo interesse individual. A Constituição propunha como uma das faculdades das Cortes a de dispor a administração e alienação dos bens nacionais e nessa qualidade se declaravam aqueles bens arrebatados de ordens religiosas, como a dos jesuítas e da própria Inquisição, mas também do monarca.[75] Assim, alguns bens retirados do Patrimônio Real haviam passado a engrossar a conta dos bens nacionais, que, como próprios da nação e das Cortes que a representavam, seriam destinados a cobrir a dívida pública e a extinguir o papel moeda. Com isso também se obtinha outra vantagem política no dizer dos redatores: "o comprometimento do interesse dos compradores e possuidores de bens nacionais com a existência do Governo". O bem-estar e o interesse econômico percebido pela aquisição dos bens nacionais comprometiam necessariamente a vontade do comprador com a estabilidade do governo, temendo que os transtornos políticos pudessem invalidar os contratos realizados, apesar da garantia que neles estabelecia a intervenção do poder legislativo. Mas os redatores do editorial foram ainda mais longe. Se em outros artigos não hesitavam em advogar um

---

74 *Ibidem.*

75 Sobre a questão do Patrimônio Real e os problemas para conjugá-lo com o novo Estado, veja-se Monerris, Carmen. García *La Corona contra la historia.* Valência: PUV, 2005.

sistema moderado e em louvar a capacidade de veto do monarca, aqui o interesse privado estava acima de elucubrações políticas. Não só isso, mas também o funesto exemplo do país vizinho era mencionado agora como modelo de liberalismo: "esta é a maior garantia, depois da opinião pública, que têm na França as instituições liberais". Em questões econômicas e de benefícios materiais, nenhum pensamento era mais apropriado que o liberal para conter "o monstro da reação". Sabendo-se mostrar a utilidade pública e privada dessas disposições, isto é, para o povo e para os indivíduos, o despotismo e a reação não triunfariam sobre elas. Como haviam mudado os argumentos! Agora as antigas leis não tinham feito mais do que impor freio e obstáculo aos progressos da agricultura e, com seus defeitos e a ingerência oficiosa e espírito de tutela do governo, impedira-se a prosperidade pública. Os redatores atacavam agora o imobilismo e o servilismo da antiga legislação em matéria econômica e de indústria e advogavam a supressão dos obstáculos e travas à concorrência e ao interesse individual que mantinham as matrículas profissionais e as corporações gremiais.

> Liberdade, e liberdade absoluta de fazer tudo o que o interesse individual queira ditar; e da parte do Governo nada mais do que proteção para que essa liberdade não seja interrompida, nem a propriedade violada: abolição de leis proibitivas de fazer ou não fazer, dispor ou não dispor de sua propriedade, trabalho e indústria.[76]

Magnífico arrazoado de liberalismo que pouco podia ser chamado de moderado nessas questões, ao menos no que se referia à superação do sistema de propriedade senhorial. É evidente que o liberalismo – mais ainda o moderado – na Espanha nunca pretendeu a redistribuição equitativa das terras ou o fim da sociedade de

---

76 *El Universal*, sexta-feira, 29 de dezembro de 1820. Sobre o conceito de propriedade nas teorias de filosofia econômica da época moderna, pode-se consultar a obra de MARTÍN, Nieves San Emeterio. *Sobre la propiedad. El concepto de propiedad en la Edad Moderna*. Madri: Tecnos, 2005. Ainda que essa autora não faça referência explícita à prática dos governos da época em matéria de propriedade, traça-se um panorama teórico dos autores e suas concepções sobre o assunto. Desse modo, podemos saber que autores vinculados à escolástica como, Juan de Lugo ou Francisco Suárez, já haviam outorgado um caráter de direito natural à propriedade privada que logo teria seu corolário em J. Locke.

classes.[77] Muito ao contrário, o que em nossa opinião não invalida nem um pouco o caráter revolucionário de suas propostas em matéria econômica, ao menos para 1820. Pela metade do século e postas já as bases da democracia liberal, a questão seria outra.

## Considerações finais

A conjuntura revolucionária inaugurada em 1820 com o triunfo do constitucionalismo gaditano e a colocação em marcha e o funcionamento novamente da Constituição de 1812 para a Espanha implicaram também o início do distanciamento ideológico dos liberais. Os distintos problemas que tiveram de ser enfrentados nesses anos e seus diferentes posicionamentos a respeito de temas vitais, como a construção política do estado-nação, terminaram por abrir uma brecha insuperável entre "exaltados" e "moderados". Se é certo que a ruptura definitiva se produziria uma vez obtidos os êxitos revolucionários dos anos 30 e promulgada a nova Constituição de 1837, os fundamentos do que em breve seria o Partido Moderado se perfilavam já desde a década de 20. O liberalismo, nessa década, era revolucionário porquanto se opunha a manter um sistema econômico-social baseado na propriedade senhorial e um sistema político que perpetuara a monarquia absoluta. Entretanto, a fração "dozeanista" desse liberalismo entendia já a transformação política por uma via de não ruptura, sem radicalismo, e reunia interesses reformistas que permitiram a transformação econômica e evitaram a possível intervenção armada da contrarrevolução.

Nesse sentido, o jornal *El Universal* foi um dos porta-vozes máximos dessas reivindicações e se esforçou, ao longo de todo o Triênio, por demonstrar que a Constituição de 1812 não era nem tão radical nem tão jacobina como seus detratores propugnavam. A vontade didática do jornal ficava plasmada numa glosa diária de cada artigo constitucional, em que, num esforço de oratória que combinava anacronismo e

---

77 Como explica MATEO, María Cruz Romeo. *El orden y la revolución*, Alicante: Instituto de Cultura Juan Gil-Albert, 1993, a burguesia comercial-industrial espanhola dessa época não necessitava de uma solução revolucionária radical em relação ao problema agrário para identificar-se com um programa agrário e industrializador. Apesar disso, essa autora demonstra que não foi o medo de uma possível mobilização popular que explica a moderação desses liberais (p. 130-131).

recordação ficcional em quantidades iguais, resgatava a antiga legislação espanhola para conseguir seu objetivo. O interessante neste caso, em nosso entender, não é tanto a argumentação utilizada – tomada, aliás, dos escritos filosóficos de Martínez Marina e outros – e sim, a defesa de propostas que, com uma década de antecedência, serão plenamente assumidas pelos liberais moderados. Isto é, o matiz moderado do liberalismo peninsular se forjou nas páginas do jornal ao mesmo tempo em que ocorriam os debates das Cortes. Esses liberais teorizaram seu pensamento no mesmo momento em que se produzia a ruptura com os exaltados, concretizada depois da vivência do exílio e que ficará plasmada nas obras dos anos 30 e 40.

Contudo, cabe destacar a variedade de linguagens políticas do liberalismo, que já aflora nessa conjuntura com seus contrastes entre si – sobretudo em relação à questões políticas e de metodologia das transformações – mas também com seus alinhamentos ideológicos, geralmente em matéria econômica e de superação do sistema jurídico de propriedade. Isto é, não existia e não existe, uma única leitura possível do constitucionalismo gaditano e da própria Constituição de 1812. As distintas culturas, ou subculturas, do liberalismo decimonônico propõem diferentes caminhos de acesso ao sistema constitucional, ainda que todos partam da apropriação da Constituição como seu elemento fundamental.

# ANEXO I – RELAÇÃO DE ARTIGOS DA CONSTITUIÇÃO DE CÁDIS EXPLICADOS nos EDITORIAIS DE "EL UNIVERSAL" entre 1820 e 1823

| Nº Periódico | Data | Artigo da Constituição de 1812 |
|---|---|---|
| Nº 1 | 12/5/1820 | Editorial. Constituição política da monarquia espanhola promulgada em Cádis em 19 de março de 1812 e jurada por S. M. o Senhor D. Fernando VII, Rei das Espanhas, em 9 de março de 1820. |
| Nº 2 | 13/5/1820 | Exórdio. Em nome de Deus todo-poderoso, Pai, Filho e Espírito Santo, autor e supremo legislador da sociedade. |
| Nº 3 | 14/5/1820 | Artigo 1. A nação espanhola é a reunião de todos os espanhóis de ambos os hemisférios. |
| Nº 4 | 15/5/1820 | Artigo 2. A nação espanhola é livre e independente e não é nem pode ser patrimônio de nenhuma família ou pessoa. |
| Nº 5 | 16/5/1820 | Artigo 3. A soberania reside na nação e por isso pertence a esta exclusivamente o direito de estabelecer suas leis fundamentais. |
| Nº 6 | 17/5/1820 | Artigo 4. A nação está obrigada a conservar e proteger por leis sábias e justas a liberdade civil, a propriedade e os demais direitos legítimos de todos os indivíduos que a compõem. |
| Nº 7 | 18/5/1820 | Artigo 5. São espanhóis. Primeiro: Todos os homens livres nascidos e residentes nos domínios das Espanhas e os filhos destes. Segundo: Os estrangeiros que tenham obtido das Cortes carta de naturalidade. Terceiro: Os que sem ela passem dez anos de residência obtida segundo a lei em qualquer povoação da monarquia. Quarto: Os libertos desde que adquiram a liberdade nas Espanhas. |
| Nº 8 | 19/5/1820 | Artigo 6. O amor à pátria é uma das principais obrigações de todos os espanhóis, assim como serem justos e bons. |
| Nº 9 | 20/5/1820 | Artigo 7. Todo espanhol está obrigado a ser fiel à Constituição, obedecer às leis e respeitar as autoridades estabelecidas. |
| Nº 10 | 21/5/1820 | Artigo 8. Também está obrigado todo espanhol, sem distinção alguma, a contribuir em proporção de suas posses para os gastos do Estado. |
| Nº 11 | 22/5/1820 | Artigo 9. Está também obrigado todo espanhol a defender a pátria com as armas, quando for chamado pela lei. |
| Nº 12 | 23/5/1820 | Artigo 10. O território espanhol compreende a Península com suas possessões e ilhas adjacentes, Aragão, Astúrias, Castela Velha, Castela Nova, Catalunha, Córdoba, Extremadura, Galícia, Granada, Jaén, Leão, Molina, Múrcia, Navarra, Províncias Vascongadas, Sevilha e Valência, as ilhas Baleares e Canárias com as demais possessões da África. Na América setentrional, Nova Espanha com a Nova Galícia e península de Yucatán, Guatemala, Províncias internas do Oriente, Províncias internas do Ocidente, ilha de Cuba com as duas Flóridas, a parte espanhola da ilha de Santo Domingo e a ilha Porto Rico, assim como as adjacentes a estas e ao continente, em ambos os mares. Na América meridional, a Nova Granada, Venezuela, Peru, Chile, Províncias do Rio Prata e todas as ilhas adjacentes no mar Pacífico e no Atlântico. Na Ásia, as ilhas Filipinas e as que dependem de seu governo. |
| Nº 13 | 24/5/1820 | Artigo 11. Será feita uma divisão mais conveniente do território espanhol por uma lei constitucional assim que as circunstâncias políticas da Nação o permitam. |
| Nº 14 | 25/5/1820 | Artigo 12. A Religião da nação espanhola é e será perpetuamente a católica, apostólica, romana, única verdadeira. A nação a protege por leis sábias e justas, assim como o exercício de qualquer outra. |
| Nº 15 | 26/5/1820 | Artigo 13. O objetivo do Governo é a felicidade da nação, posto que o fim de toda sociedade política não é outro além do bem-estar dos indivíduos que a compõem. |
| Nº 16 | 27/5/1820 | Artigo 14. O governo da nação espanhola é uma monarquia moderada hereditária. |

# A EXPERIÊNCIA CONSTITUCIONAL DE CÁDIS

| Nº | Data | Artigo |
|---|---|---|
| Nº 17 | 28/5/1820 | Artigo 15. O poder de fazer as leis reside nas Cortes com o Rei. |
| Nº 19¹ | 30/5/1820 | Artigo 16. O poder de fazer executar as leis reside no Rei. |
| Nº 20 | 31/5/1820 | Artigo 17. O poder de aplicar as leis nas causas civis e criminais reside nos tribunais estabelecidos pela lei. |
| Nº 21 | 1/6/1820 | Artigo 18. São cidadãos aqueles espanhóis que por ambas as linhagens trazem consigo sua origem nos domínios espanhóis de ambos os hemisférios e são residentes em qualquer povoação dos mesmos domínios. |
| Nº 22 | 2/6/1820 | Artigo 19. É também cidadão o estrangeiro que, já gozando dos direitos de espanhol, obtiver das Cortes carta especial de cidadão. |
| Nº 23 | 3/6/1820 | Artigo 20. Para que o estrangeiro possa obter das Cortes essa carta, deverá estar casado com espanhola e ter trazido ou fixado nas Espanhas alguma invenção ou indústria apreciável, ou adquirido bens pelos quais pague uma contribuição direta, ou se estabelecido no comércio com um capital próprio e considerável segundo juízo das mesmas Cortes, ou prestado serviços destacados pelo bem ou defesa da nação. |
| Nº 24 | 4/6/1820 | Continua o artigo 20. |
| Nº 25 | 5/6/1820 | Continua o artigo 20. |
| Nº 26 | 6/6/1820 | Conclui o artigo 20. |
| Nº 27 | 7/6/1820 | Artigo 21. São também cidadãos os filhos legítimos dos estrangeiros domiciliados nas Espanhas que, tendo nascido nos domínios espanhóis, não tenham saído nunca para o exterior sem licença do Governo e, contando 21 anos completos, tenham fixado residência em alguma povoação dos mesmos domínios, exercendo nele alguma profissão, ofício ou indústria útil. |
| Nº 29 | 9/6/1820 | Artigo 22. Aos espanhóis que por qualquer linhagem são havidos e reputados como originários da África, fica-lhes aberta a porta da virtude e do merecimento para serem cidadãos: em sua consequência, as Cortes concederão carta de cidadão aos que prestarem serviços qualificados à pátria, ou aos que se distingam por seu talento, aplicação e conduta, com a condição de que sejam filhos de legítimo matrimônio de pais ingênuos; de que estejam casados com mulher ingênua e residentes nos domínios das Espanhas, e de que exerçam alguma profissão, ofício ou indústria útil com um capital próprio. |
| Nº 30 | 10/6/1820 | Artigo 23. Só os que são cidadãos poderão obter empregos municipais e serem eleitos para eles nos casos determinados pela lei. |
| Nº 31 | 11/6/1820 | Continua o artigo 23. |
| Nº 32 | 12/6/1820 | Artigo 24. A qualidade de cidadão espanhol se perde. Primeiro: por adquirir naturalidade em país estrangeiro. Segundo: por aceitar emprego de outro governo. |
| Nº 33 | 13/6/1820 | Artigo 24. Terceiro: por sentença em que se imponham penas aflitivas e infamantes, se não se obtiver reabilitação. |
| Nº 34 | 14/6/1820 | Artigo 24. Quarto: por haver residido cinco anos consecutivos fora do território espanhol sem comissão ou licença do governo. |
| Nº 35 | 15/6/1820 | Artigo 25. O exercício dos mesmos direitos se suspende. Primeiro: em virtude de interdição judicial por incapacidade física ou moral. |
| Nº 36 | 16/6/1820 | Artigo 25. Segundo: pelo estado de devedor quebrado ou de devedor aos cofres públicos. |
| Nº 37 | 17/6/1820 | Artigo 25. Terceiro: pelo estado de servente doméstico. |
| Nº 38 | 18/6/1820 | Artigo 25. Quarto: por não ter emprego, ofício ou meio de vida conhecido. |
| Nº 39 | 19/6/1820 | Artigo 25. Continua a disposição quarta. |
| Nº 40 | 20/6/1820 | Artigo 25. Continua a disposição quarta. |
| Nº 41 | 21/6/1820 | Artigo 25. Continua a disposição quarta. |

| N° 42 | 22/6/1820 | Artigo 25. Continua a disposição quarta. |
|---|---|---|
| N° 44[2] | 24/6/1820 | Artigo 25. Continua a disposição quarta. |
| N° 45 | 25/6/1820 | Artigo 25. Conclui a disposição quarta. |
| N° 47[3] | 27/6/1820 | Artigo 25. Quinta: por achar-se processado criminalmente. |
| N° 48 | 28/6/1820 | Artigo 25. Sexta: desde o ano de mil oitocentos e trinta deverão saber ler e escrever os que de novo entrem no exercício dos direitos de cidadão. |
| N° 49 | 29/6/1820 | Artigo 25. Continua a disposição sexta. |
| N° 50 | 30/6/1820 | Artigo 26. Só pelas causas determinadas nos dois artigos precedentes podem ser perdidos ou suspensos os direitos de cidadão e não por outras. |
| N° 51 | 1/7/1820 | Artigo 27. As Cortes são a reunião de todos os deputados que representam a Nação nomeados pelos cidadãos na forma que se dirá. |
| N° 52 | 2/7/1820 | Continua o artigo 27. |
| N° 54[4] | 4/7/1820 | Continua o artigo 27. |
| N° 55 | 5/7/1820 | Continua o artigo 27. |
| N° 56 | 6/7/1820 | Artigo 28: A base para a representação nacional é a mesma em ambos os hemisférios.<br>Artigo 29: Esta base é a população composta dos naturais que por ambas as linhagens sejam originários dos domínios espanhóis e daqueles que tenham obtido das Cortes carta de cidadão, como também dos compreendidos no artigo 21. |
| N° 57 | 7/7/1820 | Artigo 30: Para o cômputo da população dos domínios europeus servirá o último censo do ano de mil setecentos e noventa e sete, até que se possa fazer outro novo; e se formará o correspondente para o cômputo da população dos de Ultramar, servindo entrementes os censos mais autênticos entre os ultimamente formados. |
| N° 58 | 8/7/1820 | Artigo 31: Para cada setenta mil almas da população, composta como fica dito no artigo 29, haverá um Deputado de Cortes. Artigo 32: Distribuída a população pelas diferentes províncias, se resultar em algum excesso de mais de trinta e cinco mil almas, será eleito um Deputado mais, como se o número chegasse a setenta mil, e se o restante não exceder trinta e cinco mil, não se contará com ele. Artigo 33: Se houver alguma província cuja população não chegue a setenta mil almas, mas que não seja menor que sessenta mil, elegerá por si um Deputado; e se for menor que esse número, se unirá à imediata, para completar o de setenta mil requerido. Excetua-se dessa regra a ilha de Santo Domingo, que nomeará deputado, qualquer que seja sua população. |
| N° 60 | 10/7/1820 | Artigo 34: Para a eleição dos deputados às Cortes se celebrarão juntas eleitorais de paróquia, de comarca e de província. |
| N° 61 | 11/7/1820 | Artigo 35: As juntas eleitorais de paróquia se comporão de todos os cidadãos residentes e domiciliados no território da paróquia respectiva, entre os quais se incluem os eclesiásticos seculares. |
| N° 63[5] | 13/7/1820 | Nota: não serão expostos os artigos separados do regulamento eleitoral por serem suficientemente claros.<br>Artigo 45: Para ser nomeado eleitor de paróquia se requer ser cidadão, maior de 25 anos, domiciliado e residente na paróquia. |
| N° 65 | 15/7/1820 | Artigo 46: As Juntas de paróquia serão presididas pelo chefe político ou prefeito da cidade, vila ou aldeia em que se congregarem, com assistência do cura pároco para maior solenidade do ato; e se em uma mesma povoação, em razão do número de suas paróquias, houver duas ou mais juntas, presidirá uma o chefe político ou o prefeito, outra o outro prefeito e os secretários, escolhidos por sorteio, presidirão as demais. |

A EXPERIÊNCIA CONSTITUCIONAL DE CÁDIS

| Nº | Data | |
|---|---|---|
| Nº 84 | 3/8/1820 | Artigo 47: Chegada a hora da reunião, que se realizará nas casas consistoriais ou no lugar onde se tenha o costume, achando-se juntos os cidadãos que tenham concorrido, passarão à paróquia com seu presidente, e nela se celebrará uma missa solene de Espírito Santo pelo cura pároco, que fará um discurso correspondente às circunstâncias. Artigo 48: Concluída a missa, voltarão ao lugar de donde saíram, e no qual se dará princípio à junta, nomeando-se dois escrutinadores e um secretário dentre os cidadãos presentes, tudo a portas abertas. Artigo 49: em seguida perguntará o presidente se lecc cidadão tem a expor alguma queixa relativa a coerção ou suborno para que a eleição recaia em determinada pessoa e, se a houver, deverá ser feita justificação pública e verbal no mesmo ato. Sendo certa a acusação, serão privados de voz ativa e passiva os que tiverem cometido o delito. Os caluniadores sofrerão a mesma pena; e deste juízo não se admitirá recurso algum. |
| Nº 85 | 4/8/1820 | Artigo 50: Se forem suscitadas dúvidas sobre se em algum dos presentes concorrem as qualidades requeridas para poder votar, a mesma Junta decidirá no ato o que lhe pareça; e o que decidir se executará sem recurso algum por esta vez e para este só efeito. Artigo 51: Proceder-se-á imediatamente à nomeação dos representantes, o que se fará designando cada cidadão um número de pessoas igual ao dos representantes, para o que se aproximará da mesa onde se encontrem o presidente, os escrutinadores e o secretário; e este as escreverá numa lista em sua presença; neste e nos demais atos de eleição, ninguém poderá votar em si mesmo sob pena de perder o direito de votar. Artigo 52: Concluído esse ato o presidente, os escrutinadores e o secretário reconhecerão as listas, e aquele anunciará em voz alta os nomes dos cidadãos que tenham sido eleitos representantes por ter reunido maior número de votos. Artigo 53: Os representantes nomeados retirar-se-ão a um lugar separado antes de dissolver-se a Junta e, conferenciando entre si, procederão a nomear o eleitor ou eleitores daquela paróquia, e ficarão eleitas a pessoa ou pessoas que reúnam mais da metade dos votos. Em seguida se publicará na junta a nomeação. Artigo 54: O secretário estenderá a ata, que com ele firmarão o presidente e os compromissários, e será entregue cópia dela firmada pelas mesmas pessoas eleitas, para fazer constar sua nomeação. Artigo 55: Nenhum cidadão poderá escusar-se desses encargos por motivo ou pretexto algum. |
| Nº 86 | 5/8/1820 | Artigo 56: Na Junta paroquial nenhum cidadão se apresentará com armas. |
| Nº 87 | 6/8/1820 | Artigo 73:[6] Imediatamente depois proceder-se-á à nomeação do eleitor ou eleitores de partido, elegendo-os um a um por escrutínio secreto, mediante cédulas em que esteja escrito o nome da pessoa que cada um elegeu. |
| Nº 89 | 8/8/1820 | Artigo 91:[7] Para ser deputado das Cortes, requer-se ser cidadão que esteja no exercício de seus direitos, maior de vinte e cinco anos, e que tenha nascido na província, ou esteja domiciliado nela com residência ao menos há sete anos, seja do estado leigo ou do eclesiástico secular; podendo recair a eleição nos cidadãos que compõem a junta ou nos de fora dela. |
| Nº 92 | 11/8/1820 | Artigo 92: Requer-se ademais, para ser eleito deputado das Cortes, ter uma renda anual proporcionada, procedente de bens próprios. |
| Nº 93 | 12/8/1820 | Artigo 93: Suspenda-se a disposição do artigo precedente até que as Cortes que mais tarde se celebrarão declarem ter chegado já o tempo em que possa ter efeito, assinalando a cota da renda e a qualidade dos bens, e o que então resolverem se terá por constitucional, como se aqui se achara expresso. |
| Nº 94 | 13/8/1820 | Artigo 95:[8] Os secretários da Administração, os conselheiros de Estado e os que têm empregos na casa Real não poderão ser eleitos deputados das Cortes. |
| Nº 97 | 16/8/1820 | Artigo 96: Tampouco poderá ser eleito deputado das Cortes nenhum estrangeiro, ainda que tenha obtido das Cortes carta de cidadão. |
| Nº 98 | 17/8/1820 | Artigo 97: Nenhum funcionário público nomeado pelo Governo poderá ser eleito deputado das Cortes pela província em que exerce seu cargo. |
| Nº 100 | 19/8/1820 | Artigo 100:[9] Os poderes estarão concebidos nesses termos (aqui se copia a fórmula dos poderes dos deputados). |
| Nº 101 | 20/8/1820 | Artigo 104:[10] Reunir-se-ão as Cortes todos os anos na capital do reino em edifício destinado a este só fim. |
| Nº 103 | 22/8/1820 | Artigo 105: Quando considerarem conveniente trasladar-se a outro lugar, poderão fazê-lo, contanto que seja povoação que não diste da capital mais que doze léguas, e que convenham na translação dois terços dos Deputados presentes. |
| Nº 104 | 23/8/1820 | Artigo 106: As sessões das Cortes em cada ano durarão três meses consecutivos com início no dia primeiro do mês de março.[11] |
| Nº 107 | 26/8/1820 | Artigo 108: Os deputados serão renovados em sua totalidade a cada dois anos.[12] |

| N° 113 | 1/9/1820 | Artigo 111: Ao chegarem os deputados à capital, apresentar-se-ão à delegação permanente das Cortes, onde se fará sentar conforme estiverem marcados seus nomes e o da província que os tenha eleito num registro na secretaria das mesmas Cortes.[13] |
|---|---|---|
| N° 127 | 15/9/1820 | Artigo 117: Em todos os anos no dia 25 de fevereiro celebrar-se-á a última junta preparatória, na qual se fará que todos os deputados, pondo a mão sobre os santos Evangelhos, prestem o juramento seguinte: Jurais defender e conservar a Religião católica, apostólica, romana, sem admitir nenhuma outra no reino? – R. Sim, juro. – Jurais guardar e fazer guardar religiosamente a Constituição política da monarquia espanhola, sancionada pelas Cortes gerais e extraordinárias da Nação no ano de 1812? – R. Sim, juro. – Jurais agir bem e fielmente no cargo que a Nação os encomendou, observando em tudo o bem e a prosperidade da mesma Nação? – R. Sim, juro- Se assim o fizéreis, Deus vos premie, e, se não, vos demande. |
| N° 185 | 12/11/1820 | Artigo 118: Em seguida proceder-se-á a eleger dentre os mesmos deputados por escrutínio secreto e a pluralidade absoluta de votos, um presidente, um vice-presidente e quatro secretários, com o que se terão por constituídas e formadas as Cortes, e a delegação permanente cessará em todas as suas funções. |
| N° 186 | 12/11/1820 | Artigo 119: Nomear-se-á no mesmo dia uma delegação de vinte e dois indivíduos, e dois dos secretários, para que passe a dar parte ao Rei de acharem-se constituídas as Cortes e do presidente que elegeram, a fim de que manifeste se assistirá à abertura das Cortes, que se celebrará no dia primeiro de março.[14] |
| N° 188 | 15/11/1820 | Artigo 123: O Rei fará um discurso, no qual proporá às Cortes o que creia conveniente, e ao qual o presidente responderá em termos gerais. Se não acorrer o Rei, remeterá seu discurso ao presidente, para que por este seja lido nas Cortes. |
| N° 189 | 16/11/1820 | Artigo 124: As Cortes não poderão deliberar na presença do Rei. |
| N° 190 | 17/11/1820 | Artigo 125: Nos casos em que os secretários da Administração façam às Cortes propostas em nome do Rei, assistirão às discussões, quando e do modo que as Cortes determinarem, e falarão nelas, mas não poderão estar presentes na votação. |
| N° 191 | 18/11/1820 | Artigo 126: As sessões das Cortes serão públicas e só em casos que exijam reserva poderá celebrar-se sessão secreta. |
| N° 192 | 19/11/1820 | Artigo 127: Nas discussões das Cortes e em tudo o mais que diga respeito a sua administração e ordem interna, observar-se-á o regulamento concebido por essas Cortes gerais e extraordinárias, sem prejuízo das reformas que as sucessivas tiverem por conveniente fazer nele. |
| N° 193 | 20/11/1820 | Artigo 128: Os deputados serão invioláveis por suas opiniões e em nenhum tempo nem caso nem por nenhuma autoridade poderão censurados por elas. Nas causas criminais que contra eles forem tentadas, não poderão ser julgados a não ser pelo tribunal das Cortes, no modo e na forma que se prescreva em regulamento da administração interna das mesmas. Durante as sessões das Cortes e um mês depois, os deputados não poderão ser processados civilmente nem executados por dívidas. |
| N° 194 | 21/11/1820 | Artigo 129: Durante o tempo de legislatura contado para esse efeito desde que a nomeação conste da ata permanente das Cortes, não poderão os deputados admitir para si nem solicitar para outrem emprego algum de provisão do Rei, nem tampouco promoção que não seja da escala de sua respectiva carreira.[15] |
| N° 196 | 23/11/1820 | Artigo 131: As faculdades das Cortes são. Primeira: Propor e decretar as leis e interpretá-las e derrogá-las em caso necessário. |
| N° 197 | 24/11/1820 | Artigo 131. Segunda: Receber o juramento do Rei, do Príncipe de Astúrias e da Regência, como previsto. |
| N° 198 | 25/11/1820 | Artigo 131. Terceira: Resolver qualquer dúvida de fato ou de direito que ocorra em relação à sucessão da coroa. |
| N° 201 | 28/11/1820 | Artigo 131. Quarta: Eleger Regência ou Regente do reino, quando o previr a Constituição e determinar as limitações com que a Regência ou o Regente devem exercer a autoridade real. |
| N° 203 | 30/11/1820 | Artigo 131. Quinta: Fazer o reconhecimento público do príncipe de Astúrias. |
| N° 208 | 5/12/1820 | Artigo 131. Sexta: Nomear tutor para o Rei menor quando o previr a Constituição. |
| N° 212 | 9/12/1820 | Artigo 131. Sétima: Aprovar antes de sua ratificação os tratados de aliança ofensiva, os subsídios e as exceções de comércio. |
| N° 213 | 10/12/1820 | Artigo 131. Oitava: Conceder ou negar a admissão de tropas estrangeiras no reino. |

| Nº 216 | 13/12/1820 | Artigo 131. Nona. Decretar a criação e supressão de vagas nos tribunais que a Constituição estabelece e igualmente a criação e supressão dos ofícios públicos. |
|---|---|---|
| Nº 217 | 14/12/1820 | Artigo 131. Décima: Fixar todos os anos a proposta do Rei, as forças de terra e de mar, determinando as que se tenham de manter em tempo de paz e seu aumento em tempo de guerra. |
| Nº 218 | 15/12/1820 | Artigo 131. Décima primeira: Dar ordenanças ao exército e marinha e milícia nacional em todos os ramos que as constituem. |
| Nº 219 | 16/12/1820 | Artigo 131. Décima segunda: Fixar os gastos da administração pública. |
| Nº 220 | 17/12/1820 | Artigo 131. Décima terceira: Estabelecer anualmente as contribuições e impostos. |
| Nº 224 | 21/12/1820 | Artigo 131. Décima quarta: Tomar recursos emprestados casos de necessidade para o crédito da nação. |
| Nº 225 | 22712/1820 | Artigo 131. Décima quinta: Aprovar a repartição das contribuições entre as províncias. Décima sexta: Examinar e aprovar as contas do investimento dos recursos públicos. |
| Nº 228 | 25/1271820 | Artigo 131. Décima sétima: Estabelecer as aduanas e taxas de direitos. |
| Nº 230 | 27/12/1820 | Artigo 131. Décima oitava: Dispor o conveniente para a administração, conservação e alienação dos bens nacionais. |
| Nº 231 | 28/12/1820 | Artigo 131. Décima nona: Determinar o valor, peso, lei, tipo e denominação das moedas. Vigésima: Adotar o sistema que se julgue mais cômodo e justo de pesos e medidas. |
| Nº 232 | 29/12/1820 | Artigo 131. Vigésima primeira: Promover e fomentar toda espécie de indústria e remover os obstáculos que a obstruam. |
| Nº 233 | 30/12/1820 | Artigo 131. Vigésima segunda: Estabelecer o plano geral de ensino público em toda a Monarquia e aprovar o que se forma para a educação do Príncipe de Astúrias. |
| Nº 2[16] | 2/1/1821 | Artigo 131. Vigésima terceira. Aprovar os regulamentos gerais para a Polícia e o saneamento do reino. |
| Nº 3 | 3/1/1821 | Artigo 131. Vigésima quarta. Proteger a liberdade política da imprensa. |
| Nº 18 | 18/1/1821 | Artigo 131. Vigésima quinta. Tornar efetiva a responsabilidade dos secretários da Administração e demais funcionários públicos. |
| Nº 23 | 23/1/1821 | Artigo 131. Vigésima sexta. Por último pertence às Cortes dar ou negar consentimento em todos os casos e atos em que se preveja na Constituição ser necessário. |
| Nº 24 | 24/1/1821 | Artigo 132. Todo deputado tem a faculdade de propor às Cortes os projetos de lei, fazendo-o por escrito, e expondo as razões nas quais se funda. |
| Nº 26 | 26/1/1821 | Artigo 133.- Dois dias ao menos depois de apresentado e lido o projeto de lei, ler-se-á pela segunda vez; e as Cortes deliberarão se se admite ou não a discussão. Artigo 134.- Admitida a discussão, se a gravidade do assunto requerer o juízo das Cortes, que passe previamente por uma comissão, assim se executará. Artigo 135.- Quatro dias ao menos depois de admitida a discussão do projeto, ler-se-á pela terceira vez, e poder-se-á marcar o dia para abrir a discussão. Artigo 136.- Chegado o dia marcado para a discussão, abraçará esta o projeto em sua totalidade, e em cada um de seus artigos. Artigo 137.- As Cortes decidirão quando a matéria está suficientemente discutida e, decidido que o está, se resolverá se há lugar ou não para a votação. Artigo 138.- Decidido que há lugar para a votação, proceder-se-á a ela imediatamente, admitindo ou descartando no todo ou em parte o projeto, ou alterando-o e modificando-o, segundo as observações que se tenham feito na discussão. Artigo 139.- A votação se fará com maioria absoluta de votos; e para proceder a ela será necessário que se achem presentes ao menos a metade mais um da totalidade dos deputados que devem compor as Cortes. |
| Nº 27 | 27/1/1821 | Continuação dos artigos 133 a 139. |
| Nº 28 | 28/1/1821 | Artigo 140.- Se as Cortes descartarem um projeto de lei em qualquer estágio de seu exame ou resolverem que não se deve proceder à votação, não poderá voltar a propor-se no mesmo ano. Artigo 141.- Se for adotado, será redigido em duas vias na forma de lei e será lido nas Cortes; feito isso, e assinados ambos os originais pelo presidente e pelos dois secretários, serão apresentados imediatamente ao Rei por uma delegação. |

| Nº 33 | 3/2/1821 | Artigo 153.- As leis são derrogadas com as mesmas formalidades e pelos mesmos trâmites pelos quais são estabelecidas.[17] |
|---|---|---|
| Nº36 | 5/2/1821 | Artigo 142.- O Rei detém a sanção das leis. |
| Nº 40 | 9/2/1821 | Artigo 143.- Dá o Rei a sanção por esta fórmula, assinada de seu punho: "Publique-se como lei." Artigo 144.- Nega o Rei a sanção por esta fórmula, igualmente assinada de seu punho: "Retorne às Cortes", acompanhando ao mesmo tempo uma exposição das razões que teve para negá-la. |
| Nº 42 | 11/2/1821 | Artigo 145.- Terá o Rei trinta dias para usar desta prerrogativa; se dentro deles não tiver dado a negativa à sanção, pelo mesmo fato se entenderá que a deu, e a dará com efeito. Artigo 146.- Dada ou negada a sanção pelo Rei, devolverá às Cortes um dos dois originais com a fórmula respectiva, para inteirar-se delas. Este original será conservado no arquivo das Cortes e a outra via ficará em poder do Rei. |
| Nº 184 | 3/7/1821 | Artigo 147.- Se o Rei negar a sanção, não se voltará a tratar do mesmo assunto nas Cortes daquele ano; mas poderá fazer-se nas do seguinte. Artigo 148.- Se nas Cortes do seguinte ano for de novo proposto, admitido e aprovado o mesmo projeto, apresentado que seja pelo Rei, poderá dar a sanção ou negá-la pela segunda vez nos termos dos artigos 143 e 144 e, no último caso, não se tratará do mesmo assunto naquele ano. Artigo 149.- Se de novo for pela terceira vez proposto, admitido e aprovado o mesmo projeto nas Cortes do seguinte ano, pelo mesmo fato se entende que o Rei dá a sanção e, apresentando-se-lhe, a dará com efeito por meio da fórmula expressa no artigo 143. |
| Nº 185 | 4/7/1821 | Artigo 150.- Se, antes que expire o prazo de trinta dias em que o Rei deve dar ou negar a sanção, chegar o dia em que as Cortes devem terminar suas sessões, o Rei a dará ou negará nos oito primeiros das sessões das seguintes Cortes e, se esse prazo transcorrer sem havê-la dado, por isso mesmo se entenderá dada, e a dará com efeito na forma prescrita; mas, se o Rei negar a sanção, poderão essas Cortes tratar do mesmo projeto. Artigo 151.- Mesmo que, depois de haver negado o Rei a sanção a um projeto de lei, transcorram algum ou alguns anos sem que se proponha o mesmo projeto, volte a suscitar-se no tempo da mesma legislatura que o adotou pela primeira vez, ou na das duas legislaturas que imediatamente a sucedem, entender-se-á sempre como o mesmo projeto, para os efeitos da sanção do Rei, de que tratam os três artigos precedentes; mas se na duração das três legislaturas referidas não voltar a ser proposto, ainda que depois se reproduza nos próprios termos, será considerado projeto novo para os efeitos indicados. Artigo 152.- Se na segunda ou na terceira vez que se propõe o projeto dentro do termo que prefixa o artigo precedente, for descartado pelas Cortes, em qualquer tempo que se reproduza depois, será considerado um novo projeto. |
| Nº 186 | 5/7/1821 | Artigo 153.- As leis são derrogadas com as mesmas formalidades e pelos mesmos trâmites pelos quais são estabelecidas. |
| Nº 187 | 6/7/1821 | Artigo 154.- Publicada a lei nas Cortes, dar-se-á disso aviso ao Rei para que se proceda imediatamente a sua promulgação solene. |
| Nº 192 | 11/7/1821 | Artigo 155.- O Rei para promulgar as leis usará da fórmula seguinte: N (o nome do Rei), pela graça de Deus e pela Constituição da Monarquia espanhola, Rei das Espanhas, a todos os que os presentes vierem e entenderem, sabei: Que as Cortes decretaram, e Nós sancionamos o seguinte (aqui o texto literal da lei): Portanto, mandamos a todos os tribunais, varas, chefes, governadores e demais autoridades, tanto civis como militares e eclesiásticas, de qualquer classe e hierarquia, que guardem e façam guardar, cumprir e executar a presente lei em todas as suas partes. Tendo entendido o necessário para seu cumprimento, providenciai que se imprima, publique e circule. (Vai dirigida ao secretário da Administração respectivo.) |
| Nº 196 | 15/7/1821 | Artigo 156.- Todas as leis circularão a mando do Rei pelos respectivos secretários da Administração diretamente a todos e a cada um dos tribunais supremos e das províncias, e demais chefes e autoridades superiores, que as circularão às subalternas |
| Nº 199 | 18/7/1821 | Artigo 157.- Antes de separarem-se, as Cortes nomearão uma delegação que se chamará Delegação Permanente das Cortes, composta por sete indivíduos de sua composição, três das províncias da Europa e três das de Ultramar, e o sétimo sairá por sorteio entre um deputado da Europa e outro de Ultramar. Artigo 158.- Ao mesmo tempo nomearão as Cortes dois suplentes para essa delegação, um da Europa e outro de Ultramar. Artigo 159.- A Delegação Permanente durará de umas Cortes ordinárias a outras. |

| Nº 213 | 1/8/1821 | Artigo 160.- As faculdades dessa delegação são: Primeira. Zelar pela observância da Constituição e das leis, para dar conta às próximas Cortes das infrações que tenham notado. Segunda. Convocar Cortes extraordinárias nos casos prescritos pela Constituição. Terceira. Desempenhar as funções determinadas nos artigos 111 e 112. Quarta. Avisar aos deputados suplentes para que concorram em lugar dos proprietários e, se ocorrer o falecimento ou a impossibilidade absoluta de proprietários e suplentes de uma província, comunicar as correspondentes ordens à mesma, para que proceda a nova eleição. |
|---|---|---|
| Nº 214 | 2/8/1821 | Art. 161.- As Cortes extraordinárias compor-se-ão dos mesmos deputados que constituem as ordinárias durante os dois anos de sua legislatura. Artigo 162.- A Delegação Permanente das Cortes convocar-se-á com determinação de dia nos três casos seguintes: Primeiro. Quando vagar a Coroa. |
| Nº 221 | 9/8/1821 | Artigo 162.- Segundo. Quando o rei ficar impossibilitado por qualquer motivo para o governo, ou quiser abdicar da Coroa pelo sucessor, estando autorizada no primeiro caso a delegação a tomar todas as medidas que julgue convenientes a fim de assegurar-se da incapacidade do Rei. |
| Nº 224 | 12/8/1821 | Artigo 162.- Terceiro. Quando em circunstâncias críticas e por negócios árduos houver o Rei por conveniente que se congregue, e participará assim à Delegação Permanente das Cortes. |
| Nº 227 | 15/871821 | Artigo 163.- As Cortes extraordinárias não se ocuparão senão do assunto para que foram convocadas.<br>Artigo 164.- As sessões das Cortes extraordinárias começarão e terminarão com as mesmas formalidades que as ordinárias. Artigo 165.- A celebração das Cortes extraordinárias não impedirá a eleição de novos deputados no tempo prescrito. Artigo 166.- Se as Cortes extraordinárias não tiverem concluído suas sessões no dia determinado para a reunião das ordinárias, cessarão as primeiras em suas funções, e as ordinárias continuarão o afazer para o qual aquelas foram convocadas. Artigo 167.- A delegação permanente das Cortes continuará nas funções que lhe estão assinaladas nos artigos 111 e 112, no caso compreendido no artigo precedente |
| Nº 228 | 16/8/1821 | Artigo 168.- A pessoa do Rei é sagrada e inviolável, e não está sujeita à responsabilidade. |
| Nº 230 | 18/8/1821 | Artigo 169.- O Rei terá o tratamento de Majestade Católica. |
| Nº 233 | 21/8/1821 | Artigo 170.- O poder de fazer executar as leis reside exclusivamente no Rei, e sua autoridade se estende a tudo quanto conduz à conservação da ordem pública no interior, e à segurança do Estado no exterior, conforme a Constituição e as leis. |
| Nº 234 | 22/8/1821 | Artigo 171.- Além da prerrogativa que compete ao Rei sancionar as leis e promulgá-las, correspondem-lhe como principais as faculdades seguintes: Primeira. Expedir os decretos, regulamentos e instruções que cria, em condições para a execução das leis. |
| Nº 235 | 23/8/1821 | Artigo 171.- Segunda. Cuidar para que em todo o reino se administre pronta e completamente a justiça. |
| Nº 237 | 25/8/1821 | Artigo 171.- Terceira. Declarar a guerra e fazer e ratificar a paz, depois prestando conta documentada às Cortes. |
| Nº 238 | 26/8/1821 | Artigo 171.- Quarta. Nomear os magistrados de todos os tribunais civis e criminais, segundo proposta do Conselho de Estado. Quinta. Prover todos os empregos civis e militares |
| Nº 243 | 31/8/1821 | Artigo 171.- Sexta. Apresentar para todos os bispados e para todas as dignidades e benefícios eclesiásticos do Real Patronato a proposta do Conselho de Estado. |
| Nº 245 | 2/9/1821 | Artigo 171.- Sétima. Conceder honras e distinções de toda classe, conforme as leis. |
| Nº 248 | 5/9/1821 | Artigo 171.- Oitava. Mandar nos exércitos e marinhas, e nomear os generais. Nona. Dispor da força armada, distribuindo-a como melhor convier. |
| Nº 249 | 6/9/1821 | Artigo 171.- Décima. Dirigir as relações diplomáticas e comerciais com as demais potências, e nomear os embaixadores, ministros e cônsules. |
| Nº 250 | 7/9/1821 | Artigo 171.- Décima primeira. Cuidar da fabricação da moeda, na qual será posto seu busto e seu nome. Décima segunda. Decretar o investimento dos fundos destinados a cada um dos ramos da administração pública. |
| Nº 273 | 30/9/1821 | Artigo 171.- Décima terceira. Indultar os delinquentes, em conformidade com as leis. |

| Nº 189 | 8/7/1822 | Artigo 171.- Décima quarta. Fazer às Cortes as propostas de leis de reformas que julgue favoráveis ao bem da Nação, para que deliberem na forma prescrita. |
|---|---|---|
| Nº 193 | 12/7/1822 | Artigo 171.- Décima quinta. Conceder o passe ou reter os decretos conciliares e bulas pontifícias, com o consentimento das Cortes, se contiverem disposições gerais, ouvindo ao Conselho de Estado se versarem sobre negócios particulares ou governamentais e, se contiverem pontos contenciosos, passando seu conhecimento e decisão ao supremo tribunal de justiça, para que decida conforme as leis. |
| Nº 201 | 20/7/1822 | Artigo 171.- Décima sexta. Nomear e distribuir livremente os secretários de Estado e da Administração. |
| Nº 202 | 21/7/1822 | Artigo 172.- As restrições à autoridade do Rei são as seguintes: Primeira. Não pode o Rei impedir sob nenhum pretexto a celebração das Cortes nas épocas e casos determinados pela Constituição, nem suspendê-las, nem dissolvê-las, nem de maneira alguma obstar suas sessões e deliberações. Os que lhe aconselharem em qualquer tentativa para esses atos são declarados traidores e serão perseguidos como tal. |
| Nº 208 | 27/7/1822 | Artigo 172.- Segunda. Não pode o Rei ausentar-se do reino sem consentimento das Cortes e, se o fizer, entende-se que abdicou da Coroa. |
| Nº 256 | 13/9/1822 | Artigo 172.- Terceira. Não pede o Rei alienar, ceder, renunciar ou de qualquer maneira transferir a outrem a autoridade real, nem alguma de suas prerrogativas. Se por qualquer causa quiser abdicar do trono para o imediato sucessor, não poderá fazê-lo sem o consentimento das Cortes. |
| Nº 263 | 20/9/1822 | Artigo 172.- Quarta. Não pode o Rei alienar, ceder ou permutar província, cidade, vila ou lugar, nem parte alguma, por pequena que seja, do território espanhol. |
| Nº 266 | 23/9/1822 | Artigo 172.- Quinta. Não pode o Rei fazer aliança ofensiva nem tratado especial de comércio com nenhuma potência estrangeira sem o consentimento das Cortes. Sexta. Não pode tampouco obrigar-se por nenhum tratado a dar subsídios a nenhuma potência estrangeira sem o consentimento das Cortes. |
| Nº 267 | 24/9/1822 | Artigo 172.- Sétima. Não pode o Rei ceder nem alienar os bens nacionais sem consentimento das Cortes. |
| Nº 270 | 27/9/1822 | Artigo 172.- Oitava. Não pede o Rei impor por si, direta nem indiretamente, contribuições, nem fazer pedidos em qualquer nome ou para qualquer fim, uma vez que sempre os devem decretar as Cortes. |
| Nº84 | 25/3/1823 | Artigo 172.- Nona. Não pode o Rei conceder privilégio exclusivo a pessoa ou corporação alguma. |
| Nº 89 | 30/3/1823 | Artigo 172.- Décima. Não pode o Rei tomar a propriedade de nenhum particular ou corporação, nem perturbar-lhe na posse, uso e exploração dela; e, se em algum caso for necessário para um fim de conhecida utilidade comum tomar a propriedade de um particular, não poderá fazê-lo sem que ao mesmo tempo seja indenizado, e que a boa troca seja testemunhada por homens bons. |
| Nº 101 | 11/4/1823 | Artigo 172.- Décima primeira. Não pode o Rei privar nenhum indivíduo de sua liberdade, nem impor-lhe pena alguma. O secretário da Administração que firmar a ordem e o juiz que a executar serão responsáveis perante a Nação e castigados como réus por atentado contra a liberdade individual. Só em caso de que o bem e a segurança do Estado exijam o arresto de alguma pessoa poderá o Rei expedir ordens com esse efeito, porém com a condição de que dentro de quarenta e oito horas deverá fazê-la entregar à disposição do tribunal ou juiz competente. |
| Nº 104 | 14/4/1823 | Artigo 172.- Décima segunda. O Rei antes de contrair matrimônio dará parte às Cortes para obter seu consentimento e, se não o fizer, entenda-se que abdica da Coroa. |
| Nº 105 | 15/4/1823 | Artigo 173.- O Rei em seu advento ao Trono, se for menor quando começar a governar o reino, prestará juramento perante as Cortes sob a fórmula seguinte: "N. (aqui seu nome) pela graça de Deus e a Constituição da Monarquia espanhola, Rei das Espanhas; juro por Deus e pelos Santos Evangelhos que defenderei e conservarei a religião católica, apostólica, romana, sem permitir outra qualquer no reino: que guardarei e farei guardar a Constituição política e as leis da Monarquia espanhola, não observando enquanto o fizer senão o bem e o proveito dela; que não alienarei, cederei nem desmembrarei parte alguma do reino; que não exigirei jamais quantidade alguma de frutos, dinheiro nem outra coisa, mas somente as que tiverem decretado as Cortes; que não tomarei jamais a ninguém sua propriedade e que respeitarei acima de tudo a liberdade política da Nação e a pessoal de cada indivíduo,; e se no que jurei, a parte disso, o contrário fizer, não devo ser obedecido; antes aquilo em que contravier seja nulo e de nenhum valor. Assim Deus me ajude, e esteja em minha defesa, e, senão, me demande." |

## Notas da tabela

1   O número 18 do dia 29 de maio de 1820 não inseria nenhum artigo da Constituição.

2   Não há glosa de artigo constitucional no número 43, de 23 de junho de 1820.

3   No número 46 não houve glosa de nenhum artigo constitucional.

4   No número 53 não houve glosa de nenhum artigo constitucional.

5   No número 62 não houve glosa de nenhum artigo constitucional. A partir do nº 63, de 13 de julho de 1820, o jornal muda seu nome para *El Universal* e se inserem apenas aqueles artigos que requerem alguma explicação mais ampla sobre os processos eleitorais, deixando de lado o resto por considerar que não necessitam de maior extensão e clareza. A partir de então os editoriais sobre os artigos da Constituição são menos correlativos e se espaçam mais no tempo, saltando artigos e introduzindo apenas aqueles que são considerados mais importantes.

6   Em uma nota, os editores indicam o seguinte: "Os artigos de 57 a 72 inclusive são tão claros que não necessitam comentários", daí a razão pela qual se continua a explicação da Constituição no artigo 73.

7   Também neste caso os editores explicam numa nota: "Os artigos anteriores de 74 até 90 inclusive são tão claros que não necessitam comentários".

8   O artigo 94 não admite comentário algum, segundo os editores do diário.

9   Numa nota indica-se que os artigos 98 e 99 não precisam de comentários.

10   Os artigos 101, 102 e 103 não estão comentados. Ainda que não se observe uma nota dos editores, entendemos, como ocorre em outras ocasiões, que não precisam de comentário algum.

11   Neste comentário se inclui também o do artigo seguinte, o 107, que permite às Cortes prorrogar suas sessões um mês mais em caso necessário.

12   No mesmo comentário se incluem também os artigos 109 e 110, que fazem referência ao sistema de suplência em caso de guerra e à não reeleição dos deputados até passados dois anos.

13   Por tratar-se de artigos regulamentadores do funcionamento da delegação permanente, incluem-se no comentário deste artigo os dos seguintes, do 112 ao 116 inclusive.

14   A explicação dos artigos 120, 121 e 122 se realiza conjuntamente com esta, dado que incluem as formalidades com que deve ser recebido o Rei nas Cortes.

15   Neste artigo se inclui também a explicação do artigo 130 sobre os deputados receberem condecorações e prêmios.

16   Cada ano começa a numeração no número 1.

17   O jornal comete um erro e salta ao artigo 153 depois do 141. No número seguinte se apercebe desse erro e volta atrás, retomando a explicação pelo número 142.

# A CULTURA DE "CASTAS" E A FORMAÇÃO DO CIDADÃO MODERNO (UM ENSAIO SOBRE A PARTICULARIDADE DO IMPÉRIO ESPANHOL)

*Josep Maria Fradera Barceló*

Universitat Pompeu Fabra/Pesquisador ICREA

Em seu *Ensaio político sobre o Reino da Nova Espanha* (1811), Alexander von Humboldt escreveu: "buscando a metrópole sua segurança por meio das dissensões civis, do equilíbrio do poder e no complicado funcionamento de todas as engrenagens da grande máquina política, procura continuamente alimentar o espírito de partido e aumentar o ódio mútuo entre as castas e as autoridades constituídas."[1] A visão perspicaz do sábio prussiano punha, sem dúvida, o dedo na ferida de uma das grandes preocupações da época. Com efeito, um dos conflitos que explodiram na última etapa do Império Espanhol pode ser definido como a modernização de sua natureza pluriétnica; de um império formado por populações de origem europeia, ameríndia, africana, assim como de descendentes de todas elas, por meio dos incessantes processos de mestiçagem que começaram no dia seguinte à conquista. Essas últimas tornaram-se conhecidas como castas e aquelas que, mais especificamente, descendiam de antepassados africanos, passaram a ser chamadas de castas pardas.

Apesar da magnitude do problema da complexidade interétnica do império, ele mereceu uma atenção errática, descontínua por parte de historiadores e cientistas sociais. O fato em si é surpreendente quando constatamos a forma obsessiva como o tema gravitou em torno dos debates que conduziram à dissolução do império no continente e ao seu prolongamento nos três enclaves insulares das Antilhas e do Mar da China.

Neste ensaio, de base essencialmente bibliográfica – um esquema muito primário para uma pesquisa posterior sobre as relações entre religião, poder estatal, ordem jurídica e divisões sociais – trataremos de por em ordem algumas ideias sobre *essa* questão que tanto inquietou os contemporâneos.

---

1   HUMBOLDT, Alexander von. *Ensayo político sobre el Reino de Nueva España*. México: Editorial Porrúa, 1978, p. 96

## O pesadelo das castas no ocaso do império

Como é sabido, o golpe final que provocou o colapso do antigo império foi a invasão napoleônica e o sequestro consentido do rei, na primavera de 1808. Em uma estrutura política que gravitava em torno da figura do monarca, o vácuo de poder provocou uma série de reações em cadeia, impossíveis de serem enfrentadas. As decisões tomadas pelas autoridades locais na Espanha e nos territórios americanos, que incluíram desde a reafirmação de sua lealdade monárquica até uma disposição pouco dissimulada de autonomia local, foram motivadas fundamentalmente por aquele vácuo de legitimidade. Porque, na perspectiva contratualista da cultura política espanhola, revitalizada pelas circunstâncias do momento, uma monarquia decapitada só poderia ser substituída apropriadamente pela comunidade política formada por seus súditos leais. Não obstante, ninguém conhecia, *a priori*, quem formaria aquela comunidade e onde estariam os limites territoriais das entidades que reclamaram, de imediato, sua autonomia política. Ambas as questões – além do tema complexo de como deveria ser a relação entre a Espanha e seus territórios ultramarinos – constituíram o núcleo das polêmicas nas quais se enredaram os grupos dirigentes na Espanha e na América até a crise e decomposição irreversível do império. Eram o núcleo das diferenças que os dividiriam no plano ideológico, mais além de sua procedência geográfica.

No centro das discussões daqueles anos críticos, uma delas revelava com maior transparência do que as outras a tarefa titânica que aguardava aquela geração. Refiro-me ao debate sobre a exclusão da cidadania, das chamadas "castas pardas" – ou seja, dos indivíduos livres descendentes em qualquer grau de escravos de origem africana; os chamados "pardos e morenos livres" na terminologia imperial espanhola –, durante os debates para a redação da primeira constituição liberal, em Cádis. Esta exclusão ficou definitivamente explícita no capítulo quatro do texto constitucional, que determinava: "São cidadãos os espanhóis que, por ambas as linhagens, têm origem nos domínios espanhóis de ambos os hemisférios e estão estabelecidos em qualquer povoamento dos mesmos domínios."[2]

---

2  A partir do texto reproduzido em Montero, Julio (ed.). *Constituciones y códigos españoles, 1808-1978*. Barcelona: Ariel, 1998, p. 41.

Em outras palavras, todos os indivíduos com antepassados de origem africana, por mais distantes que fossem, ficavam excluídos da cidadania. Ou seja, eram privados do direito de participar ativamente no processo de formação da representação nas Cortes e nos processos eleitorais em toda a escala político-administrativa estabelecida pela nova constituição.

Foi na Cádis sitiada pelas tropas francesas que espanhóis peninsulares e espanhóis americanos, como eles mesmos se denominavam, trataram de entrar em acordo sobre uma constituição genuinamente liberal e, ao mesmo tempo, de alcance imperial.[3] No entanto, apesar dos sinais iniciais positivos, a questão das castas interferiu de modo bastante relevante sobre os possíveis acordos entre ambas as representações. O debate em torno dessa questão espinhosa foi o segundo mais longo e um dos mais inflamados das Cortes constituintes.

Essas discussões apaixonadas podem e devem ser lidas, sob nossa perspectiva, tanto de maneira ajustada aos seus próprios termos quanto como a expressão de problemas mais amplos. O ponto de partida dessa surpreendente exclusão residia no simples cálculo de como assegurar a maioria para os peninsulares nas Cortes. Por essa razão, no momento de decidir quem poderia fazer parte da comunidade política com as prerrogativas que a cidadania outorgava pela primeira vez, o critério histórico de "vecindad",[4] que garantia o controle dos membros da comunidade local, não foi considerado uma garantia suficiente para delimitar a natureza da representação parlamentar.

O exame realizado pela comunidade sobre a idoneidade dos membros da comunidade local (aquela que deveria se refletir nos censos eleitorais) era vital, mas insuficiente para assegurar a hegemonia dos peninsulares e de seus aliados americanos sobre o processo.[5]

---

3   Analisei essas questões no primeiro capítulo do livro *Colonias para después de un imperio*, Barcelona: Edicions Bellaterra, 2005, p.

4   N. T. – moradia.

5   Sobre esse ponto, ver de ANNINO, Antonio (ed.). *Historia de las elecciones en Iberoamérica. Siglo XIX: la formación del espacio público nacional*, México: Fondo de Cultura Económica, 1995 e ANNINO, Antonio e GUERRA, François-Xavier (eds.). *Inventando la nación: Iberoamérica siglo XIX.* México, Fondo de Cultura Económica, 2003.

Se durante séculos esse procedimento havia demonstrado ser suficiente para assegurar o domínio dos espanhóis e americanos de origem europeia sobre os *cabildos*[6] mais importantes, a situação mudou no contexto conflitivo iniciado em 1808.

Apesar disso, aqueles mecanismos próprios das sociedades pré-liberais continuaram a ser usados para moldar os padrões eleitorais nas escalas paroquial e local, em uma transição rumo a outros critérios que se prolongou em algumas localidades até bem adiante no século XIX.

Em suma, se os procedimentos próprios do antigo regime tratavam de garantir algo, era a inclusão da maioria dos moradores locais,[7] a partir de uma hierarquia de "qualidade" que os unia e distinguia ao mesmo tempo.[8] De fato, não fazia parte do horizonte cultural das monarquias do antigo regime alienar-se de qualquer grupo social, muito menos de um grupo humano como o das pessoas livres e de cor, que havia sido uma peça decisiva na reforma militar posterior à Guerra dos Sete Anos. Foi certamente por essa razão que o mecanismo de *gracias al sacar,* que permitia "limpar" mediante pagamento as "manchas" da genealogia familiar, em especial aquelas derivadas da ilegitimidade dos filhos, foi generalizado para atingir as "manchas" derivadas da escravidão ou da origem africana dos indivíduos e suas famílias. Essa medida, que seria reintroduzida com modificações na Constituição de 1812 com o acesso à cidadania por "mérito", demonstra que a disposição dos organismos dirigentes da monarquia era de continuar atuando como fiel da balança na disputa entre grupos, uma das chaves do seu poder.

Nas circunstâncias críticas da ruptura do império, o problema dos constitucionalistas espanhóis em Cádis situava-se em outro terreno: o da desconfiança em sua capacidade de impor a hegemonia espanhola nas Cortes de maiorias incertas.

---

6   Cabildo – N. T. – instituição com origem na Espanha medieval, transplantada para a América colonial. Era formada por cidadãos "notáveis" e respondia pela administração de cada cidade.

7   N. T. – habitantes das proximidades, vizinhos.

8   Herzog, Tamar "Early Modern Spanish Citizenship: Inclusion and Exclusion in the Old and New World". In: Smolenski, John & Humphrey, Thomas J. (eds.). *New World Orders. Violence, Sanction, and Authority in the Colonial Americas.* Filadelfia: University of Pennsylvania Press, 2005, p. 205-225. A autora tem toda razão em enfatizar o controle dos moradores locais sobre a "natureza" dos *vecinos,* ainda que, a meu ver, se exceda no uso do conceito de "cidadania" e nas noções de inclusão/exclusão que jamais foram tão nítidas na sociedade do Antigo Regime.

# A EXPERIÊNCIA CONSTITUCIONAL DE CÁDIS

Efetivamente, dada a ausência de dados confiáveis sobre o número de americanos – os governantes espanhóis trabalhavam com censos muito dispersos e imperfeitos, aos quais foram adicionadas as estimativas parciais que Alexander von Humboldt começou a publicar naquela época – Agustín Argüelles e a maioria da Comissão Constitucional decidiram excluir as pessoas livres de cor do direito à cidadania. O estratagema foi pensado para eliminar um terço da população americana dos censos e forjar, dessa maneira, uma cômoda maioria parlamentar.[9]

Algum deputado propôs ir além e excluir também os índios, mas essa possibilidade foi rechaçada de imediato, porque apresentava um grave problema de legitimidade.[10] Mesmo com essa restrição, a exclusão das "castas pardas" levantou protestos generalizados no continente americano, em particular na Nova Espanha. É fácil compreender esse descontentamento a exclusão das pessoas livres de cor era dificilmente aceitável nas sociedades em que esse grupo constituía um segmento importante, mas em que a escravidão constituía uma instituição subordinada.

Na Nova Espanha dos grandes levantes de Hidalgo e Morelos, era muito difícil justificar a exclusão de um grupo social que constituía um dos pilares mais sólidos das milícias e do exército que protegia os *criollos* e *gachupines*[11] espanhóis. Na mão oposta – e também de forma comprensível –, a medida foi apoiada até o fim pelos deputados cubanos. Estes não estavam dispostos a permitir o acesso à representação dos pardos e morenos livres, muito ativos em Havana e em outras cidades da ilha, em um momento de grande expansão da *plantation*[12] escravista. As posições de cada grupo adquirem todo seu sentido, então, se considerarmos o lugar que os livres de cor ocupavam nas coalizões sociais que estavam se formando naqueles anos de mudanças políticas.

---

9   FRADERA, J. M. "Raza y ciudadanía. El factor racial en la relimitación de los derechos políticos de los americanos". *Gobernar colonias*, Barcelona: Península, 1999, p. 51-69.

10   FRADERA, J. M. *Colonias para después de un imperio*, Barcelona: Edicions Bellaterra, 2005, p. 84-85; VALDÉS, José María Portillo. *Crisis Atlántica. Autonomía e independencia en la crisis de la monarquía hispana*. Madrid: Marcial Pons, 2006, p. 211-255.

11   *Gachupines* – N. T. – Termo pejorativo que identificava os nascidos na Espanha na América colonial.

12   N. T. – o termo "plantación" original foi substituído por *plantation*, conceito amplamente empregado na historiografia brasileira.

O debate sobre as castas apresenta muitos problemas de interpretação. O primeiro aponta, sem dúvida, para o futuro. Como sucedeu em todos os outros antigos impérios que se transformaram em entidades de corte liberal, em comunidades em que a representação política constitui a base da soberania nacional, o estabelecimento das prerrogativas políticas dos antigos súditos do monarca (sujeitos em absoluto desprovidos de direitos) converteu-se na questão política central. Para assegurar esta transição em condições de estabilidade política, todos os sistemas eleitorais do início do liberalismo estabeleceram gradações sociais e/ou étnicas que limitaram durante muito tempo o acesso universal à cidadania plena. Nesse processo, as velhas marcas étnicas, que haviam constituído um dos fatores na definição dos direitos do súdito monárquico, foram revistas e atualizadas para produzir o cidadão moderno. Voltaremos a esta questão na última parte deste texto, ainda que seja para introduzir algumas sucintas observações comparativas que ajudem a entender o horizonte cultural e político no qual se inscreve o caso que estamos analisando.

A discussão sobre as castas nas primeiras Cortes liberais prolongou o debate de como governar um mundo formado por pessoas muito diferentes entre si. No caso em questão, tratava-se de governar uma sociedade formada pelos descendentes dos três grandes segmentos da sociedade colonial e dos infinitos processos de mestiçagem. Ou seja, os índios vencidos e conquistados, os colonizadores de origem europeia e os milhares e milhares de escravos de origem africana que chegaram aos domínios espanhóis desde a primeira década do século XVI. É quase óbvio lembrar, nesse contexto, que o projeto liberal hispânico não tomou forma sobre *tabula rasa,* mas o fez sobre uma paisagem social indissociável da ideia de castas. Ou seja, de grupos com características pessoais e coletivas, marcados por distinções genealógicas reconhecíveis. Por essa razão, frente a outras possibilidades de exclusão, os deputados peninsulares escolheram um critério que dividia seriamente os americanos. Mas de modo algum essa decisão pode ser considerada casual, mesmo que sua motivação imediata fosse de política prática, rompesse alianças tecidas no passado e tivesse de ser justificada com argumentos que jogavam lenha na fogueira da escravidão, em um momento em que os aliados britânicos estavam empenhados em colocar um ponto final no comércio de africanos.[13]

---

13 MURRAY, David. *Odious Commerce. Britain, Spain and the abolition of the Cuban slave trade.* Cambridge: Cambridge University Press, 1980.

# A EXPERIÊNCIA CONSTITUCIONAL DE CÁDIS

Em meados do século XVIII, o estatuto das "castas pardas" havia sido colocado no centro de um debate inflamado. Este fato não pode ser entendido sem levar-se em consideração o peso crescente dos livres de cor e, mais além, da própria escravidão, apesar de esta continuar sendo uma instituição social e econômica subordinada no conjunto do império. Em Caracas, por exemplo, a presença dos livres de cor havia se afirmado com tanta força que o *cabildo* quis vetar seu acesso a cargos públicos e à própria instituição municipal.[14] É o que conhecemos como o "espectro da pardocracia", expressão empregada inicialmente por Simón Bolívar, mas compartilhada pelos grupos dirigentes *criollos* em outras partes do império.[15] O conflito se apresentou como um paradoxo evidente, que pode ser formulado da seguinte maneira: como deter a ascensão de um grupo muito hábil no progresso pelo mérito na milícia e em alguns ofícios e profissões, mas ao mesmo, tempo tachado de impuro por conta de sua origem?[16] Seria nesse contexto paradoxal que as Cortes de Cádis, que perpetraram a exclusão dos livres de cor da cidadania, eliminariam de vez as discriminações que ainda pesavam sobre seu acesso a determinados ofícios e ocupações.[17] As mesmas Cortes que também entenderam que os méritos extraordinários na milícia ou na carreira eclesiástica deveriam facilitar o acesso à cidadania dos indivíduos "manchados" pela origem de seus antepassados. Essas vacilações aparentes prolongavam atitudes e práticas coloniais muito arraigadas.

A esse respeito, é importante lembrar que a política militar do reformismo bourbônico encontrou nas milícias de pardos e morenos livres um aliado de primeira categoria, como já foi assinalado.[18] O recurso aos batalhões de pardos e morenos não foi positivo então para muitos americanos de origem europeia, particularmente onde

---

14  Lasso, Marixa. *Myths of Harmony. Race and Republicanism during the Age of Revolution. Colombia, 1795-1831*. Pittsburgh: University of Pittsburgh Press, 2007.

15  Helg, Aline. "Simón Bolívar and the Spectre of *Pardocracia*: José Padilla in Post-Independence Cartagena". *Journal of Latin American Studies*, 35, 2003, 447-471.

16  Cope, R. Douglas. *The Limits of Racial Domination. Plebeian Society in Colonial Mexico City, 1660-1720*. Madison: The University of Wisconsin Press, 1994, p. 17.

17  Fradera, J. M. *Colonias para después de un imperio*, p. 88.

18  McAlister, Lyle. *The Fuero Militar in New Spain, 1764-1800*, Gainesville: University Presses of Florida, 1957; Vinson III, Ben, *Bearing Arms for His Majesty. The Free Colored Militia in Colonial Mexico,* Stanford: Stanford University Press, 2001.

a presença de uma numerosa população de negros e mulatos livres os convertia em competidores perigosos. Assim, é compreensível que os constitucionalistas de 1812 estabelecessem uma via de acesso por mérito à cidadania, ao mesmo tempo em que se articulava sua exclusão da cidadania. Era uma forma de continuar negociando questões de status e privilégio com um coletivo de contornos incertos, mas de indubitável capacidade de ascensão social.

A concessão da cidadania aos índios, questionada por alguns deputados, foi arquitetada de outra forma. Era, em primeiro lugar e como já foi assinalado, uma forma de reafirmar os direitos de propriedade sobre o continente, em um momento de forte disputa entre impérios. Articulava-se, ainda, à visão que peninsulares e americanos tinham sobre o que deveria ser a sociedade do futuro. Essa ideia, compartilhada por ambos os grupos – apesar das diferenças em outros temas –, pode ser esquematizada da seguinte maneira: os brancos "educados" deveriam contar com uma cômoda maioria nas instituições liberais; sob esta camada social estariam os índios, que disporiam da prerrogativa de representação, tutelada, porém, pela população de origem europeia. Na base da pirâmide situar-se-ia a população escrava, que alguns queriam ampliar e outros imaginavam em processo de declínio e cuja condição de propriedade alheia a despojava de todo direito político e civil. Como pode ser observado, tratava-se de uma visão de mundo que toma forma graças a uma nova conjunção de valores próprios do momento. Entre seus componentes se destacavam: a cultura de castas do império; uma função revalorizada da escravidão como instituição econômica chave e, ao mesmo tempo, a crítica explícita a esta por parte da primeira geração de abolicionistas hispânicos. Tudo isso passado – e em terceiro lugar – pelo filtro ideológico da cidadania moderna como fundamento da soberania nacional. Naquela construção ideal, que emerge com força nos debates do período, as castas pardas eram chamadas a fazer parte do mundo dos indivíduos livres. Em teoria, não podia ser de outra maneira. Na prática, sua condição de indivíduos livres, porém "impuros" ou de "qualidade" discutível (de acordo com a cultura imperial herdada), os converteu em alvo de um jogo político baixo; confiscou-lhes a prerrogativa de desfrutar da condição de cidadãos. A mecânica das maiorias eleitas (e imaginadas) fez naufragar o que estava na lógica das coisas e que será restabelecido durante as guerras civis em muitas partes dos domínios espanhóis em processo de secessão. Como resultado de tudo isso, aquela perspectiva de um mundo ordenado, compartilhada por espanhóis americanos e por espanhóis peninsulares, naufragou irremediavelmente durante as guerras de independência no continente, com resultados desiguais. Enquanto isso, nas três possessões insulares em mãos espanholas, as decisões tomadas nos momentos revolucionários demonstrariam ter uma enorme transcendência para o futuro.

## Um passado que nem sequer era passado

Alguns historiadores se referiram ao mundo espanhol americano como uma "sociedade de castas", uma consideração que resultou em polêmicas tão intermináveis quanto pouco produtivas. Sem necessidade de reabrir debates já caducos, uma coisa é certa: os projetos liberais (no plural, necessariamente) no mundo espanhol, europeu e americano, tomaram forma em um contexto social muito diferente do que ocorreu com os impérios britânico, francês ou português. No mundo dos adversários dos espanhóis, tanto no Norte quanto no Sul, prevaleceram sociedades que, em linhas gerais, seguiam dois padrões diferentes. O primeiro deles era o das sociedades de colonos europeus que se propunham a reproduzir o cenário agrário europeu e comerciar com a população nativa (casos da Nova Inglaterra e da Nova França, assim como dos holandeses no vale do rio Hudson), com combinações diversas entre as duas possibilidades. Quanto ao segundo padrão, em meados do século XVII emergiram sociedades organizadas sobre um esquema radicalmente novo: a escravidão massiva, com ou sem *plantation*, mas com exclusão total (ou parcial) dos habitantes originários do lugar (casos das colônias do Sul dos Estados Unidos, da Louisiana francesa, das Antilhas de todos os impérios ou do Brasil português). Foram essas últimas sociedades que permitiram que os esforços dos impérios português, inglês ou francês rumo à expansão alcançassem a dimensão necessária para forjar seus impérios atlânticos com toda propriedade. O mesmo que a expansão da mineração em grande escala na Nova Espanha e Peru havia representado para os espanhóis um século antes.[19]

---

19 Esta afirmação deve muito aos ensaios de Carlos Sempat Assasourian, compilados en *El sistema de la economía colonial. Mercado interno, regiones y espacio económico*, Lima: Instituto de Estudios Peruanos, 1982; do mesmo autor, "La despoblación indígena en Perú y Nueva España durante el siglo XVI y la formación de la economía colonial", *Historia Mexicana*, XXXVIII:3, 1989, p. 419-454.

Sem a pretensão de prolongar agora essa diferenciação tão esquemática, convém regressar ao caso que justifica este texto. Como foi assinalado no início, a coluna vertebral do império espanhol era formada por sociedades constituídas como um todo, a partir da população ameríndia original somada aos descendentes de europeus e africanos. Esta base fundamental se ramificou de imediato em sociedades com todas as nuances de mestiçagem imagináveis. O conceito de "castas" descreveu e definiu precisamente essas formações mestiças desde os estágios mais incipientes. Só mais tarde é que os historiadores e cientistas sociais extrapolaram o conceito para o conjunto de uma sociedade única, porém, constituída por grupos identificáveis pela origem e reconhecíveis, em algumas ocasiões, pelo fenótipo.[20]

Nessas sociedades, o lugar de cada um era regulado por complexas normas escritas ou implícitas. Normas que, partindo, em teoria, da ascendência e do fenótipo, como já foi dito, eram amplamente influenciadas pelo grau de cultura, riqueza e de proximidade do poder social e político. Por essa razão, o caráter problemático da exclusão de um grupo da cidadania, devido à sua ascendência, residia no fato de forçar os demais setores sociais a se definirem em torno de uma distinção "racial" de escassa nitidez, em geral remotíssima, e em qualquer caso, oposta às formas de acomodação interétnica, próprias da sociedade colonial. Se a cidadania liberal em constituição encarnava a utopia perfeita dos tempos modernos, com sua projeção futura da ideia de uma comunidade de indivíduos politicamente iguais, cujo passado teoricamente pouco importava, a "sociedade *com castas*" (formulação que me parece mais adequada) assim o era por conta da forma como se distribuíam de maneira desigual as prerrogativas políticas e os direitos no passado.

Aquela sociedade com castas tinha dois fundamentos longínquos, muito diferentes entre si, mas de confluência inevitável. Em sua gênese estava a necessidade, sentida pela Coroa, de proteger os índios durante e depois da grande catástrofe demográfica, social e cultural do século XVI. Essa preocupação se ramificou em um direito essencialmente casuístico que tratou de delimitar de forma obsessiva o lugar dos indivíduos e dos grupos sociais na sociedade colonial que toma forma

---

20 A primeira tentativa séria de definir o significado da mestiçagem se deve a MÖRNER, Magnus. *Race Mixture in the History of Latin America*. Boston: Little Brown and Company, 1967 e; "The Segregation Policy of the Colonial State". In: *Region and State in Latin America's Past*. Baltimore: The Johns Hopkins University, p. 19-33.

no último terço do século XVI. O essencial, sob essa perspectiva, era a regulação de situações particulares, a parte mais substancial das famosas Leis das Índias. Esse *corpus* constituiu um notável esforço de imaginação jurídica que destacava, antes de tudo, a capacidade da Coroa em colocar em ordem um mundo em ruínas e responder, desse modo, ao mandato de justiça cristã exigido pela legitimação papal dos direitos de posse sobre o Novo Mundo.[21] A formulação mais nítida desse desejo protetor é encontrada nas disposições que buscavam fixar os contornos dos povoados indígenas e suas obrigações para com os *encomenderos*[22] e a monarquia. Estas regulações surgiram muito cedo, no final do século XV, mas se repetiram, fatalmente, vez ou outra nos séculos seguintes, sinal indiscutível de sua capacidade limitada de cumprir com esse objetivo regulador. Não por acaso, o meticuloso paternalismo da Coroa pouco se preocupava com o desastre demográfico em curso e com a necessidade paralela de realojar a população indígena, forjando diferentes padrões de assentamento e acesso aos recursos. Em correspondência com esses propósitos o estatuto dos índios conhecidos como "huidos"[23] ou "forasteros" foi objeto de uma difícil regulação e controle.[24] Também o seria o contato entre os índios e os descendentes de africanos, livres ou escravos, que chegaram em um número muito importante desde a primeira década do século XVI, embora a pretensão de formalizar juridicamente a separação entre ambos os grupos tenha sido tão malsucedida quanto a tentativa de impedir fugas nas aldeias indígenas.[25]

A simples menção de como a vontade de organizar o mundo se vinculava à conhecida formulação dos juristas das duas Repúblicas – a dos índios e a dos espanhóis, ambas supostamente autosuficientes – é muito reveladora da contraditoriedade

---

21 Há uma grave carência por uma avaliação rigorosa dos êxitos e fracassos da legislação protetora dos índios na América.

22 N. T. – A *encomienda* era uma forma compulsória de trabalho imposta aos indígenas "em troca" da catequese. Os *encomenderos* eram encarregados de grupos de índios.

23 N. T. – foragidos.

24 Mörner, Magnus. *La Corona española y los foráneos en los pueblos de indios*. Madrid: Ediciones de Cultura Hispánica, 1999.

25 Twinam, Ann "Racial Passing: Informal and Official 'Whiteness' in Colonial Spanish America". In: Smolenski, John & Humphrey, Thomas J. (eds.). *New World Orders. Violence, Sanction, and Authority in the Colonial Americas*. Filadelfia: Pennsylvania University Press, 2005, p. 252-253.

intrínseca do projeto monárquico-eclesiástico desde sua própria gênese. Apesar disso, restará muito daqueles propósitos nos séculos posteriores. Sem a pretensão de ser exaustivo, destaco: a definição das aldeias e dos senhores, assim como dos *principales* dos índios; o distanciamento da *encomienda* de uma relação direta com seus índios *encomendados,* e a monetarização de suas cargas; a formação e manutenção das reduções e missões nas mãos de ordens religiosas, nem sempre nas fronteiras. Finalmente, a persistência das chamadas repúblicas indígenas (mantidas por razões tributárias, mas que prolongaram a política de paternalismo protetor até o século XIX).[26]

Tratava-se de ordenar o mundo, ao mesmo tempo em que se reconhecia, de maneira implícita, a necessidade de definir os processos de sua própria degradação e desmantelamento.

Como se sabe, o projeto inicial revelou-se um fracasso de enormes proporções.

No século XVII, quando os processos de mestiçagem e redefinição das identidades coloniais de uns e outros tornavam mais difícil e complexo que nunca delimitar o espaço de cada um, a maioria das disposições classificatórias foi plasmada em um sistema reconhecível, que os contemporâneos definiram como um mundo de "castas". A essa ordem de diferenciações foi agregada, mais tarde, a ideia de "qualidade" pessoal (posição social e educação) ou de "gente de razão", própria do século XVIII.[27] Nessas lógicas superpostas, a ideia de castas respondia fundamentalmente à vontade de definir o mundo dos que não tinham uma identificação que pudesse remeter diretamente às diferenças originais entre índios e espanhóis. Logo, sempre apresentava conotação negativa. Porém, ao definir o espaço dos grupos intermediários, ela reafirmava simultaneamente o lugar dos demais, fossem esses os colonizadores de origem europeia, seus descendentes nascidos na América ou índios da república ou comunidade; ou seja, indivíduos sem "mácula" genealógica reconhecida. Definitivamente, a ideia de castas não tinha sentido sem a definição prévia dos extremos da pirâmide social que a delimitavam.

---

26 ROSA, Alexandre Coello de la. *Espacios de exclusión, espacios de poder. El Cercado de Lima colonial, 1568-1606.* Lima: Pontificia Universidad Católica del Perú/Instituto de Estudios Peruanos,2006.

27 STOLCKE, Verena. "A New World Engendered: The Making of the Iberian Transatlantic Empire", em Teresa A. Meade y Merry E. Wiesner-Hanks (eds.), *A Companion to Gender History,* Londres: Blackwell Publishing, 2006, p. 371-389.

A EXPERIÊNCIA CONSTITUCIONAL DE CÁDIS          89

Conhecemos razoavelmente bem os fatores que incentivaram o contato e a mestiçagem interétnica, que a própria ideia de castas tentava reunir e ordenar, sem sucesso.
O surgimento das grandes cidades e o desenvolvimento dos grandes centros de mineração foram cruciais nesse sentido. Nenhum dos dois podem ser bem compreendidos
sem entender-se a completa reestruturação do assentamento da população original
como consequência do colapso demográfico das sociedades americanas depois da
conquista. Correspondeu ao profundo deslocamento das sociedades pré-hispânicas
um deslocamento equivalente dos marcos sociais herdados, aqueles que a hipótese
das duas repúblicas aspirava congelar em um desenvolvimento paralelo. Assim, a formação de novos grupos sociais e de novas formas de identificação colocou a própria
ideia de "castas" no centro de gravidade da sociedade que emerge nas últimas décadas
do século XVI.

Isso não era algo dissociado da formação das classes sociais no sentido conven-
cional, se a compreendermos como a forma em que os grupos sociais se relacionavam de maneira não casual com os processos de trabalho e com a distribuição dos
recursos produtivos essenciais.[28] Esta lógica colonial incorporava outros elementos
que, apesar de responderem igualmente a uma orientação em boa medida política,
moviam-se em outros planos da prática social. O primeiro e fundamental respondia à
distribuição dos recursos de trabalho no interior das sociedades americanas. De fato,
uma lógica perversamente colonial dominou desde o princípio até o final do império
a distribuição do trabalho dos índios – o fator produtivo essencial em todo o império.
Uma lógica segundo a qual a carga de trabalho e as obrigações tributárias inerentes que recaíam sobre certos tipos de trabalho pesavam sempre sobre o mesmo lado.
Nesse sentido, o social e o político sempre andaram de mãos dadas. Dessa forma, as
obrigações em trabalho e dinheiro recaíam sobre o conjunto da população originária,
porém, de modo muito particular sobre os chamados índios de *repartimiento,* ou seja,
aqueles que estavam sujeitos a prestações de trabalho associadas ao tributo sobre os
naturais, o reconhecimento da submissão dos índios ao senhor natural. Tratava-se
de um conjunto de obrigações que surgiram com o enfraquecimento da *encomienda*

---

28  Refiro-me a FISHER, Andrew B. e O'HARA, Matthew D. (eds.). *Imperial Subjects. Race and Identity in
Colonial Latin America.* Durham: Duke University Press, 2009 e; KATZEW, Ilona e DEANS-SMITH, Su-
sans *Race and Classification. The case of Mexican America.* Stanford: Stanford University Press, 2009.

indígena, a forma como inicialmente se organizaram seu trabalho e suas obrigações. No longo prazo, no entanto, a inclusão nas listas de tributários era o sinal inequívoco de obrigações que se acumulavam em uma pirâmide muito onerosa: tributo monetizado, cargas de trabalho determinadas pelos senhores indígenas, os corregedores de índios, os governadores ou os *alcaldes mayores*, bem como as cargas derivadas da manutenção das paróquias.[29] Definitivamente, a atribuição étnica das obrigações tributárias constituiu o fundamento mais profundo das sociedades coloniais. Essas exigências e suas consequências em termos de definição do espaço que cada um ocupava, aumentaram em rigor na segunda metade do século XVIII, como parte do esforço da administração bourbônica para aumentar os recursos à disposição da fazenda real.

Esses imperativos coloniais eram o resultado da implicação do poder monárquico sobre o estabelecimento e a imposição de formas de classificação social de maior amplitude e duração. Essa política, por mais precária que fosse e ainda que tivesse o respaldo da Igreja secular e da elite indígena, era uma atividade que só pode ser comparada apropriadamente com a capacidade censitária desenvolvida pelos britânicos e holandeses na Índia e em Java a partir dos anos 1780-1790, quando trataram de estabelecer com maior precisão, e inclusive individualizar, as obrigações tributárias em um mundo dos camponeses.[30]

Definitivamente, retomando as comparações em grande escala esboçadas previamente, o fundamento escravista (com o complemento de proprietários livres em suas margens, algo que sucede igualmente em outros contextos do Império Espanhol) dos impérios do Norte da Europa, banhada pelo Atlântico, lhes permitiu evitar os fatigantes procedimentos censitários. Esse conjunto de obrigações em trabalho e em espécie, assim como o fato colonial que os justificava, foi administrado por um sistema burocrático que se manterá intocado até o final da dominação espanhola na América.[31] Somente bem no final do período imperial se notaram alguns sintomas de esgotamento do sistema. Esse esgotamento aparece em trabalhos como

---

29  Castro, Felipe. *La rebelión de los indios y la paz de los españoles*. México: Ciesa, 1996, p. 49

30  Um texto sintético e comparativo aparece em Kumar, Dharma. "The Taxation of Agriculture in British India and Dutch Indonesia". In: Bayly, C. A. e Kolff, D. H. A. (eds.). *Two Colonial Empires*, Dordrecht: Martinus Nijhoff Publishers, p. 203-209.

31  Lockhart, James e Schwartz, Stuart. *Early Latin America. A History of Colonial Spanish America and Brazil*. Cambridge: Cambridge University Press, 1983, p. 315-327.

o de Sergio Serulnikov sobre a área de Potosí.[32] Como se sabe, inclusive no espaço andino, o complexo de obrigações e submissão forjado durante a época colonial se prolongaria além da crise do império. Era o resultado das coalizões sociais impostas pelas independências ou pelas necessidades do Estado republicano.[33] No entanto, deduzir de tudo isso, a existência de uma lógica social excludente na gênese e desenvolvimento da sociedade, com distinções étnicas reproduzidas de geração em geração, seria um grave erro de perspectiva.

Durante séculos o complexo de obrigações e hierarquia que dividia a sociedade em grupos de origem étnica, por mais gelatinosa que resultasse a distinção, beneficiou um amplo grupo de privilegiados. Em primeiro lugar os senhores de índios, caciques e *principales*, já que lhes permitia manipular as prestações de trabalho em benefício próprio e desviar parte do tributo, diminuindo o número de indivíduos identificados pelo censo.[34] Certamente beneficiou muitos espanhóis e *criollos* que recebiam índios de *repartimiento* em toda a escala social e para todo tipo de atividades, desde serviços

---

32 SERULNIKOV, Sérgio. *Subverting Colonial Authority. Challenges to Spanish Rule in Eighteenth-Century Southern Andes*. Durham: Duke University Press, 2003.

33 Este trabalho não pretende elucidar as complexas relações entre o liberalismo do século XIX e a herança cultural, por isso, apenas algumas obras estão indicadas. Começo por algumas de ordem geral para citar alguns estudos de caso de grande relevância. MALLON, Florencia. *Peasants and Nation: The Making of Postcolonial Mexico and Peru*. Berkeley: University of California Press, 1995; LARSON, Brooke. *Trials of Nation Making. Liberalism, Race, and Ethnicity in the Andes, 1810-1910*. Cambridge: Cambridge University Press, 2004; PELOSO, Vincent e TANNEBAUM, Barbara (eds.). *Liberals, Politics, and Power: State Formation in Nineteenth-Century America*. Athens: University of Georgia Press, 1996. E também, SERVÍN, Elisa, REINA, Leticia e TUTINO John (eds.). *Cycles of Conflict, Centuries of Change. Crisis, Reform, and Revolution in Mexico*. Durham: Duke University Press, 2007; THURNER, Mark. *From Two Republics to One Divided: the Contradictions of Postcolonial Nation Making in Andean Peru*. Durham: Duke University Press, 1997; do mesmo autor e de GUERRERO, Andres (eds.). *After Spanish Rule. Postcolonial Predicaments of the Americas*. Durham, Duke University Press, 2003; PERALTA, Víctor. *En pos de tributo: burocracia estatal, elite regional, y comunidades indígenas en el Cusco rural, 1826-1854*. Cuzco: Centro de Estudios Regionales Andinos Bartolomé de las Casas, 1991; MÉNDEZ, Cecilia. *The Plebeian Republic. The Huanta Rebellion and the Making of the Peruvian State, 1820-1850*. Durham: Duke University Press, 2005; GUARDINO, Peter. *The Time of Liberty. Popular Culture in Oaxaca, 1750-1850*. Durham: Duke Univetsity Press, 2005.

34 MURILLO, Dana Velasco. "The Creation of Indigenous Leadership in a Spanish Town: Mexico: Zacatecas, 1609-1752". *Ethnohistory*, 56:4, 2009, p. 669-698.

pessoais até o trabalho em unidades agrícolas de tamanho considerável, nas oficinas têxteis ou minas. Favorecia seguramente à Coroa, receptora de uma porção da renda gerada graças ao *tributo de naturales* ou à tributação sobre o resto das atividades econômicas associadas ao trabalho de índios de *repartimiento*.[35]

Não obstante, as normas próprias da sociedade colonial valiam tanto para os que estavam sujeitos a elas como para os que escapavam ao seu cumprimento. Muitos fraudavam ou deixavam de cumprir as inúmeras disposições que formavam o estatuto dos indivíduos, abrindo brechas através das quais se incrementava o mundo intermediário das castas. Escapavam aqueles que, depois de reivindicar o trabalho indígena aproveitando a regulação das prestações associada ao tributo, fraudavam a fazenda real e não devolviam seus trabalhadores ao mundo originário. Escapavam também os índios que decidiam se afastar das comunidades de origem para buscar a vida em cidades, fazendas ou *pueblos* indígenas aos quais não pertenciam. Eram os chamados índios *yanas*, forasteiros ou índios de *falquitrera* na mineração no Peru, ou os *macehuales* em Nova Espanha, índios desgarrados, em geral, ainda que nem sempre, de seus *pueblos* de origem e das repúblicas de índios, que trabalham por um salário e que não pensavam em voltar ao local de origem.[36] Escapavam, finalmente, muitos escravos e livres de cor, que não estavam inseridos na mesma estrutura de proteção/exploração que os índios. Essa condição menos regulada permitiu-lhes em certas ocasiões gozar de melhores condições de vida que

---

35 Sobre a aristocracia indígena e os curacas peruanos, de PEASE, Franklin. *Curacas, reciprocidad y riqueza*. Lima: Pontificia Universidad Católica del Perú, 1992; GARRET, David T. *Shadows of Empire. The Indian Nobility of Cusco 1750-1825*. Cambridge: Cambridge University Press, 2005; de GODOY, Scarlett O'Phelan. *Kurakas sin sucesiones. Del Cacique al alcalde de indios, Perú y Bolivia, 1750-1835*. Cuzco: Centro Bartolomé de las Casas, 1997. Sobre os senhores de índios e caciques na Nova Espanha, BORNEMAN, Margarita Menegus e SALVADOR, Rodolfo Aguirre (eds.). *El cacicazgo en Nueva España y Filipinas*. México: Plaza y Valdés, 2005; CHANCE, John K. "Indian Elites in Late Colonial Mesoamerica". In: MARCUS, Joel e ZEITLIN, Judith Francis (eds.). *Caciques and Their People*, Ann Arbor: Anthropological Papers/University of Michigan, 1994, p. 45-65.

36 Ver os excelentes trabalhos de SAIGNES, Thierry. *Caciques, Tribute and Migration in the Southern Andes: Indian Society and the Seventeenth Colonial Order*. Londres: University of London, 1985; WHIGHTMAN, Ann. *Indigenous Migration and Social Change. The Forasteros of Cuzco, 1570-1720*. Durham: Duke University Press, 1990; POWERS, Karen Vieira e JOURNEYS, Andean. *Migration, Ethnogenesis, and the State in Colonial Quito*. Albuquerque: University of New Mexico, 1995.

A EXPERIÊNCIA CONSTITUCIONAL DE CÁDIS

os índios; mas em outros, pela mesma razão, sucumbiam à mais abjeta das explorações. A degradação das instituições de controle forçará a Coroa e, em seu nome, os oficiais reais, a adaptar as listas de tributários a essa realidade porosa e fluida, incluindo nas listas pardos e morenos livres, que inicialmente estavam à margem.[37] Essa avidez tributária e censitária levou, em alguns casos, a situações paradoxais. Por exemplo, os filhos descendentes de ex-escravos e de índias yanaconas eram registrados como yanaconas e não como *"zambos"*,[38] para que, dessa maneira, fossem obrigados a pagar uma quota superior.[39] Como mostrou Ann Twinam, inclusive nessas condições os livres de cor escapavam com frequência da condição de tributários. De tal maneira que os oficiais reais viram-se obrigados a reconhecer sua incapacidade de devolvê-los ao lugar que lhes correspondia.[40]

Sabemos agora melhor do que nunca que essas distinções de fundamento colonial prosperaram tão espetacularmente graças à linguagem simbólica e dos instrumentos institucionais de primeira ordem de que dispunham para se impor. Refiro-me naturalmente às metáforas relativas à limpeza de sangue e ao modo como esta podia ser provada – ou era socialmente reprovada – no mundo americano.

Dentro dessa questão, a recente monografia de María Elena Martínez é uma contribuição fundamental a este que é o segundo fundamento do sistema de castas.[41] Este livro mostra como a ideia de limpeza de sangue foi introduzida de maneira imediata na Nova Espanha com a chegada dos espanhóis. Nos momentos iniciais a versão americana desses instrumentos de controle continuou sendo dirigida contra mouros e judeus, principalmente estes últimos, como no mundo castelhano, já que, ao serem expulsos dos domínios europeus da monarquia, alguns deles

---

37 Um esforço comparativo sobre o o uso das categorias censitárias que mostra evolucões muito distintas aparece em JACKSON, Robert H. *Race, Caste, and Status. Indians in Colonial Spanish America.* Albuquerque: University of New Mexico Press, 1999.

38 N. T. – Cafuzos.

39 BROCKINGTON, Lolita Gutíerrez. *Blacks, Indians, and Spaniards in the Eastern Andes. Reclaiming th eForgotten in Colonial Mizque, 1550-1782.* Lincoln: University of Nebraska Press, 2006, p. 168-169.

40 TWINAM, Ann. "Racial Passing: Informal and Official 'Whiteness' in Colonial Spanish America". In: *New World Orders. Violence, Sanction, and Authority in the Colonial Americas*, p. 261.

41 MARTINEZ, Maria Elena. *Genealogical Fictions. Limpieza de Sangre, Religion, and Gender in Colonial Mexico.* Stanford: Stanford University Press, 2008.

conseguiram chegar à América.[42] Essa perseguição ganhou maior força quando se detectou que muitos dos portugueses que haviam passado aos domínios espanhóis da monarquia eram na realidade criptojudeus ou judaizantes. Diante dessa situação, as famílias, instituições particulares ou as corporações públicas que queriam garantir o controle da "pureza" de seus membros ou proteger-se do contágio induzido por via matrimonial dispunham de um importante arsenal institucional: estatutos e provas, instituições especializadas, como o Santo Ofício ou Inquisição (organizado na Espanha em 1493 e já plenamente institucionalizado na América em 1571), além de tribunais paralelos nas mãos da Igreja secular, que permitiram desenvolver uma política de depuração em grande escala que, na Espanha metropolitana, alcançou o apogeu na segunda metade do século XVI. A primeira etapa de formalização dessas práticas revela algo que já havia sucedido nos territórios europeus da monarquia, nos séculos XV e XVI. Quem impulsionou a adoção dessas medidas de controle não foi tanto o poder monárquico enquanto tal, senão as próprias corporações religiosas e civis. São as ordens religiosas e os *cabildos* que exigem dos que querem se incorporar à sua disciplina a comprovação da limpeza de sangue. Como ocorrera em Castela, uma vez difundida a ideia da limpeza de sangue, ela não tardou a se ramificar em toda a escala social, em direções e ocasiões inimagináveis. Evidentemente, a adesão a muitas instituições, gremiais, por exemplo, também passou a exigi-la. A limpeza de sangue converteu-se rapidamente em uma variável crucial no mercado matrimonial para todos aqueles cuja visibilidade social aconselhava zelar pelos enlaces conjugais de seus membros. Nas primeiras décadas do século XVII, os complexos procedimentos de controle genealógico haviam se desenvolvido nas Índias[43] em todo o seu esplendor. Em algumas ocasiões, a distância do mundo espanhol e a dificuldade de realizar pesquisas sobre os antepassados eram tamanhas que comprovar a limpeza de sangue podia ser um processo de vários anos.

---

42 Sobre o contexto e a cultura católica na qual os estatutos de limpeza de sangue ganham sentido, ver, de NIRENBERG, David. "Was there race before modernity? The example of 'Jewish' blood in late medieval Spain". In: ISAAC, Ben; ZIEGLER, Yossi; ELIAR-FELDON, Miriam (eds.). *The Origins of Racism in the West*. Cambridge: Cambridge University Press, 2009, p. 232-264.

43 N. T. – Termo usado com frequência pela historiografia española e portuguesa para referir-se às Américas, mantido nesta versão.

Nas sociedades peninsulares, a limpeza de sangue remetia sempre ao contágio com partidários estigmatizados de religiões que arrastavam a carga de impureza, ou seja, judeus e muçulmanos. Foi assim durante um período surpreendentemente longo. Embora especialistas considerem que os estatutos de limpeza de sangue decaíram ou se converteram em pura formalidade na península durante o século XVIII, algo que deveria ser determinado com dados mais consistentes, certas circunstâncias podiam devolvê-los ao primeiro plano como um instrumento repressivo.[44] Dois exemplos bastam para demonstrá-lo, ainda que seja impossível vislumbrar o cenário completo da situação por falta de estudos. No ano de 1774, a cidade de Palma enviou um memorial ao rei para solicitar que fosse desconsiderada uma petição de igualdade legal para os *xuetes* (descendentes de judeus cristianizados) sobre as exigências de pureza de sangue estabelecidas com todo esplendor depois da etapa dos autos-de-fé de 1678 e 1691.[45] A vigência dos estatutos implicava a continuada exclusão do grupo da maioria dos grêmios e profissões, assim como do mercado matrimonial. Os velhos argumentos sobre o povo deicida e a transmissão da infecção pelo sangue foram expostos pelo *ayuntamiento*[46] da cidade e pela Real Audiência. Apesar de as pragmáticas decisões reais dos anos 1782, 1785 e 1787 terem dado razão à minoria, a disputa no mercado matrimonial não cessaria. Mais ainda, ela seria diretamente reforçada pela Sanção Pragmática contemporânea, do ano de 1776, que reforçava o pátrio poder (e seu padrão familiar) para impedir matrimônios desiguais. Um segundo e surpreendente exemplo ocorreu em Barcelona entre os anos 1823 e 1833. Em um momento de aguda repressão absolutista contra os liberais, os estatutos de limpeza de sangue – com as rigorosas fórmulas contra judeus, mouros e reprovados em geral – foram ainda exigidos para aqueles que queriam exercer a advocacia. Ou para depurar os que já a exerciam e tinham vinculações políticas pouco recomendáveis.[47] A capacidade intimidatória dos estatutos havia

---

44 ORTIZ, Antonio Domínguez. *La clase social de los conversos en Castilla en la edad moderna*. Granada: Ediciones de la Universidad de Granada, 1991, p. 129.

45 PORQUERES, Enric. *Lourde Alliance. Mariage et identité chez les descendants de juifs convertis à Majorque (1435-1750)*. Paris: Éditions Kimé, 1995, p. 249-250.

46 N. T. – *Ayuntamiento* – Órgão executivo municipal introduzido pelos espanhóis em seus domínios coloniais.

47 JACOBSON, Stephen J. *Catalonia's Advocates. Lawyers, Society, and Politics in Barcelona, 1759-1900*.

diminuído muito, sem dúvida. Não obstante, eles continuavam sendo um poderoso instrumento de exclusão.

Como vimos, essas normas de controle genealógico derivaram, na América, em direções que só adquiriram pleno sentido por conta da adaptação a uma sociedade colonial. Inicialmente, os estatutos e a própria ideia de limpeza de sangue foram introduzidas nas Índias como réplica das fórmulas de unitarismo religioso já experimentadas na sociedade metropolitana. Pouco a pouco, no entanto, esses instrumentos importados passaram a abranger um conjunto mais amplo de situações, no compasso da atenuação da efervescência doutrinária ocorrida na Europa após a Guerra dos Trinta Anos. Primeiro foram as dúvidas sobre a natureza dos índios, seu possível contágio misterioso em etapas anteriores à chegada dos espanhóis. Já nas primeiras décadas do século XVII, a expansão dos livres de cor – pardos e morenos livres, em terminologia espanhola –, que era espetacular nas grandes cidades, conduziu gradativamente, de maneira quase imperceptível, à identificação das chamadas "castas pardas", como potencialmente muito perigosas do ponto de vista genealógico. Em função disso, as diferenças fenotípicas se associaram lenta, porém inexoravelmente, às suspeitas de impureza, de forma a reproduzir outra vez o modelo de cristão velho, sem mistura alguma de sangue impuro. O contágio derivado da mescla com aqueles grupos, estigmatizados por razões religiosas ou pelo contato com portadores de características identificadas igualmente como impuras, deveria ser evitado a todo custo. Com maior empenho ainda dever-se-ia evitar a mescla de uns e outros com indivíduos de origem europeia, incapazes de manter uma estratégia matrimonial conforme com o ideal do cristão velho. Esses riscos deveriam ser evitados com o recurso contínuo a provas de limpeza de sangue no mercado matrimonial; com o controle de ingresso em certas instituições e grêmios, assim como na obtenção de cargos e benefícios. Por essa razão, a diferença fenotípica e genealógica enfatizada, reafirmada e construída para definir as prerrogativas dos indivíduos no mercado matrimonial e no acesso a determinadas corporações privadas e ofícios se reafirmou sem cessar diante da impossibilidade de definir aquela multiplicidade de situações.[48] Mas ela servia igualmente para limitar o acesso aos cargos públicos,

---

Chapel Hill: North Carolina University Press, 2009, p. 101.

48  Quem primeiro chamou a atenção sobre a importância destas questões foi STOLCKE, Verena. *Mar-*

civis e eclesiásticos, algo para o que a sutil modificação das motivações originais dos estatutos de limpeza de sangue aportou um instrumento de primeira ordem.[49] Aqueles pérfidos instrumentos de um catolicismo histérico haviam deixado de servir para depurar, principalmente, criptojudeus e dissidentes religiosos, até converter-se, acima de tudo, em uma advertência sobre a degradação que a mistura com o sangue impuro pressupunha.[50] Transformados desse modo, serviriam para identificar e depurar dos cargos civis e eclesiásticos, assim como do mercado matrimonial, os descendentes de índios e escravos africanos que houvessem ascendido na escala social. Nesse sentido, tratava-se de uma projeção genuinamente etnocêntrica, na medida em que buscava assegurar a "limpeza" dos descendentes de europeus em um contexto ao mesmo tempo colonial e pluriétnico. Essa aversão se diversificou em diferentes intensidades para prevenir com particular cuidado a mescla com descendentes de africanos, objeto de uma desconfiança secular por parte do mundo espanhol na América, talvez por conta de um possível "contágio" do Islã. Ou devido ao reiterado estigma que a escravidão impunha aos que haviam passado por essa degradante instituição.[51] Não por acaso eram as castas pardas que ocupavam o nicho menos definido na grande bipolaridade estrutural do império.

Essa relutância se acentuou proporcionalmente ao peso e à posição social dos livres de cor. Neste ponto, que nos devolve diretamente à questão das castas pardas, o etnocentrismo desliza suavemente rumo a uma posição racialmente motivada.

---

*riage, Class and Colour in Nineteenth-Century Cuba. A Study of Racial Attitudes and Sexual Values in a Slave Society.* Cambridge: Cambridge University Press, 1974. Podem ser consultados ainda os trabalhos de ARDANAZ, Daysi Rípodas. *El matrimonio de Indias. Realidad social y regulación jurídica.* Buenos Aires: Fundación para la Educación, la Ciencia y la Cultura, 1977; SEED, Patricia. *To Love, Honor, and Obey in Colonial Mexico: Conflicts over Marriage Choice, 1574-1821.* Stanford: Stanford University Press, 1988; e STEINAR, A. "Bourbon Absolutism and Marriage Reform in Late Colonial Spanish America". *The Americas*, 59: 4, p. 475-509, muito erudito e informado ainda que tenha pasado por alto sobre a referência ao livro anterior, citado em primeiro lugar.

49  Sobre os estatutos de limpeza de sangue em Castela é necessário remeter ao livro de SICROFF, Albert A. *Los estatutos de limpieza de sangre. Controversias entre los siglos XV y XVII.* Madrid: Taurus Ediciones, 1979.

50  *Genealogical Fictions. Limpieza de sangre, religion, and Gender in Colonial Mexico.*

51  MARTÍNEZ, María Elena. "The Black Blood of New Spain: Limpieza de Sangre, Racial Violence, and Gendered Power in Early Colonial Mexico". *William and Mary Quartely*, LXI, 3, 2004, p. 479-520.

Convém recapitular agora a conexão necessária entre o plano da formação de diferenciações sociais com um elevado caráter "étnico" – ou seja, da associação de fatores entre o lugar que se ocupa e a origem do grupo ao qual se pertence – e a importância do "*modern Spain´s lexicon of blood*", forjado pelas políticas de limpeza de sangue, de acordo com a expressão da historiadora citada anteriormente. De fato, sem ele a transmissão hereditária não teria sido estabelecida com a devida precisão. Definitivamente, a ideia de castas não era apenas uma projeção de temas de diferenciação social, mas incluía, além disso, uma ideia de transmissão pelo sangue. Mas, como ocorre com as diferenciações desse tipo, valem na medida em que o conjunto social as aceita como tais. Desse modo, as necessidades de hierarquia social e política logo se sobrepunham à ideia de grupos de qualidade diferenciada, forjados e transmitidos de geração em geração, de uma maneira que apenas as ideias de limpeza de sangue podiam explicar apropriadamente.

Como definir, por exemplo, o lugar que ocupariam os descendentes de escravos, para aqueles que já não tinham quaisquer laços com a servidão de seus pais? Que espaço reservar ao mundo formado pela mescla incessante dos descendentes de índios vencidos e de descendentes de escravos africanos, ambos portadores de estigmas que os degradavam? As fronteiras entre o social e o simbólico não podiam ser administradas pelo poder real, já que nem respondia à sua lógica fazê-lo, nem ele dispunha dos instrumentos necessários para impor um controle tão absoluto. Ordenar aquele mundo era uma tarefa hercúlea. De fato, ainda que o poder e a justiça real lutassem durante séculos para ordenar aquele mundo em constante busca por um ponto de equilíbrio, a desordem não dependia nem de sua venalidade nem de sua incapacidade. Dependia de dinâmicas sociais que ninguém podia nem se propunha a controlar. Nesse sentido, a expansão da sociedade com castas demarcava os limites do poder real – os limites de um Estado antigo, caso se prefira –, por um lado, e os limites da autonomia das sociedades americanas para desenvolver e estabelecer o território considerado próprio de cada grupo social, por outro; os limites que os grupos intermediários forjados pela mestiçagem não deveriam ultrapassar. Como toda hierarquia construída sobre a aparência externa e o comportamento social, esta apresentava tantas rachaduras que a disposição ordenadora esteve eternamente ameaçada por situações particulares; teve que ser redefinida constantemente para reproduzir diversas vezes seu anunciado fracasso.

Não é difícil perceber que a debilidade do poder real foi o que propiciou a expansão da cultura de castas. Quando o império estava no ocaso, Alexandre von Humboldt esboçou, para a Nova Espanha, uma interpretação semelhante do fenômeno, tal como indicado no início deste ensaio.[52] Legislando à distância, o império propiciou a expansão da capacidade de autorregulação das próprias sociedades americanas, em linhas que não eram evidentemente arbitrárias, enquanto reservava para si a prerrogativa definitiva de decisão. Se isso valia para a estruturação dos fundamentos das sociedades coloniais, valia igualmente para a acomodação política, na distribuição do privilégio, o cargo eleito ou o ofício. No século XVI, a formação de uma aristocracia nativa vinculada ao império foi um fator de crucial importância para a estabilidade de uma sociedade colonial em formação. Para isso, os caciques e os senhores de índios foram investidos de grande autoridade, mas uma autoridade circunscrita dentro de limites precisos. A limpeza de sangue dos integrantes foi, neste sentido, um instrumento de importância vital para delimitar quem podia e quem não podia pertencer a essa aristocracia. Em um segundo momento, a sistemática disseminação de suspeitas de contágio dos índios por sangue impuro contribuiu para dinamitar qualquer possibilidade de promoção da aristocracia nativa além do papel simbólico, relacionado estritamente à própria comunidade; aquele que a Coroa lhe havia concedido. Mais uma vez, a imputação de impureza não foi o fator que explica a decadência – descrita de forma lapidar por Charles Gibson – das elites pré-hispânicas em uma nova ordem, mas sim o desejo dos espanhóis de restringir sua autonomia e capacidade no âmbito de um controle superior sobre o mundo conquistado.[53] O mesmo ocorreu com os espanhóis a república indígena foi organizada com igual esmero por meio dos privilégios, à imagem da sociedade castelhana que estava em sua origem e constituía sua fonte de inspiração. Nessa configuração, a situação dos nascidos na América, tão longe da matriz, estava destinada a entrar em crise assim que a luta pelo controle dessas sociedades e dos cargos que a Coroa punha à disposição alcançasse certo nível. Por essa razão, a ideia mais

---

52  HUMBOLDT, Alexander von. *Ensayo político sobre la Nueva España*, México: Porrúa Editores, 1978, p. 95-96.

53  GIBSON, Charles. *Los aztecas bajo el dominio español, (1519-1810)*, México: Siglo Veintiuno Editores, 1977, p. 157-167.

elementar de limpeza de sangue advertia sobre o risco do trato entre desiguais, em particular entre os altos estratos da sociedade colonial, aqueles que tinham posição e méritos a defender.

A cultura da desconfiança genealógica limitava então as possibilidades das duas aristocracias da terra, a indígena ou a dos descendentes dos primeiros colonizadores, ambas condenadas a ver diminuir de maneira inexorável seu peso e sua posição social. No caso dos espanhóis nascidos na América, a clara preferência da Coroa pelos peninsulares colaborou intensamente para reproduzir até o limite os imperativos da pureza de sangue. Por essa razão, quando o império chegava ao fim, tais imperativos ainda continuavam a ser invocados, exibidos em solicitações de cargos e prebendas, – de construir uma arma que podia ser lançada quando se tratava de se impor sobre um rival ou de desacreditá-lo.

Os arquétipos construídos sobre a base da genealogia imputada ou exibida, a aparência ou a cor, tomaram forma em um campo amplo entre o espaço público e o privado e se sobrepunham aos dois. A característica dessa sobreposição é que atuava como forma de mediação entre a sociedade e o poder real nas Índias. Talvez por essa razão, o mundo *criollo* foi sempre tão suscetível aos riscos derivados do matrimônio desigual. A simples suspeita de contaminação pela incorporação de uma pessoa de sangue impuro ao núcleo familiar, erodia a capacidade de seus membros de ter acesso em igualdade de condições à administração "indiana", que os discriminava no acesso a ofícios de certo nível. Este viés *anticriollo* na seleção do pessoal burocrático será aplicado com maior rigor e método com o advento da nova dinastia, em princípios do século XVIII. Foi uma das políticas mais eficazesdas chamadas reformas bourbônicas.[54] É nesse terreno social, ou pré-político, no qual o Estado arbitra sobre a "qualidade" dos indivíduos por meio dos tribunais e da administração do privilégio; nos quais as ideias de limpeza de sangue, de arraigada origem castelhana, ou de "indivíduo ou gente de razão" ou de "qualidade", mais amplas, irão se sucedendo para dar substância e continuidade a um sistema muito dinâmico.[55]

---

54 BURKHOLDER, Mark A. e CHANDLER, D. S. *From Impotence to Authority. The Spanish Crown and the American Audiencias, 1687-1808.* Columbia: University of Missouri Press, p. 90.

55 MARTÍNEZ, María Elena. "The Language, Genealogy, and Classification of 'Race' in Colonial Mexico". In: KATZEW, Ilona e DEANS-SMITH, Susan (ed.). *Race and Classification in Mexico. The Case of Mexican America,* p. 37.

Pureza de origem, riqueza e posição na escala das castas indianas, são níveis que se graduam com precisão, ainda que não respondam de modo algum a uma ideologia racial unificadora. Adverte-nos disso a vigência secular do procedimento de *"gracias al sacar"*, que permitia pagar um determinado valor para limpar fatores de impureza, tanto aqueles derivados do fato de ser filho de uma relação adúltera, como de ser descendente de africanos.[56] Todos eram chamados a fazer parte da comunidade católica, mas esta sempre foi vista como um rebanho formado por indivíduos de qualidade muito diversa. Ninguém ficava fora desse mundo – com exceção dos índios *remontados* e dos escravos *cimarrones*. Mas isso não significava que aqui, neste vale de lágrimas, todos fossem iguais e tivessem as mesmas obrigações. Esse paradoxo entre a comunhão desejada e o prolongamento *sine die* da hierarquia natural do império foi resolvido ideologicamente na convicção compartilhada pelas mais altas hierarquias religiosas e seculares do império, de que a tarefa cristianizadora não havia proporcionado, séculos depois, os frutos desejados.[57]

Nesse espaço intermediário entre o poder monárquico e a lógica que impregnava o mundo americano, para que se agrupasse em facções genealogicamente definidas ou "castas", os grupos sociais que ocupavam o topo da pirâmide se moviam e atuavam com muita liberdade e com particular desenvoltura. O objetivo era simplesmente tratar de impedir a ascensão de rivais e competidores; garantir que não se infiltrassem indevidamente em suas fileiras por meio da dissimulação ou do assédio à legião de mulheres casadoiras.

Apesar disso, os grupos intermediários de mestiços diversos se moviam com fluidez utilizando uma ampla variedade de formas de *"passing"* e/ou *"social drift"*, o

---

56  TWINAM, Ann. *Public Lives, Private Secret. Gender, Honor, Sexuality, and Illegitimacy in Colonial Spanish America*. Stanford: Stanford University Press, 1999; da mesma autora, "Purchasing Whiteness: Conversations on the Essence of Pardo-ness and Mulatto-ness and the End of Empire", em *Imperial Subjects. Race and Identity in Colonial Latin America*, p. 141-166.

57  Apontado de maneira precursora por RICARD, Robert. *La conquista espiritual de México. Ensayo sobre el apostolado y los métodos misioneros de las órdenes mendicantes en la Nueva España de 1523-1524 a 1572*. México: Fondo de Cultura Económica, 1999, p. 417-419 (a primeira edição francesa é de 1932 e a primeira castelhana, de 1975); TAYLOR, William B. *Magistrates of the Sacred. Priests and Parishoners in Eighteenth-Century Mexico*. Stanford: Stanford University Press, 1996, p. 204-205.

que contribuía para elevar as reservas já citadas.[58] Enquanto os grupos que formavam a base real da pirâmide, índios de república ou escravos, viviam em situações pouco aptas para a fuga ou a ascensão individual, os segmentos intermediários aos quais acabamos de nos referir a praticavam sem cessar. Não por acaso, a já bastante degradada hierarquia de limpeza de sangue se incomodava com a situação efetiva de uns e outros na escala social no império tardio (uma disfunção que a exclusão das castas pardas evidenciará de modo patente). Por essa razão a hierarquia de castas se mostrará altamente maleável, menos rígida do que uma interpretação literal da legislação permitiria imaginar. No primeiro século depois da conquista, os fundamentos culturais da ideia hierárquica foram as ideias de idolatria e de inferioridade do índio e do africano (um ambiguamente limpo, o outro, impuro).[59] No século seguinte essas ideias ainda eram vigentes, mas coexistiram com outras mais mundanas sobre o clima americano e os efeitos do contato interétnico. Mais tarde serão incorporadas ao arsenal diferenciador valores de posição social e de educação próprios do século XVIII; as marcas culturais em ascensão para definir a qualidade dos indivíduos e seu grupo de inserção.[60] Obviamente, os valores menos ligados a diferenças fenotípicas eram mais facilmente adquiríveis e versáteis. E, em consequência, mais *inclinados* à negociação ou eliminação nos censos e nas relações interpessoais. Talvez por tudo isso, quando parecia que as conotações tradicionais dariam lugar a simples distinções baseadas na posição econômica ou no mérito – próprios das sociedades contemporâneas – uma guerra genealógica reviveu o pesadelo das castas com uma intensidade que não pode ser subestimada. É nesse contexto que o cenário bastante conhecido de castas da Nova Espanha adquire significado.[61] Essa guerra

---

58  Deve-se mencionar especialmente a atenção que Ann Twinam dedicou às arbitragens para apagar as marcas de ilegitimidade ou promiscuidade sexual em *Public Lives, Public Secrets. Gender, Honor, Sexuality, and Illegitimacy in Colonial Spanish America*, Stanford: Stanford University Press, 1999.

59  MILLS, Kenneth. *Idolatry and Its Enemies. Colonial Andean Religion and Extirpation, 1640-1750*, Princeton: Princeton University Press, 1999.

60  CAÑIZARES-ESGUERRA, Jorge. "New World, New Stars: Patriotic Astrology and the Invention of Amerindian and Creole Bodies in Colonial Spanish America, 1600-1650". *Nature, Empire, and Nation. Explorations of the History of Science in the Iberian World*. Stanford: Stanford University Press, 2006, p. 64-96.

61  KATZEW, Ilona. *Casta Painting: Images of Race in Eighteenth-Century Mexico*. New Haven: Yale University Press, 2004; CARRERA, Magali M. *Imagining Identity in New Spain: Race, Lineage, and*

em torno da qualidade das pessoas e dos grupos coincidirá no tempo com a ascensão contínua dos estratos superiores dos livres de cor e das "castas pardas", a famosa "pardocracia" que tanto atemorizava o jovem Bolívar. Gente que lutava fortemente para romper discriminações muito antigas que os impediam de ter acesso a determinados ofícios, propriedades ou posição social.[62] O desejo de algumas famílias de classe média ou de artesãos em boa situação por afirmar sua categoria e limpeza por meio do recurso da genealogia não podia impedir o alcance de uma competição que alcançava todos os escalões da sociedade colonial.

Frente ao preconceito da ilustração europeia acerca da fraqueza de caráter do *criollo,* por conta do contato com uma natureza fértil e cálida e também com grupos humanos de qualidade inferior – o *"continuous bombardment of calumny",* na feliz expressão de John Elliot – forjar-se-á uma reafirmação cultural paralela dos descendentes de europeus lá estabelecidos.[63] Parte dessa dúvida constituiu a dúvida razoável sobre a qualidade de seus companheiros de viagem, na verdade, sobre a falta de qualidade de todos os demais habitantes das Índias longínquas e, em particular, do tempestuoso mundo intermediário das castas pardas. A ideia de hierarquia social, mil vezes modificada, havia conseguido chegar com excelente saúde até o ocaso do império. A partir daí, a luta no horizonte sobre a identidade do futuro cidadão, certamente não começaria do zero.

## A cultura do liberalismo e as distinções antigas

Na maioria dos processos fundamentais do liberalismo nas décadas de 1780 a 1830, experiências relativamente abertas de acesso à cidadania plena foram limitadas por reações posteriores, responsáveis pela introdução de fatores de exclusão que

---

the Colonial Body in Portraiture and Casta Paintings. Austin: University of Texas, 2003.

62  Ver, por exemplo, as reclamações de uma comunidade muito ampla de mulatos e negros livres de Lima, ao longo das discussões das Cortes anteriormente comentadas: *Colección de los discursos que pronunciaron los señores diputados de América contra el artículo 22 del proyecto de Constitución ilustrados con algunas notas interesantes por los españoles pardos de esta capital,* Lima: Imprenta de los Huérfanos, 1812.

63  "Colonial Identity in the Atlantic World". In: PAGDENM, Anthony e CANNY, Nicholas (eds.). *Colonial Identity in the Atlantic World, 1500-1800.* Princeton: Princeton University Press, 1987, p. 9.

seguiram diversas direções. Essas reações excludentes eram motivadas, em geral, pelo dilema de como estabilizar a sociedade liberal em termos que fossem aceitáveis para os grupos dirigentes. Em outros termos, não obedeciam a uma política racial decidida anteriormente, algo que, para o período 1780-1830, constituiria um completo anacronismo. Basta citar quatro exemplos de momentos bastante abertos à representação universal, retificados mais tarde por operações de fechamento. O primeiro foi o acesso dos *"free colored"* e das mulheres aos censos norte-americanos depois da separação do Império Britânico. O segundo se refere ao sufrágio quase universal e *"color blind"* no Império Francês entre 1793 e a reação termidoriana de 1799. Em terceiro lugar, pode ser mencionado o sufrágio universal masculino indireto reconhecido pela primeira constituição liberal espanhola, de 1812. Finalmente – e em quarto lugar –, destacamos a constituição portuguesa de 1822, filha confessa da constituição espanhola de Cádis, inclusiva em termos semelhantes e sem a exclusão da cidadania para os livres de cor. Nos quatro casos citados, o que se destacava na disposição inclusiva de seus respectivos processos políticos era a vontade de dotar as novas entidades políticas de um forte sentido de legitimidade.

Esse desejo fazia parte, em geral, da reação perante a ameaças externas de diferentes tipos. Entre elas, a mais frequente era o risco de invasão dos territórios metropolitanos ou ultramarinos por potências rivais. Era uma ameaça de desagregação que exigia deixar em segundo plano as divisões sociais e étnicas que emergiriam mais adiante como um fator muito importante na delimitação da cidadania.[64]

Nesse sentido, a mobilização coletiva e a vontade de fundar uma nova comunidade política pressionaram em direção à linha de soluções inclusivas mencionadas antes. Pelas mesmas razões, outros momentos de retrocesso em termos de direitos e/ou de franca e direta exclusão seguiram-se aos momentos de apelo à unidade nacional. A particularidade do caso espanhol está no fato de que a exclusão mais explícita de um grupo de indivíduos livres se produziu em um momento inclusivo, quando, por razões já explicadas, era garantido o sufrágio universal indireto a todos os indivíduos do sexo masculino maiores de 25 anos.

---

64 A interessante dialética amigo/inimigo dos estrangeiros na França revolucionária assediada é explorada em WHANICH, Sophie. *L'impossible citoyen. L'étranger dans le discours de la Révolution française*. Paris: Albin Michel, 1997.

A exclusão das castas pardas e, de modo mais amplo, o interminável debate produzido em torno de seu estatuto nas Cortes constituintes de 1810 e 1811, significaram a plena introdução das divisões étnicas herdadas do império na nova realidade e cultura do constitucionalismo. A política colonial espanhola nas décadas seguintes, que seria aplicada em Cuba, Porto Rico e Filipinas, não abandonaria essas diretrizes até fins do século XIX e, mesmo assim, com notáveis exceções.

Entre 1810 e 1869 os "coloniais" foram excluídos parcial ou totalmente dos marcos liberais do país, alegando-se a impossibilidade de garantir seu funcionamento em contextos de forte tensão e fraturas raciais. Não por acaso, o grande império sobre índios e castas havia se contraído sobre enclaves dominados de maneira crescente pela *plantation* escravista e o trabalho forçado dos camponeses do tabaco na ilha de Luzón.[65] Em 1837, a constituição que substituiu à de Cádis generalizou o argumento das castas (com momentos de abordagem abertamente racial durante os debates) para dissociar por completo os coloniais dos mecanismos de representação política e de direitos que o texto reconhecia. A solução constitucional, idêntica à empregada pela constituição napoleônica de 1799, encontra-se em um sucinto artigo adicional. Cito: "As províncias de ultramar serão governadas por leis especiais", leis sobre as quais ninguém nunca soube nada.[66] Essa disposição se manterá invariável nas constituições de 1845 e 1876, com as exceções parciais da constituição vigente entre 1869 e a republicana de 1873. Estas restabeleceram a integração de Cuba e Porto Rico (mas não das Filipinas) no marco liberal da monarquia, com a reserva de que isso não seria possível até o fim da guerra entre os separatistas cubanos e a Espanha.

Seria fazer uma grave confusão considerar que essa política de racialismo (mais que de racismo) se resolveu exclusivamente no território da alta política e da alta administração. Boa parte dela refletia o peso de velhas distinções de uma sociedade com castas (de distribuição "étnica" das obrigações), que a máquina do Estado

---

65   Jesús, Edilberto de. *The Tobacco Monopoly in the Philippines. Bureaucreatic Enterprise and Social Change, 1766-1880.* Quezon City: Ateneo de Manila University Press, 1980; *Filipinas, la colonia más peculiar. La hacienda pública en la definición de la política colonial.* Madrid: CSIC, 1999, p. 71-131.

66   *op. cit. Constitución y códigos políticos españoles, 1808-1978*, p. 89; Fradera, J. M. "Why were Spain's special overseas laws never enacted?"; Kagan, Richard L. e Parker, Geoffrey (eds.). *Spain, Europe and the Atlantic World. Essays in honour of J. H. Elliott.* Cambridge: Cambridge University Press, 1995, p. 334-349.

liberal assumiu e atualizou. Todo o fundamento da política colonial nas Filipinas, por exemplo, baseou-se em um enérgico desenvolvimento das categorias censitárias de base étnica que definiam o acesso aos cargos políticos em escala local, assim como as obrigações tributárias e as cargas de trabalho. Já em Cuba e Porto Rico, as distinções raciais herdadas do passado foram utilizadas em profundidade para definir o espaço de cada um, assim como para reafirmar uma hierarquia social muito precisa que incluía a posição dos indivíduos no mercado matrimonial e condicionava o acesso à justiça.[67] Tudo ocorreu de modo tão sábio que era o Estado quem moderava, em algumas ocasiões, a violência inerente a um mundo socialmente muito polarizado, resultado do desenvolvimento extraordinário da *plantation* escravista entre as décadas de 1810 e 1860. Esta hábil exploração de tensões raciais nas sociedades antilhanas foi chamada pelos governantes espanhóis de "equilíbrio de raças".[68] Eles entenderam muito bem que aquele "equilíbrio", alimentado e mantido com exercícios repressivos formidáveis contra escravos e pessoas livres de cor – como em Cuba, no ano de 1845 –, constituía o próprio fundamento da continuidade espanhola na América.[69]

A transformação das exclusões antigas em uma política de maior alcance e de base racializada, sob a égide liberal, não foi uma característica exclusivamente espanhola. Os espanhóis compartilharam com os outros duas características essenciais da recomposição imperial no Atlântico. A primeira era a política de separação entre o marco liberal metropolitano e o desenvolvimento político ultramarino como modo mais frequente de resolver a questão colonial. Esse foi o caso da França napoleônica a partir da constituição de 1799 e do restabelecimento da escravidão (o único caso no mundo), em 1802.[70] Esse foi também o caso do Império Britânico, que restringiu o desfrute das instituições representativas às West Indies e à British

---

67 STOLCKE, Verena. *Marriage, Class and Colour in Nineteenth-Century Cuba. A Study of Racial Attitudes and Sexual Values in a Slave Society*, citado em nota 35.

68 *Colonias para después de un imperio*, p. 299-321.

69 PAQUETTE, Robert L. *Sugar is Made with Blood. The Conspiracy of La Escalera and the Conflict between Empires over Slavery in Cuba*. Middletown: Wesleyan University Press, 1988.

70 GAINOT, Bernard. "Metropole/Colonies. Projets constitutionnels et rapports de forces, 1798-1802". In: BÉNOT, Yves e DORIGNY, Marcel (eds.). *Rétablissement de l'esclavage dans les colonies françaises. Aux origines de Haïti*. Paris: Maisonneuve et Larosse, 2002, p. 13-29.

A EXPERIÊNCIA CONSTITUCIONAL DE CÁDIS

North America, nas quais os eleitores brancos e protestantes eram majoritários. No resto do império, como na Índia britânica da *East India Company* ou nas *Crown colonies* das Antilhas, do Mediterrâneo ou da costa africana, aplicavam-se formas de governo direto.[71]

Também é o caso de Portugal, onde, seguindo o roteiro espanhol, as colônias foram separadas do marco liberal metropolitano em 1838, ainda que se permitindo a continuidade de uma representação ultramarina nas Cortes de Lisboa.

Em todos os casos, a justificativa para a política de exclusão foi a mesma: a "heterogeneidade" dessas sociedades não permitia o bom funcionamento de instituições de representação política; a entronização do cidadão como sujeito político por excelência da nova ordem. A heterogeneidade foi o argumento central esgrimido pelos deputados dos dois grandes partidos liberais espanhóis em 1837.[72] Em termos mais sofisticados, alguns argumentavam que conceder os benefícios de representação política às minorias brancas contribuiria para levantar ressentimentos entre os excluídos. Nessas circunstâncias, era preferível que uma administração distanciada (um *"beneficent despotism"*) do mundo local governasse os territórios distantes; uma administração que se constituísse na garantia de aplicação de políticas de melhoria social para a população escrava recém-emancipada ou de proteção às *"indigenous races"*, diante da voracidade espoliadora dos colonos de origem europeia.[73]

O resultado desse processo de separação dos âmbitos político-jurídicos para colônias e metrópoles foi o desenvolvimento de uma nova ordem imperial baseada na formação sistemática de normas de excepcionalidade ou especialidade. Se a impossibilidade de equiparar o teórico cidadão europeu ao cidadão colonial estava na base da crise, o desenvolvimento de novas figuras sociais definidas "etnicamente" era a outra face da regulação por meio de formas de excepcionalidade. Nos enclaves em que havia escravidão – no Brasil monárquico, nas Antilhas e Mascarenhas inglesas até 1838; francesas até 1848; espanholas até 1873 e 1886, ou nas colônias portuguesas da África até os anos 1850 – a própria existência dessa instituição peculiar,

---

71 BAYLY, C. A. *Imperial Meridian. The British Empire and the World, 1780-1830.* Londres: Longman, 1989.

72 *Colonias para después de un imperio*, p. 162-163.

73 HOLT, Thomas. *The Problem of Freedom. Race, Labor, and Politics in Jamaica and Britain, 1832-1938.* Baltimore: The Johns Hopkins University Press, 1992, p. 336-345.

com a anulação de qualquer personalidade política do escravo e seus códigos repressivos, demarcava o estatuto das pessoas de ambos os lados da linha divisória, já que constituía um argumento fundamental de heterogeneidade.[74] Paralelamente, foi preciso elaborar um estatuto político ambíguo para o indivíduo livre que ainda não havia sido incluído na cidadania assimilada. Este *"indigène"* na Argélia e na África Ocidental francesa, o *"indígena"* português de Angola e Moçambique, o índio ou o mestiço filipino, definidos por meio de categorias censitárias herdadas do antigo império, ocuparam um espaço ambíguo e jamais definitivo, que era o contraponto ao vácuo político forjado pelo princípio de excepcionalidade.[75] Ao seu lado, em certos lugares e contextos, em Guadalupe, na Martinica e na Ilha de Reunião, nas West Indies britânicas, antes e depois do *blowout* de 1865, e nas Antilhas espanholas, nas últimas décadas do século XIX, outros sujeitos como eles, em circunstâncias que agora não podemos explorar, entraram no censo de cidadãos e nas listas de votantes, em uma enorme variedade de situações.

O que continua sendo muito incerta, porém, é nossa compreensão de como as culturas interétnicas do passado e as formas de radicalismo simbólico associadas a elas, em sociedades como as do Império Espanhol, ou em outras genuinamente escravistas, transformaram-se nas categorias e práticas do discurso político contemporâneo, mais notadamente racial, segundo lugares e momentos. Não parece, possível aproximar-se dessas questões, centrais para o desenvolvimento do mundo contemporâneo, sem prestar atenção às heranças dos passados que constituíram desde a raiz as vastas entidades políticas que chamamos de impérios.

---

74  Para o Brasil, de BERBEL, Márcia, MARQUESE, Rafael e PARRON, Tâmis. *Escravidão e Política. Brasil e Cuba, c. 1790-1850*. São Paulo: Hucitec, 2010; para as colônias das Antilhas francesas, de TOMICH, Dale W. *Slavery in the Circuit of Sugar. Martinique and the World Economy, 1830-1848*. Baltimore: The Johns Hopkins University, 1990; SCHMIDT, Nelly. *La France a-t-elle aboli l'esclavage. Gaudeloupe-Martinique-Guyane, 1830-1935*. Paris: Perrin, 2009.

75  BRETT, Michael. "Legislating or Inequality in Algeria: the Senatus-Consulte of July of 1865". *Bulletin of the School of Oriental and African Studies*, 51: 3, 1988, p. 440-461; Para o caso de Portugal, SILVA, Cristina Nogueira da. *Constitucionalismo e Império. A cidadania no Ultramar português*. Coimbra: Almedina, 2009; para as Filipinas, de FRADERA, Josep M. *Filipinas, la colonia más peculiar. La hacienda pública en la definición de la política colonial, 1762-1868*. Madrid: CSIC, 1999, p. 133-190.

# DA "CARTA DE ALFORRIA" AO "ALVARÁ DE ASSIMILAÇÃO": A CIDADANIA DOS "ORIGINÁRIOS DE ÁFRICA" NA AMÉRICA E NA ÁFRICA PORTUGUESAS, SÉCULOS XIX E XX

*Cristina Nogueira da Silva*

Faculdade de Direito da Universidade Nova de Lisboa

Cedis, Unidade de Investigação financiada pela Fundação para a Ciência e Tecnologia

Em 1822 concedeu-se, na primeira Constituição portuguesa, a cidadania e todos os direitos políticos aos libertos e às populações livres de origem africana que habitavam o território ultramarino português, no mesmo artigo em que se manteve afastada dos direitos civis e políticos à população de igual origem, mas ainda escravizada. Quase um século mais tarde, em 1914, depois de instituída a República, o ministro português das colônias concedeu o estatuto de "cidadão da República" a todos os "indivíduos de cor" que habitassem nos territórios ultramarinos, desde que satisfizessem cumulativamente as seguintes condições: (a) falar o português ou qualquer das suas variedades dialectais ou ainda alguma outra língua culta; (b) não praticar os "usos e costumes" característicos do meio indígena; (c) exercer profissão, comércio ou indústria, ou possuir bens, de que se mantenha. No mesmo artigo afastou-se da cidadania e submeteu-se a legislação especial todos os "indivíduos de cor" que não satisfizessem cumulativamente aquelas condições. Estes passariam a ser "súbditos" da República e juridicamente designados como *indígenas*.[1]

Os dois acontecimentos ocorreram em momentos e em contextos completamente distintos. O primeiro deles ocorreu num contexto em que a parte mais importante do território ultramarino português se situava na América, num território onde vigorava a escravidão e numa época em que as instituições escravistas eram reconhecidas, mais ou menos explicitamente, em muitos textos constitucionais e

---

1  Cf. Base 15 da *Proposta de Lei orgânica da administração civil das províncias ultramarinas*, em RIBEIRO, Artur R. de Almeida. *Administração Civil das Províncias Ultramarinas, proposta de Lei Orgânica e Relatório apresentado ao Congresso pelo Ministro das Colónias*, Lisboa: Imprensa Nacional, 1914, p. 20.

MÁRCIA BERBEL & CECÍLIA HELENA DE SALLES OLIVEIRA (ORGS.)

legislativos europeus e americanos. A segunda ocorreu num contexto em que a escravidão já tinha sido formalmente abolida em toda a América e nos territórios ultramarinos onde as potências coloniais europeias diziam exercer soberania. Nessa altura, Portugal, cujos espaços ultramarinos estavam reduzidos a um conjunto de pequenos territórios em África e na Ásia, competia com outras nações europeias pela preservação e alargamento desses espaços, sobretudo na África, numa competição que era juridicamente enquadrada por instrumentos de direito internacional anti-esclavagistas. Impedir a escravidão praticada nas comunidades africanas era mesmo uma das obrigações que o direito internacional impunha às nações colonizadoras de então.[2]

A dimensão demográfica dos grupos populacionais a quem se abriram as portas da cidadania foi também completamente distinta nos dois momentos. Em 1822 o Brasil albergava uma das maiores populações afrodescendentes do continente americano, sendo as taxas de concessão de alforrias, que passou a ser o instrumento de acesso dos escravos à cidadania, muito elevadas.[3] Já em 1914 era muito diminuto o grupo dos nativos africanos enquadrados pela administração portuguesa na África, e ainda menor o número dos que, entre esse grupo, podiam preencher os critérios então requeridos pela legislação geral e local para aceder à cidadania. Este motivo, entre outros, explica também que as motivações e o impacto da concessão tenham sido totalmente distintos, como se verá ao longo deste texto. Totalmente distintos foram, também, os percursos históricos que se seguiram e os desfechos a que cada um destes momentos deu origem, que ficam fora do âmbito deste trabalho. O que se pretende fazer aqui é, tentando evitar os riscos que se correm quando se fazem comparações entre momentos históricos tão diferentes, *refletir sobre algumas similaridades e continuidades que podem unir, do ponto de vista do significado da cidadania*

---

2  Esta era uma imposição do cap. II, art 9 do Acto Geral da Conferência de Berlim de 26 de Fevereiro de 1885, cf. http://africanhistory.about.com/od/eracolonialism/l/bl-BerlinAct1885.htm (02.02.2011), confirmado em outras convenções, como no art. IX da *Convenção de revisão do Acto geral de Berlim [...]e do Acto geral e declaração de Bruxelas, de 2 de Julho de 1890, assinada em Saint –Germain-en Laye, em 10 de Setembro de 1919* (cf. em http://www.fd.unl.pt/Default_1024.asp, "Biblioteca Digital").

3  Sobre o número muito elevado das alforrias na primeira metade do século XIX no Brasil cf. MARQUESE, Rafael de Bívar "O poder da escravidão: um comentário aos "Senhores sem escravos". In: *Almanack braziliense*, n. 6, 2007 e bibliografia aí citada.

*para as populações africanas e afro-descendentes envolvidas e dos argumentos convo-cados a favor da sua concessão, estes dois momentos.* Fazer um paralelismo linear en-tre as duas situações seria incorrer em evidente e indesculpável anacronismo. Não o será, parece-me, tentar encontrar elementos de conexão. Nomeadamente aqueles que permitam perceber como, em contextos diferentes, a concessão da cidadania às populações africanas e afro-descendentes do Império se, por um lado, criou novas oportunidades de ascensão social para muitos indivíduos e famílias, também ocul-tou, por outro, sob o signo de uma aparente igualdade, novas formas de exclusão, estatutos jurídica e sociologicamente frágeis e, muitas vezes, com um grau formal de precariedade que era, por si só, um forte sinal de fragilidade.

Outra coisa que se tentará fazer neste texto é contar um pouco do que se passou com a "cidadania imperial" depois de perdida a parte americana do Império portu-guês. Descrever como foi pensado o estatuto dos africanos, libertos e livres, depois da independência do Brasil e do desaparecimento dos motivos que explicaram as opções inclusivas de 1822 para mostrar que essas opções, tão distantes das do constituciona-lismo gaditano, foram muito atenuadas no constitucionalismo português subsequen-te. Por agora, dedicaremos os próximos parágrafos à exposição daqueles motivos.[4]

Quando, em 1821-1822, depois da primeira revolução liberal, os deputados por-tugueses se reuniram para discutir a nova constituição, acordou-se que eram portu-gueses os filhos de pais portugueses (critério hegemônico na constituição de 1822 e que voltaria a ser importante na constituição de 1838); e também os que nascessem em território português (critério ao qual a Carta constitucional de 1826 e o Código civil de 1867 concederam muito mais importância). Admitiu-se ainda que, embora com algumas limitações no acesso aos direitos políticos, pudessem ser portugue-ses os estrangeiros naturalizados. O sangue e/ou o nascimento no território foram considerados os melhores indícios do sentimento que contava quando se queria distinguir quem fazia parte ou não do povo português. Esse sentimento era, como

---

4   Nesta primeira parte do artigo recupero alguns parágrafos de um outro texto em que tratei do mesmo tema, parágrafos que aqui são completados e enriquecidos com novas informações e com interpretações que, entretanto, me foram sugeridas pela historiografia brasileira: SILVA, Cristina Nogueira da. "Representação Política e Cidadania no Império". In: CATROGA, Fernando e ALMEIDA, Pedro Tavares de (coords.). *"Res Publica": Cidadania e Representação Política em Portugal 1820-1926.* Lisboa: Biblioteca Nacional de Portugal/Assembleia da República, 2010, p. 91-111.

explicou mais tarde Basílio Alberto de Sousa Pinto (1793-1881), professor de Direito e deputado às Cortes constituintes de 1822, o amor à Pátria ("Porquanto já dissemos que a qualidade de cidadão tem o seu fundamento no Amor à Pátria, o qual se pode conhecer ou pelo sangue, ou pelo local do nascimento").[5] Um dos deveres atribuídos a todos os cidadãos portugueses na Constituição era, por isso, "amar a Pátria". Outro desses deveres era o de "venerar a Religião" (art. 19).

Na Constituição de 1822 ficou também decidido que todos os portugueses seriam cidadãos. No projeto da Constituição, inspirado na Constituição de Cádis, tinha-se distinguido entre ser português (sem acesso aos direitos políticos, mas apenas aos direitos civis) e ser cidadão, com plenos direitos de participação política. Esta formulação do *Projeto* foi, contudo, rejeitada pelos constituintes. No texto final da Constituição, depois da discussão, decidiu-se que todos os portugueses fossem cidadãos, tendo sido essa a opção que vigorou em todo o constitucionalismo português de oitocentos. Tal opção foi descrita pelos que a defenderam como um sinal de "liberalidade" ("[...] todos os que estão unidos por um Pacto Social em uma só Cidade, são Cidadãos. Onde isto não sucede, assim é onde, por exemplo, há escravos").[6] Mas ela não implicou, contudo, a universalização dos direitos políticos, ou sequer a dos civis. Desde logo porque na altura residiam escravos no território português mas, além disso, porque, logo na primeira constituinte, foram vários os deputados que recordaram que "é verdade que não fazemos diferença de português, a cidadão português; mas pela terceira vez digo que fazemos, e não podemos deixar de fazer diferença, e distinção de direitos políticos, a direitos civis".[7] Por isso, o que se decidiu foi que nem todos os cidadãos portugueses participariam politicamente. Na primeira constituição, por exemplo, não poderiam votar os menores de 25 anos, os analfabetos, os criados de servir, os vadios, os monges e as mulheres. Este afastamento da maioria dos cidadãos portugueses da participação política manteve-se, embora com oscilações, ao longo de todo o constitucionalismo do século XIX

---

5    Cf. PINTO, Basílio Alberto de Sousa, *Lições de Direito Público Constitucional*, 1840, Lição n. 9, p. 21 (igual a http://www.fd.unl.pt/Default_1024.asp, "Biblioteca Digital").

6    Cf. Diário das Cortes Gerais, Extraordinárias e Constituintes Nação Portuguesa (*DCGECNP*), sessão de 27 de Fevereiro de 1821, p. 1.

7    Cf. *DCGECNP*, sessão de 31 de Maio de 1822, p. 332, Dep. Correira de Seabra; cf. também *DCGECNP*, sessão de 3 de Agosto de 1821, p. 1764-1771.

A EXPERIÊNCIA CONSTITUCIONAL DE CÁDIS

nomeadamente através do recurso às categorias de *cidadão passivo* e *cidadão ativo*, na doutrina e na legislação eleitoral.[8] Neste aspecto os deputados portugueses quiseram ser mais liberais do que os gaditanos, como várias vezes afirmaram. Só que, como acabou de se ver, foram-no apenas na forma.

Como já se percebeu, todas as determinações da Constituição vintista seriam válidas tanto na parte continental como na parte ultramarina do território. Desde o primeiro momento constituinte tinha sido acordado que a nação portuguesa era "a união de todos os portugueses de ambos os hemisférios", que o território desta Nação era o "Reino Unido de Portugal, Brasil e Algarves" e que esse território tinha "partes" na Europa, na América, África e na Ásia (Tit. II). Significava isso que havia cidadãos portugueses na América, África e na Ásia, embora estes dois últimos territórios tivessem sido muito subalternizados durante as discussões.[9] Foi também decidido que todas essas "partes" do território estariam representadas nas Cortes.

Entre os "cidadãos ultramarinos" que podiam ser eleitos nesses territórios contavam-se certamente os portugueses nascidos no Reino que ali residissem (os *Reinóis*) ou os luso-descendentes ali nascidos, particularmente os "portugueses da América", todos "irmãos pelo sangue e pela história" dos portugueses da metrópole e que com eles se confundiam do ponto de vista identitário.[10] Todos eles eram filhos de pais portugueses. Todos faziam claramente parte daquela comunidade de portugueses que "em qualquer parte do mundo em que se achem" eram "sempre dotados do mesmo espírito, e carácter nacional, e homogêneos em linguagem, costumes, religião, governo, e patriotismo".[11] Neste grupo integravam-se também as

---

8 Cf. SEWELL, William H. Fr. "Le citoyen/la citoyenne: Activity, Passivity, and the Revolutionary Concept of Citizenship". In: BAKER, Keith Michael (ed.). *The French Revolution and the Creation of Modern Political Culture*, vol. 1: "The political culture of the Old Regime". Oxford: Pergamon Press, 1987, p. 105-123. Para Portugal, ALMEIDA, Pedro Tavares de. "Eleitores, voto e representantes". In: CATROGA, Fernando e ALMEIDA, Pedro Tavares de (coords.), *"Res Publica…", cit.*, p. 61-89.

9 Cf. SILVA, Cristina Nogueira da. *Constitucionalismo e Império. A cidadania no Ultramar português*, Lisboa: Almedina, 2009, Cap. 9.

10 Cf. PIMENTA. João Paulo Garrido. "Portugueses, americanos, brasileiros: identidades políticas na crise do Antigo Regime luso-americano". *Almanack Braziliense*, n. 3, 2006; MONTEIRO, Nuno Gonçalo. "A circulação das elites no Império dos Bragança (1640-1808): algumas notas". *Tempo*, n. 27.

11 Cf. DCGECNP, sessão de 3 de Julho de 1822, p. 661-62, Dep. Arriaga.

elites coloniais nativas ou de origem nativa de outros continentes, cuja importância social, econômica e política na Índia, mas também na África, era muito significativa. Houve mesmo alguns deputados recrutados entre estes grupos a representar as províncias africanas e, sobretudo, a Índia, no Parlamento português da primeira metade do século XIX.[12] Não obstante, a extensão da cidadania portuguesa a outras populações foi, em alguns casos, problemática. Como já se referiu, nas "províncias ultramarinas" portuguesas vivia um número muito significativo de escravos, sobretudo na parte americana. Poderiam estes ser cidadãos portugueses? Confrontados novamente com o exemplo espanhol da Constituição de Cádis, que distinguia entre homens livres e não livres (aí eram espanhóis/nacionais todos "os *homens livres* nascidos e domiciliados nos domínios da Espanha" (art. 5, sublinhados nossos), aos quais se acrescentaram os estrangeiros naturalizados e os libertos, estes últimos somente se tivessem adquirido a sua liberdade nas "Espanhas"), os deputados admitiram, no art. 21 do projecto da Constituição, que fossem portugueses todos "os homens *livres* nascidos e domiciliados no território português, e os filhos deles". Mas acabaram por concordar que a distinção entre livres e não livres era contrária às posições liberais da assembleia.[13] Por isso, na redação final do artigo, apagaram a palavra "livre" e fizeram constar da lista dos sujeitos que gozavam da condição de cidadão português os "escravos que alcançarem carta de alforria" (art. 21). Evitaram assim a referência à condição do "não livre", que, na constituição de Cádis, excluía os escravos da nacionalidade e da cidadania espanhola de forma clara e definitiva. Mas o resultado final, no que dizia respeito ao estatuto do escravo era idêntico ao daquela constituição: os escravos não exerceriam direitos políticos e civis, até porque eram propriedade de outras pessoas;[14] não podiam ser cidadãos portugueses e também não podiam ser apenas portugueses (nacionais), não somente porque

---

12 Cf., para Angola, Dias, Jill. "A Sociedade colonial de Angola e o liberalismo português". In: Pereira, Miriam Halpern (coord.). *O Liberalismo na Península Ibérica na primeira metade o século XIX*. Vol. II. Lisboa, 1981; e "Angola". In: Serrão, Joel e A-H. de Marques, Oliveira (orgs.). *Nova História da Expansão Portuguesa*. Lisboa: Estampa, 1998, vol. X: "O Império africano, 1825-1890" (coord. Valentim Alexandre e Jill Dias), p. 508 e ss.

13 "Confesso que me custa a sancionar este princípio [...] numa assembleia onde vejo residirem as ideias mais liberais", cf. *DCGECNP*, 1 Agosto 1821, 1768, Dep. Braancamp.

14 Cf. Grinberg, Keila. *Código Civil e Cidadania*, Rio de Janeiro, 2001.

A EXPERIÊNCIA CONSTITUCIONAL DE CÁDIS

ser português, no caso de se ter separado a nacionalidade da cidadania, envolveria sempre o exercício dos direitos civis, mas também porque aquela não tinha sido a opção do constitucionalismo português. Por estes motivos determinou-se, na Constituição vintista, que os escravos não contassem para o cálculo do número de deputados (art. 37).

Como se disse atrás, o mesmo artigo que recusou a cidadania aos escravos determinou que seriam cidadãos portugueses aqueles escravos que se alforriassem, os libertos (art. 21). Neste aspecto, o texto vintista afastou-se novamente do texto de Cádis, no qual as populações livres de origem africana podiam integrar o grupo dos nacionais mas não o dos cidadãos. Sendo cidadãos apenas "aqueles espanhóis, que por ambas as linhas trazem sua origem dos Domínios Espanhóis de ambos os hemisférios, e estão domiciliados em qualquer Povo dos mesmos Domínios" (art. 18), não o eram aqueles "[...] espanhóis que por qualquer linha são havidos e reputados originários da África".[15] Só que agora, pela primeira vez, as consequências deste afastamento em relação ao texto de Cádis eram substanciais. Se em 1812 os "originários de África" foram afastados da cidadania espanhola, a opção portuguesa de 1822 fez com que, pelo contrário, uma grande percentagem dos cidadãos portugueses fosse, de fato, integrada por "originários" da África, aos quais depois concedeu também o exercício de todos os direitos políticos. Se eram cidadãos portugueses, com acesso a todos os direitos civis e políticos, aqueles que, tendo nascido escravos, conseguissem obter junto do seu senhor a alforria, os libertos, eram-no também toda a população afro-descendente que residia na América e que já tinha nascido livre. Sendo assim, também os libertos e a população africana livre dos territórios portugueses situados na África, pois toda a discussão vintista foi orientada pela ideia de que o que se decidisse para as províncias americanas seria igualmente válidos nas províncias africanas e nas asiáticas.

---

15   Cf. VALDÊS, Roberto. "El 'problema americano' en las primeras Cortes Liberales espanolas (1810-1814)". In: AAVV, *Los Orígenes del Constitucionalismo Liberal en España e Iberoamérica: un estúdio comparado*. Sevilha: Junta de Andalucía, 1993, p. 82; LORENTE, Marta. "De Monarquia a Nación: la imagen de América y la cuestión de la ciudadanía hispana", *XIII Congreso del Instituto Internacional de Historia del Derecho Indiano* (21-25 Maio de 2000), San Juan: Asamblea Legislativa de Puerto Rico, vol. II, 2003.

Vários aspectos permitem compreender a inclusão dos afro-descendentes libertos e livres na cidadania. Por um lado, a referência positiva à cidadania dos *libertos* foi a fórmula encontrada para reconciliar a assembleia com aqueles que deviam ser os seus princípios, pois permitia omitir o problema do estatuto constitucional do "não livre", e também, com isso, evitar a incômoda discussão da escravidão e do respectivo tráfico.[16] Por outro lado, ela convocava o mérito do ex-escravo, associado à obtenção da alforria e de rendimentos suficientes para ser eleitor ou eleito, como vários deputados sublinharam. Se juntarmos este argumento a outros, que foram mobilizados na discussão, percebemos que os libertos a que se referia a Constituição vintista eram, sobretudo, os que residiam no território americano do "Reino Unido", cuja importância numérica era imensa, como os deputados notaram.[17] Os mesmos deputados argumentaram que essas populações estavam social e economicamente integradas, que ocupavam lugares públicos e militares desde o Antigo Regime, que tinham comprovado o seu patriotismo em vários episódios da história militar portuguesa.[18] Havia até heróis patriotas "em todas aquelas raças".[19]

---

16 Sobre a retirada destes temas dos trabalhos constituintes portugueses e suas motivações cf. BERBEL, Márcia, MARQUESE, Rafael e PARRON, Tâmis. *Escravidão e Política: Brasil e Cuba, c. 1790-1850*, S. Paulo: 2010, p. 155 e ss.

17 Cf. MATTOS, Hebe Maria. *Escravidão e cidadania no Brasil Monárquico*, Rio de Janeiro: 2000, p. 7. Em 1850 os libertos já ultrapassavam o número de escravos, e na época do primeiro censo brasileiro, em 1872, havia 4,2 milhões de pessoas livres de cor ("free persons of colour"), comparado com 1,5 milhões de escravos. Mais do que os 3,8 milhões de brancos (whites). Os afro-descendentes livres constituíam, assim, nesta altura, 43 % dos 10 milhões de brasileiros, cf. KLEIN, Herbert S. e LUNA, Francisco Vidal. *Slavery in Brazil*, 2010, p. 253-54.

18 Cf. *DCGECNP*, sessão de 13 de Agosto de 1822, p. 139. Veja-se também *Idem, Ibidem, cit.*, p. 157 e ss, onde se sublinha a importância concedida pelos deputados vintistas ao argumento de serem os libertos pessoas úteis à sociedade e produtivas, fato que os deputados faziam enraizar nas "práticas sociais da população brasileira"; e Cristina Nogueira da Silva, *Constitucionalismo ..., cit.*, p. 337-356.

19 Estas referências evocavam exemplos de descendentes de africanos e outros que, já no Antigo Regime, contornavam as restrições a que estavam sujeitos no acesso a cargos públicos e títulos honoríficos pelas *Ordenações Filipinas* recorrendo aos serviços prestados à coroa, nomeadamente na guerra contra os holandeses, cf. MATTOS, Hebe Maria. "A escravidão moderna nos quadros do Império Português: o Antigo Regime em perspectiva Atlântica". In: FRAGOSO, João; BICALHO, Fernanda e GOUVÊA, Maria de Fátima (orgs.). *O Antigo Regime nos Trópicos: a Dinâmica Imperial Portuguesa (séculos XVI-XVIII)*. Rio de Janeiro: Civilização Brasileira, 2001, p. 148-49.

A EXPERIÊNCIA CONSTITUCIONAL DE CÁDIS

Chamou-se também a atenção para o fato de não ser a "a cor da pele" critério válido para a atribuição ou não da cidadania, evitando assim a "racialização" do tema que, na mesma altura, tinha ditado a exclusão dos negros livres no Império britânico, em alguns Estados da América do Norte e em Cádis.[20] Os deputados vintistas salientaram também a presença, nestas populações libertas e seus descendentes, de sinais de pertença à comunidade dos portugueses, tal como ela foi por várias vezes pensada: como uma comunidade homogênea do ponto de vista linguístico, cultural e religioso, além de disponível para aderir à forma constitucional de governo. Como explicou um dos deputados eleitos na América, a inclusão de todas as populações livres na cidadania, independentemente da "cor da pele", era imperativa, porque todas "[...] seguem a mesma religião, falam a mesma língua, obedecem ao mesmo Rei, abraçam e defendem a mesma Constituição livre".[21] A intervenção singular deste deputado, que ninguém contestou mas que não foi aprovada, serviu para reforçar a ideia que, na América, eram portuguesas as populações de diversas origens que falassem português, que amassem a Pátria portuguesa, que praticassem a religião dos portugueses e que, por outro lado, aderissem aos princípios de governo adoptados pelos portugueses. Ajudou a esclarecer que a língua e a religião, os sentimentos de amor natural pela Pátria, por um lado, a comum adesão aos princípios de governo, por outro, deviam ser os critérios a valorizar para determinar a pertença à comunidade nacional e o acesso à cidadania.

A importância destas variáveis ajuda, finalmente, a perceber a inelegibilidade, ditada na mesma Constituição, dos libertos que tinham "nascidos em pais estrangeiro" (art. 34). Esses eram cidadãos, mas não podiam ser eleitos. Esta exclusão parcial de uma categoria especial de liberto, o liberto nascido nos sertões africanos, da possibilidade de ser eleito, mostra, em meu entender, como os deputados eram sensíveis à ideia de um prévio percurso educacional e civilizacional do liberto como condição de acesso aos direitos políticos. Não era possível abstrair, no caso destes libertos, do recente "[...] estado de selvajaria nos sertões africanos", do ainda escasso contato que

---

20 Cf. BERBEL, Márcia Regina e MARQUESE, Rafael de Bívar. "A ausência da raça: escravidão, cidadania e ideologia pró-escravista nas Cortes de Lisboa e na Assembleia Constituinte do Rio de Janeiro (1821-1824), paper apresentado à Conferência *Slavery, Enlightenment, and Revolution in Colonial Brazil and Spanish América*, Nova York: Fordham University, 2001, p. 3-5.

21 *DCGECNP*, sessão de 13 Agosto de 1822, p. 139, Cipriano Barata.

tinha tido com o mundo civilizado e com a liberdade. Este grupo de libertos ficou, assim, numa condição jurídica próxima da dos estrangeiros naturalizados, também inelegíveis (art. 34). Mas sem o serem. Na verdade, eles eram originariamente portugueses, integravam-se naquela categoria de cidadãos portugueses que eram os "escravos que alcançarem carta de alforria" (art. 21); de outra forma não fazia sentido a sua exclusão, ainda por cima parcial (eles não podiam ser eleitos, mas podiam votar, sem ter de passar pelas formalidades da naturalização, ao contrário do que sucedia com os estrangeiros). Mas não foi apenas a presumida insuficiente "aprendizagem civilizacional" que moveu os deputados vintistas a introduzir restrições ao exercício da cidadania a esta categoria de libertos. Foi também – embora isso tenha sido expresso de forma indireta – o fato de se desconfiar da sua integração patriótica na comunidade dos portugueses. O artigo da Constituição que excluiu os libertos "nascidos em país estrangeiro" deve ser relacionado com outras categorias de inclusão e de exclusão que foram operantes no discurso vintista sobre a cidadania e o acesso aos direitos políticos, como a do "amor natural pela comunidade" e o respectivo envolvimento moral . Um indício da operatividade destas categorias foi a associação, no caso das naturalizações, entre cidadania e domicílio voluntário, bem como a obrigação, imposta a todos os cidadãos portugueses pelas Constituições e pela doutrina jurídica, de "amar a pátria", à qual já nos referimos. Ser "nacional" num sentido mais "afetivo" também era uma condição para se ser cidadão português. E se esta centralidade dos sentimentos naturais pela Pátria na atribuição de direitos políticos não surgiu no debate sobre os libertos nascidos no sertão africano, ganhou inteira visibilidade no debate que teve por tema os direitos políticos dos estrangeiros naturalizados. O que os deputados decidiram, terminado esse outro debate, foi que os estrangeiros naturalizados fossem inelegíveis (art. 34), por "não poderem estar bem ao fato de todos os nossos costumes, e também porque não podem (como nós) ter tanto amor à Pátria, e aos nossos concidadãos".[22] Ainda que indiretamente, esta discussão ajuda

---

22  Cf. *DCGECNP*, sessão de 12 de Outubro de 1821, p. 2625, Dep. Guerreiro; no mesmo sentido, sessão de 3 de Abril de 1821, p. 713, Dep. Borges Barros; sessão de 14 de Janeiro de 1822, Dep. Pinto de França; sessão de 12 de Outubro de 1821, p. 2627, Dep. Castelo Branco Manoel; sessão de 12 de Outubro de 1821, p. 2638, Dep. Sarmento. Sobre a importância dos sentimentos de "amor" e de implicação moral na discussão de Cádis bem como o seu peso na exclusão dos africanos cf. HERZOG, Tamar, *Citizenship and community in Eighteenth Century Spain*, polic., 2002, p. 243 e ss.

A EXPERIÊNCIA CONSTITUCIONAL DE CÁDIS

a compreender a distinção entre os libertos nascidos em território português, a quem os deputados vintistas reconheceram uma aprendizagem civilizacional e uma integração "patriótica" na comunidade suficientes para aceder à cidadania plena, e os "libertos nascidos em país estrangeiro", cujos direitos passavam a ser semelhantes aos atribuídos a estrangeiros naturalizados.

A todas as variáveis até aqui enumeradas para explicar a inclusão geral dos libertos na cidadania portuguesa em 1822 juntam-se outras, menos explicitadas nas discussões. Por um lado, atuava a vontade que os deputados vindos da América tinham de garantir que essa massa populacional contasse para a eleição dos deputados pelas províncias ultramarinas. Sabia-se que o fato de não se ter concedido a cidadania espanhola aos "originários de África", no art. 22 da Constituição de Cádis, o que tinha implicado a não contabilização da população afro-descendente para o cálculo da representação do ultramar no seu art. 29, tinha estado na origem de importantes discórdias entre os deputados espanhóis do ultramar e os deputados peninsulares. Sabia-se que isso tinha tido o seu peso nas insurreições que tinham conduzido às independências na América espanhola.[23] Os deputados vintistas não queriam reviver esta discórdia, pois estavam empenhados na viabilização do "Reino Unido de Portugal, Brasil e Algarves". Por outro lado. iniciava-se aqui, provavelmente, a articulação que seria depois continuada na Carta brasileira de 1824 e que se manteria até meados do século XIX, entre a cidadania dos libertos, a defesa da preservação do tráfico negreiro para o Brasil e a expansão da escravidão. De acordo com esta interpretação, que retomo dos trabalhos de Márcia Berbel e Rafael Marquese, a inclusão dos libertos fazia do Brasil o território onde se podia continuar a desembarcar escravos, pois ao mesmo tempo que contribuiriam "com a sua força física para o progresso material e intelectual da nova nação", encontrariam também oportunidades de ascensão social que os conduziriam, por meio da alforria, à cidadania brasileira.[24] Essa foi uma das mensagens que deu significado à inclusão. A própria formulação do art. 12, ao declarar cidadãos os "escravos que alcançarem a carta de alforria", reforça esta interpretação, ao relacionar a natureza

---

23  Cf. VALDÊS, Roberto. "El 'problema americano'…, *cit.*, e VALDÊS, José M. Portillo. *Crisis Atlântica, Autonomia e independência en la crisis de la monarquia hispana*, Madrid: Marcial Pons, 2006.

24  Cf. BERBEL, Márcia Regina e MARQUESE, Rafael de Bívar. "A ausência da raça…", *cit.*, p. 25.

transitória da condição do escravo com a alusão à possibilidade, a todos aberta, da alforria. Era uma formulação que, como acabou de se ver, era funcional à perspectiva dos que queriam justificar a preservação do sistema escravista e que tinha a vantagem de poder ser aceita pelos que eram, ou diziam ser, favoráveis à abolição, por sugerir a transitoriedade da condição do escravo. Esta tese harmoniza bem com a própria natureza da alforria na ordem escravista brasileira, na qual ela constituía uma oportunidade de ascensão social para os escravos mas também um fator importante de reprodução da ordem social. Como foi recentemente explicado por Márcio de Sousa Soares, a alforria era uma componente importante da preservação do sistema escravista, quer porque a "promessa de liberdade" favorecia a obediência e o bom comportamento do escravo, reforçando a autoridade dos senhores, quer porque estava juridicamente enquadrada pelo regime da doação. Quando o senhor alforriava, via a sua reputação, a sua rede clientelar e o seu poder intensificados, pois em sinal de gratidão o liberto obrigava-se a retribuir a dádiva, mantendo-se na dependência e sob a proteção do seu antigo senhor.[25] Esta situação, conjugada com a lógica fortemente corporativa e clientelar das eleições oitocentistas, permite compreender que o peso eleitoral dos libertos não suscitasse grande temor entre os senhores.[26] Também não era de temer uma aliança entre o mundo dos escravos e o mundo dos libertos pois, como a historiografia brasileira tem mostrado, da estratégia de ascensão social das famílias de libertos fazia parte a sua demarcação ao cativeiro e aos antepassados escravos[27] embora o tema "haitiano" não tenha deixado

---

25 A explicação detalhada do regime do dom no Antigo Regime, inspirada nos textos de Maurice Godelier e António Hespanha, pode encontrar-se em SOARES, Márcio de Sousa. *A remissão do cativeiro, A dádiva da alforria e o governo dos escravos nos Campos dos Goitacases, c. 1750-c. 1850,* Rio de Janeiro: Apicuri, 2009, p. 153-178.

26 Sobre a lógica não individualista do sistema eleitoral oitocentista cf. as páginas a ele dedicadas de ROMANELLI, Raffaele. *Duplo Movimento*, Lisboa: Livros Horizonte, p. 49-61 (trad. Rui Miguel C. Branco e Susana Serras Pereira).

27 Esse esforço passava mesmo pelo apagamento de referências ao passado escravo e à "cor da pele" que para ele remetia, cf. Roberto Guedes, nomeadamente "Mudança e Silêncio sobre a Cor: São Paulo e São Domingos (Séc. XVIII e XIX)". *Africana Studia*, n. 14, 2010.

A EXPERIÊNCIA CONSTITUCIONAL DE CÁDIS

de estar presente nas discussões constituintes e em outros momentos dos primeiros anos da história do Brasil.[28]

Importa agora recordar, antes de descrever as opções constitucionais portuguesas para África posteriores à independência do Brasil, os limites ao exercício da cidadania com que os libertos se confrontaram em território brasileiro, depois da independência.

Como já se referiu, a Carta brasileira (1824) reconheceu novamente a cidadania aos libertos, mantendo abertas todas as possibilidades formais destes exercerem os direitos associados a esse estatuto. Mas a mesma Carta introduziu algumas restrições do ponto de vista do exercício dos direitos políticos que não existiam na Constituição vintista. Sendo agora as eleições indiretas, os libertos foram desde logo excluídos da segunda etapa das mesmas, independentemente da renda que auferissem. Isso significava que os libertos eram inelegíveis, embora tais restrições não atingissem os seus filhos.[29] Por outro lado, a Constituição do Império distinguiu o liberto crioulo, que usufruía, em virtude da alforria, da condição de cidadão, e o liberto nascido na África, que, mesmo tendo obtido alforria em território brasileiro, foi declarado estrangeiro. As discussões que conduziram a essa solução confirmam a dupla limitação – civilizacional e patriótica – dos libertos nascidos na África.[30] Uma limitação cujos efeitos eram agora mais excludentes, talvez porque África tinha deixado de fazer parte do "território nacional".

Além destas limitações formais, a historiografia brasileira também tem demonstrado que o exercício da cidadania esteve longe de ser linear para os cidadãos libertos e mesmo para os seus descendentes, apesar dos casos de famílias de libertos bem sucedidas. Em primeiro lugar, eles tiveram que enfrentar, para exercer os direitos políticos, o filtro imposto pelo censo, que, não sendo muito elevado, atingia mais fortemente a população libertada, com menos recursos e, à semelhança do que sucedia com a população mais pobre, com poucas oportunidades para melhorá-los.[31] Além disso, enfrentaram também a discriminação sociológica a que desde

---

28  GOMES, Flávio. "Experiências transatlânticas e significados locais: ideias, temores e narrativas em torno do Haiti no Brasil escravista". *Tempo*, vol. 7, n. 13, 2002, p. 209-246.

29  Cf. MATTOS, Hebe Maria. *Escravidão e cidadania ...*, cit., p. 21.

30  Cf. RODRIGUES, José Honório. *A assembleia constituinte de 1823*, Petrópolis: Editora Vozes, 1974, p. 127-137

31  Cf. CARVALHO, José Murilo de. *A cidadania no Brasil, o longo caminho*, Rio de Janeiro: Civilização

sempre tinham sido sujeitos e que dificultava a sua ascensão social. A historiografia tem mostrado que, do ponto de vista do liberto, a alforria era um forma de ascensão que lhe permitia demarcar-se dos seus "iguais", de deixar para trás o estigma da escravidão, possibilidade ainda mais valorizada numa sociedade onde a mobilidade social não era expectável.[32] Mas tem também mostrado que, na maioria dos casos, o seu lugar na sociedade era marcado, no plano das representações sociais, por uma inferioridade que lhes era cotidianamente recordada. Nomeadamente em atos policiais contra libertos de quem se suspeitava serem escravos fugidos, possibilidade que fazia com que fosse arriscado para eles assim como para os homens de cor, como para os "livres de cor", afastarem-se das suas "redes de reconhecimento e protecção" para lugares onde fossem desconhecidos e se pudessem colocar dúvidas sobre o seu estatuto".[33] Essa discriminação foi, por outro lado, muitas vezes acompanhada de novas interdições juridicamente tuteladas, como as limitações no acesso às dignidades eclesiásticas, no acesso ao poder judiciário, ao direito ao porte de armas e mesmo à livre locomoção noturna.[34] Muitas destas interdições afetaram sobretudo os libertos nascidos na África, aqueles para quem a obtenção da alforria era mais difícil. Em 1835, por exemplo, estes foram proibidos de adquirir bens de raiz,[35] tendo havido também, em algumas regiões do Brasil, legislação municipal que limitou a circulação nocturna destes "africanos libertos" que, nas palavras de João José Reis, só uma "linha tênue dividia" da condição de escravo.[36] Mas também os liber-

---

brasileira, 2004 (5ª ed.), p. 52.

32  Cf. SOARES, Márcia de Sousa. *A remissão...*, *cit.*, p. 247

33  Cf. MATOS, Hebbe. "Raça e cidadania no crepúsculo da modernidade escravista no Brasil". In: GRINBERG, Keila e SALLES, Ricardo (org.). *O Brasil Imperial*, vol. III (1870-1889). Rio de Janeiro; Civilização Brasileira, 2009, p. 21. Como a autora explica, essa situação terminou com a lei de 1871, que obrigou os senhores a provar a propriedade do escravo através da apresentação da respectiva matrícula (p. 23). Cf. também, entre outros, os exemplos referidos, para a segunda metade do século XIX, em FILHO, Walter Fraga. *Encruzilhadas da Liberdade, Histórias de escravos e libertos na Bahia (1870-1910)*. Campinas: Editora Unicamp, 2006, p. 101

34  Cf. OLIVEIRA, Maria Inês Cortes de. *O Liberto: seu Mundo e os Outros, Salvador, 1790-1890*, São Paulo: Corrupio, 1998, p. 11.

35  Cf. *Idem, ibidem*, p. 40.

36  Cf. REIS, João José. "Domingos Pereira Sodré: um sacerdote africano na Bahia oirocentista". *Afro-Ásia*, n. 34, 2006, p. 242. Ver também casos relatados em ALBUQUERQUE, Wlamyra R. de. *O jogo da*

A EXPERIÊNCIA CONSTITUCIONAL DE CÁDIS

tos crioulos viram os seus direitos ameaçados em várias ocasiões. Nomeadamente quando, em 1832, se viram afastados da possibilidade de serem nomeados oficiais da Guarda Nacional.[37] Já em 1871, a Lei do Ventre Livre instituiu um regime especial de trabalho para os escravos por ela libertados que fossem considerados "vadios" (art. 6, §5).[38]

A "instabilidade da experiência da liberdade vivenciada por ex-escravos", como descreve Fernanda Pinheiro num trabalho onde fala a respeito do "estado da arte" sobre a situação da literatura historiográfica acerca da fragilidade da condição sociológica e jurídica dos libertos durante os séculos XVIII e XIX, era finalmente agravada por uma última possibilidade: a revogação da alforria e, com ela, a perda da cidadania.[39] Ou por não observarem o título das *Ordenações* que os sujeitava à regra da gratidão para com o seu antigo senhor, de acordo com o regime do dom em que se inscrevia a concessão da alforria, ou por outros motivos, sempre ligados à fragilidade da sua condição, a reescravização destes cidadãos foi uma ameaça que pendeu sobre as suas cabeças e que, por vezes, se concretizou nos tribunais.[40] Apesar de não ter sido um fenômeno massivo e de ser olhada como cada vez menos legítima a partir da segunda metade do século XIX, a verdade é que o fato de existir

---

*dissimulação, abolição e cidadania negra no Brasil*, São Paulo: Companhia das Letras, 2009.

37 Cf. GRINBERG, Keila. *Cidadania, escravidão e direito civil no tempo de António Pereira Rebouças*, Rio de Janeiro: Civilização Brasileira, 2002.

38 Agradeço muito à esta informação, que me foi facultada no sugestivo comentário de Samuel Rodrigues Barbosa à minha comunicação no Colóquio, que aproveito também para agradecer, pelas muitas pistas de reflexão que abriu.

39 Cf. PINHEIRO, Fernanda Aparecida Domingos. *Liberdade ameaçada: a condição dos libertos na ordem escravista, 1720-1815*, Programa de pós graduação em História, Universidade Estadual de Campinas, 2008, polic., p. 18. Agradeço à Fernanda Pinheiro este texto, com extensa informação bibliográfica sobre os fenômenos que aqui refiro, e também o fato de me ter disponibilizado alguns dos textos que cito neste parágrafo para convocar a precaridade da condição do liberto no século XIX.

40 Cf. GRINBERG, Keila. "Senhores sem escravos: a propósito das ações de escravidão no Brasil imperial". *Almanack Brasiliense*, São Paulo, n. 6, 2007, p. 10. As "ações de manutenção de liberdade" iniciadas por libertos e as acções de senhores procurando recuperar antigos escravos ali analisadas são reveladores das incertezas quanto ao seu estatuto que os libertos enfrentaram: cf., da mesma autora, "Re-escravização, direitos e justiças no Brasil do século XIX", em LARA, Sílvia e MENDONÇA, Joseli (org.). *Direitos e Justiças no Brasil: ensaios de história social*, Campinas: Editora da Unicamp, 2008.

essa possibilidade era, por si só, um elemento de reforço do poder do ex-senhor sobre o seu ex-escravo. Como reconhece Mário de Sousa Soares, num texto cujo sentido geral me parece ser o de relativizar a importância da reescravização, "[...] importava menos a frequência estatística com que os escravos ganhavam ou os forros perdiam a liberdade, mas sim a possibilidade de que uma coisa ou outra poderia lhes acontecer".[41]

Regressemos agora ao constitucionalismo português e ao problema do estatuto dos libertos na África portuguesa até à abolição da escravatura, em 1869 para depois olharmos mais de perto para a posição dos africanos face à cidadania nos territórios portugueses na África depois daquela abolição.

Após a independência da América portuguesa, o problema do estatuto do liberto viria a exigir novas reflexões, cujo resultado foi a sua progressiva inscrição na Constituição de 1838 e no primeiro Ato Adicional à Carta constitucional de 1826, na categoria dos cidadãos portugueses excluídos dos direitos políticos, minoridade política à qual a legislação depois acrescentou, no contexto do processo abolicionista português, a minoridade civil. Assim, na Carta constitucional os libertos continuaram a ser cidadãos só que agora, tal como na Carta brasileira de 1824, que foi a matriz da Carta portuguesa, apenas podiam votar nas assembleias primárias. Já nos anos 30, a Constituição de 1838, que introduziu as eleições diretas, excluiu os libertos do exercício de todos os direitos políticos. A mesma exclusão viria a confirmar-se no Ato Adicional à Carta, em 1852.

Entre as muitas variáveis que ajudam a compreender esta progressiva exclusão política do liberto contou-se, naturalmente, o fato de ter mudado a realidade sociológica de referência do texto constitucional, pois os libertos dos territórios africanos não tinham o peso demográfico que tinha o grupo dos libertos no Brasil e estavam social e economicamente muito menos integrados na sociedade colonial do que os primeiros.[42] Mas a este é necessário acrescentar um outro aspecto, com

---

41  Cf. *A remissão...*, *cit.*, p. 197. Também em Moçambique, no século XIX, em circunstâncias bem diferentes, a alforria estava intimamente ligada à ideia de retribuição da graça concedida por parte do ex-escravo, sobre quem recaía também a hipótese da reescravização, cf. CAPELA, José. *Moçambique pela sua História*. Porto: Editora Húmus, 2010, p. 65 e ss.

42  Cf. DIAS, Jill. "Angola", *cit.*, maxime p. 457 e ss.; COGHE, Samuël. "Apprenticeship and the Negotiation of Freedom. The Liberated Africans of the Anglo-Portuguese Mixed Commission in Luanda (1844-

A EXPERIÊNCIA CONSTITUCIONAL DE CÁDIS

ele relacionado, igualmente importante para compreender a menorização do liberto português na África: o fato de a noção de liberto ter adquirido, sob influência do abolicionismo britânico, um sentido muito diferente daquele que tinha tido nos anos '20, quando o liberto de que se falava era o alforriado da América portuguesa. Na verdade, agora já não se tratava de alguém que, tendo sido escravo, era livre, por ter obtido do senhor uma carta de alforria. Pelo contrário, era alguém que, no contexto da política abolicionista portuguesa, tinha deixado de ser escravo por determinação da lei, mas que ficara, por isso, também obrigado por lei a prestar serviço ao senhor por mais algum tempo. Esse prazo era agora descrito como uma forma de indemnização a favor do antigo senhor pela perda da propriedade, já nada tinha que ver com a expressão da gratidão associada à doação da alforria. Era também olhado como um período durante o qual se realizaria a "educação civilizacional" do liberto. Mas era, sobretudo, um prazo legalmente limitado, findo o qual o liberto abandonaria essa condição e a sua dependência relativamente ao ex-senhor – o que foi visto como um sinal de "liberalidade", de garantia de que se tratava de uma condição limitada no tempo, ao contrário do que sucedia antes, quando o liberto o era para toda a vida. Enquanto vigorasse esse prazo, ele era também alguém cujos direitos e obrigações estavam determinados na lei, o que foi então descrito como um mecanismos especial de proteção.[43] Contudo, foi essa mesma lei que o manteve numa situação de forte minoridade civil, sob a tutela de instituições (Juntas protetoras) criadas com o objetivo de garantir a sua proteção mas cujos poderes restringiram muito a sua capacidade jurídica. Este estatuto de minoridade civil, que surgiu pela primeira vez no Tratado anglo-português de 1842, viria depois a ser alargado a todos os libertos por decreto de 14 de Dezembro de 1854.[44] Tal estatuto dificilmente

---

1870)". *Africana Studia, Revista Internacional de Estudos Africanos*, n. 14, 2010; CAPELA, José. *Moçambique pela sua História*. Porto: Editora Húmus, 2010. Sobre as outras variáveis que explicam esta mudança cf. SILVA, Cristina Nogueira da. "Representação Política e Cidadania no Império". In: CATROGA, Fernando e ALMEIDA, Pedro Tavares de (coords.). *"Res Publica…", cit.*

43   Sobre o significado "liberal e civilizador" que foi atribuído a esta nova concepção de liberto Cf. SILVA, Cristina Nogueira da. "Escravidão e Direitos Fundamentais no século XIX". *Africana Studia*, n. 14, 2010.

44   Cf. MARQUES, João Pedro. *Sá da Bandeira e o fim da escravidão*, Lisboa: ICS, 2008, p. 72-74. O autor considera que o regime português se centrava na obrigatoriedade de trabalho e não na vertente

podia ser compatibilizado com o exercício dos direitos políticos. Deste modo, um dos argumentos centrais para racionalizar a exclusão política dos libertos, tema ao qual se concedeu muita atenção durante a discussão do Ato Adicional de 1852, foi o da sua menoridade civil: menores civis não podiam ter direitos políticos.[45]

Alguns anos mais tarde, depois de o atribulado processo abolicionista português ter terminando com a abolição da escravidão, a 25 de Fevereiro de 1869, foi finalmente extinto o estatuto de liberto e declarada a liberdade de trabalho, em 1875.[46] O fato, porém, é que os regulamentos de trabalho subsequentes mantiveram e aprofundaram muitos dos elementos de tutela e de coação que caracterizavam o antigo estatuto de liberto, apesar das novas possibilidades que a declaração de liberdade criou no momento em que ocorreu.[47] Como sucedeu em outros países, a tendência foi para submeter os ex-escravos e os nativos livres do continente africano a regimes disciplinares e de trabalho especiais, com o fim de garantir que continuassem a trabalhar nas plantações e nos investimentos coloniais. Uma das formas de o fazer foi ampliando os critérios que permitiam considerar que alguém cometia o crime de vadiagem, um crime cuja punição era o trabalho obrigatório. Foi isso que se fez nos regulamentos de trabalho, que praticamente condenaram os "serviçais" africanos pelo crime coletivo de vadiagem. De acordo com isso, em 1878, um novo regulamento alargou significativamente os critérios que, no Código penal, permitiam considerar que alguém cometia aquele crime.[48]

---

educacional, muito valorizada no regime inglês, mas esta dimensão também estava presente na legislação portuguesa, no decreto de 14 de Dezembro de 1854, por exemplo, incumbia-se uma Junta Protetora dos Escravos e Libertos de dirigir a educação e ensino dos libertos, aspecto que foi comum a outros diplomas.

45 Sobre o estatuto civil e políticos do liberto nas discussões parlamentares e na legislação portuguesa da segunda metade do século XIX, cf. Silva, Cristina Nogueira da. *Constitucionalismo e Império*, *cit.*, p. 247 e ss.

46 Sobre este processo veja-se a síntese de João Pedro Marques anteriormente citada.

47 Cf. Nascimento, Augusto. "O *ethos* dos roceiros: pragmático ou esclavagista e, ainda e sempre, avesso à liberdade?". *Africana Studia*, n. 14, 2010.

48 Cf. Silva, Cristina Nogueira da. *Constitucionalismo...*, *cit.*, p. 353 e ss. Sobre esta conjuntura cf. Jerónimo, Miguel Bandeira. *Livros Brancos, Almas Negras: a "missão civilizadora" do colonialismo português, c. 1870-1930*. Lisboa: ICS, 2010.

O insucesso, real ou imaginado, dos processos abolicionistas, as revoltas que às vezes lhe sucederam, o fato de os africanos não terem correspondido às expectativas de quem achava que lhes tinha doado a liberdade, de não se terem convertido em trabalhadores disciplinados e em fiáveis cumpridores dos contratos de trabalho para eles pensados, permitiu que a mentalidade colonial europeia reforçasse a imagem segundo a qual eram "indolentes" e só trabalhavam se a isso fossem direta ou indiretamente forçados. Essa imagem encontrou mesmo a sua "confirmação" científica nas teorias racistas que ganharam terreno a partir dos finais do século XIX, provavelmente ajudadas por esta conjuntura pós-abolicionista.[49] Ao mesmo tempo, o princípio segundo o qual o trabalho civilizava foi ganhando dignidade científica e legitimando a instituição do trabalho obrigatório em toda a África colonizada. Por isso, em 9 de Novembro de 1899, António Enes, militar das "campanhas de África", fez com que ele fosse decretado para as colônias portuguesas.[50] Nessa altura, a doutrina colonial portuguesa já tinha preparado a introdução, na legislação, de um novo conceito, que viria a ajudar a resolver não somente o problema do trabalho como também o da diversidade cultural das populações nativas, e o da posição dos africanos face à cidadania: o conceito de *indígena*/súbdito, por oposição a *indígena*/ cidadão. *Indígenas*, nessa literatura, passaram a ser todas as pessoas de origem não europeia do Império cuja situação de "atraso civilizacional" requeria o seu afastamento do exercício de direitos políticos em instituições europeias e a sua sujeição a legislação especial. Pessoas que não podiam ser governadas pelos princípios liberais de governo porque não os compreendiam; que deviam regular-se, na sua vida privada, pelos seus "usos e costumes", pois a sua cultura devia, por motivos doutrinais e de segurança pública, ser respeitada; que deviam sujeitar-se a um direito penal, um direito da terra e um regime de trabalho especiais, que favorecessem o seu "avanço civilizacional". A definição de quem era e quem não era *indígena* e a determinação do seu estatuto chegou a ser positivado em legislação avulsa dos finais da monar-

---

49 Cf. COOPER, Frederick, HOLT, Thomas C. e SCOTT, Rebecca J. *Beyond Slavery: explorations of race, labour, and citizenship in postemancipation societies*. Chapel Hill: NC, 2000.

50 Cf. *Regulamento do trabalho dos Indígenas*, art. 1: "Todos os indígenas das províncias ultramarinas portuguesas são sujeitos à obrigação, moral e legal, de procurar adquirir pelo trabalho os bens que lhe faltem, de subsistir e de melhorar a própria condição social", (http://www.fd.unl.pt/Anexos/Investigacao/1427.pdf, "Biblioteca digital").

quia, mas a consagração geral deste novo conceito de *indígena* e a regulamentação do seu estatuto civil, político e criminal só foi codificada na primeira *Lei Orgânica da Administração Civil do Ultramar*, aprovada pelo parlamento republicano em 1914 e da qual comecei por falar no início deste texto. Como então referi, no projeto dessa lei enumeravam-se os critérios que deveriam servir para distinguir entre o "indivíduo de cor" que era *indígena* (súbdito) e o "indivíduo de cor" que podia ser cidadão da República (ou "assimilado", outra designação que também apareceu na legislação da época para designar aqueles nativos que tinham "assimilado" elementos da cultura europeia). Este último, desde que satisfizesse cumulativamente o conjunto de condições que também já descrevemos no início do texto, ficaria *isento* das determinações legislativas especialmente concebidas para *indígenas* e acederia ao "[...] pleno uso de todos os direitos civis e políticos concedidos na metrópole aos portugueses originários da metrópole".[51] No projeto aprovado, este artigo foi eliminado, pois decidiu-se entregar aos conselhos de governo locais a tarefa de definir os critérios que deviam distinguir o *indígena* súbdito do indígena cidadão.[52] Mas as opções contidas na *Lei Orgânica* enquadraram a publicação, em 1917, de leis orgânicas para cada colónia e de portarias locais que consagraram este "sistema do indigentato" em diferentes colónias africanas. Num desses documentos, publicado em 1917 pelo então Governador-geral de Moçambique, considerava-se "assimilado ao Europeu" o "indivíduo de raça negra ou dela descendente" que, além de ter abandonado os "usos e costumes" próprios da sua raça, soubesse falar, ler e escrever a língua portuguesa, adoptasse a monogamia, e cuja ocupação fosse "compatível com a civilização europeia" ou, em alternativa, cujos rendimentos fossem suficientes para o "sustento, habitação e vestuário", seus e da sua família. Quem aspirasse a esse estatuto deveria entregar um requerimento às autoridades administrativas, escrito e assinado pelo próprio e acompanhado de um conjunto de certidões (aprovação no exame da instrução primária, registo civil de casamento), bem como declarações, do próprio e das autoridades administrativas locais, atestando o abandono

---

51 Cf. *Proposta de Lei orgânica da administração civil das províncias ultramarinas* em Ribeiro, Artur R. de Almeida, *Administração Civil das Províncias Ultramarinas, proposta de Lei Orgânica e Relatório apresentado ao Congresso pelo Ministro das Colónias*, Lisboa: Imprensa Nacional, 1914.

52 Cf. *Administração civil e financeira das Províncias ultramarinas, Leis n. 277 e 278, de 15 de Agosto de 1914*, Lisboa, 1914.

A EXPERIÊNCIA CONSTITUCIONAL DE CÁDIS

dos "usos e costumes" e, em particular, da poligamia. Em troca receberia um "alvará de isenção" e passaria a estar inscrito no *Livro de Registo de Alvarás Concedidos aos assimilados na Repartição Central dos Negócios Indígenas* (1917-1921).[53]

A pergunta que agora recolocamos é a de saber que continuidades, mas também que descontinuidades, separam a situação do indígena (livre) que conseguia ser "assimilado ao europeu" e a do escravo que, 100 anos antes, conseguia a alforria. Podemos olhar, em primeiro lugar, para os critérios que em um e outro momento foram escolhidos para justificar a atribuição da cidadania às pessoas que o conseguiam e concluir que, tal como sucedeu quando se discutiu a cidadania do liberto, o fenótipo também não foi, em 1914, um critério impeditivo, pois admitia-se que alguns indivíduos de "raça negra" ou "dela descendente" acedessem à cidadania. O que variou foi que agora havia uma referência explícita à "cor da pele" da população visada. Em 1822 sabia-se que o escravo que obtinha a alforria era "de cor", mas essa circunstância não surgia como um elemento jurídica ou doutrinalmente relevante. Pelo contrário, em 1914-17 a legislação assumiu claramente que *indígenas*/súbditos ou *assimilados*/cidadãos seriam sempre indivíduos de "raça negra" ou dela descendentes. Mas se abstrairmos desta explicitação, a assinalar uma presença, que não existia no início do século XIX, a do racismo científico que caracterizou a cultura intelectual e política dos finais do século XIX e início do século XX, encontraremos similaridades entre a narrativa que presidiu à formulação dos critérios em 1914-1917 e a que tinha presidido aos argumentos que sustentaram a inclusão do liberto na cidadania. Mesmo sendo de "raça negra" ou "dela descendente", alguns indígenas podiam ser cidadãos por causa da sua integração social (atestada pelo conhecimento da língua portuguesa ou outra língua "culta"), econômica (atestada pela profissão ou rendimento que permitisse sustentar um "modo de vida europeu") e cultural (o afastamento relativamente aos "costumes africanos"). A integração social, bem como a distância em relação à "barbárie" africana, voltaram a ser os critérios importantes. Com outra diferença assinalável, que, entre muitos outros fatores, explica o diferente peso demográfico do grupo de libertos e negros livres na América portuguesa/Brasil e o dos "assimilados" na África portuguesa é que: nesta África os nativos enquadrados pela administração, além de terem um peso numérico

---

53  Cf. Arquivo Histórico de Moçambique, Gavetas (Século XIX). A portaria, de 9 de Janeiro de 1917, foi publicada no *Boletim Oficial de Moçambique*, 13 de Janeiro de 1917, I série, n. 2, p. 7-9.

incomparavelmente menor do que os libertos na sociedade brasileira, eram obrigados a provar individualmente essa integração e o "estilo de vida" que, no caso dos libertos na América, se presumia coletivamente para a população de origem africana liberta e livre em crescimento (embora a historiografia brasileira também tenha sublinhado a necessidade individualmente sentida pelos indivíduos que integravam esta população de demonstrar cotidianamente a sua integração social ou o seu catolicismo, de modo a evitar que recaísse sobre si a suspeita de serem escravos fugidos). Assim, ao contrário dos libertos e afro-descendentes livres na América, na África a população "assimilada" estava condenada a transformar-se numa minoria, tendo este sido, como se irá sugerir, um resultado desejado. Como explicava Rocha Saraiva, Professor na Faculdade de Direito de Coimbra em 1913-14, devia haver cuidado na atribuição de cidadania ao indígena, "[...]porquanto o indígena pode mostrar desejos em ser equiparado ao europeu tendo em vista fins ocultos opostos à obra colonial".[54]

A fragilidade da condição dos novos cidadãos "assimilados" bem como a precariedade do seu estatuto formal de cidadão é outra conexão que se pode estabelecer entre os dois momentos aqui analisados. Tal como na América, também na África a obtenção da cidadania só aparentemente criou uma situação de igualdade para as pessoas que dela beneficiaram, embora tenha também funcionado como mecanismo de ascensão que permitiu a alguns nativos demarcar-se dos seus iguais (os que permaneciam *indígenas*). Em outros casos, porém, e agora em contraste com o que tinha sucedido na América com as alforrias, a criação de mecanismos de acesso à cidadania que não existiam antes veio, na África portuguesa do início do século XX, fragilizar a situação de alguns grupos africanos, tendo até sido percebida por esses grupos como uma novidade que contrariava fortemente os seus direitos. É que entre os que poderiam aceder à cidadania, de acordo com o novo sistema, contavam-se, em primeira linha, as elites coloniais de origem nativa, tradicionalmente designadas pela historiografia como populações "crioulas". O poder e a autonomia local dessas elites foi uma herança da anterior presença portuguesa na África e também, no início do século XIX, o resultado da fragilidade dessa presença, muito limitada a alguns pontos

---

54  Cf. FORTES, José; SIMÕES, Martinho; NETO, Ambrósio. *Curso de Administração colonial segundo as prelecções do Sr. Dr. Rocha Saraiva ao curso jurídico de 1913-1914*. Coimbra: Livraria Neves Editora, 1914, p. 272.

da costa e muito dependente da convivência com estes grupos. Nestas circunstâncias, muitos dos cargos intermediários e inferiores da administração colonial eram ocupados por africanos, que os partilhavam com os poucos *reinóis*. Detinham também um significativo poder municipal e até capacidade para, em alguns momentos, influenciar a eleição de deputados ao parlamento. Participavam do comércio colonial, no qual desempenhavam muitas vezes o papel de intermediários entre as sociedades coloniais e as sociedades africanas. Estas famílias estavam ainda envolvidas na agricultura de plantação e muitas delas, as mais ricas, tinham estado ligadas ao tráfico de escravos, durante o tempo em que este se mantivera um negócio florescente. Eram, em geral, populações cristianizadas, ainda que na metrópole se desconfiasse do seu catolicismo.[55] Conheciam o idioma português, embora muitas vezes comunicassem entre si recorrendo aos idiomas africanos locais. Eram o resultado de um processo longo de miscigenização cultural e/ou biológica e viam-se a si próprias, já no século anterior, *como pertencendo ao grupo dos cidadãos portugueses*, inclusão que nunca tinha sido seriamente discutida na metrópole mas que podia subentender-se, nomeadamente dos textos constitucionais, desde logo do primeiro deles, a Constituição de 1822, como se viu, mas também da Carta constitucional, onde eram cidadãos portugueses todos os que tinham nascido em Portugal "e seus domínios".[56] O que sucedeu foi que, com a criação do "sistema do indigenato" na lei de 1914, as pessoas de origem africana passariam a enfrentar um conjunto de novos filtros, quer para aceder ao estatuto de

---

55 Cf. SILVA, Cristina Nogueira da. "Liberdade e tolerância religiosa: 'portugueses não católicos' no Ultramar do século XIX". *Historia Constitucional: Revista Electrónica de Historia Constitucional* (*Electronic Journal of Constitutional History*), 8, 2007. <http://hc.rediris.es>.

56 Sobre estas elites nas diversas colônias portuguesas na África cf. CLARENCE-SMITH, Gervase. *O Terceiro Império Português (1825-1975)*, Lisboa: Teorema, 1985, p. 30, 49, 54-55, 78-79, 83. Para Moçambique, PENVENNE, Jeanne Marie, *Trabalhadores de Lourenço Marques (1870-1974)*, Maputo, Arquivo Histórico de Moçambique, 1993. Cf. também os trabalhos já citados Jill Dias e os de Augusto Nascimento (para São Tomé e Príncipe), Aida Faria Freudenthal (para Angola) e Olga Neves (para Moçambique) em *Nova História da Expansão Portuguesa* (coord. A. H. de Oliveira Marques & Joel Serrão), vol. XI, Lisboa: Estampa, 2001; WHEELER, Douglas e PÉLISSIER, René. *História de Angola*, Lisboa: Tinta-da-China, 2009, 147-224; ou CORRADO, Jacopo. "The Rise of a New Consciousness: Early Euro-African Voices of Dissent in Colonial Angola". *E-Journal of Portuguese History*, 2 (2007) e, do mesmo autor, *The Creole elite and the rise of Angolan protonationalism: 1870-1920*. Amherst: Cambria Press, 2008.

cidadão, que algumas delas consideravam ser já o seu, quer para, depois disso, exercer os seus direitos políticos. Teriam, em primeiro lugar, que passar pelo novo filtro dos critérios "civilizacionais". Passariam a ter que comprovar, com documentos passados pelas autoridades administrativas locais, que estavam em condições de conseguir (manter?) a cidadania. Um dos requisitos para que isso fosse possível era, portanto, que os administradores locais estivessem dispostos a passar os certificados de que necessitavam. Outra condição implícita era que os requerentes tivessem já adquirido um grau suficiente de familiaridade com a (incipiente) ordem administrativa colonial. Depois de dados todos estes passos, e agora voltando a referir-me ao caso concreto e particular de Moçambique, o que os requerentes conseguiam, de fato, era ser considerados "assimilados aos europeus", e não "cidadãos" (art. 2ª da portaria moçambicana de 1917) o que obtinham era "um alvará de *isenção* dos preceitos especiais aplicáveis a indígenas" (art. 3º, itálico nosso). Nada se dizia acerca dos seus direitos políticos, como tinha sucedido de forma clara no projeto da *Lei Orgânica* de 1914. Saber se estes "assimilados a europeus" na colônia de Moçambique eram, de fato, cidadãos portugueses com plenos direitos, foi uma pergunta à qual nunca se chegou a responder de forma clara. Por esse motivo, alguns dos que, entre 1917-21, conseguiram aquele estatuto, viram-se obrigados, já nos anos '40 e '50, e em outras circunstâncias, a fazer novo requerimento, agora para poderem ser "equiparados a europeus" em termos salariais.[57] Do mesmo modo, e aqui também ao contrário dos filhos dos libertos, que seriam sempre cidadãos livres, os filhos destes "assimilados", de acordo com a portaria moçambicana de 1917, só gozariam da "isenção" até aos 18 anos (art. 5).

Por outro lado, e caso viessem a exercer sem problemas os direitos políticos, estes cidadãos passariam a estar sujeitos, tal como os europeus que residiam no ultramar, a critérios eleitorais especialmente definidos para as colônias, nomeadamente na *Lei Orgânica* de 1914. No que diz respeito às eleições municipais, para dar um exemplo, determinou-se ali que, além dos critérios censitários, só seriam elegíveis os eleitores portugueses com habilitações literárias a determinar para cada colônia, um critério que mais

---

57  Cf. Arquivo Histórico de Moçambique, *Direcção dos Serviços dos Negócios Indígenas*, Secção M (tribunais indígenas, 1902 – 1967), Cx. 1623, 1848-49.

A EXPERIÊNCIA CONSTITUCIONAL DE CÁDIS

tarde deu origem a atos legislativos e administrativos nos quais se exigiam habilitações cujo grau só era suscetível de ser adquirido nas instituições de ensino da metrópole.[58]

Importa, finalmente, chamar a atenção para um outro aspecto relevante da fragilidade deste novo estatuto: a possibilidade da sua revogação. Tal como o liberto tinha podido, durante o século XIX, ser sujeito a um processo de reescravização, também na legislação novecentista se abria a possibilidade de "regressão", pois "os assimilados ou seus descendentes que regressarem à prática dos usos e costumes indígenas perdem a qualidade de assimilados e serão cancelados os respectivos alvarás…" (art. 6º da portaria moçambicana de 1917).

Está ainda por averiguar o número de pessoas que se sujeitaram ou foram submetidas, com sucesso ou com insucesso, a estes processos, que de diferentes formas acabou por se generalizar às três colónias africanas (Moçambique, Angola e Guiné), e que perduraria, variando em função das conjunturas, até 1961.[59] As conclusões oferecidas pela historiografia apontam para um número sempre muito reduzido.[60] Igualmente importante seria conhecer melhor a identidade socioeconômica e profissional destas pessoas, para compreender melhor, no caso moçambicano, o que significou para elas conseguir o alvará. Sabemos, por estudo já realizados, que para alguns grupos, o dos que se percepcionavam como "cidadãos iguais", ele significou uma desclassificação, mas é provável que não tenha sido assim para todos. A investigação que se encontra em curso neste momento, no âmbito de um projeto de investigação financiado pela Fundação para a Ciência e Tecnologia, mostra que a maioria destas pessoas era oriunda dos estratos médios ou mais humildes da população culturalmente "assimilada" (sapateiros, pequenos funcionários da administração e das obras públicas, artesãos, professores das missões… …).[61] Mas o que importa destacar aqui é que os nativos moçambicanos que preenchiam

---

58 Exemplos em WHEELER, Douglas e PÉLISSIER, René. *História de Angola, cit.*, p. 152.

59 Depois da queda da República, o "sistema do indigenato" foi confirmado pelo *Estado Novo*, no *Estatuto Político, Civil e Criminal dos Indígenas de Angola e Moçambique* (1926), no *Estatuto Político, Civil e Criminal dos Indígenas* (1929) e num último Estatuto, publicado em 1954.

60 Cf. os dados, embora tardios, recolhidos por Douglas Wheeler no Censo de 1950: entre os quatro milhões de africanos que então residiam em Angola, apenas 30 089 tinham alcançado o estatuto de assimilados, cf. WHEELER, Douglas e PÉLISSIER, René. *História de Angola, cit.*, p. 200. Disponibilizaremos também algumas informações estatísticas para Moçambique (cf. nota 63).

61 *O Governo dos Outros. Imaginários Políticos no Império Português (1496-1961)* (Refª project: PTDC/

condições para vir a ser "assimilados" ou "cidadãos da República" (?), de acordo com a lei/portaria, foram convertidos numa minoria cujo crescimento numérico passaria a ser controlado pela administração colonial, nem sempre muito disposta a permitir que esse número crescesse;[62]e também que esse grupo passou a ser cada vez mais sujeito a diversas formas, por vezes nada sutis, de discriminação, que reduziam as suas possibilidades de integrar a administração ou de investir em negócios privados.[63] Por outro lado, a remissão da maioria da população nativa para a condição jurídica de *indígena*, ou súdito, acabou com a possibilidade dos grupos nativos socialmente mais bem posicionados poderem vir a contar com o peso numérico dessa população para serem eleitos para os órgãos representativos locais ou centrais.

## Conclusão

Apesar das conexões que aqui tentamos identificar, muitas diferenças, como também se viu, separaram a situação de quem, em Moçambique, requereu um "alvará de isenção" relativamente a quem, 100 anos antes, na América, conseguiu uma carta de alforria. Desde logo porque, na América portuguesa e depois no Brasil, a alforria significava sempre ascensão social, o que nem sempre sucedeu em Moçambique e na África portuguesa dos inícios do século XX. Muito diferente foi também o número de

---

HIS-HIS/104640/2008). O que talvez se venha a explicar por terem ficado isentos da portaria os indivíduos com habilitações acadêmicas mais elevadas ou os empregados públicos com "vencimento de categoria", exceção que, de qualquer modo, só beneficiava os filhos até aos 18 anos (art. 7).

62 Num *Mapa dos Censos de Aquisição de Cidadania* (Maio de 1954 a Dezembro de 1960), numa altura em que se assistia já a reformas que visavam aprofundar a cidadania das populações africanas do Império, contabilizam-se 1356 processos de assimilação bem sucedidos entre 1954 e 1960. Um inspector cuja identidade não conseguimos identificar, produziu acerca deste *Mapa* um parecer significativo: "Talvez seja útil estudar e analisar estes números, que bem revelam o desinteresse, senão a resistência, das autoridades em tudo o que respeita à obtenção da cidadania", Cf. Arquivo Histórico de Moçambique, *Direcção dos Serviços dos Negócios de Indígenas*, secção M (tribunais indígenas), Cx. 1628, Mç. 3, 1961.

63 Cf. NEWITT, Malyn. *A History of Mozambique, Bloomington and Indianápolis, Indiana University Press* 1995, p. 443 e 477; PENVENNE, Jeanne Marie. *African Workers and Colonial Racism: Mozambican Strategies and Struggles in Lourenço Marques, 1877-1962*. Heinemann: Witwatersrand University Press, 1995, p. 65-116; WHEELER, Douglas e PÉLISSIER, René. *História de Angola*, *cit.*, p. 152.

pessoas envolvidas, como já salientei. Mas como comecei por privilegiar os elementos de conexão entre os dois momentos, é com referência a um deles, talvez o mais importante, que terminarei este texto. Vimos, a certa altura, que a inclusão do liberto na cidadania (primeiro portuguesa, depois brasileira) se pode articular com a preservação do tráfico negreiro e da escravidão no Brasil. A mensagem era que, na América portuguesa (e depois no Brasil), o escravo africano encontraria oportunidades que não existiam na África: seria submetido a um "processo civilizacional" que lhe permitiria conseguir a alforria e, através dela, obter a cidadania e ascender socialmente. Do mesmo modo, parece-nos, a possibilidade concedida no "sistema de indigenato" introduzido em algumas colônias portuguesas da África no século XX, de ascensão social por via da obtenção da cidadania portuguesa, foi também uma forma de justificar a existência de um estatuto de exceção para a maioria das populações nativas – o estatuto de *indígena*, que as afastou do exercício dos direitos civis e da liberdade de trabalho. Tal como, em solo brasileiro, os escravos seriam submetidos a uma "processo civilizacional" que os conduziria à cidadania, também depois, em solo africano, os *indígenas* seriam conduzidos, através da "missão civilizacional" que os portugueses realizariam na África, à possibilidade da "assimilação" e, com ela, da aquisição da cidadania. Procurava-se, com esta mensagem, compatibilizar os valores republicanos com a exclusão implicada no conceito de *indígena*/súdito tal como, em 1822-1824, se tinha procurado compatibilizar os valores do liberalismo com as instituições escravagistas. Mas, além disso, assim como no Brasil, alguns sectores da sociedade podiam esperar que a concessão da cidadania aos escravos libertados não só não pusesse em causa a ordem escravista como até ajudasse a preservá-la, também na África se esperava que a concessão da cidadania a alguns nativos ajudasse a preservar a ordem colonial. Como se escrevia em alguma doutrina da época, era necessário "[...] criar na sociedade nativa, uma classe superior de funcionários, professores e magistrados capazes de influenciar eficazmente as massas populares e dedicados por interesse próprio à política e administração da nação colonizadora".[64]

---

64  Cf. *Administração colonial, Lições coligidas em rigorosa harmonia com o programa do curso e com as prelecções feitas no ano lectivo de 1916-1917 pelo Ex.mo. Professor Dr. Martinho Nobre de Mello*, Lisboa, Tipografia Universal, 1917, p. 250.

# APROPRIAÇÕES DO CONSTITUCIONALISMO NAS MINAS GERAIS (1820-22)

*Ana Rosa Cloclet da Silva*
Faculdade de História da PUC-Campinas

O presente texto enfoca um quadrante particular do mosaico que, até 1822, configurava a América portuguesa – a capitania e depois província de Minas Gerais –, analisando sua específica inserção no processo ao qual, iniciado pelas manifestações da crise geral do Antigo Regime português, em finais do XVIII, resultara na formação do Estado nacional brasileiro. Partindo da constatação de que tal processo não comportou uma uniformidade de tendências e motivações – tendo antes orientado alternativas específicas pautadas nas realidades locais, as quais, ao serem encaminhadas, aprofundaram a própria diversidade das partes[1] – a análise privilegia o marco de 1820-22, momento em que o Império português presenciou rupturas de natureza qualitativa nos fundamentos da Monarquia, politizando o debate acerca da natureza da representação e da soberania americana, bem como da própria ideia de nação.

Embora no mundo luso-brasileiro este fenômeno se manifeste já a partir de meados do XVIII – quando entra em curso uma profunda mudança nas concepções de sociedade e poder, sob influência do direito natural de base racionalista (ou *jusnaturalista)*[2] – é com a eclosão revolucionária de 1820 que se efetiva, nas formas políticas e institucionais, a ruptura com o substrato político vigente. Deste então, passa a impor-se como questão premente aos intelectuais e estadistas dos dois hemisférios a necessidade de uma redefinição das bases políticas da unidade portuguesa, sob influência do novo paradigma implantado pelos princípios liberais: "a

---

1 Perspectiva que pauta o clássico estudo de Donghi, para o caso da América de colonização espanhola. (DONGHI, Halperin Túlio. *História da América Latina*. Rio de Janeiro: Paz e Terra, 1982).

2 *Grosso modo*, aquela que pressupunha a existência do "pacto fictício de *vontades* entre as partes" como princípio fundador dos governos e que aí expressou-se primevamente na sua vertente moderada. (HESPANHA, António Manuel & XAVIER, Ângela Barreto. "A representação da sociedade e do Poder". In: MATTOSO, José (dir.). *História de Portugal. O Antigo Regime*. Rio de Mouro: Lexi Cultural, 2002, p. 145-172).

defesa da supremacia do Legislativo e a sobrevalorização dos direitos individuais".[3] Nestes termos, tornava-se urgente a confecção de um novo "pacto social", capaz de informar a estruturação dos poderes e as funções do Estado.

No movimento vintista, ainda que o meio concebido para a *regeneração* da sociedade lusitana esgarçasse um caráter "restaurador",[4] tanto o poder quanto o seu exercício eram dissociados da figura real: o primeiro, ganhando um fundamento jusnaturalista, passava a residir na "Nação"; o segundo transferia-se para os seus representantes, legalmente eleitos para comporem as Cortes, encarregadas de confeccionarem as novas bases do pacto de união da "nação portuguesa". Neste sentido, por mais que o projeto constitucional fosse colocado na dependência do reconhecimento do Rei, aos habitantes dos dois hemisférios impunha-se, desde então, lidar com a premente definição e implementação dos critérios de *cidadania, representatividade política, soberania* e da própria definição do *nacional*, já que também não eram consensuais as posturas neste sentido.

Em nível das partes assimétricas que, até 1822, compunham o conjunto da Monarquia portuguesa, as manifestações e formas de encaminhamento do fenômeno em curso ganham tonalidades próprias, bem como outros marcos cronológicos assumem relevo, demarcando os *pontos de mutação* do imaginário e das práticas políticas vigentes.[5] Desse modo, a adesão ao constitucionalismo e às novas formas de representação política – expressas na instalação das Juntas provisórias e na eleição dos deputados para compor as Cortes de Lisboa – não comportou, em nenhum dos casos, sincronia e unissonidade de tendências, seja entre as várias províncias, seja no interior dos próprios governos locais, onde, desde cedo, pulsavam disputas pelo controle da situação.

---

3 SLEMIAN, Andréa. *Sob o Império da Lei. Constituição e unidade nacional na formação do Brasil (1822-1834).* São Paulo: Hucitec, 2009, p. 57-77.

4 NOBRE, Isabel Maria Guerreiro. *A aprendizagem da cidadania em Portugal (1820-1823).* Coimbra: Minerva, 1997.

5 Segundo Guerra, analisando o processo de desintegração do império espanhol na América, tratam-se daqueles "pontos de mutação" – idelógica e nas formas de representação política –, que abrem o processo de construção da "modernidade política" na América (GUERRA, François Xavier. *Modernidad e independências. Ensayos sobre las revoluciones hispânicas.* México: Editora Mapfre, 1992).

Para o caso mineiro, é notória a multiplicidade de tendências que aí conviveram à época da independência – as ideias do Antigo Regime, o ideal autonomista e constitucional radical, talvez republicano –, de tal forma que, contrariamente à ideia longamente sustentada pelas abordagens que tenderam a conceber a província como berço da "rebelião patriótica" e centro de "equilíbrio político do país",[6] somente após a árdua negociação entre elites de "vários tipos e planos" estabeleceu-se a adesão ao projeto de autonomia construído em torno de D. Pedro.

A densidade conferida a este processo repousa no assincrônico processo de sedimentação das experiências coletivas, que demarcara singularidades internas às micro-regiões mineiras, refletindo-se nas formas *de organização do espaço* e modelagem das *rotas de peregrinação* pelos agentes, nos *conjuntos e ritmos demográficos*, bem como na natureza dos *elementos estruturantes da coesão societária*, em cada parte.[7] No momento da independência, além da diversidade de ocupações[8] e tendências políticas, tal processo implicava uma complexidade social, manifesta não apenas numa singular *concentração de escravos* – segundo Maxwell, 33% sobre a população total da província[9] –, mas no enorme *contingente de forros e livres de cor* – fruto da própria miscigenação racial e da prática de alforrias[10] – os quais encontravam, na nova conjuntura assinalada, possibilidades concretas de mobilidade ascendente.

---

6   A questão mereceu atenção pioneira de Arruda, Maria A. do Nascimento. *Mitologia da Mineiridade. O imaginário mineiro na vida política e cultural do Brasil*. São Paulo: Brasiliense, 1990

7   Silva, Ana Rosa Cloclet da. "Identidades em Construção. O processo de politização das identidades coletivas em Minas Gerais (1792-1831)". São Paulo: USP, Depto de História, 2007. (Relatório Final de Pós-Doutoramento))

8   Libby, Douglas Cole. *Transformação e Trabalho em uma economia escravista – Minas Gerais no século XIX*. São Paulo: Brasiliense, 1988; "Novas considerações sobre a protoindustrialização mineira nos séculos XVIII e XIX". *Revista do Departamento de História*. Belo Horionnte: UFMG, n. 9, 1989, p. 149-160; Paiva, Clotilde Andrade. *População e Economia nas Minas Gerais do Século XIX*. Tese de doutorado. São Paulo, FFLCH/USP, 1996, p. 211, Tabela 4.

9   Maxell, Keneth. *A Devassa da Devassa, a Inconfidência Mineira, Brasil – Portugal, 1750-1808*, 2ª ed. Rio de Janeiro: Paz e Terra, 1978.

10   Gonçalves, Andréa Lisly. "Às margens da Liberdade: alforrias em Minas Gerais na primeira metade do século XIX". *LPH: Revista de História*, n. 6, 1996.

Atentos a este quadro, o presente texto busca identificar suas possíveis implicações para a específica apropriação do Constitucionalismo na província mineira, entre 1820-22. Para tanto, toma por eixo o argumento segundo o qual, na conjuntura da crise e seu desfecho, as expectativas, projetos e comportamentos políticos, bem como as representações simbólicas dos grupos locais, orientaram-se por duas ordens de prioridades atreladas às tradicionais relações das elites mineiras com o poder central desde, pelo menos, a administração pombalina, e ao perfil social da província: respectivamente, a preservação de antigas *autonomias* – agora vislumbradas sob a perspectiva dos "legítimos direitos constitucionais adquiridos" – e a simultânea tentativa de evitar os "*riscos da Anarquia*" – expressão que aludia aos "infinitos vadios, homens brancos, mestiços, pardos cabras e crioulos forros", tradicionalmente associados aos temores de uma sublevação escrava na província.

Assim, no contexto de adesão e implantação dos novos princípios e formas de representação política, estas prioridades politizaram-se, direcionando o debate no interior do governo provisório e entre os deputados mineiros eleitos para compor as Cortes de Lisboa, externando-se em conflitos, mas também conchavos que atavam os diversos atores em redes horizontais e verticais de solidariedade, incorporando-se, ainda, às prioridades daqueles grupos que transitaram para a etapa da construção do Estado nacional brasileiro, desde 1822.

## A *crise* e suas manifestações: a polarização das *alteridades*

No último quartel do século XVIII, as transformações concretas que acompanharam a crise da mineração logo se mostrariam especialmente favoráveis à recepção e reelaboração dos novos paradigmas políticos em circulação no mundo ocidental. Informados pelo arsenal teórico-filosófico das Luzes, Estado português e elites coloniais mobilizaram-se no sentido de refletirem sobre as causas e apontarem soluções para a referida decadência aurífera, movimento do qual derivaram não apenas enfoques díspares, formulados por cada uma das partes,[11] mas a progressiva

---

11 STUMPF, Roberta Giannubilo. *Filhos das Minas, americanos e portugueses: identidades coletivas na Capitania das Minas Gerais (1763-1792)*. São Paulo: Hucitec, 2010.

*tomada de consciência* acerca das particularidades locais das Minas pelos grupos aí estabelecidos, a partir da qual rejeitaram as políticas prescritas pelo poder central.

Estas percepções da *crise* politizam-se mediante a desestabilização dos mecanismos consagrados de reiteração das hierarquias sociais e influências políticas, galgados por proprietários locais desde pelo menos a administração pombalina[12] e então ameaçados pela *Instrução* de Mello e Castro ao governador Barbacena, para impor a derrama.[13] Desde então, tal "estado crítico" começava a informar alternativas políticas, denunciando as alterações qualitativas na dimensão macro-política que, até aquele momento, conferia unidade à diversidade mapeada, servindo de substância e contorno do "nacional": a Monarquia portuguesa.

Sob tal enfoque, ainda que em termos de consciências e comportamentos coletivos as preocupações do reinado de D. Maria I não se restringissem aos habitantes das Minas, os "sintomas de crise" aí externados, ao exporem o exercício do poder à reflexão, tornando o próprio Estado cerne das insatisfações,[14] obrigaram a uma reorientação da política metropolitana para sua principal colônia. Tarefa que toma fôlego com o empossamento de D. Rodrigo de Sousa Coutinho, em 1796, quando foram direcionadas medidas para a estrutura administrativa, tributária e orgânica da capitania, inseridas no seu plano mais geral para ativar a suposta "reciprocidade de interesses" entre as porções imperiais.[15] Para tanto, contou com valiosas

---

12 Desde 1761, o Marquês de Pombal tratou de envolver a plutocracia mineira em órgãos administrativos e fiscais, assumindo ainda cargos de liderança na área militar e da justiça (MAXWELL, K., *op. cit.*, cap. 2).

13 Fundadas na acusação a todos os níveis das autoridades locais por supostos abusos responsáveis pela "decadência" das minas, a *Instrução* do então Ministro do Reino e Ultramar afastava a plutocracia local dos postos administrativos, o que significava afetá-la tanto financeiramente – já que a posse de cargos era forma de participar de esquemas bem remunerados –, quanto no plano das representações simbólicas, que diferenciavam os administradores do restante da população. (STUMPF, Roberta Giannubilo Stumpf, *op. cit.*, p. 150-170).

14 JANCSÓ, István. "A sedução da Liberdade". In: *História da Vida Privada no Brasil: Cotidiano e vida privada na América portuguesa*. São Paulo: Companhia das Letras, 1997, vol. 1, p. 389.

15 Para uma análise detalhada do teor destas medidas, no bojo do projeto imperial então formulado pelos estadistas luso-brasileiros, ver: SILVA, Ana Rosa Cloclet da. *Inventando a Nação. Intelectuais ilustrados e Estadistas luso-brasileiros na crise do Antigo Regime Português (1750-1822)*. São Paulo: Hucitec, 2006.

recomendações e evidências sugeridas pelas câmaras municipais, esgarçando o engajamento de proprietários e administradores locais nas novas soluções de compromisso com o centro imperial.

A retomada do diálogo e a troca de informações com os mineiros, desde então engajados nas políticas fomentistas, embora criasse condições propícias para o despertar destes súditos para as necessidades e potencialidades concretas da capitania – dando tangibilidade a uma nova "identidade histórica cuja espacialidade e temporalidade eram o Novo Mundo"[16] – não rompeu com uma *percepção socialmente fragmentada e geograficamente localizada* do espaço observado.[17] Assim, replicando padrão observado em outros quadrantes da América portuguesa, é impossível identificar entre os súditos das Minas quer interesses supostamente "nacionais" em contraposição aos metropolitanos, quer um suposto cariz "mineiro" ao movimento de 1789, ou, ainda, uma pretensa "acomodação" destes aos projetos metropolitanos.[18]

Ao invés disso, no contexto recortado continuava-se condicionando o reconhecimento da autoridade régia à viabilização de demandas específicas e diversificadas, mas que tinham em comum os sentidos básicos de alteridade em recusa aos quais proprietários e administradores das Minas avaliaram os significados e alcances das políticas reformistas: basicamente, os extremos do *despotismo* e da *anarquia,* ambos fincados num comum desejo de preservação e ampliação de *autonomias* longamente conquistadas – e, progressivamente, atreladas às possibilidades de controle dos mais dinâmicos, lucrativos e promissores ramos da economia mineira –, bem como de reprodução de uma *matriz societária* hierarquicamente diferenciada e socialmente excludente.

É sob a percepção destas demandas muito concretas, que, já na fala do então vereador Dr. Diogo Pereira de Vasconcelos – pronunciada em sessão solene da Câmara de Vila Rica, em 22 de maio de 1792, em regozijo pelo suplício de Tiradentes – os

---

16  BERNARDES, Denis Antônio de Mendonça. *O patriotismo constitucional: Pernambuco, 1820-1822.* São Paulo: Hucitec, 2006, p. 112- 106.

17  SANTOS, Afonso Marques dos. *No Rascunho da Nação Iconfidência no Rio de Janeiro.* Rio de Janeiro: Secretaria Municipal de Cultura, Turismo e Esportes, Departamento Geral de Documentação e Informação Cultural, 1992, p. 112-113.

18  Argumentos sustentados por K. Maxwell. *A devassa da Devassa, op. cit.,* p. 254.

perversos "frutos da sedição"[19] – eram denunciados não somente em nome da devida obediência ao trono luso e das "leis fundamentais e as da sucessão", mas dos *motivos de interesse*", das "recompensas que devem esperar os *vassalos beneméritos*".[20] Esta comum condição – que englobava tanto o ser "Brasileiro" (expressão que povoa seu discurso), quanto o ser um "povo português" (expressão que aparece sob a ressalva "assim vos devo chamar") – embora expressasse um sentimento de pertencimento político mais geral, próprio ao Antigo Regime, politizava-se mediante a conotação de igualdade que imprimia aos habitantes dos dois hemisférios, já que não existiria qualquer "diferença entre uns e outros; todos têm o mesmo Rei, a mesma Pátria comum", sendo, portanto, merecedores de iguais benefícios.

Incisiva e desconfortável aos olhos dos funcionários régios, a questão preocupava o poder central, empenhado em reforçar os laços de coesão identitária em torno da Monarquia, para o que, em correspondência dirigida ao então Governador da Capitania, Bernardo José de Lorena, em 1799, recomendava-se não haver qualquer distinção entre "vassalos europeus" e "vassalos americanos", já que seriam "todos Portugueses, e todos igualmente aptos para qualquer parte dos seus domínios [...]".[21] Esgarçavam-se, assim, *soluções negociadas* entre os súditos mineiros e o poder central cujo teor, no contexto da propagação das reformas e princípios ideológicos formulados por D. Rodrigo de Sousa Coutinho, deram um mais específico contorno ao genérico princípio da *reciprocidade de interesses* entre as partes.

Pautada por expectativas de desenvolvimento das potencialidades locais – sob as quais passavam a vislumbrar a própria especificidade de suas condições sociais,[22] defini-

---

19 Não devemos esquecer que o próprio Diogo de Vasconcelos não escapou às suspeitas de cumplicidade na Inconfidência, tendo sido objeto de devassa em 1789.

20 *Fala do Dr. Diogo Pereira de Vasconcelos, em sessão solene da Câmara de Vila Rica, em regozijopelo fracasso da Inconfidência*", *22/05/1792. APM, Fundo/Coleção – Inconfidentes*. O documento está publicado na *RAPM*, ano I, jul./set. 1896, p. 401-415 (grifo meu).

21 "Distinção entre vassalos europeus e vassalos americanos", por Luiz Beltrão de Gouvêa de Almeida, em nome de Sua Alteza Real. Mafra, 23 de Outubro de 1799. *RIHGB*, Tomo XLVI, parte I, 1883, p. 237-238.

22 Esta última convicção justifica as críticas que, em 1806, o então Governador Ataíde e Mello dirigia aos pesados direitos pagos sobre gêneros importados pela Capitania – exemplo de "fidelidade" e "patriotismo" e da arrecadação do Real Erário. ("Ofícios do Governador às Secretarias de Estado e respostas às Ordens Régias", pelo Governador Pedro Maria Xavier de Ataíde e Mello, de

da pela maior proximidade com o que entendiam ser a Capitania "eleita" pelo soberano – e pelos anseios por signos de *privilégios* e *distinção social* – que remetiam a critérios de hierarquização próprios ao Antigo Regime português, prolongados no território da América[23] –, tal *negociação* adensava-se mediante o contexto *social e racial* da capitania, que, além do elevado percentual escravo – estimado em 46,4% da população total, para o ano de 1805[24] – contava com um contingente de pardos e forros numericamente expressivo, em franca mobilidade econômica e integração social.[25]

Se numa sociedade marcada pela "vontade da distinção" e perpassada pelo reconhecimento da "escravidão como um valor"[26] este fato era por si só inquietante – impingindo fluidez aos referenciais de estratificação – na conjuntura política da crise ele ganharia complexidade. Primeiramente, por agravar a já difícil compreensão do lugar de cada um mediante critérios de ordenação cada vez mais díspares e flexíveis. Neste particular, cabe considerar que a perspectiva dos benefícios e autonomias contagiava, também, a população livre pobre da capitania, influindo nos seus ânimos, conforme indicado no *Ofício* dirigido a D. Rodrigo de Sousa Coutinho, em 17 de Abril de 1798, pelo então Governador Bernardo José Bernardo de Lorena. Referindo-se a umas "petições [...] dos Homens Pardos e Pretos libertos desta Capitania", relativas à concessão de sesmarias, alertava o Ministro do Ultramar sobre o "grandíssimo excesso em número que levam Pardos e Pretos sobre os Brancos nesta Capitania", acrescendo "ser muito prejudicial, se V. Majestade

---

11 de janeiro de 1806. (*APM, SC 303*, p. 51 a 53)).

23　Atenta a tais demandas, a Coroa buscava compatibilizá-los com os propósitos de dinamização do sistema, conforme ilustrado em Ofício de 1797 do Governador das Minas, Bernardo José de Lorena, a D. Rodrigo de Sousa Coutinho, no qual comunicava ordem da Rainha para fazer "aumentar nesta Capitania o uso e consumo de todas as produções naturais e manufaturas desse Reino, usando de todos os meios, exceto os da violência", a fim de conseguir tão desejado fim, "*distinguindo e favorecendo com particularidade* os que introduzirem e consumirem maior quantidade de vinhos, panos, sedas e trastes de luxo manufaturados em Portugal". ("Registro de Ofícios do Governador às secretarias de Estado", Vila Rica, 10, março de 1798. (*APM*, SC, Cod. 276 p. 25).(grifo meu)).

24　Maxwell, K., *op. cit.*, p. 302.

25　Costa, Iraci Del Nero da. *Arraia-Miúda. Um Estudo sobre Não-Proprietários de Escravos no Brasil.* São Paulo: MGSP Editores, 1992, p. 93.

26　Silveira, Marco Antonio. *O Universo do Indistinto. Estado e Sociedade nas Minas Setecentistas (1735-1808).* São Paulo: Hucitec, 1997.

favorecer mais em geral àquela casta de gente, do que a tem já favorecido, pelas suas sábias e justíssimas Leis [...]".[27]

Embora da documentação analisada não se possa inferir que tais preocupações eram generalizadas também entre os colonos das Minas – cujas inserções materiais e redes de solidariedade eram extremamente diversificadas[28] e sobre os quais pesava a forte censura régia, limitando a veiculação das informações acerca das ideias e experiências revolucionárias em curso[29] – é certo que o contexto assinalado alarmara as autoridades locais, encontrando respaldo na atuação dos indivíduos livres de cor em virtude dos diversos ensaios de insurreição que, naquele momento, pipocaram justamente no seio desta população. Capitaneados principalmente por elementos *pardos* da população[30] – que embora integrando-se econômica e socialmente, não puderam fugir ao "estigma da escravidão", representando por isso um permanente risco de radicalização do processo político em curso – estes movimentos externaram-se nas Minas, engrossando o caldo das denúncias das inúmeras "desordens" perpetradas por livres e forros,[31] alimentando alusões a supostos riscos de uma sublevação dos escravos, a exemplo da ocorrida nas "Antilhas",[32] em 1791, e da experiência baiana, de 1798.

Constatamos assim que, se por um lado os "motivos de interesse" e o ideal de preservação e ampliação dos "*benefícios*" e *autonomias* fundavam a recusa dos súditos mineiros ao "despotismo", por outro, os limites destas reivindicações estavam claramente dados pelo consensual desejo de preservação da ordem e do senso de distinção social internos à capitania.

\* \* \*

---

27 "Registro de Ofício do Governador Bernardo José de Lorena ao Ministro D. Rodrigo de Sousa Coutinho", de 17 de Abril de 1798. *APM, Seção Colonial*, Cód. 276, p. 26v).

28 SILVA, Ana Rosa Cloclet da. "Identidades em Construção", *op. cit.*, cap. 1.

29 BERBEL, Márcia; MARQUESE, Rafael de Bivar; PARRON, Tamis. *Escravidão e política: Brasil e Cuba, 1790-1850*. São Paulo: Hucitec: Fapesp, 2010, p. 105.

30 SG, CX 40, DOC 46, P. 1- Sobre insubordinação dos pardos milicianos do Distrito de Itabira do Mato Dentro (região metalúrgica de Minas), seguindo auto do Juiz Ordinário Manuel Teixeira da Silva, de Vila Nova da Rainha. (1798).

31 Sobe estes movimentos, ver: Ana Rosa Cloclet da Silva, "Identidades em construção", *op. cit.*, cap. 4.

32 "Registro de Ofício do Governador Bernardo José de Lorena ao Ministro D. Rodrigo de Sousa Coutinho", de 17 de Abril de 1798. (*APM, Seção Colonial*, Cód. 276, p. 26v).

Balizas orientadoras do instável alinhamento dos súditos mineiros ao poder central, duplamente acionadas e reciprocamente articuladas na viabilização dos interesses locais,[33] estas prioridades ganham melhor contorno e abrangência a partir de 1808. Além da euforia generalizada compartilhada por outros grupos do Centro-Sul pela proximidade do Monarca e novo *status* do Brasil – invertendo as rotas de peregrinação que, anteriormente, remetiam a Lisboa[34] – e das possibilidades concretas auferidas pelos proprietários e comerciantes mineiros engajados pelas vias do comércio e da política ao Rio de Janeiro,[35] desde então, os limites das autonomias conquistadas deixavam de estar dados pela condição colonial, havendo numa clara inversão do princípio da reciprocidade de interesses entre as partes, conforme notado pelo Bispo do Pará, segundo qual, quando a "Presença Soberana [...] trabalha tão eficazmente na nossa Regeneração [do Brasil], trabalha ao mesmo tempo na vossa [de Portugal], pela recíproca influência dos seus benefícios nos três Reinos [...]".[36]

Assim, apesar de fortalecer aquele sentimento de "Patriotismo" pelo qual aderiam ao referencial de pertencimento político mais geral – o Império – bem como à identidade de "Verdadeiros Portugueses",[37] 1808 representou um marco no despertar dos grupos locais "para os propósitos e medidas políticas que atingiam

---

33 Pois, se o perfil social da capitania representava ameaça à ordem e aos parâmetros de estratificação social previamente estabelecidos, não deixara de expressar contraponto de peso aos excessos do poder central.

34 JANCSÓ, István e PIMENTA, João Paulo Garrido, "Peças de um mosaico (ou apontamentos para o estudo da emergência da identidade nacional brasileira". In: MOTA, Carlos Guilherme (org.). *Viagem Incompleta. Formação: histórias*. São Paulo: Editora Senac, 2000, vol. 1.

35 LENHARO, Alcir. *As tropas da Moderação. O abastecimento da Corte na formação política do Brasil: 1808-1842).* 2ª ed. Rio de Janeiro: Secretaria Municipal de Cultura, Turismo e Esportes/Departamento Geral de Documentação e Informação Cultural, Divisão de Editoração, 1993

36 *Sermão de Ação de Graças que no dia 13 de Maio celebrou o senado da Câmara desta Capital do Pará, pela Feliz Aclamação do Muito Alto e Poderoso Senhor D. João 6º., Rei do Reino Unido de Portugal, do Algarves e do Brasil"*, recitado e oferecido a S. M. Fidelíssima pelo Presbítero Romualdo Antonio de Seixas, professo da Ordem de Cristo e Cônego da Catedral da mesma cidade. Pará, 12 de junho de 1817 (ANRJ, MR, cx. 646, vol. 1, ref. 012816).

37 "Representação da Câmara de São João del Rei", de 27 de fevereiro de 1808. In: *As Câmaras Municipais e a Independência*, vol. 2. Rio de Janeiro: Arquivo Nacional, 1973, p. 323.

diretamente a vida de vilas e arraiais onde moravam", sem procurar ligá-los, necessariamente, "aos destinos do país como um todo".[38]

Ilustrativo deste fato são as controversas geradas na Vila de Pitanguy, quando a eleição do procurador local "que houvesse de ir beijar as mãos de Sua Alteza Real", quando de sua chegada no Rio de Janeiro, vira-se não só frustrada – por "ser o tempo impróprio" – como o "donativo de seiscentos mil réis, das rendas de aferições e cabeças" do Conselho, previsto na Procuração, fora desviado por decisão acordada após intenso debate entre os vereadores, devido às "precárias condições pecuniárias do Conselho", bem como do povo, sobrecarregado de impostos.[39] Assim, entre a oferta destinada a auxiliar nos gastos com a viagem de D. João VI e sua aplicação nas despesas atuais do Conselho, optou-se pela segunda alternativa, demonstrando, neste episódio corriqueiro, julgamento progressivamente consolidado entre os grupos locais: de que *a melhor forma de concorrerem para o sucesso do Império, era cuidando da prosperidade de suas partes.*[40]

Julgamento que, na capitania mineira, converteu-se nas expectativas de reversão da decadência mineradora, associadas à instalação de fábricas de ferro, liberalizadas pelo Alvará de 1º de Abril de 1808.[41] Além da eliminação dos entraves imputados à falta de infraestrutura e, principalmente, aos altos preços do ferro e aço,[42] os novos estabelecimentos foram associados aos ideais de "civilidade" e "espírito

---

38  CHAMON, Carla Simone. *Festejos Imperiais. Festas Cívicas em Minas Gerais (1815-1845)*. Bragança Paulista: Edusp, 2002, p. 68.

39  "Um beija-mão que provoca barulho em Pitangy", por Onofre Mendes Junior. *RAPM*, Ano XXII, 1928, p. 149-158.

40  "Representação da Câmara da Vila de Nossa Senhora da Conceição do Sabará", de 28 de novembro de 1810. In: *As Câmaras Municipais e a Independência*, vol. 2, *op. cit.*, p. 267.

41  Conforme crença que permeou o governo de D. Francisco de Assis Mascarenhas – o Conde de Palma (1810 a 1814) – e boa parte do seguinte, exercido por D. Manoel de Portugal e Castro (1814-1821), "nenhuma outra Capitania" contava com tão propícias circunstâncias neste sentido: "nós temos o algodão em abundância e da melhor qualidade; temos já o linho, e poderemos ter também as lãs. Novas e bem dirigidas fábricas, darão valor às matérias primeiras, os lavradores aumentarão suas plantações, a indústria promoverá a agricultura e ambas o Comércio e a opulência do País". ("Correspondência do Exmo Sr. D. Francisco de Assis Mascarenhas, para a Real Junta do Comércio", 30/julho/1813. *RAPM*, Ano XIX, 1921, p. 245).

42  "Correspondência de D. Francisco de Assis Mascarenhas". *RAPM*, Ano XX, 1924, p. 372,373, 381 e 384.

público", adquiridos por meio do trabalho produtivo,[43] interferindo na elaboração dos diagnósticos e na concepção das políticas, que, argumentava-se, deveriam passar pelos "meios mais suaves", combinando "sempre o interesse da causa pública com a conservação dos particulares".[44]

Estas transformações operadas em nível do Estado e dos próprios fundamentos simbólicos da Monarquia – ainda moldura do mosaico – aprofundaram-se desde 1818, quando, articuladamente às expectativas de benefícios materiais e ascensão social, o peso simbólico conferido a aclamação de D. João VI na América, contagiara amplos setores da sociedade,[45] politizando a ação daqueles livres pobres e escravos que, "Na Aclamação do Rei dos Lusitanos", sentiam "também o gosto chegar aos Africanos", conforme a legenda inscrita na bandeira desfilada por ocasião dos festejos da aclamação, ocorridos em Sabará. Do "Carro todo coberto de Damasco em forma de Embarcação [...], saíram Figuras africanas vestidas com muita riqueza, e propriedade tocando instrumentos do seu País e [...] rendendo Vassalagem ao senhor Dom João Sexto, referido como aquele [...] que Veio Fundar na América um *Novo* Império", como "Fundador deste *Vasto Reino do Brasil*", merecendo por isso os "os devidos cultos, em nome dos imensos Povos, que habitam a Adusta África nossa Pátria [...]".[46]

O envio de uma embaixada africana ao Brasil, na ocasião de tão importante festividade pública, não era fato inédito nas práticas políticas que articulavam as

---

43  A associação não era inédita, informando as reflexões de Saavedra sobre as causas de uma "tão extraordinária moléstia pública", mas, a partir de 1808, ela assume nova dimensão, pois os *limites das autonomias conquistadas deixavam de estar dados pela condição colonial.* Reforçava, assim, aquele sentimento de "igualdade" para com os súditos de Portugal, posteriormente sedimentado pela nova categoria política de Reino Unido. (Basílio Teixeira de Saavedra, "Informação da Capitania de Minas", de 30 de março de 1805. *RAPM,* 2: 637-83, p. 675-677).

44  "Registro de Cartas do Governador Pedro Maria Xavier de Atayde e Mello às Câmaras, Juízes e outras autoridades da Capitania", 19/dez/1807. In: *APM, Seção Colonial,* cód. 315, p. 42.

45  GOUVÊA, Maria de Fátima Silva. *O Senado da Câmara do Rio de Janeiro no Contexto das cerimônias de aclamação de D. João VI".* In: *Anais do Seminário Internacional D. João VI: um Rei aclamado na América, op. cit.,* p. 246-259.

46  "Festejos em Sabará na ocasião da aclamação de D. João VI (1817)". *RAPM,* ano X, fasc. III e IV, jul--dez de 1805, p. 735-740. (grifo meu)

A EXPERIÊNCIA CONSTITUCIONAL DE CÁDIS

diferentes partes da Monarquia portuguesa, no século XVIII.[47] Tampouco, a rendição de vassalagem à figura real era desprovida de sentido para os africanos, em cujas sociedades – especialmente entre os da África Central –, representava o símbolo mais visível, por referência ao qual constituíam-se as identidades coletivas e o povo reconhecia-se enquanto "comunidade solidária".[48] Mas, num contexto em que as reconfigurações simbólicas no âmbito da Monarquia implicavam novas condições de possibilidades para a ampliação dos benefícios e autonomias longamente pleiteados pelas elites mineiras, assim como para a franca "acomodação evolutiva" das camadas inferiores – afinal, o Rei também era dos "Africanos" –, a atuação dos atores politizava-se e, sob os novos referenciais e condições concretas, ressignificava aquele extremo das alteridades associado à atuação das "classes ínfimas".

Na conjuntura de 1820-22, tal comportamento ganharia nitidez e complexidade, orientando as lutas e propostas alternativas de futuro externadas no espaço político da província mineira. No decorrer da análise, procuraremos avaliar como a dupla recusa aos extremos do "despotismo" e da "anarquia" reconfigura-se desde então, esgarçando diversos níveis e significados das *adesões* e *autonomismos* defendidos por setores das elites mineiras, implicando apropriações distintas das bases constitucionais – de Cádis e Lisboa – e, finalmente, incorporando-se às prioridades daqueles grupos que transitaram para a etapa da construção do Estado nacional brasileiro, desde 1822.

## Constitucionalismo, "autonomismos" e os riscos da "mal entendida liberdade"

No caso mineiro, a mutação ideológica e nas formas de representação política, inaugurada pela Revolução do Porto, desdobrara-se em dois momentos cruciais, que demarcam a polarização das tendências e atitudes políticas na província. O primeiro, situado entre a instituição do novo regime (agosto de 1820) – quando se abre a polêmica em torno da instalação da 1ª Junta Governativa – e dezembro de 1821

---

47 LARA, Silvia H. *Reminiscências setecentistas. Escravidão, Cultura e Poder na América Portuguesa.* Tese de Livre-Docência. Campinas, IFCH/Unicamp, 2004, p. 198 e segs.

48 SOUZA, Marina de Mello e. *Reis Negros no Brasil Escravocrata: história da festa de coroação de Rei Congo.* Belo Horizonte: Editora da UFMG, 2002, p. 27.

– quando chegam a Minas os Decretos lisboetas de 29 de Setembro, interpretados como verdadeira carta "recolonizadora" do Brasil.

Esta fase marcou-se, em grande medida, pela tensão instalada entre D. Manuel de Portugal e Castro – no governo da Capitania desde 1814 e cuja ação foi no sentido de preservar seus amplos poderes – e as tendências liberais do 1º. Governo Provisório, eleito em 20 de Setembro de 1821, as quais reascendem numa velocidade denunciadora de sua latência no seio da sociedade mineira, desde o desfecho da Inconfidência, em 1792.

Apoiado por autoridades civis e eclesiásticas da capital mineira, representativas do Antigo Regime, e por parcela significativa da população, Castro opôs-se à necessidade de criação de um novo governo, atribuindo imagem aos partidários do mesmo a pecha de "desordeiros".[49] A decisão oficiada ao Príncipe Regente, embora corretamente interpretada como uma "inércia de cunho absolutista", que buscava fortalecer na figura deste uma autoridade independente de Lisboa,[50] não significou, contudo, uma completa sincronia com a política seguida por D. Pedro, um vez que se opunha ao mecanismo de afirmação da autoridade deste que, naquele momento, passava por um "mínimo de legitimidade constitucional".

Assim, embora o antigo governador acabasse aderindo à convocação dos eleitores de paróquia para a escolha da deputação mineira e dos membros do 1º. Governo Provisório – atitude esta justificada por Castro como uma "pública demonstração" de seus desejos de não se "oporem à vontade do Povo e dos Cidadãos", rogando para que fosse levada à "maior publicidade"[51] – sua guinada obedecera muito mais a um senso de conveniência política, por meio do qual garantiu sua permanência no poder, como presidente da primeira Junta mineira, sem deixar de pretender "que todos os ramos da administração da Província, tanto pelo que toca ao Civil, Fazenda e Militar, como a quaisquer outras atribuições, devem ficar a cargo do Governo, pela maneira que S.A.R. determinar".[52]

---

49  Santos, Joaquim Felicio dos. *Memórias do Distrito Diamantino*. Petrópolis: Vozes, 1978, p. 362.

50  Silva, Wlamir. *"Liberais e Povo: a construção da hegemonia liberal-moderada na Província de Minas Gerais (1830-1834)"*. São Paulo: Hucitec, 2009, p. 75.

51  "Sobre a instalação do governo provisório". *RAPM*, Ano 1904, vol. IX, p. 586-587.

52  "Ofício de Manuel de Castro", de 30 de julho de 1821 (Vila Rica). In:: *Avulsos do Conselho Ultramarino, Minas Gerais,* MSS 544, Rolo 174, Doc 27, Biblioteca Nacional do Rio de Janeiro, Seção de Manuscritos.

Daí sua atuação revelar-se, progressivamente, incompatível tanto com a maioria liberal do governo – representada pelo vice-presidente Teixeira de Vasconcellos – quanto com a própria autoridade do Príncipe, o que levaria ao seu progressivo isolamento no seio do novo Governo, culminando em seu pedido de demissão do cargo. Na sessão de 13 Novembro de 1821, tal pedido era aceito sob acusações de seus atos despóticos, por meio dos quais, "continuou e continua a ser ainda inquietada [a Província] pelo mesmo orgulhoso colosso, o qual não cessa de ainda chamar partidistas, e presumir que pode desfazer ainda o que está feito".[53] A "sua conduta", afirmavam os camarários de Vila Rica, era "patenteada por vários impressos, à vista dos quais bem se pode ajuizar do inconstitucionalismo de semelhante déspota".[54]

Se com Castro o sentido de alteridade em relação às Cortes, bem como de uma postura relativamente autônoma mediante a autoridade do Príncipe, fundava-se na resistência aos novos princípios, após sua demissão do Governo Provisório e a chegada dos Decretos lisboetas de 29 de Setembro a Minas,[55] aprofunda-se a postura autonomista dos membros liberais da Junta ouropretana, baseados, a partir de então, em dois polos de antagonismo: por um lado, a perspectiva da perda dos direitos constitucionais adquiridos, associada à postura "recolonizadora" das Cortes; por outro, a ameaça de uma guinada absolutista por D. Pedro. Para estes grupos, 1820 representou uma possibilidade concreta de ampliação de autonomias e direto acesso ao poder, o que tornava tais demandas indissociáveis da questão da representação política.

Por isso, apoiados sempre na controversa opinião pública da Província e no intento de preservação dos "legítimos direitos constitucionais adquiridos", os membros do Governo Provisório acataram parcialmente as Cartas de Lei de 1º de Outubro de 1821,[56] suspendendo as "Ordens a que deu princípio para se reunirem

---

53  "Sessão do Governo Provisional de Minas Gerais, depois de se retirarem o Presidente Manuel de Portugal e Castro, e o Deputado Secretário, João José Lopes Mendes Ribeiro [...]", de 13 de Novembro de 1821. In: *Avulsos do Conselho Ultramarino, Minas Gerais*, MSS 544, Rolo 174, Doc 27, Biblioteca Nacional do Rio de Janeiro, Seção de Manuscritos.

54  "Ofício da Câmara de Vila Rica", de 27 de Outubro de 1821. In: *Avulsos do Conselho Ultramarino, Minas Gerais*, MSS 544, Rolo 174, Doc 27, Biblioteca Nacional do Rio de Janeiro, Seção de Manuscritos.

55  O que ocorre em em 09 de Dezembro daquele ano.

56  "Pelas Quais El-Rei, o Senhor D. João VI, mandava executar os Decretos das Cortes Gerais Ex-

os Eleitores" para instalação de um novo Governo, conforme os Decretos de 29 de Setembro",[57] mas revelando um certo indiferentismo quanto à partida do Príncipe, conforme *Ofício* de 5 de Janeiro de 1822, no qual protestavam a "mortificante saudade" do Príncipe.[58] Em contrapartida, os deputados mineiros transferidos para o Rio de Janeiro passaram a capitanear a ação adesista a D. Pedro, de modo a fortalecer o bloco sulista de apoio à "ficada" do Príncipe, em oposição às determinações das Cortes, ocasião que aprofundara a cisão no seio do Governo Provisório, o qual entendia tal decisão como diametralmente oposta "ao Bem Geral do Brasil".[59]

É assim que, atendendo aos apelos de solidariedade pela "causa nacional", o vice-presidente da Junta, Teixeira de Vasconcellos seguira para o Rio de Janeiro em, 5 de Janeiro de 1822, emitindo seu repúdio aos "Decretos das Cortes de 29 de Setembro", identificados à "hidra do Despotismo", que teria "erguido o seu colo para os reduzir a pior estado do que aquele de que acabavam de sair, pelos atos da venturosa Regeneração Política garantida pela instalação das Cortes Gerais e Extraordinárias em Lisboa [...]". Simultaneamente, a *Representação* associava a figura de D. Pedro ao "nosso Númeo Tutelar, que faça desviar de nós o quadro dos horrores da Anarquia e dos desastrosos males, que nos esperam, a exemplo da América Espanhola, fazendo-se credor do nosso eterno reconhecimento e das bençãos da Posteridade, sendo finalmente V.A.R. a glória e ornamento deste vasto e riquíssimo Reino do Brasil".[60] No mesmo sentido de protesto às determinações lisboetas, a deputação mineira tomava a resolução de suspender sua ida a Portugal,

---

traordinárias, e Constituintes da Nação Portuguesa sobre a criação de Juntas Provisionais de Governos nas diferentes Províncias do Brasil e regresso de Sua Alteza Real. ("Ofício para o Soberano Congresso", Vila Rica, 7 de Janeiro de 1822. *RAPM*, ano de 1904, vol. IX, p. 607-610).

57 *Idem*, p. 609.

58 *"Ofício para o Ministro de Estado dos Negócios do Reino Francisco José Vieira"*, 5 de Janeiro de 1822, *APM*, Seção Provincial, cx 07, p. 18.

59 *"Ofício para a Secretaria de Estado dos Negócios do Reino e Estrangeiros"*, de 1º. de Março de 1822. *RAPM*, ano de 1904, vol. IX, p. 612-613.

60 "Cópia em pública forma de representação enviada a D. João VI por José Teixeira da Fonseca Vasconcellos, Vice-Presidente do governo de Minas Gerais, quando o Rei regressou à Corte de Lisboa, dando conta da situação das Minas Gerais, dentro do quadro das novas orientações políticas". (*Avulsos do Conselho Histórico Ultramarino – Minas Gerais*, MS 544, Cx. 188, Rolo 174, Doc 25, Biblioteca Nacional do Rio de Janeiro, Seção de Manuscritos).

"enquanto a revogação dos fatais decretos de 29 de setembro de 1821 não afiançar no Soberano Congresso as devidas considerações acerca deste Reino e do seu decoro".[61]

A discordância entre os membros da Junta ouropretana e a tendência adesista a D. Pedro não desaparece nem mesmo com o "Fico" – ao qual acatam com evidente frieza[62] –, a partir do qual emerge com especial relevo a questão da definição dos limites da autoridade dos novos poderes locais, mediante a constituição de uma instância interna do poder Executivo. Neste momento, a preservação de autonomias constituídas de longa data e pretensamente consolidadas pelo sistema constitucional é ameaçada, na perspectiva dos membros do Governo mineiro, pelos arranjos institucionais acalentados pelos estadistas que capitaneavam a opção por D. Pedro, cristalizados no Decreto de 16 de Fevereiro de 1822, o qual criava o *Conselho de Procuradores Gerais das Províncias*.

Assim, em termos semelhantes aos que recusaram a execução das determinações de Lisboa, valeram-se dos supostos apelos da "opinião Pública", para representarem ao poder central a "impossibilidade de execução do Decreto mencionado", alegando não poderem considerar em tal Decreto o predicado da "garantia da Liberdade Civil firmando os limites dos diferentes Poderes".[63] Em seguida, pediam especificações acerca das competências dos Governos Provinciais, sinalizando a premência com a qual se colocava a *preservação de autonomias* locais, agora expressas em termos da *definição dos limites de autoridade*.

Observa-se, portanto, um progressivo delineamento da postura autonomista da Junta mineira em relação a Lisboa e a D. Pedro, após a retirada de Teixeira

---

61 "Comunicação ao Governo Provisório de Minas Gerais (1822), dos deputados eleitos pela Província às Cortes Portuguesas, de não seguirem para Lisboa e dos motivos porque assim deliberaram", 25 de fevereiro de 1822. *RAPM*, 1897, Vol. 2.

62 *As Juntas Governativas e a Independência*. Rio de Janeiro: Conselho Federal de Cultura/Arquivo Nacional, 1973, vol 2, p. 861.

63 "*Ofício para a Secretaria de Estado dos Negócios do Reino e Estrangeiros*", de 22 de março de 1822. *RAPM*, ano de 1904, vol. IX, p. 611-612.

Vasconcellos para o Rio de Janeiro,[64] a qual cristalizava-se em medidas arbitrárias,[65] bem como na determinação de que "as ordens do Príncipe ou das Cortes só se executariam com seu beneplácito".

\* \* \*

A mesma diversidade de tendências que envolveu o partido liberal mineiro, polarizando a postura autonomista da Junta ouropretana em relação ao "adesismo" dos políticos transferidos para a órbita do poder central, marcou o processo da Independência nas outras partes da Província, sinalizando com as múltiplas possibilidades de ruptura do sistema luso-brasileiro, bem como com a polissêmica ideia de "liberdade", embutida nos princípios constitucionais.

A historiografia tem sido menos atenta a esta dimensão das diversidades em causa, acostumando-se a confrontar o radicalismo da Junta ao pronto adesismo à opção pedrina, manifesto por aquelas Vilas mais diretamente articuladas pelo comércio e pela política ao Rio de Janeiro: Barbacena – que primeiramente envia Representação à Corte –, Queluz, Sabará, Caeté, Mariana e São João Del'Rei.[66] De fato, o interesse de proprietários ligados à economia agrário-mercantil do Sul mineiro foi um dos elementos que pesou no sentido de defenderem a fixação de uma instância do poder central no Reino americano e, num segundo momento, a própria ruptura com Portugal, maneira pela qual almejavam preservar a *autonomia material* e galgar *projeção política*,[67] processo este patrocinado pelas Câmaras municipais.[68]

---

64 Postura liderada pelo brigadeiro José Maria Pinto Peixoto, pelo juíz da Comarca Cassiano Esperidião de Melo Matos e pelos membros da Junta Manuel Inácio de Melo e Souza e João José Lopes Mendes Ribeiro.

65 Dentre estas, as demissões e admissões que correram à revelia do poder central, a alteração do valor da moeda e mesmo sua cunhagem, a criação de um "Corpo de Tropa de Infantaria intitulado Batalhão Constitucional de Caçadores", comunicada diretamente às Cortes em *Ofício* de 27 de Fevereiro de 1822 sob alegação de "ser muito proveitosa à Província" e também concorrer "para se firmar o Sistema Constitucional, cuja preservação jamais deixará o Governo de promover com os maiores esforços e sacrifícios". (Francisco Iglésias, "Minas Gerais", *op. cit.*, p. 385.

66 SOUZA, Iara Lis Carvalho. *Pátria Coroada. O Brasil como corpo político autônomo, 1780-1831*. São Paulo: Editora Unesp, 1999, p. 107-150.

67 OLIVEIRA, Cecília Helena de Salles. *A Astúcia Liberal: relações de mercado e projetos políticos no Rio de Janeiro*. Bragança Paulista: Edusp/Ícone, 1999.

68 *Idem*, p. 146.

A adesão, contudo, comportou *sentidos outros* e, nem sempre, foi a clave sobre a qual se processou a ruptura luso-brasileira. Se para os proprietários contemplados pela visita do Príncipe em viagem à província mineira entre março e abril de 1822 – sob pretexto de "acomodar os partidos, que era constante haver na mesma Província"[69] – fora possível contar *com benfeitorias e outras intervenções sobre questões que afetavam diretamente seus interesses* – mandando abrir estradas para viabilizar o comércio, fazendo concessão de terras, bem como mandando soltar escravos presos "sem legítima razão";[70] sem contar os agraciamentos com cargos e promoções[71] – os *termos do novo pacto* assentou-se sobre princípios diversos. Assim, ora passavam pelo reconhecimento do Príncipe como "Digno Sustentáculo do Sistema Constitucional",[72] ora denunciavam o apego à tradição dinástica, ao costume e a uma concepção do poder própria ao Antigo Regime, conforme os termos do documento barbacenense, no qual o protesto à retirada da "Adorada Pessoa de Vossa Alteza Real" do Brasil era feito em nome da impossibilidade de "ver à testa do seu Governo, de qualquer maneira que ele for organizado, outro indivíduo que não seja um descendente da Dinastia, que há tantos séculos ocupa o Trono Português": "uma personagem, a quem estejam acostumados a obedecer".[73]

Além e sugerir o fundamento de um *projeto de Estado Dinástico*, a ideia da *obediência fundada no costume* revela o quanto, contrariando os princípios constitucionais, a autoridade permanecia fincada na pessoa do Governante, visto como portador de "transcendentes qualidades",[74] cujo poder emerge como natural, prescindindo do consentimento da sociedade. Por fim, cabe lembrar que as práticas e valores arraigados ao Antigo Regime manifestaram-se, amplamente, nas diversas

---

69  "Portaria", expedida por Estevão Ribeiro de Rezende de Capão Lana, a 9 de Abril de 1822. *RAPM*, ano de 1909, vol. XIV, p. 353.

70  "Portaria", de 11 de Abril de 1822. *RAPM*, ano de 1909, vol. XIV, p. 381.

71  "Decreto"de 19 de Abril de 1822, por Estevão Ribeiro de Rezende. *RAPM*, ano 1909, vol. XIV, p. 405.

72  "*Ofício de Pedro Gomes Nogueira*, Coronel de Cavalaria de Sabará", de 9 de Abril de 1822. *RAPM*, ano de 1909, vol. XIV, p. 354.

73  "Câmara de Barbacena", 28 de maio de 1822. In: *As câmaras municipais e a independência*, vol. 2, *op. cit.*, p. 31-36.

74  "Câmara de São Bento de Tamanduá", *idem*, p. 136.

representações simbólicas do poder, promovidas pelas Câmaras na ocasião das "festas de entrada" de D. Pedro nas Vilas mineiras.[75]

Se aos olhos das elites prontamente adesistas a D. Pedro, a tradição mostrou-se a via mais segura para a mudança, ao focalizarmos a situação naquelas Vilas mais distantes – quer da Capital mineira, quer do circuito Rio-Minas – observamos outros condicionantes do processo em curso, suscetível aos ânimos de indivíduos que, sem necessariamente aderirem às Cortes ou ao governo do Rio de Janeiro, esboçaram um *autonomismo em outro nível.*

É esta a situação que marcara o movimento da Independência na Vila de Paracatu do Príncipe,[76] conforme correspondência de seu Ouvidor, Antonio da Costa Pinto, datada de 25 de Fevereiro de 1822, na qual denunciava as "circunstâncias atuais" aí presentes, em que se achava "inquietado o público e impossibilitados os Magistrados de fazerem Justiça livremente, e tudo ocasionado por um homem revoltoso, que se tem levantado em Déspota, e pretende ser o árbitro dos destinos de todos". A ação é imputada a Francisco Antonio de Assis que, com "apoio de seu Tio Vigário Joaquim de Mello Franco (que por ter a Vara de Provisor unida à qualidade do Vigário da Igreja, não reconhecem Superior, julgando que tudo lhe é permitido) pretende governar a Terra a seu arbítrio, segundo as suas más inclinações".[77]

Segundo o denunciante, o autoritarismo de Antonio de Assis teria se manifestado já na ocasião da eleição do Governo Provisório mineiro, quando, procurou "com todo o empenho logo que chegaram aqui os Eleitores Paroquiais, inquietar os seus espíritos e movê-los a que se unissem para se Criar nesta Vila um Governo Provisório, no projeto de ser ele o Presidente, e com as suas seduções e convites

---

75  Souza, Iara Lis Carvalho, *op. cit.*, p. 237-256.

76  Paracatu teve sua ocupação proveniente da Bahia, via São Romão, tendo como atividade inicial a pecuária, passando, a partir de 1744 à exploração aurífera. Sua elevação a Vila só ocorreu em 1798 (embora pleiteasse este *status* desde 1745), sendo, por alvará de 16 de maio de 1815, criada a Comarca de Paracatu. Incluindo o rol das regiões menos dinâmicas da Província, segundo classificação de Clotilde Paiva, a Vila revelava uma intensa articulação política e econômica com as províncias da Bahia, Pernambuco e Goiás, mais que com a própria capital da Província ou a Corte (Barbosa, Waldemar de Almeida. *Dicionário Histórico Geográfico de Minas Gerais.* Belo Horizonte: Itatiaia, 1995, p. 336-338; Paiva, Clotilde A., *op. cit.*, p. 138).

77  "Movimento político em Paracatú (1822)". *RAPM,* ano de 1898, vol. III, p. 288-290.

A EXPERIÊNCIA CONSTITUCIONAL DE CÁDIS

particulares que fazia a alguns Oficiais de Milícias, ia causando uma grande revolução que felizmente se atalhou pela falta de união". Entretanto, mesmo depois de instalado o Governo Provisional e a notícia chegada à Vila de Paracatu, "ainda então aquele homem inquieto se atrevia a convidar os Eleitores [...] para nova Revolução, e Criação de novo Governo independente do legítimo [...]".[78]

Descrito nestes termos, o movimento ocorrido em Paracatu sugere a necessidade de uma melhor investigação acerca do peso das disputas patrocinadas pelos potentados locais no jogo político da independência, dimensão que, seguramente, influenciou a articulação da diversidade no forjamento da união.[79]

\* \* \*

Comprometido por estas diversas manifestações de *autonomismos* e *adesismos*, o clima político em Minas Gerais foi adensado, ainda, pela recepção que a ideia de "liberdade", reforçada depois do "Fico", ia grassando junto aos homens livres pobres e à própria população escrava da Província. A situação assumia relevo no contexto da firmação da autoridade do Príncipe, quando externalizaram-se diferentes demandas das camadas populares,[80] além de inúmeras tentativas de revoltas de escravos que, muitas vezes associados a libertos e brancos pobres, vinham desde antes perpetrando "continuados roubos, acometendo e assassinando os viandantes, e o que é mais, fazendo chegar as suas devastações às Fazendas" e Vilas".[81]

O medo era alimentado por boatos que adquiriam força de notícia, conforme aquela anunciada num *Diário Extraordinário da Europa*, de 1821 – segundo a qual, iniciando-se pela ocupação de Vila Rica, em "um combate furiosíssimo" pelo juramento da Constituição e da igualdade com o Brancos, a revolução teria espalhado-se por toda a Província, desde o "Paiz diamantino" até "Caeté, Pitangui, Tamanduá, Queluz,

---

78  *Idem.*

79  As disputas dos potentados baianos durante o processo de desagregação da América Portuguesa são contempladas no recente trabalho de: SOUZA FILHO, Argemiro Ribeiro de. *"A Guerra de Independência na Bahia: Manifestações políticas e violência na formação do Estado Nacional (Rio de Contas e Caetité)"*. Dissertação de Mestrado. Salvador, UFBA, 2003. Para o caso mineiro, ver SILVA, Ana Rosa Cloclet da, *"Identidades em Construção", op. cit.*, cap. 4.

80  SOUZA, Iara Lis, *op. cit.*, p. 150.

81  AN-IJJ9, Cod. 468, cx. 392- Correspondência do Governador da Capitania, de 5/jun/1811. Presidência da Província de Presidência de Província (1808-1813)

Santa Maria de Baependi" e "Paracatu", envolvendo, só nesta última Vila, cerca de mil negros",[82] em públicos regozijos ao constitucionalismo. Embora a notícia não proceda, é certo que vários planos de sublevação dos escravos, associados a segmentos livres da população, pipocaram pela província no período de 1820-22, com intensidade e frequência sem precedentes.

Por um lado, a nova ordem instaurara, como já mencionado, uma cisão entre os diversos grupos mineiros, impondo uma fragmentação da autoridade que, por si só, propiciava a externalização das demandas das "classes ínfimas" e, no seu bojo, das revoltas escravas.[83] Por outro, é preciso considerar que tal fragmentação se dava num contexto de intensa divulgação das ideias de liberdade e igualdade, as quais atingiam os próprios escravos, que a elas emprestavam significados distintos e mesmo antagônicos ao atribuídos pelas elites. Por fim, os próprios escravos e livres de cor compuseram os palcos deste debate, compartilhando dos novos espaços de sociabilidade das elites.[84]

Os relatos das autoridades locais e do Governo Provincial são vários neste sentido. Assim, da Vila do Bom Sucesso partia, em Janeiro de 1822, a denúncia de que "Em razão da mal entendida Liberdade pela plebe ignorante, e muito especialmente pelos Cativos, tem esta Vila e Termo dado por semelhantes princípios, e ainda demonstrações de sublevação na Escravatura, demonstrando-se em partes não obedientes a seus Senhores e a pretexto de que as atuais Leis favorecem uma tal causa, e que para os apoiar existem autoridades [...]".[85] Semelhantes mobilizações estendiam-se a outras Vilas e Distritos, o que talvez reforçasse a aterrorizante perspectiva de uma sublevação geral. Do Distrito Diamantino, partia o relato do Fiscal dos Diamantes, Dr. Luis José, "advertido por pessoas fidedignas, que muitos cativos

---

82 "Notícia de uma revolução entre pretos no ano de 1821, em Minas Gerais". *RAPM*, 1900, vol. V, p. 158-160.

83 ANASTASIA, Carla M. J. *Vassalos Rebeldes: violência coletiva nas Minas na primeira metade do século XVIII*. Belo Horizonte: C/Arte, 1998.

84 É interessante notar que não só as ideias liberais circulavam entre a escravatura, mas os próprios escravos estiveram presentes nos palcos deste debate, não se restringindo ao contexto mineiro. (APM-SP 02 "Relação de Escravos que acompanharam o Sr. Deputado às Cortes Gerais, Sr. Manoel José Veloso Soares", 21 de janeiro de 1822).

85 SP, JGP1/3, Cx 1, Av (08/01/1822).

e alguns libertos premeditavam um levantamento para a Véspera, ou dia de Natal".[86] Da mesma forma, em sua diligência estendida para o Arraial de São Domingos, pode constatar que estava projetado um igual procedimento, em pessoas de mesma classe, tendo havido, "na noite véspera de Natal [...] tumulto de mais de duzentos negros, no qual deram-se repetidos vivas à Liberdade".[87]

Além da associação dos escravos a setores livre pobres da população minei-ra, a denúncia do Fiscal dos Diamantes aponta – no mesmo sentido daquela di-rigida pelo Coronel do 3°. Regimento da Comarca do Serro Frio, Bento Sousa aos Governadores da Província, em 14 de Janeiro do mesmo ano[88] – para outro elemen-to potencializador das revoltas. Ambos se referiam ao fato de estas serem *patrocina-das por membros da própria camada dominante*, cujo intento, seguramente, estava em desbancar seus oponentes políticos, como fica claro no plano referido de se expulsar alguns "moradores" da Vila.

Estratégia que parecia inquietar os membros liberais do Governo provisó-rio, habilmente associada à atuação do antigo governador Portugal e Castro, que, além de incompatibilizar-se com o pretendido constitucionalismo da Junta – pro-jetando "dissolver o Governo Provisional depois de legalmente instalado a votos da Província" – fora acusado de insuflar a "*anarquia*" interna à província, já que vinha "promovendo, ou ao menos protegendo as facções e partidos de classes ín-fimas, mulatos e negros em seu apoio".[89] Inversamente, era o próprio Governador que, ao aderir ao constitucionalismo – com a intenção de preservar sua posição no seio do novo arranjo institucional, conforme mencionado – denunciava o ris-co de uma "perturbação popular",[90] defendendo em função disso a instalação do Governo provisório.

Compostos em grande parte por mulatos, pardos e negros oriundos da es-cravidão, estes grupos converteram-se em fator de instabilidade à ordem pública,

---

86  *Idem*, continuação.

87  *Ibidem.*

88  Referia-se, aqui, "ao apoio que lhe faz sempre o Dr. Juiz de Fora desta Vila Caetano Ferraz Pinto".

89  "Sessão do Governo Provisional de Minas Gerais, depois de se retirarem o Presidente Manuel de Portugal e Castro, e o Deputado Secretário, João José Lopes Mendes Ribeiro [...]", *op. cit.*

90  D. Manuel de Portugal e Castro, "Sobre a necessidade da instituição de um governo provisório em Minas", 30 de Junho de 1821. *RAPM*, 1904, vol. IX, p. 585-586.

MÁRCIA BERBEL & CECÍLIA HELENA DE SALLES OLIVEIRA (ORGS.)

merecendo atenção das autoridades metropolitanas e provinciais.[91] No contexto de difusão do constitucionalismo, desenvolveram laços de solidariedade espontâneos, aderindo às tendências liberais ou conservadoras segundo interesses próprios e fluídos, funcionando como eficaz arma política das elites no processo de nomeação de seus pares e oponentes.[92] Numa *Carta Missiva* dirigida por José Fernandes de Sousa para a Comissão do Ultramar, em 15 de Setembro de 1821, apresentando os vários pontos que havia necessidade de serem discutidos na Assembleia Nacional "para o bem do povo" da província de Minas Gerais, o problema assinalado era referido em termos dos:

> [...] infinitos vadios, homens brancos, mestiços, pardos, cabras e crioulos forros, que se não sujeitam ao trabalho, dados a horrorosos vícios, cujos fazem por isso mil desordens, furtos e assassínios, tolerando-lhes os Comandantes das Ordenanças quase todos semelhantes desatinos, e mesmo lhes é dificultoso extinguí-los, pois sendo perseguidos em um distrito, mudam-se para outro, e não obstante várias ordens superiores respectivas, pouco ou nada se remedia; carecendo, portanto, as mais ativas providências de severa polícia: os quais bem podem servir no Exército e na Marinha.[93]

Na orientação das tendências em curso pesaram, ainda, as "*notícias vindas do Norte*", onde o movimento adesista às Cortes assumira tom de rebeldia, conforme atestado pelos casos pernambucano, paraense e baiano. Estas serviriam como justificativa de Castro para o retardamento das eleições mineiras, que supostamente visara evitar "as terríveis consequências de comoções populares que introduzissem

---

91  BERBEL, Márcia; MARQUESE, Rafael de Bivar; PARRON, Tamis, *op. cit.*, p. 104-105.

92  Tendência que se aprofunda no período regencial, quando novamente o tema ganha destaque, associado à polarização das elites mineiras em "restauradores" e "liberais" (Marcos Ferreira de Andrade. "Rebeliões escravas na Comarca de Ouro Preto". *Vária História*, Belo Horizonte, n. 17, mar. 1997, p. 237-257).

93  *Carta missiva de José Fernandes de Sousa para o presidente da Assembleia Nacional, dirigida à Comissão do Ultramar, apresentando os vários pontos que haja necessidade de serem discutidos para bem do povo daquela Comarca.* (*Avulsosdo Conselho Ultramarino – Minas Gerais*, MS 544, CX 188, Rolo 174, Doc 24, Biblioteca Nacional do Rio de Janeiro, Seçãode Manuscritos).

a "anarquia", estando "sempre à mira do que nas Províncias vizinhas se praticava", não se animando, por isso, "a desenvolver o que fervorozamente apeteciam".[94] Estas mesmas notícias reverteram-se em fundamentos para sua posterior demissão, aceita pelos membros liberais do Governo mineiro sob alegação de que suas intenções, "oponentes ao Sistema Constitucional", poderiam "produzir as funestas consequências da Anarquia, e gravíssimos danos que infelizmente se viu sofrer a Província de Pernambuco, por semelhantes causas".[95]

Esta habilidosa "instrumentalização do medo",[96] cuja eficácia repousava em condições concretas da sociedade mineira – a economia de abastecimento, marcada pela difusão de pequenos proprietários e por uma desconcentração da posse de cativos,[97] que alargava a base de "sutentação política e social" do regime, "a despeito da existência de um maior número de não proprietários"[98] – convertia as referidas "classes ínfimas" numa alteridade comum aos vários setores da elite mineira. Ao nosso ver, este fato interferiu nas articulações destas elites entre si e com o poder central, selecionando as opções em jogo e, no contexto do adesismo a D. Pedro, condicionou a postura da Junta ouropretana, cujos membros, em *Ofício* de 19 de Fevereiro de 1822, predispunham-se a conciliar com o Vice-Presidente José Teixeira de Vasconcelos, em troca de auxílios destinados a aplacar "algumas perturbações" que se alastravam pela Província. Referiam-se, especificamente, aos fatos ocorridos no "Distrito de Minas Novas, nas Vilas de Príncipe e de Tamanduá", onde "tem-se notado vários ajuntamentos de negros, espalhando vozes da liberdade, e por tais motivos tem sido necessário socorrer estes lugares de mais Tropa do Regimento de Linha [...]".[99]

---

94 *Ofício para o Soberano Congresso,* Vila Rica, 10. Outubro de 1821. *RAPM,* vol. IX, ano 1904, p. 591-593.

95 "Sessão do Governo Provisional de Minas Gerais, depois de se retirarem o Preidente Manuel de Portugal e Castro, e o Deputado Secretário, João José Lopes Mendes Ribeiro [...]", *op. cit.*

96 HIRSCHMAN, Albert. *A retórica da Intransigência. Perversidade, Futilidade, Ameaça.* (trad.), São Paulo: Companhia das Letras,1992.

97 PAIVA, Clotilde Andrade Paiva, *op. cit.,* p. 211, Tabela 4.

98 COSTA, Iraci Del Nero da, *op. cit.,* p. 92.

99 *As Juntas Governativas e a Independência, op. cit.,* p. 866.

## Considerações finais: entre *Cádis, Lisboa* e *Minas Gerais*

Além de contar nas articulações das elites mineiras com o poder central, a necessidade de controlar e neutralizar a ação dos novos protagonistas pesou na elaboração sobre "a própria definição nacional", imposta aos "brasileiros" desde 1821.[100] Sob tal enfoque, ainda que na perspectiva dos liberais da província o referencial de pertencimento político comum continuasse sendo a "Nação Portuguesa"[101] – referida aos "Portugueses de todos os Hemisférios"[102] – e a adesão às Cortes soasse como uma possibilidade de ampliar e solidificar autonomias adquiridas, já então, o embate político ia delineando os contornos do "ser brasileiro". Era neste sentido que o "caráter enérgico, pertinaz e teimoso, acostumado ao mando absoluto"[103] do ex-Governador passava a ser estendido à "prepotência dos funcionários públicos" e autoridades do período joanino, aguçando não só as rivalidades entre "portugueses europeus" e "brasileiros" no interior da província, mas, num segundo momento, a própria associação da figura de D. Pedro à conduta denunciada.

Ainda que o *antilusitanismo* tenha aflorado durante o primeiro Reinado,[104] a questão se torna premente no interior da província desde a instalação do debate constitucionalista, orientando, no contexto da Independência, a portaria de D. Pedro expedida ao Governo Provisório para "não aceitar, nem dar posse a Empregado algum, Eclesiástico, Civil, ou Militar, que vier despachado de Portugal [...]".[105] À época do primeiro Governo Provisório, a mesma preocupação transparece nas reflexões do autor de uma *Carta Anônima* veiculada na província mineira, o qual recomendava como "mui política a aplanização e temporária exclusão dos Europeus quanto a Empregos públicos de primeira ordem", por serem os

---

100 BERBEL, Marcia Regina. *A Nação como Artefato*. São Paulo: Hucitec, 1999.

101 *As Câmaras Municipais e a Independência, op. cit.*, p. 31.

102 *Idem*, p. 34.

103 SANTOS, José Felício dos, *op. cit.*, p. 361-362.

104 RIBEIRO, Gladys Sabina. *A Liberdade em Construção. Identidade nacional e conflitos antilusitanos no Primeiro Reinado*. Rio de Janeiro: Relume Dumará: Faperj, 2202.

105 "Registro de Ofícios do Governo ao Ministério"- 1821-1822. A portaria é de 05/08/1822. (APM, SP-07, p. 65V 27/AGO/1822).

"naturais do País que dá ouro, e brilhantes [...] mais ambiciosos que avarentos".[106] Embora sem autoria, o documento sugere que este incipiente antilusitanismo não só repousava nos anseios dos grupos locais em *galgar projeção política* no cenário nacional[107] – "ambiciosos" que eram –, mas podia funcionar como *instrumento da propaganda anticonstitucional*, uma vez que, argumentava-se, a "guerra com Portugal é inevitável, mas conveniente: é ela que há de distrair os povos do afinco com que pensam em arranjos constitucionais, e só ela nos fará cair nas mãos limitáveis poderes e tropas, que ao comando de criaturas nossas, enfim, proclamarão nosso antigo sistema".[108]

De outro modo, ao desviar os ânimos para este nível das alteridades, forjava-se a ideia de unidade da classe proprietária, promovendo, simultaneamente, a associação simbólica entre aquele que começava a ser associado ao "estrangeiro" – o português – e as novas formas constitucionais, bem como matizando tensões de ordem social e racial aí pulsantes.

No quadro da sociedade mineira da primeira metade do XIX, estas tensões repousavam, em grande medida, no fato de haver um enorme contingente de *pardos* – livres e forros – que, embora integrados econômica e socialmente – ocupando predominantemente os "setores menos privilegiados", como o "artesanato, serviços em geral e jornaleiros", mas também na condição de proprietários de escravos, ligados ao comércio, ou em cargos civis e militares[109] – não puderam fugir ao "estigma da escravidão", inseridos que estavam numa sociedade com forte tradição de hierarquia social, racial ou étnica.

---

106 *"Carta anônima que apareceu em Ouro Preto à época da eleição do 1o. Governo Provisório, aludindo a uma possível guerra com Portugal, pela Independência do Brasil"*. Biblioteca Nacional do Rio de Janeiro, Seção de Manuscritos, Coleção Minas Gerais, ref. II- 36, 05,002.

107 Na interpretação de Salles, nesta perpectiva de acesso à esfera das decisões políticas residira o apoio dos novos grupos mercantis do Centro-Sul à volta de D. João VI para Portugal, bem como da posterior instalação da Assembleia Constituinte no Brasil. (OLIVEIRA, Cecília Helena de Salles. *A Astúcia Liberal: relações de mercado e projetos políticos no Rio de Janeiro*. Bragança Paulista: Edusp/Ícone, 1999).

108 "Carta anônima que apareceu em Ouro Preto à época da eleição do 1o. Governo Provisório...", *op. cit.*

109 COSTA, Iraci Del Nero da. *Arraia-Miúda, op. cit.*, p. 93.

A este problema as elites dominantes não puderam ser alheias e, assim como a associação do "português-estrangeiro" com o "constitucionalismo" servia, na estratégia dos grupos arraigados a velha ordem, para desbaratar o adesismo às Cortes, o teor das *Bases da Constituição de Cádis*, provisioriamente adotadas por Portugal, foram repudiados medante a realidade social da província. Examinando "os Artigos da Constituição Espanhola que respeitam à formação das Cortes, das Juntas Eleitorais de Paróquia, Comarca e Província, com as Instruções dadas para a sua execução em Portugal e mandadas observar no Reino do Brasil pelo Decreto de 7 de Março" de 1821, o ex-governador Castro argumentava, acerca do Artigo 28 que excluía os pardos e crioulos descendentes de africanos da base da representação nacional:

> [...] É constante *nesta Província ser o número dos pardos igual ou maior que o dos brancos* e oriundos de Portugueses por ambas as linhas; excluir aqueles da representação Nacional seria fazer estes em igual ou menor número [...]; como se poderá dizer representada uma Paróquia, Comarca ou Província por uma menor parte da mesma e sem o consenso da outra parte igual ou maior? *Os pardos se acham estabelecidos*, uns com propriedade e bens de raiz e escravos, outros com fundos próprios negociando, e outros com escravos empregados na mineração e lavoura concorrendo com impostos e tributos para as despesas do Estado, Dízimos, Quintos, Décima, Siza [...] e outros impostos; foram os mesmos pardos elevados a consideração Política e pelos seus serviços nos Corpos e Regimentos Milicianos, onde são Oficiais e Oficiais superiores, e por outros empregos estão gozando de grandes privilégios e isenções, e se agora se removessem do foro de Cidadão Português seria privá-los sem culpa das graças e honras concedidas, revogando leis, usos e costumes da Nação; seria querer tivessem representação para satisfazer os encargos de Cidadão no pagamento dos impostos e negá-lo na fruição dos privilégios e na concorrência da administração, eleição dos administradores e representantes da Nação; seria *animar escandalosas intrigas declarando-se pardo o que já pretende ser branco*, e muitas vezes é reputado tal, pela distância em que se acha do tronco Africano; e de injuriar-se muitas vezes o mesmo branco [pondo-o] na necessidade de mostrar a legitimidade e qualidade de seus passados; e seria finalmente *excitar o desgosto de uma grande parte ou a maior da Província*, aumentar a indisposição e desconfiança de serem

A EXPERIÊNCIA CONSTITUCIONAL DE CÁDIS

desprezados pelos brancos, e *promover a união a outros desgostosos, e com ela ameaçarem a segurança Pública* com desordens perigosas sempre ao Estado e de incerto efeito [...].[110]

Por isso, propunha declarar-se o referido artigo "alterado nesta Província e considerar como Cidadão Português natural e havido por natural dos Domínios Portugueses proprietários e com representação e privilégios concedidos pelas Leis", os pardos e livres de cor, com exceção dos "mendigos e os que estiverem quase nas mesmas circunstâncias".[111]

Se levarmos em conta que as *Bases da Constituição Política da Monarquia Portuguesa* foram aprovadas em 9 de março de 1821 e enviadas à América juntamente com o decreto para a eleição dos deputados, após a adesão de D. João, em abril daquele ano, é provável que a argumentação de Castro tenha ignorado a alteração fundamental nas *Bases constitucionais portuguesas:* a adaptação das instruções eleitorais espanholas, com a supressão das distinções estabelecidas em Cádis para a concessão da cidadania.[112] Neste sentido, sua recusa aos critérios de cidadania aprovados na Espanha em 1812 pode ter significado uma habilidosa estratégia de convencimento das elites mineiras, no sentido da recusa ao constitucionalismo, propositalmente associado a uma concepção de representação nacional desestabilizadora da ordem social e, embora não explicitamente mencionado, a uma paridade de direitos desvantajosa para os brasileiros. De outro modo, antecipando procedimento comum aos liberais-moderados após 1831 – quando será abertamente reconhecida a importância social dos pardos livres, tornando-os objeto específico de sua pedagogia política[113] – gerava-se o repúdio dos próprios pardos e livres de cor à nova ordem, que supostamente ameaçava suas condições de "estabelecidos".

---

110  D. Manuel de Portugal e Castro, "Sobre eleições p.ª Const. Portuguesa", Vila Rica, 21 de Abril de 1821. (*APM, Fundo Secretaria de Governo (SG)*, Avulsos, cx 121, pac. 22, 4 fls.) (grifo meu)
APM, *Fundo Secretaria de Governo (SG)*, Avulsos, cx. 121, pac. 22, fls. 1-2. (grifo meu).

111  APM, *Fundo Secretaria de Governo (SG)*, Avulsos, cx. 121, pac. 22, fl. 2.

112  BERBEL, Márcia; MARQUESE, Rafael de Bivar; PARRON, Tamis, *op. cit.*, p. 151-152.

113  SILVA, Wlamir, *op. cit.*, p. 277-282.

De qualquer modo, tendo ou não conhecimento das *Bases portuguesas*, o argumento de Castro acenava com aquela dupla preocupação das elites mineiras: garantir a *ordem social* na província, bem como as *amplas autonomias*, neste momento traduzida na reivindicação da paridade de direitos em termos da representação nacional. Assim, quanto mais alargadas as bases desta – o que implicava, no caso americano, a inclusão de mulatos e livres de cor na condição de cidadãos – maior o poder de barganha da deputação brasileira em Lisboa.[114]

Simultaneamente, a assimilação dos pardos a uma sociedade pretensamente branca, funcionava como poderoso instrumento para diluir seus vínculos com o cativeiro – e, portanto, com uma comum origem escrava, rememorada quer pelo estigma da cor, quer pelo pertencimento a esferas de sociabilidade fundadas nos padrões hierárquicos da sociedade mineira colonial – isolando, no extremo oposto, aqueles segmentos que, consensualmente, não deveriam figurar na sociedade civil, representando antes o risco da "anarquia": escravos e livres marginais. A estes, a recomendação do liberal Antonio Paulino Limpo de Abreu, dirigida aos Presidente e Deputados do Governo Provisional, em 14 de fevereiro de 1822, a propósito da "revolução dos Negros profetizada no Brasil por tantos Escritores", preconizava o próprio "silêncio da Lei", uma vez que, "a simples menção deles pode suscitar a ideia de os perpetrar".[115]

---

114 Neste sentido, o dilema dos deputados brasileiros reavivava a disputa presente já nas Cortes de Cádis (1810-12), entre americanos e espanhóis, o qual esteve na base da inviabilização do novo pacto nacional. (Berbel, Márcia Regina, "Cortes de Cádis: entre a unidade da Nação Espanhola e as Independências americanas", Pamplona, A. Marco e Mäder, Maria Elisa (orgs.). *Revoluções de independências e nacionalismos nas Américas. Nova Espanha,* Vol. 2, Rio de Janeiro: Paz e Terra, 2008, p. 17-48).

115 *APM-* SP, JGP1/6, Cx 1, Avulsos, de 14/02/1822.

# SEGUNDA PARTE

## A EXPERIÊNCIA DE CÁDIS NA CONSTRUÇÃO DE GOVERNOS CONSTITUCIONAIS

# SOBERANIAS EM QUESTÃO: APROPRIAÇÕES PORTUGUESAS SOBRE UM DEBATE INICIADO EM CÁDIS

*Márcia Berbel*

DH – Universidade de São Paulo

*Paula Botafogo C. Ferreira*

Mestre pela Universidade de São Paulo

## 1823 e a afirmação de uma política para o Brasil

O debate realizado na Assembleia Constituinte de 1823, no Rio de Janeiro, registra o esforço para encontrar as bases políticas para a formação do já denominado Império do Brasil. Os deputados reunidos nesse momento revelavam o empenho na construção de uma saída liberal e constitucional que pudesse inserir um novo Estado independente na ordem internacional e legitimá-lo frente às exigências de um mundo marcado por revoluções e inúmeras tentativas de reconstrução da ordem. Em 1823, após algumas décadas de confluência entre ações revolucionárias e clamores por novas constituições, os representantes das várias províncias do Brasil não duvidavam da necessidade de ancorar o novo Império em princípios liberais e constitucionais para a soberania da nação sem, contudo, desrespeitar os compromissos restauradores do Congresso de Viena.

Essa concordância não facilitava, porém, a realização de uma tarefa repleta de dificuldades. A primeira delas refere-se à própria relação entre os termos da afirmação: princípios liberais e soberania da nação. No início do século XIX, os princípios entendidos como liberais eram suficientemente vagos para comportar diversas formas de defesa que todos consideravam imprescindíveis.[1] Havia-se pensado e

---

1 Juan Francisco Fuentes e Javier Fernández Sebastián analisam a formação do conceito Liberalismo na Espanha e apresentam conclusões válidas para todo o mundo Atlântico: ao longo do século XIX, especialmente, na primeira metade, o termo ganhou uma nova "linguagem política" capaz de "projetar uma nova ordem social, política e econômica". No início do século, porém, sua utilização se confundia com a de "constitucionalismo" e aparece no vocabulário dos contemporâneos apenas com o uso da palavra "liberal". In: SEBASTIÁN,

testado muitas fórmulas para o exercício da soberania nacional até então, mas não parecia existir qualquer acordo sobre a escolha a ser adotada no Brasil, em 1823.

Além disso, afirmação e legitimação da Independência deveriam ocorrer dentro e fora dos marcos territoriais previamente definidos pela colonização portuguesa. O envio de deputados para a elaboração da constituição do Império revelava uma aceitação que apenas se esboçava nas diversas províncias, mas que não bastava para consolidar a unidade interna, ainda questionada por conflitos de diversas naturezas que atormentavam os deputados reunidos no Rio de Janeiro.[2]

---

Javier Fernández; FUENTES, Juan Francisco. "Liberalismo". In: *Diccionario político y social del siglo XIX español*. Madri: Alianza Editorial, 2002, p. 413-414.

2   A adesão das Províncias do Reino do Brasil ao Império foi uma construção política que envolveu acordos entre os grupos políticos locais e os do Rio de Janeiro e, internamente, a reorganização das elites no governo de cada Província. A adesão não foi garantida apenas pela via da negociação e, em muitos casos, necessitou da intervenção armada: Lord Cochrane foi encarregado do Maranhão e do Pará e o francês Labatut era responsável pelo controle da Bahia. Importante destacar que diversos desses conflitos envolveram a participação popular. Sobre os conflitos no Maranhão: ASSUNÇÃO, Mathias Röhrig. "Miguel Bruce e os 'horrores da anarquia' no Maranhão, 1822-1827". In: JANCSÓ, István (org.). *Independência: História e Historiografia*. São Paulo: Hucitec, 2005, p. 345-378. Sobre os conflitos em Pernambuco: MELLO, Evaldo Cabral de. *A outra independência*: o federalismo pernambucano de 1817 a 1824. São Paulo: Editora 34, 2004; BERNARDES, Denis Antonio de Mendonça. "Pernambuco e sua área de influência: um território em transformação (1780-1824)". In: JANCSÓ, István (org.). *Ibidem*, p. 379-409; SANTOS DA SILVA, Luiz Geraldo. "O avesso da independência: Pernambuco (1817-1824)". In: MALERBA, Jurandir (org.). *A Independência Brasileira* – Novas Dimensões. Rio de Janeiro: Editora FGV, 2006, p. 343-384. Sobre os conflitos no Pará: COELHO, Geraldo Mártires. *Anarquistas, demagogos e dissidentes* – A imprensa liberal no Pará de 1822. Belém: Edições Cejup, 1993; MACHADO, André Roberto de Arruda. "As esquadras imaginárias. No extremo norte, episódios do longo processo de independência do Brasil". In: JANCSÓ, István (org.). *Ibidem*, p. 303-343; MACHADO, André Roberto de Arruda. *A quebra da mola real das sociedades: a crise política do antigo regime português na província do Grão-Pará (1821-25)*. Tese de doutorado. São Paulo, FFLCH-USP, 2006. Sobre os conflitos na Bahia: GRAHAM, Richard. "'Ao mesmo tempo sitiantes e sitiados'. A luta pela subsistência em Salvador (1822-1823)". In: JANCSÓ, István (org.). *Ibidem*, p. 411-445; WISIAK, Thomas. "Itinerário da Bahia na independência do Brasil (1821-1823)". In: JANCSÓ, István (org.). *Ibidem*, p. 447-474. Sobre os conflitos em Minas Gerais: CLOCET DA SILVA, Ana Rosa. "Identidades políticas e a emergência do novo Estado nacional". In: JANCSÓ, István (org.). *Ibidem*, p. 515-555. Sobre os conflitos em São Paulo: DOLHNIKOFF, Miriam. "São Paulo na Independência". In: JANCSÓ, István (org.). *Ibidem*, p. 557-575.

A EXPERIÊNCIA CONSTITUCIONAL DE CÁDIS

Nesses termos, foi comum a busca de respostas em outras situações e formulações recentes. Os registros mostram muitas referências à experiência forjada no espaço atlântico desde as últimas décadas do século XVIII. Os deputados evocavam as soluções constitucionais norte-americanas para a consolidação da independência e da unidade federativa; clamavam pelas elaborações francesas para aplacar os furores revolucionários, mas não podiam afastar a herança legal e revolucionária deixada pelas Cortes portuguesas de 1821 e 1822, herança essa que havia se iniciado pela adoção do texto constitucional espanhol aprovado em 1812.[3] Dessa forma, o acerto de contas para uma Independência baseada em Constituição exigia uma revisão dos princípios norteadores da ordem proposta pelas Cortes de Lisboa: elas não haviam assegurado a unidade da monarquia e tampouco garantiram a ordem interna. Em diversos momentos, essa revisão implicou em um retorno aos termos aprovados em Cádis, pois assim os deputados retomavam as origens das elaborações feitas em 1821/1822 e resgatavam possíveis soluções abandonadas naquele momento.

A discussão sobre o decreto aprovado em 20 de outubro de 1823 é parte fundamental da definição do que se pretendia como sistema de representação e exercício da soberania nacional e pode nos auxiliar a compreender este relativo "retorno" à Constituição de Cádis. O decreto se referia à organização dos governos das províncias, embora expressasse uma concepção mais ampla sobre a organização geral do Estado e provocasse reações importantes: aprovado pelos constituintes em 1823 acompanhou a constituição outorgada em 1824; e, expressando a opinião da maior parte dos deputados reunidos no Rio de Janeiro, foi alvo de severas críticas em diversas províncias e integrou as insatisfações que geraram a Confederação do Equador.[4]

---

3   A constituição espanhola serviu de base para as decisões portuguesas desde agosto de 1820 até março de 1821 quando, finalmente, os deputados reunidos em Lisboa aprovaram as Bases da Constituição Portuguesa. Sobre o tema, ver: BERBEL, Márcia Regina. "A constituição espanhola no mundo luso-americano (1820-1823). *Revista de Indias*. Espanha, vol. LXVIII, n. 242, 2008, p. 231.

4   Em Pernambuco, no mês de dezembro de 1823, os deputados da província que participaram da Assembleia Legislativa chegaram ao Recife. Em 6 de junho de 1824, uma sessão pública foi realizada para examinar o decreto imperial que mandava jurar o projeto da Constituição outorgada. Em seu voto, Frei Caneca apresentava uma série de críticas ao projeto. Dentre elas, afirmava sobre a organização dos governos das províncias: "Os conselhos das províncias são uns meros fantasmas para iludir os povos; porque devendo levar suas decisões à assembleia geral e ao executivo conjuntamente, isto bem nenhum pode produzir às províncias [...]" – *Apud*: BERNARDES, Denis

A discussão iniciou com a apresentação de três projetos com alguns pontos em comum: todos pretendiam a revogação do decreto aprovado pelas Cortes de Lisboa em setembro de 1821; previam a nomeação feita pelo Imperador de um Presidente (ou governador) para as províncias; a abolição das Juntas de Governo (dois dos projetos previam a formação de um Conselho Consultivo parcialmente eleito); a nomeação de um comandante das armas ou comandante militar; administração da Justiça (ou juiz do povo) independente do governador e, finalmente, a organização provincial da fazenda (quanto a este último aspecto não houve consenso sobre autonomia frente ao presidente e/ou conselho).[5] Assim, os autores visavam revogar o sistema em vigor nas diversas províncias desde setembro de 1821 e concordavam com a necessidade de eliminar o que consideravam um erro: a eleição local do governador da província com poderes equivalentes ao comandante das armas nomeado pelo poder central.

A discussão foi feita, no entanto, com base na proposta apresentada pelo antigo deputado paulista nas Cortes de Lisboa: Antonio Carlos de Andrada. Tratava-se,

---

Antônio de Mendonça, "A ideia de pacto social e o constitucionalismo em Frei Caneca", p. 16. In: Conferência proferida no Instituto de Estudos Avançados da USP em 14/06/96. Disponível em: <www.iea.usp.br/artigos>

5    O projeto de Sousa de Mello esclarece que o Comandante das Armas era subordinado ao Presidente que, como vimos, era nomeado pelo Imperador. A proposta feita por Gomide, não esclarecia, porém, a relação do comandante militar com o Presidente, mas salientava que o responsável pelas armas era nomeado e amovível. Finalmente, o projeto de Antonio Carlos, definia no artigo 16: "O Governo da Força armada da Província de 1ª e 2ª Linha compete ao Comandante Militar, e é independente do Presidente em Conselho. Excetuam-se as Ordenanças que são sujeitas tão somente ao Presidente, e com quem nada tem o Governador das Armas. Excetua-se também o recrutamento, que deve ser feito pelo Presidente, a quem o Comandante Militar participará a necessidade do dito recrutamento." – Diário da Assembleia Geral, Constituinte e Legislativa do Império do Brasil – 1823 [DAG] (edição fac-símile). Sessão de 09 de maio de 1823. Brasília: Senado Federal: 2003, tomo I, p. 45. Sobre esse ponto da proposta do deputado paulista, Andréa Slemian afirma que a independência do Comandante das Armas em seu projeto, o tornava "[...] vinculado diretamente ao Imperador, o que asseguraria ao poder central um papel importante no controle dos distúrbios regionais [...]" – SLEMIAN, Andréa. *Sob o império das leis: Constituição e unidade nacional na formação do Brasil (1822-1834)*. Tese de doutorado. São Paulo, FFLCH-USP, p. 104. De fato, todos os pronunciamentos feitos pelo deputado na defesa do projeto apontam para essa subordinação ao Imperador.

sem dúvida, do mais elaborado entre os três projetos, mas, além disso, a experiência recente de seu autor conferia autoridade aos argumentos necessários no interior de um debate que foi longo e difícil. Como todos os demais, o texto iniciava com a determinação de abolir as "Juntas Provisórias de Governo, estabelecidas nas Províncias do Brasil, por Decreto das Cortes de Lisboa de setembro de 1821" e visava restabelecer o equilíbrio entre poderes nas diversas partes do Império.

A defesa feita por Antonio Carlos, já em 26 de maio de 1823, buscava legitimação na superação das experiências anteriores e, para isso, registrava um balanço relativo à autonomia dada aos governos das províncias na história constitucional atlântica. Esta defesa iniciava com uma crítica ao modelo administrativo francês dos "infelizes anos de 1789 e 90" e elogiava a solução dos próprios franceses na Constituição aprovada em 1791, que teria norteado a política adotada pelos espanhóis reunidos em Cádis. Assim, o deputado aproximava as medidas inscritas no decreto português de 1821 ao quadro institucional da abertura revolucionária francesa e procurava formas de moderação.

Focalizava, então, as instituições francesas com o objetivo de invalidar o decreto de Lisboa e para isso afirmava que uma administração formada por "muitas cabeças" teria sido fruto do "[...] delírio dos franceses antes dos infelizes anos de 1789 e 1790 [...]", quando ainda "[...] Nação alguma tinha caído em tal absurdo [...]".[6] Com isso, o deputado referia-se às instituições criadas nos primeiros atos da Revolução na França: a organização de um "Comitê Permanente dos Eleitores Parisienses", em 13 de julho de 1788, a queda dos Intendentes reais, a formação das municipalidades e o estabelecimento de um Governo Provisório em Paris, acompanhado de uma milícia que recebia o nome de Guarda Nacional. Mas ressaltamos aqui que o delírio francês apontado por Antonio Carlos referia-se à fase que antecedeu a elaboração da Constituição.

Na opinião do deputado, a criação desse quadro institucional no início da Revolução rompeu um princípio fundamental de governo: "[...] administrar é próprio de um só homem, como o deliberar de muitos [...]"[7] e, por isso, quando se

---

6   Diário da Assembleia Geral, Constituinte e Legislativa do Império do Brasil – 1823 [DAG] (edição fac-similar). Sessão de 26 de maio de 1823. Brasília: Senado Federal: 2003, tomo I, p. 124.

7   Diário da Assembleia Geral, Constituinte e Legislativa do Império do Brasil – 1823 [DAG] (edição

mantinha uma cabeça na administração e muitas na deliberação, garantia-se "maturidade da decisão" no momento de elaboração da lei e, ao mesmo tempo, velocidade de execução nas mãos de um único administrador. Em sua opinião, os próprios franceses "[...] bem depressa destruíram os altares que tinham erguido e reduziram a administração de cada Departamento à unidade, reservando para a pluralidade só o que demandava exame e juízo [...]"[8] e, para essa correção, aprovaram a Constituição de 1791.

O texto francês de 1791 redimensionou o lugar antes atribuído às municipalidades e às províncias utilizando-se de alguns recursos. Em primeiro lugar, foram criados os Departamentos que repartiam o reino francês em unidades administrativas e políticas.[9] O funcionamento dos departamentos é descrito na Seção II da Constituição, reservada à "Administração Interna", e diz em seu artigo 2º que "os administradores não têm nenhum caráter representativo. Eles são agentes, eleitos em tempos determinados pelo povo para exercer funções administrativas, sob a supervisão e autoridade do rei".[10] Definiu-se, então, que a direção do Departamento seria feita por um administrador que, apesar de ser eleito, estaria submetido ao Chefe do Poder Executivo e não teria qualquer poder para legislar.[11]

Dessa forma, é certo que essa Constituição francesa reservou poderes ao monarca, mas tinha um objetivo novo e revolucionário: o fortalecimento da Assembleia dos deputados, entendida como única expressão da soberania da Nação e verdadeira depositária dos poderes legislativos. Departamentos, municípios ou qualquer

---

fac-similar). Sessão de 26 de maio de 1823. Brasília: Senado Federal, 2003, tomo I, p. 124.

8   *Ibidem*, p. 124-125.

9   "O reino é uno e indivisível, o seu território está dividido em oitenta e três departamentos, cada departamento em distritos, cada distrito em cantões." CLERMONT-TONNERRE, Stanislas. *Analyse raisonnée de la constitution française décrétée par l'Assemblée nationale, des années 1789, 1790, et 1791.* Paris: Gattey, 1791, p. 102.

10  *Idem, ibidem*, p. 236

11  O controle do Administrador pelo Poder Executivo era reforçado no artigo 5º da Constituição: "O rei tem o direito de anular os atos de administradores de departamentos que são contrárias à lei ou às ordens que lhes dirigiu. Ele pode suspendê-los do cargo em caso de desobediência persistente, ou se o seu compromisso ações de segurança pública e tranquilidade." (*Idem*). Dessa maneira, apesar do Administrador ser eleito, o Poder Legislativo mantinha a prerrogativa da criação das leis, no caso, o exercício da Soberania da Nação, a serviço da "pluralidade" mencionada pelo deputado paulista.

órgão regional deveriam estar submetidos aos representantes de uma Nação que consideravam una e indivisível. Além de governar as localidades, os Departamentos franceses funcionavam como unidades eleitorais e efetivavam a escolha dos deputados para a Assembleia Nacional, e, a partir desse momento, passavam a integrar o todo indivisível e soberano que formava a Nação e delegavam a função de legislar à totalidade dos eleitos. Esta era a pluralidade pensada por Antonio Carlos, em 1823, como elemento indispensável para a tão desejada unidade que, em sua opinião, porém, deveria se completar com uma modificação no texto francês: o chefe da administração provincial deveria ser indicado pelo Imperador.

Nessa altura da argumentação, Antonio Carlos recorria ao texto aprovado pelas Cortes espanholas de 1812: "A Nação espanhola, que copiou tão absurdamente muitos erros dos Franceses, guardou-se bem de imitá-los a este respeito e colocou a testa da administração das Províncias Administradores únicos com o nome de Chefes Políticos [...]".[12] Tais chefes tinham suas funções definidas no capítulo II da Constituição de Cádis: *"El gobierno político de las provincias residirá en el jefe superior, nombrado por el Rey en cada una de ellas"*.[13] Esse chefe, entendido como superior, aparecia na argumentação de Antonio Carlos como autoridade capaz de restabelecer equilíbrio ao governo das províncias e extinguir as "administrações policéfalas" inauguradas pelas Cortes de Lisboa.

No entanto, o deputado não mencionava algumas diferenças importantes entre o texto aprovado em Cádis e o projeto que ele apresentava ao plenário em 1823. A Constituição espanhola previa a convivência do chefe político indicado com uma deputação provincial inteiramente eleita. Neste texto brasileiro, aparece a figura de um "Comandante Militar" também nomeado pelo Imperador e independente do governo civil.[14] Na Constituição espanhola, a Força Armada permanecia sob o

---

12 Diário da Assembleia Geral, Constituinte e Legislativa do Império do Brasil, 26 de maio de 1823, tomo I, p. 125.

13 Constituição de Hespanha. "Do Governo das Províncias e Deputações Provinciais". Lisboa: Impressão Régia, 1820. Capítulo II.

14 "Artigo XVI. O Governo da Força armada da Província de 1ª e 2ª Linha compete ao Comandante Militar, e é independente do Presidente e Conselho. Excetuam-se as Ordenanças que são sujeitas tão somente ao Presidente, e com quem nada tem o Governo das Armas. Excetua-se também o recrutamento, que deve ser feito pelo Presidente, a quem o Comandante Militar participará a

comando da antiga figura do intendente que, no entanto, integrava as recém criadas deputações provinciais e, assim, dividia com os membros eleitos na província toda a responsabilidade referente ao governo civil.[15] Além disso, o Presidente da Província proposto por Antonio Carlos tinha funções distintas daquelas atribuídas aos "chefes políticos" espanhóis. O representante do Poder Executivo, no Brasil de 1823, tinha o poder de suspender os Magistrados: uma ingerência não permitida pelos termos de Cádis.[16] Paralelamente, o Conselho provincial brasileiro teria caráter consultivo, com duas reuniões anuais de no máximo quinze dias de duração.[17] Na Constituição espanhola, o órgão provincial eleito tinha direito a noventa dias de sessões anuais, "distribuídas em épocas que mais convinha".[18] Nos dois casos, o Conselho tinha

---

necessidade do dito recrutamento." – Diário da Assembleia Geral, Constituinte e Legislativa do Império do Brasil, 09 de maio de 1823, tomo I, p. 45.

15 Na norma das deputações provinciais, as suas atribuições eram mencionadas com os seguintes termos: Artículo 335º "Caberá às deputações" (DAG, 09 de maio de 1823, tomo I, p. 94.). Isto é, as prerrogativas dos governos provinciais eram designadas ao órgão eletivo, então, com caráter deliberativo sobre essas matérias. No caso do projeto de Antonio Carlos de Andrada e mantido na lei aprovada pela Assembleia, determinava-se no Artigo 13º "Tratar-se-ão pelo Presidente em Conselho, todos os objetos que demandem exame e juízo, tais como os seguintes:" – Diário da Assembleia Geral, Constituinte e Legislativa do Império do Brasil, 09 de maio de 1823, tomo I, p. 45. Assim, a série de atribuições que se seguiam no artigo era designada ao Presidente, reunido em Conselho, deixando ao cargo do órgão eletivo a função exclusiva da consulta.

16 No Projeto de Antonio Carlos: "Artigo XIII. Tratar-se-ão pelo Presidente em Conselho, todos os objetos que demandem exame e juízo, tais como os seguintes: [...] 6º Suspender Magistrados." e "Artigo XVII. A Administração da Justiça é independente do Presidente, e Conselho, pode porém o Presidente em Conselho suspender o Magistrado, em casos urgentes, e quando sem o possa esperar Resolução do Imperador, dando porém logo parte pela Secretaria da Justiça, do motivo, e urgência da suspensão." – Diário da Assembleia Geral, Constituinte e Legislativa do Império do Brasil, 09 de maio de 1823, tomo I, p. 45.

17 "Artigo IX. Este Conselho se reunirá duas vezes em cada ano, uma no primeiro de Janeiro, e outra no primeiro de Julho, cada uma destas Sessões não durará mais de quinze dias, salvo se por afluência de negócios importantes unanimemente apontar o mesmo Conselho, que se deve prorrogar por mais algum tempo, o qual, porém nunca poderá passar de dez dias em casa Sessão." – *Ibidem. Loc. cit.*

18 "Artículo 334.- Tendrá la diputación en cada año a lo más noventa días de sesiones distribuidas en las épocas que más convenga. En la Península deberán hallarse reunidas las diputaciones para el primero de marzo, y en Ultramar para el primero de junio." Em meio digital: http://www.cervantesvirtual.com/servlet/SirveObras/02438387547132507754491/index.htm

A EXPERIÊNCIA CONSTITUCIONAL DE CÁDIS

atribuições administrativas, de fomento da Instrução pública e exame das contas anuais,[19] mas no Projeto do Andrada, o Conselho também era responsável pela arrecadação da "Fazenda Pública da Província".[20]

As mudanças introduzidas por Antonio Carlos parecem anunciar um fortalecimento dos poderes que alteravam alguns princípios importantes dos textos de 1791 e 1812 e que eram atribuídos a esse governador local. No entanto, o deputado alardeava sua adesão aos constituintes franceses e espanhóis e ressaltava alguns elementos dessa concordância: a nomeação dos chefes dos governos civis nas províncias permitia o fortalecimento do Executivo e do Legislativo em prol da soberania da nação una e indivisível. Ele ressaltava essa concordância com o objetivo de desmoralizar as decisões adotadas pelos "regeneradores" portugueses de 1821. Segundo ele, estes últimos teriam ignorado as reflexões que embasaram as grandes decisões adotadas na França e na Espanha, chegaram ao "[...] desproposito de propor administrações policéfalas nas Províncias [...]"[21] e assim permitiram a "anarquia", tal como ocorrera nos "terríveis anos franceses".

O projeto de Antonio Carlos foi, finalmente, a base para o decreto aprovado em 1823, mas foi contestado e modificado no plenário em diversos aspectos. Vários deputados presentes na Assembleia defenderam as decisões aprovadas em Lisboa e expressaram uma concepção sensivelmente diferente sobre unidade e soberania da Nação. Iniciaram a apresentação de suas discordâncias já nas primeiras sessões e relembraram os já antigos princípios sobre a necessidade das representações locais. Na opinião desses divergentes, a discussão não poderia ser iniciada sem a presença de todos os deputados eleitos nas províncias e constatavam a ausência dos eleitos

---

19 "Artigo XIII. Tratar-se-ão pelo Presidente em Conselho, todos os objetos que demandem exame e juízo, tais como os seguintes: 1º Fomentar a agricultura, comercio, indústria, artes, salubridade e comodidade geral; 2º Promover a educação da mocidade; 3º Vigiar sobre os estabelecimentos de caridade; 4º Examinar anualmente as contas da Receita e Despesas dos Conselhos; 5º Decidir os conflitos de jurisdição; 6º Suspender Magistrados." – Diário da Assembleia Geral Constituinte e Legislativa do Império do Brasil, tomo I, p. 45.

20 "Artigo XVIII. A Administração e arrecadação da Fazenda Pública das Províncias far-se-há pelas respectivas Juntas, as quais presidirá o mesmo Presidente da Província, da mesma forma, e maneira que a presidiam os antigos Governadores e Capitães Generais." – Ibidem. Loc. cit.

21 Diário da Assembleia Geral, Constituinte e Legislativa do Império do Brasil, 26 de maio de 1823, tomo I, p. 125.

na Bahia, ainda tomada por enormes conflitos. Assim, eles combatiam diretamente o princípio de uma unidade supostamente formada com a reunião dos deputados, entendidos como representantes virtuais da soberania nacional e previamente autorizados à função legislativa. Esses deputados relembraram, então, princípios defendidos em várias reuniões constituintes (norte-americana, francesa, espanhola),[22] mas referiam-se mais diretamente às posições defendidas pelos próprios representantes do Brasil nas Cortes portuguesas de 1821 e 1822.

## O Brasil no decreto português de outubro de 1821

Os constituintes reunidos no Rio de Janeiro em 1823 debateram a formação dos governos provinciais no Império do Brasil com base em três propostas que visavam à revogação do decreto aprovado pelas Cortes portuguesas de 1821 e 1822. Criticaram, então, a política *vintista*, que previa a eleição de um governador local nas províncias, autônomo frente ao comandante das armas e, possivelmente, também diante do administrador das rendas locais.

O citado decreto foi aprovado em Lisboa no dia 29 de setembro de 1821, mas foi motivo de inúmeros debates que iniciaram em março desse mesmo ano, quando da aprovação das Bases da Constituição Portuguesa. Dessa forma, o decreto integrou uma política gestada pelos eleitos em Portugal que, durante essa primeira fase dos

---

22  Durante o processo que levou à independência das treze colônias, os americanos debateram a necessidade da eleição para representantes coloniais no Parlamento inglês. Bernard Bailyn considera que, nesse momento, aparecem duas concepções sobre representação: de um lado a dos colonos, a partir da ideia da "Soberania Compartilhada" e, de outro, a dos parlamentares ingleses, que ele denomina "Representação Virtual". Os anglo-americanos entendiam que somente a reunião dos representantes eleitos em cada comunidade poderia expressar no Parlamento a totalidade do Império. Os europeus acreditavam que essa representação poderia ser feita "virtualmente", mediante a comunicação escrita via representantes de todo o "povo" (BAILYN, Bernard. "Representação e Consenso". In: *As origens ideológicas da Revolução Americana*. São Paulo: Edusc, 2003, p. 158-169.). Na experiência espanhola, algo semelhante se apresenta na defesa de uma "ideia provincial da representação", que foi defendida pelos deputados hispano-americanos e fundamentou suas reivindicações por autonomia, embasando a concepção de uma nação hispânica formada por uma "coleção de *vecinos*", e que pode ser entendida como um esboço de federação. Manuel Chust. La cuestión nacional americana en las Cortes de Cádis (1810-1814). Nación y federación: cuestiones del doceañismo hispano. In: CHUST, M. (org.). *Federalismo y cuestion federal en España*. Universitat Jaume I, 2004.

trabalhos constituintes, aguardavam sinais de adesão nas diversas partes do Brasil e buscavam a aprovação de medidas que favorecessem o envio de deputados americanos para as Cortes. Assim, face à formação de juntas de governo em várias capitanias do Brasil, os deputados reunidos em Lisboa anunciaram o "fim do antigo sistema colonial" e decidiram:

> não podem, portanto, existir mais as capitanias Gerais, e deve acabar por uma vez o título e atribuições dos antigos Governadores e Capitães Generais, que, como todos sabem, tinham os poderes mais absolutos e ilimitados, de que infelizmente não poucas vezes abusaram.[23]

Proibiram, então, o que entendiam ser o "governo absoluto" nas províncias e afirmaram a necessidade da divisão dos poderes antes concentrados nas mãos dos antigos capitães/governadores.

As medidas inscritas nessa determinação foram discutidas desde janeiro de 1821, mas cabe ressaltar que, somente no mês de junho e antes da finalização do decreto, os deputados de Portugal buscaram qualificar o estatuto de província em Ultramar, já esboçado desde o início dos trabalhos. Ressalte-se também que, nesse mesmo momento, nas Cortes reunidas em Madri, os deputados hispânicos tomavam conhecimento da ação de Iturbide, e os representantes mexicanos, com forte presença no Congresso espanhol, exigiam o cumprimento da Constituição de Cádis. Enfatizavam que, naquele momento, a unidade da monarquia hispânica dependia do detalhamento de uma política para a América que pudesse garantir a existência das deputações provinciais, mas destacavam a urgência em efetivar a separação entre mando civil e militar que, no caso, implicava o afastamento do comando militar.[24] A separação de poderes, tantas vezes clamada pelos hispano-americanos desde as Cortes constituintes de 1810/14, era o aspecto destacado no adendo português de 4 de junho de 1821. No entanto, extintos os "poderes absolutos" dos capitães generais, restava definir a forma como se daria a anunciada separação.

---

23  Diário das Cortes Gerais e Extraordinárias da Nação Portuguesa [DCG], sessão de 04 de junho de 1821, p. 1100, disponível em: <www.debates.parlamento.pt>

24  FRASQUET, Ivana. *Las caras del águila – del liberalismo gaditano a la república federal mexicana (1820-1824)*. Castellón de la Plana: Universit Jaume I, 2008, p. 77-88.

A discussão foi realizada durante os meses seguintes diante de algumas novidades: a chegada do Rei a Lisboa no mês de julho, as informações sobre as revoltas no Rio de Janeiro e a crescente necessidade de controlar o governo de D. Pedro. No dia 21 de agosto, apresentou-se um projeto mais amplo para a integração política do Brasil à Monarquia, em que se verificava finalmente uma proposta para a anunciada divisão de poderes nas províncias: propunha-se a formação de juntas eleitas em cada antiga capitania de acordo com os critérios estabelecidos para a escolha dos deputados às Cortes; adiantava-se o reconhecimento das juntas já formadas e a submissão de seus presidentes às Cortes e ao governo, retirando-lhes toda a autoridade e jurisdição militar. Paralelamente, esclarecia-se que as medidas deveriam ser complementadas com a formação de um governo de armas também submetido diretamente aos dirigentes do reino. Finalmente, extinguiam-se a Casa de Suplicação do Rio de Janeiro e todos os tribunais nela criados depois da chegada do rei e, considerando-se desnecessária a presença do príncipe no Rio de Janeiro, solicitava-se que ele retornasse à Europa.[25]

Assim, as chamadas "administrações policéfalas", inscritas no famoso decreto das Cortes de Lisboa, tinham o claro objetivo de separar poderes antes concentrados nas mãos dos capitães generais do "antigo sistema colonial". Além disso, tal como afirmou Antonio Carlos em 1823, o decreto afastava a política aprovada pelos franceses em 1791, mas principalmente, efetivava uma diferenciação frente à estratégia espanhola que, apesar de decidida em Cádis de 1812, era reafirmada agora, em 1821/22, frente à desintegração do Império e à constante oposição dos deputados mexicanos. Os deputados de Lisboa ensaiaram, então, uma nova fórmula para a unidade.

A diferenciação frente à política espanhola já havia iniciado no momento em que os deputados de Lisboa aprovaram as Bases Constitucionais para a Monarquia portuguesa em março de 1821. Nesse momento, eles afirmaram o princípio e a necessidade da realização de eleições para escolha dos deputados e adotaram os critérios eleitorais aprovados em Cádis. Eles decidiram em setembro desse ano que o mesmo método seria estendido para a escolha das Juntas Provinciais. Mas, como já destacamos em outros momentos, as Bases portuguesas não diferenciavam os habitantes livres do Brasil e, assim, contrariando um princípio fundamental da Constituição

---

25  Diário das Cortes Gerais e Extraordinárias da Nação Portuguesa, sessão de 29 de setembro de 1821.

espanhola de 1812, incluíam todos os africanos livres e seus descendentes no primeiro nível do processo eleitoral. A nova fórmula, neste caso, implicava em uma inclusão nas definições de cidadania também muitas vezes pleiteada pelos representantes hispano-americanos nas Cortes de Cádis e de Madri.[26]

O decreto de 29 de setembro de 1821 avançava na reformulação e, para isso, tinha o objetivo de contemplar e controlar as juntas americanas, mas também expressava a necessidade de evitar o tipo de intervenção implementada pelas Cortes espanholas. Referia-se à chamada divisão de poderes e visava à separação entre mando civil e militar, além das esferas da execução, legislação, julgamento e administração. Contudo, tal como aconteceu em todos os Congressos que uniram representantes da América frente às políticas das antigas metrópoles (Estados Unidos, França e Espanha), tratava-se de solucionar uma divisão de poderes talvez mais importante e decisiva: a esfera de decisão pertinente à província (e/ou Reino, no caso do Brasil) e o consequente grau de subordinação ao poder central europeu.

A questão foi abordada nos diversos aspectos referentes à separação dos mencionados poderes, mas foi especialmente polêmica quando se referiu à centralização da Justiça e ao comando das armas feito por um governador independente e nomeado pelo Rei. É de chamar a atenção que a administração das rendas provinciais não tenha sido objeto de grande polêmica, que as Cortes de Lisboa tenham conservado o velho estatuto das Juntas da Fazenda (submetidas ao Rei e às Cortes), e que, ao final, esta mesma fórmula tenha norteado os constituintes de 1823.[27]

No entanto, o debate sobre a organização das instâncias de julgamento foi longo, iniciou em 11 de outubro de 1821 e foi retomado nos meses de janeiro e fevereiro de 1822.[28] Vimos que, em 1823, Antonio Carlos modificava os termos da Constituição

---

26 BERBEL, Márcia Regina; MARQUESE, Rafael de Bivar & PARRON, Tamis. *Escravidão e política. Brasil e Cuba, c. 1790-1850*. São Paulo: Hucitec, 2010.

27 A sessão de 19 de setembro de 1821 aprovou sem discussão os seguintes termos: "A Fazenda Pública da Província continuará a ser administrada como até o presente, conforme as leis existentes, em quanto não forem alteradas, com a declaração, porém, de que o presidente da Junta da Fazenda será o seu membro mais antigo; e todos os membros da mesma Junta ficarão coletiva e individualmente responsáveis ao Governo e as Cortes por sua administração". – Diário das Cortes Gerais e Extraordinárias da Nação Portuguesa, sessão de 19 de setembro de 1821, p. 2327.

28 Os termos do debate foram analisados em: BERBEL, Márcia Regina. *A Nação como Artefato, deputados*

de Cádis (e também da Constituição francesa de 1791) e, em seu projeto, concedia poderes ao presidente nomeado da província para a suspensão dos magistrados. O tema integrou um dos mais importantes debates de Lisboa após a extinção dos tribunais do Rio de Janeiro com o decreto de 29 de setembro e, talvez, possa expressar as diferentes concepções sobre o exercício da soberania da nação. Ressalte-se, porém, que neste momento as preocupações de Antonio Carlos Andrada eram sensivelmente diferentes.

Na verdade, após a extinção da Casa de Suplicação no Rio de Janeiro, debatia-se nas Cortes de Lisboa as esferas de competência para a revisão de penas (direito de revista) e suspensão dos magistrados, redefinindo o papel das relações provinciais. Os deputados integracionistas de Portugal consideravam que, por princípio, revisão e suspensão cabiam exclusivamente ao Supremo Tribunal de Justiça, sediado em Lisboa e controlado pelas instâncias do poder central. As propostas que contrariavam essa formulação eram entendidas como expressão de princípios "federalistas" ou norteadores "de uma confederação" e que ameaçavam a soberania da nação una e indivisível. Os integracionistas contaram, nesse momento, com o apoio dos deputados mais tradicionais do Reino que não podiam admitir a negação daquilo que era entendido como uma verdadeira prerrogativa real.

O baiano Borges de Barros abordou o direito de revista, fez a proposta que recebeu diversos apoios[29] e que, finalmente, foi aprovada com o protesto dos integracionistas:[30] formação de tribunais em todas as províncias, submetidos a uma única Relação instalada no Brasil que, por sua vez, deveria estar subordinada ao Supremo Tribunal de Justiça de Lisboa. Apesar da vitória, o debate foi

---

*do Brasil na Cortes Portuguesas 1821-1822*. São Paulo: Hucitec/Fapesp, 1999, p. 116-132.

29 "Nas províncias ultramarinas tratar-se-á das revistas pela mesma relação do país do modo que a lei determinar, ficando responsáveis os juizes ao supremo tribunal de justiça. E assim me parece que o Brasil ficava deste modo com o poder judiciário no seu mesmo continente sem alguma dependência; porque efetivamente pode existir em cada uma das províncias um poder judiciário independente, e pode conceder-se-lhe esta faculdade com a responsabilidade dita". Deputado Borges de Barros – Diário das Cortes Gerais, sessão de 31 de janeiro de 1822, p. 62.

30 Fernandes Thomaz registrou o protesto: "eu não julgo que seja tão grande mal, como alguns dos Preopinantes tem considerado, o não estabelecer em cada uma das terras do Brasil (que é o que parece que querem) um tribunal supremo de justiça: por seu entender talvez em cada freguesia deve haver um. Isto pode admitir-se?". – Diário das Cortes Gerais, sessão de 31 de janeiro de 1822, p. 62.

retomado em tons mais enérgicos justamente no momento em que se definia o poder para suspensão dos magistrados.

Nesse momento da discussão, é possível observar diferenças entre os deputados eleitos no Brasil. Vilela Barbosa, do Rio de Janeiro, apresentou uma indicação que concedia ao governo eleito em cada província todos os direitos para avaliar, julgar e suspender os magistrados. No entanto, recebeu imediata correção feita por Araújo Lima (Pernambuco) e Lino Coutinho (Bahia) com o objetivo de ressaltar a necessidade de transferir para o Brasil uma delegação do Executivo com poderes para suspensão dos magistrados.[31] Os deputados aproveitaram a ocasião para anunciar a defesa da permanência de D. Pedro no Rio de Janeiro e contaram com o total apoio de Antonio Carlos Andrada. Este último, porém, teorizou a transferência do Poder Executivo como solução para a unidade do Império:

> a índole do poder legislativo faz com que não possa ser delegado, porque ele é a expressão da vontade [...] Do poder executivo não sucede assim. As funções do Poder Executivo, ainda que se deleguem, em autoridade dependente não mudam de natureza, são atos de homem, passam a outros atos de homem e para isso temos já a regra de direito: aquilo que se obra por outrem, em verdade, parece ser obrado por si mesmo.[32]

A formulação indicava a defesa do Legislativo como única expressão da "vontade" ou soberania da nação. O Rei, como executor, aparece como representante de uma "vontade" individual e, portanto, subordinada às decisões gerais.

Cipriano Barata também defendeu a delegação de poderes, mas enfatizou outros motivos: leis e instituições deviam se acomodar às circunstâncias em que se acham os povos (situação geográfica, usos e costumes) e apenas estes cuidados poderiam garantir boas leis que fariam desaparecer as inconveniências das distâncias. Assim, trazia para a província o conjunto da delegação e advertia:

---

31 "Digo, portanto, que deve haver uma autoridade no Ultramar que possa fazer a este respeito o que aqui há de fazer El Rei. Ninguém diga que isto é querer um Rei pequenino, nem querer-se um Rei onmipresente, o que se quer é o que é de justiça e necessidade". – *Ibidem*, p. 138.

32 *Ibidem*, sessão de 13 de fevereiro de 1822, p. 174.

afastarmo-nos deste norte é perder o rumo de seguir a importante empresa da união deste império português. Por isso, não direi o que já disse um representante na assembleia francesa: antes se percam todas as colônias, do que se desminta um só de nossos princípios.[33]

Referia-se, muito possivelmente, ao conhecido discurso feito por Robespierre que, diante das reivindicações por autogoverno apresentadas pelos representantes de São Domingos, afirmou os princípios da nação una e indivisível: "Pereçam as colônias, mas salvem-se os princípios!"[34] Dessa forma, o representante baiano reconheceu a soberania da nação expressa na reunião dos deputados, mas, como fez em diversos momentos, ressaltou a necessidade de vinculá-los à sua realidade local ou provincial. Afirmava, assim, a soberania da nação expressa no Legislativo, mas, nessa concepção, a indivisibilidade residia na constante representação das diversas partes que, em alguma medida, faziam lembrar a já citada "loucura dos franceses".

Assim, apesar das diferenças apontadas, os deputados do Brasil não defenderam uma possível autonomia para as instâncias de julgamento e não questionaram a interferência do Executivo, proposta pelos deputados de Portugal. Antonio Carlos, Lino Coutinho e Araújo Lima concordaram com essa ideia central, mas consideraram que o Executivo poderia ser deslocado para o Brasil a partir de uma delegação de poderes. Vilela Barbosa e Cipriano Barata transferiam o mesmo direito para o governo das províncias e, assim, também não defenderam qualquer esboço de autonomia para um possível "poder judiciário".[35] As diferenças entre os deputados do

---

33 Diário das Cortes Gerais, sessão de 13 de fevereiro de 1822, p. 170.

34 "O famoso grito de Robespierre ('Pereçam as colônias, mas salvem-se os princípios...'), situado em seu contexto e restabelecido em sua formulação exata (Assembleia Constituinte, sessão de 12 de maio de 1791), não tem o alcance ideológico que com frequência lhe atribuem. Trata-se de uma ressalva, entre muitas outras (especialmente as de Brissot e Mirabeau filho), contra a pretensão dos colonos antilhanos, que recusavam o direito de voto aos seus escravos mas queriam contabilizá-los no total da população, com vistas a aumentar o número de seus próprios representantes nas assembleias parisienses." – FERRO, Marc. O Livro Negro do Colonialismo. Rio de Janeiro: Editora Ouro, 2004, p. 728.

35 É necessário observar que vários deputados eleitos em Portugal que não pertenciam ao grupo integracionista, aceitaram essa proposta. Este foi o caso de Borges Carneiro que, em diversos momentos mostrou-se favorável a concessão de maior autonomia para as províncias do Brasil,

A EXPERIÊNCIA CONSTITUCIONAL DE CÁDIS 185

Brasil apontavam para outra direção: o grau de autonomia e poder pertinente às províncias, mas ganhariam maior importância a partir de 1823, face à necessidade de construir um poder central no interior do Império do Brasil.

Em 1821/1822, as citadas divergências tornavam-se menores diante da política integracionista, que buscava toda a centralização do Império nos órgãos sediados em Lisboa sob vigilância das Cortes. Os *vintistas* negavam a concentração de poderes prevista pela Constituição de Cádis, mas os eleitos no Brasil desconfiavam da separação inscrita no decreto de 29 de setembro:

> que quer dizer (1) a junta do governo da província sujeita só ao governo de Portugal, (2) a junta da fazenda sujeita só ao governo de Portugal, (3) o governador das armas sujeito só ao governo de Portugal, e ultimamente (3) os magistrados sujeitos só ao governo de Portugal? Isto é querer instituir no regime daqueles povos um monstro de 4 cabeças, que necessariamente se vão dilacerar umas às outras em competências de autoridade, até que apareça algum Hercules e derrube. Falemos claro, senhores, eu não vejo nisto senão aquela célebre máxima de Machiavel: divide e impera.[36]

As palavras de Vilela Barbosa atestam uma oposição generalizada à chamada administração policéfala, composta por uma divisão de poderes que os deputados do Brasil entendiam como estratégia para o fortalecimento do poder central, sediado em Lisboa.

A referida oposição teve implicações mais sérias quando tocou a política para o governador das armas. Os novos governadores, nomeados pelo governo central, foram enviados para as províncias, a partir da aprovação do decreto de 29 de setembro e a presença destes militares, entendidos como agentes do governo central, provocou choques violentos na Bahia, Pará e Pernambuco. As notícias

---

buscando a unidade da monarquia por meio da integração de mercados, conforme já foi apontado em: BERBEL, Márcia Regina. *A Nação como Artefato*. São Paulo: Hucitec, 1999, p. 127-168. Outros deputados, como Trigoso, preferem conceder esses poderes às Juntas provinciais como forma de impedir qualquer delegação do poder real e o fortalecimento do governo do Rio de Janeiro.

36 Deputado Vilela Barbosa – Diário das Cortes Gerais e Extraordinárias da Nação Portuguesa, sessão de 13 de fevereiro de 1822, p. 180.

chegavam às Cortes e faziam perceber o antagonismo entre as Juntas eleitas e os governadores, sempre entendidos como interventores. Os deputados do Brasil em Lisboa manifestaram oposição a esta política e tiveram oportunidade de corrigi-la no interior de uma Comissão formada em março de 1822 para discutir os "negócios políticos do Brasil".

A proposta da Comissão foi apresentada ao plenário em 20 de julho de 1822, quando a separação entre os reinos de Brasil e Portugal já se consolidava em encaminhamentos divergentes: no Rio de Janeiro, D. Pedro desobedecia as Cortes e convocava uma Constituinte para o Brasil. Assim, a discussão sobre os termos do decreto ocorreu em clima de tensão, evidenciou um consenso entre os do Brasil contra a submissão do comandante provincial das armas ao governo central, mas, como veremos, registrou também algumas diferenças importantes entre esses deputados.

A Comissão, que contou com a participação de Antonio Carlos Andrada e Cipriano Barata, propunha "que o comandante da força armada de cada uma das províncias fique subordinado à junta provincial, da qual porém será membro nato, com voto tão somente na parte militar".[37] Os deputados de Portugal apresentaram diversos motivos circunstanciais para contestar a proposta (a separação dos Reinos já era um fato, os decretos eram ignorados no Brasil etc.), mas vale a pena observar os argumentos que tocavam as questões centrais referentes à soberania. Dizia Borges Carneiro: "o que faltava agora, era determinarem às Cortes que os governadores das armas fiquem sujeitos a essas juntas populares"[38] e o deputado Girão lembrava que a Constituição reservava ao Executivo toda responsabilidade sobre as armas:

> Eu creio que o poder Executivo não pode delegar a autoridade, que não seja a eleição do governo, nem que sejam imediatamente responsáveis pela execução das ordens que dele receberem. E não deve por isso ficar delegada parte alguma deste poder às Juntas administrativas, que por sua natureza são corpos municipais de uma mais extensa autoridade, e corpos populares, nomeados pelo povo. Depois de estabelecidos os delegados do

---

37  Diário das Cortes Gerais e Extraordinárias da Nação Portuguesa, sessão de 22 de julho de 1822, p. 889.

38  *Ibidem*, p. 890.

poder executivo, seria o passo mais impolítico o ficarem as autoridades militares sujeitas às juntas provinciais.[39]

Assim, o deputado reconhecia um Poder Executivo que dependia da nomeação feita pelo Rei e que, nesses termos, não era popular. Este último aspecto parecia estar diretamente vinculado ao caráter eletivo das juntas que, por sua vez, distanciava-se da perenidade inscrita no exercício de um executivo monárquico.

Antonio Carlos Andrada foi um dos mais importantes defensores da proposta e rebateu os argumentos apresentados pelos deputados de Portugal:

> [...] disse um nobre *preopinante* que este artigo se opunha ao artigo 36 das bases, o qual decreta a sujeição da força militar a El Rei, a quem somente compete o empregá-la pelo modo que parecer; mas julgo tão fácil a objeção, que quase não merece resposta. Crê o nobre preopinante, que sujeição aos agentes do Poder Executivo não é o mesmo que sujeição ao poder imediatamente? Vem nas bases especificada a sujeição imediata e excluída a mediata?[40]

Esclarecia, então, que as juntas provinciais eram administrativas e, por isso, integravam o poder executivo. Além disso, acrescentava: "mas é um corpo popular. Bem: o povo é a origem de todo o poder legítimo, é o primeiro soberano, e nunca pode desonrar o acatamento que se lhe tributa".[41] Por fim, afastava a ideia de uma possível concentração de poderes nas juntas provinciais:

> [...] não podia pois haver anomalia e menos contradição em declarar subordinada aos agentes do poder executivo uma força que a Constituição sujeita a este poder. Isto não é concentrar poderes, o que gera o absoluto. A força que obedece não é poder social. Isto é declarar atribuições de poder.[42]

---

39 *Ibidem*, sessão de 20 de julho de 1822, p. 882.

40 *Ibidem*, sessão de 22 de julho de 1822, p. 892.

41 Diário das Cortes Gerais e Extraordinárias da Nação Portuguesa, sessão de 22 de julho de 1822, p. 892

42 *Ibidem. Loc. cit.*

Assim, neste discurso de Antonio Carlos, as administrações provinciais aparecem como eleitas e parte integrante do Executivo. Nessas condições, a mediação no exercício desse poder era feita pela expressão da soberania popular, entendida como poder social que também legitimava a dinastia de Bragança e que, por definição, deveria submeter os interesses corporativos inerentes às forças militares.

Cipriano Barata, integrante da mesma comissão, apresentou outra formulação para o artigo que, no entanto, foi recusada pelo plenário: "que o comandante da força armada de cada uma das províncias fique inteiramente subordinado à junta provincial, ou administrativa, da qual, porém, será consultado quando ocorrerem negócios militares".[43] Disse ter

> desaprovado os trabalhos da Comissão (e apresentou suas divergências) se o governador das armas tiver assento e voto no governo civil, há de pesar sobre ele com a influência das baionetas. O governo civil ou as juntas governativas tem apoio na opinião e o General tem apoio na espada [...] Além disso, sendo o governo das armas quase vitalício e o governo civil bienário, os membros deste terão receio de fazer-lhe oposição.[44]

Assim, o deputado baiano partilhava do princípio apontado pela comissão, mas acreditava que a verdadeira subordinação da força armada à junta provincial excluía a participação de seu comandante do coletivo responsável pelo governo civil. Levava, então, a defesa já apresentada por Antonio Carlos até as últimas consequências e concentrava todo o poder, inclusive militar, na gestão provincial feita pela Junta de governo.

O artigo proposto pela comissão foi aprovado com recomendações para que os governadores das armas, já nomeados e em conflito com as diversas juntas, fossem afastados das províncias. No entanto, as deliberações das Cortes nesse momento já não tinham qualquer efeito no Brasil. Os debates seguiam formalmente diante de uma oposição que já era irreversível. De qualquer forma, a parte final dos debates registra uma total oposição brasileira ao decreto de setembro que, no entanto,

---

43  *Ibidem*, p. 905.

44  *Ibidem*, p. 900.

não indicava qualquer aproximação ao modelo político administrativo aprovado em Cádis: os deputados não sugeriram a nomeação central dos governadores, civis ou militares, e exigiram o reconhecimento das Juntas eleitas como parte do Poder Executivo, referendado pela mesma soberania nacional que formava e legitimava o Poder Legislativo.

## As dissidências de 1823

O projeto apresentado ao plenário por Antonio Carlos Andrada em maio de 1823, apenas alguns meses após o enfrentamento com os deputados de Portugal, expressava mudanças importantes nos diversos aspectos referentes à organização político-administrativa das províncias do Brasil e, como veremos, registra uma outra forma de pensar o exercício da soberania da nação.

Como vimos, o deputado recorria à solução inscrita na Constituição de Cádis para defender a necessidade de um chefe político (ou presidente), responsável pelo Executivo nas províncias e nomeado Imperador. No entanto, ao solicitar a extinção das Juntas provisórias, assim como os demais proponentes, Antonio Carlos sugeria a formação de um Conselho consultivo, que integraria "o Magistrado mais condecorado e a maior Patente de Ordenanças da Capital" como membros natos e os restantes (dois ou quatro, de acordo com o tamanho da província) seriam eleitos de acordo com os critérios de Lisboa adotados para a escolha dos deputados. É necessário acrescentar que, na opinião de Antonio Carlos e de acordo com as aprovações feitas pela Assembleia, estes critérios seguiam a via inclusiva já definida pelas Cortes de Lisboa. Assim, o deputado não pretendia restringir a participação eleitoral no processo para escolha de deputados, mas introduzia uma limitação que atingia diretamente a formação dos governos provinciais: os presidentes não eram eleitos, dois membros estavam previamente definidos e, além disso, esse coletivo transformava-se em órgão consultivo. Apesar da constante referência à solução espanhola, supostamente inspirada na Constituição francesa de 1791, estes dois últimos itens eram criação do deputado Antonio Carlos.

A proposta visava afastar o já mencionado caráter popular inscrito na formação das Juntas que foi objeto da defesa feita pelo mesmo deputado em Lisboa. Assim, o processo eleitoral admitido para a formação do Legislativo nacional não poderia formar o órgão executor das províncias e Antonio Carlos explicou que:

> as juntas, formadas por eleição popular cuidaram que tinham em si o poder da Nação, supuseram-se uns pequenos Soberanos e julgaram que tudo lhes era permitido e daqui procederam as desordens e os erros que tem feito os povos desgraçados.[45]

A manutenção de governos locais deliberativos e eleitos formaria "pequenas republicazinhas com seus presidentes, e é o que não quero".[46]

Nogueira da Gama, deputado pelo Rio de Janeiro, abordou o tema e explicou: "esta forma de governo foi feita no fogo da revolução" e "as Cortes o que fizeram foi aprovar o sistema que os oovos haviam escolhido e nisso obraram o sistema Constitucional [...]", com "governos provinciais sem dependência e conexão com outras províncias e o povo de cada uma se julgou soberano".[47] Dessa forma, o deputado advertia que se tratava de uma distorção criada pela revolução e inscrita na Constituição aprovada em Lisboa de 1822. Finalmente, o pernambucano Muniz Tavares, também ex-deputado de Lisboa, arrematou a concepção implícita na proposta: "admitamos qualquer desses projetos, pois todos coincidem em reprovar o método de eleições populares para a governança e que seja uma só a pessoa que em nome de Sua Majestade exerça o governo das províncias".[48]

Dessa forma, esclarecia-se que, todas as restrições ao processo eleitoral, formação do Conselho e limitação de funções tinham o objetivo de reconhecer os poderes do Executivo nas mãos do Imperador e, diferente do que os deputados do Brasil apresentaram em Lisboa, não se admitia agora qualquer mediação que não fosse a da indicação direta e pessoal. Além disso, Antonio Carlos esclareceu que a proposta também visava o fortalecimento de um Legislativo central e formado pelos

---

45  Diário das Cortes Gerais e Extraordinárias da Nação Portuguesa, sessão de 22 de julho de 1822, p. 89, sessão de 04 de julho de 1822, p. 350.

46  *Ibidem*, sessão de 21 de junho de 1822, p. 268.

47  Diário da Assembleia Geral, Constituinte e Legislativa do Império do Brasil – 1823. Sessão de 27 de maio de 1823, tomo I, p. 137.

48  *Ibidem*, p. 126.

deputados eleitos nas províncias. Expressou essa ideia quando se referiu às funções dos Conselhos que, de acordo com sua proposta, teriam competência para examinar e emitir juízo apenas sobre matérias referentes à administração, e explicou: "para que não entre na cabeça de alguém que o Conselho é uma porção legislativa" e que ninguém lhe queira dar essas "atribuições incompetentes".[49]

O projeto de Antonio Carlos Andrada abordava também a já referida polêmica realizada em Lisboa sobre instâncias de julgamento e poder para suspensão dos magistrados. Como vimos, os deputados do Brasil concordaram sobre a necessidade de formar tribunais em cada província, submetidos a uma única Relação instalada no Brasil e que, por sua vez, deveria estar subordinada ao Supremo Tribunal de Justiça de Lisboa. Discordaram, porém, sobre as instâncias responsáveis pela suspensão dos magistrados e, neste aspecto, não defenderam qualquer autonomia para um possível poder judiciário: Antonio Carlos pensava que as suspensões podiam ser decididas por um delegado do Executivo instalado no Brasil e Cipriano Barata, por sua vez, associava esse poder a uma delegação provincial. Em 1823, Andrada previa um Executivo central no Rio de Janeiro com delegações provinciais e, talvez por este motivo, colocava a questão nos seguintes termos: "a administração da Justiça é independente do Presidente e Conselho e pode, porém, o Presidente em Conselho suspender o Magistrado em casos urgentes e quando sem o possa esperar resolução do Imperador, dando porém, logo parte pela Secretaria da Justiça, do motivo, e urgência da suspensão".[50]

Assim, no que se refere à administração da Justiça, o projeto parecia adiantar uma preocupação com a autonomia das instâncias de julgamento e o deputado explicou posteriormente que as chamadas urgências referiam-se a decisões estritamente políticas:

---

49  Diário da Assembleia Geral, Constituinte e Legislativa do Império do Brasil – 1823. Sessão de 20 de junho de 1823, tomo I, p. 255.

50  Artigo 17: "A Administração da Justiça é independente do Presidente e do Conselho. Pode, porém, o Presidente em Conselho suspender o Magistrado, em casos urgentes, e quando sem o possa esperar Resolução do Imperador, dando porém logo parte pela Secretaria da Justiça, do motivo, e urgência da suspensão." Projeto de Lei em: Diário da Assembleia Geral, Constituinte e Legislativa do Império do Brasil – 1823. Sessão de 09 de maio de 1823, tomo I, p. 45.

> [...] é lícita aquela suspensão nos casos muito urgentes, como são considerados os de receio de motins populares contra ele (o magistrado), ou por ele excitados. Em tais circunstâncias é indispensável que o Conselho possa suspender logo o Magistrado. Fora destes casos, seria uma ingerência no que não compete, uma anomalia que destruiria a boa ordem.[51]

Destaque-se ainda que, nesse momento, não houve qualquer referência às decisões adotadas em Lisboa e que, além disso, agora os deputados do Rio de Janeiro aproximavam-se dos termos inscritos na Constituição de Cádis e também na já citada Constituição Francesa de 1791.

O debate sobre a organização das forças armadas seguiu rumo diferente, pois, como veremos, reproduziu as grandes divergências já verificadas no interior do Congresso português. Nessa altura das sessões, Antonio Carlos explicitou as alterações em sua proposta frente a uma oposição que insistia em reforçar a mesma concepção sobre o exercício da soberania já defendida em 1821 e 1822. Como vimos, porém, o consenso entre os eleitos no Brasil se apresentou em Lisboa como forma de conter a aprovação do integracionismo centralista português. Em 1823, as divergências cresceram face à necessidade de construir um centro do Império no Rio de Janeiro.

Os deputados do Brasil contrapunham-se à proposta feita pelos integracionistas de Portugal e pretendiam invalidar o decreto de setembro que previa a nomeação do comandante das armas pelo poder central. Como vimos, os do Brasil defenderam a necessidade de submeter esses militares às juntas provinciais como forma de extinguir as chamadas administrações policéfalas. A divergência manifestou-se quando abordaram a participação desses comandantes militares no interior do governo civil: para Barata, só a total separação entre essas instâncias poderia permitir uma verdadeira subordinação dos militares às Juntas. O projeto apresentado por Antonio Carlos Andrada em 1823 previa a total separação entre mando civil e militar nas províncias, mas afastava-se das posições defendidas em Lisboa quando propunha a nomeação do comando militar pelo Imperador.

---

51 Antonio Carlos Andrada – *Ibidem*, sessão de 20 de junho de 1823, tomo I, p. 255.

A EXPERIÊNCIA CONSTITUCIONAL DE CÁDIS

Vários deputados presentes na Assembleia Constituinte do Brasil registraram suas divergências frente à proposta e relembraram as posições brasileiras apresentadas em Lisboa. Mariano Cavalcanti (CE) dizia: "foi este, sr. Presidente, um dos pomos de discórdia entre Brasil e Portugal, de forma que quando as Cortes de Lisboa decretaram este princípio, o sistema inerente foi logo considerado como um monstro, ou hidra de três cabeças".[52] Pereira da Cunha (RJ) indagava: "este foi um dos artigos que mais escandalizou o Brasil no citado decreto das Cortes de Lisboa de 1 de outubro de 1821, e como é possível adotar agora o erro que havíamos condenado?"[53] E alguns deputados alertavam para o perigo inscrito nessa revisão. Alencar (Ceará) dizia:

> [...] não considerarão os povos na unidade deste Presidente um antigo Capitão General com nome mudado? [...] O Decreto de 20 de setembro que criou as Juntas Provisórias firma-se em três bases: corpo eletivo, eleição popular e independência de autoridades – consideremos qual destas bases tem mais desagradado ao Povo e causado mais perturbações. Eu creio que as duas primeiras agradaram e ainda agradam e a última é que tem sido pedra de escândalo [...]. O Projeto em questão destrói as bases que agradaram ao Povo e conserva aquele que lhe é odiosa, isto é, a independência do governador das armas. E será prudente ir assim chocar com a Opinião Pública.[54]

O pernambucano Muniz Tavares, também ex-deputado de Lisboa, retomou os argumentos apresentados por Antonio Carlos no plenário português para questionar o projeto de 1823 e defender a subordinação militar ao Conselho Provincial: "só por confusão de termos pode dar-se a denominação Poder à força militar: instrumento do Poder não é o mesmo Poder [...]".[55] Ou seja, a força militar não pode ser autônoma e deve subordinar-se a um dos poderes legítimos. Na opinião do pernambucano, a subordinação às Juntas apresentava-se como solução ideal, pois

---

52 Diário da Assembleia Geral, Constituinte e Legislativa do Império do Brasil – 1823. Sessão de 21 de junho de 1823, tomo I, p. 266.

53 Diário da Assembleia Geral, Constituinte e Legislativa do Império do Brasil – 1823. Sessão de 21 de junho de 1823, tomo I, p. 269.

54 *Ibidem*, sessão de 27 de maio de 1823, tomo I, p. 148.

55 *Ibidem*, sessão de 20 de junho de 1823, tomo I, p. 255.

afastaria qualquer semelhança com os capitães generais e, sobre este último aspecto, parafraseava o Andrada de Lisboa "mas é um corpo popular, bem, o Povo é a origem de todo o poder legítimo, é o primeiro soberano, e nunca pode ser desonra o acatamento que lhe tributa. Desonram-se os militares nos Estados Unidos por obedecerem ao Presidente que é de eleição popular?"[56]

Antonio Carlos explicou a mudança de suas posições: "Eu creio que se julga muito forte o argumento tirado do que eu disse nas Cortes de Lisboa [...] eu desejara que se lembrassem da diferença das circunstâncias. Nós hoje temos um Chefe do Poder Executivo; o Comandante militar é brasileiro, há de cingir-se ao Regimento e há de ser punido se o transgredir: nada disto era assim no tempo em que falei no Congresso de Portugal".[57] Em outro momento, argumentava no mesmo sentido:

> então não havia no Brasil nenhum poder central. Desconfiava-se e temia-se com razão que os governadores das armas viessem munidos de instruções secretas e que desprezassem os membros do governo civil. Agora não estamos no mesmo caso. Os governadores das armas são brasileiros e não levam instruções secretas.[58]

A proposta em Lisboa havia sido feita no interior de uma Monarquia que, em sua opinião, estava cindida em dois Reinos distintos e inimigos. Argumentava, então, afirmando uma realidade distante dos fatos, mas que ele projetava como lei em 1823: "hoje o centro de poder é único, por essência e por necessidade"[59] [...] "as circunstâncias são diferentes [...] Hoje os nossos interesses são os mesmos, todas quantas províncias formam este vasto Império, não são, nem podem ser, inimigas". Concluía com a formulação que norteava seu projeto: "hoje todos constituímos um todo homogêneo".[60] A afirmação dessa realidade chocava-se, porém, com o temor

---

56  *Ibidem*, sessão de 20 de junho de 1823, tomo I, p. 255.

57  *Ibidem*, sessão de 17 de junho de 1823, tomo II, p. 420.

58  Diário da Assembleia Geral, Constituinte e Legislativa do Império do Brasil – 1823. Sessão de 17 de junho de 1823, tomo II, p. 420.

59  *Ibidem. Loc. cit.*

60  *Ibidem*, sessão de 20 de maio de 1823, tomo I, p. 123.

A EXPERIÊNCIA CONSTITUCIONAL DE CÁDIS

já expresso pelo deputado face à possível efetivação de inúmeras "republicazinhas", que ele pretendia evitar.

O decreto finalmente aprovado evidencia mudanças importantes na proposta feita por Antonio Carlos que, como vimos, inspirava-se nos termos de Cádis para contrariar as determinações de Lisboa. Assim, as alterações aprovadas pelo plenário de 1823 não corrigiam um possível percurso de retorno ao Antigo Regime, supostamente sugerido pelo Andrada, pois a experiência dos anos de 1821 e 1822 inviabilizava qualquer tentativa nessa direção. A referência à Constituição aprovada em Cádis tinha o objetivo de atualizar relações entre poderes locais já estabelecidos (e reconhecidos pelo decreto de Lisboa) e um poder central que se construía frente a inúmeras dificuldades. As modificações efetivadas obedeciam às mesmas necessidades e, curiosamente, na contestação à proposta feita por Antonio Carlos, aproximaram o decreto brasileiro das soluções já previstas pela constituição espanhola.

As principais mudanças referem-se aos temas debatidos desde 1821 e remetem a uma difícil divisão de poderes. Após longo debate sobre o comando militar nas províncias, os deputados aprovaram o artigo 16, onde se lê que o comando militar era independente e não integrava o governo civil da província, tal como sugeriu Barata nas Cortes de 1821/22, e acrescentaram no artigo 29: "não pode o Comandante Militar empregar a Força Armada contra os inimigos internos sem requisição das Autoridades Civis e prévia resolução do Presidente em Conselho". Assim, apesar da registrada independência entre governos civis e militares, esclarecia-se que o uso das armas na província estava subordinado às autoridades civis na figura do "Presidente em Conselho". Além disso, a subordinação das forças militares completava-se no artigo 24 (item 14) quando se definia que o "Presidente em Conselho" poderia suspender o comandante das armas "quando inste a causa pública".

As soluções referentes à organização da Justiça seguem um padrão semelhante, visível na aprovação do artigo 33 que inicia com uma afirmação: "a administração da Justiça é independente do Presidente e Conselho". No entanto, o mesmo artigo retoma a polêmica travada desde Lisboa: "pode, porém, o Presidente em Conselho suspender o Magistrado, em casos urgentes, e quando sem o possa esperar Resolução do Imperador, dando, porém, logo parte pela Secretaria da Justiça, do motivo, e urgência da suspensão." Aqui, mais uma vez, a associação entre Presidente e Conselho parece expressar os termos de um acordo realizado no interior do plenário de 1823, mas, neste caso, deve-se ressaltar que a declaração da independência da Justiça retoma os termos aprovados em Cádis (ou na França de 1791) e, além de afastar as criações inscritas no projeto de Antonio Carlos, anuncia um princípio que, como vimos, não foi esboçado nem mesmo nas Cortes de Lisboa. Paralelamente, o artigo 36 da lei, criado pelos deputados, acrescenta que "o Presidente da Província presidirá também as Juntas da Justiça, onde as houver".

O artigo 35 regulamentou a administração da Fazenda e atualizou os termos já utilizados em Lisboa e contemplados no projeto de Antonio Carlos: "A administração e arrecadação da Fazenda Pública das Províncias continuará a fazer-se pelas respectivas Juntas, as quais presidirá, segundo a Lei e Regimentos existentes, o mesmo Presidente da Província, e na sua falta aquele que o substituir." Nesse caso, porém, não se prevê consulta ou participação do Conselho.

Assim, parece correto afirmar que as alterações implementadas pelos deputados de 1823 face ao projeto apresentado por Antonio Carlos supõem um fortalecimento das unidades provinciais, já visíveis na experiência de 1821 e 1822.[61] Em última instância, no entanto todas elas corrigiam ou eliminavam criações ou exageros sugeridos pelo Andrada na tentativa de fortalecer os poderes de um possível e necessário centro do Império.

Os deputados mantiveram aquilo que era a chave para a utilização dos princípios de Cádis contra os de Lisboa: a nomeação central de um executivo para as províncias. Assim, incorporaram as críticas feitas desde 1821 e 1822 e eliminaram as chamadas "administrações policéfalas" e populares, resultantes da "loucura revolucionária" de inspiração francesa. Nesse sentido, o presidente da província foi mantido como executor e administrador geral em consonância com as ideias já defendidas por Antonio Carlos: a natureza pessoal (e dinástica) do Executivo autorizaria a transferência de poderes através da nomeação, sem ferir os princípios liberais e norteadores da soberania da nação, sempre expressos na formação de um único Legislativo.

As aprovações feitas pelo plenário de 1823 fizeram crescer a importância da representação provincial frente à proposta inicial. Os deputados eliminaram as

---

61  Além disso, tais mudanças preservaram algo do espaço conquistado nos anos anteriores: "todas essas medidas delegavam às Províncias uma possibilidade de pressão diante das ordens do governo central que, mesmo pequena, atendiam à expectativas existentes na Casa, e provindas não apenas dos deputados do Norte." SLEMIAN, Andréa. *op. cit.*, p. 102

criações de Antonio Carlos e retiraram a presença dos dois membros vitalícios na formação dos Conselhos. Acrescentaram a figura de um vice-presidente que, sendo sempre o mais votado entre os eleitos, representaria a província junto ao executivo nomeado. Além disso, como vimos, estabeleceram a necessidade de consulta ao Conselho sobre matérias de extrema importância.[62] No entanto, mantiveram o caráter consultivo e não permanente (artigo 13) dessa representação provincial e, finalmente, realizaram o referido retorno à Cádis.[63]

---

62  O artigo 5 esclarecia que a consulta ocorreria nos termos indicados pela Lei: "O Presidente despachará por si só e decidirá todos os negócios em que segundo este Regimento se não exigir especificamente a cooperação do Conselho".

63  As atribuições conferidas ao presidente em Conselho eram idênticas àquelas inscritas na constituição espanhola. No entanto, no caso espanhol, esse elenco de funções era reservado unicamente às deliberações da Deputação Permanente que, comparadas nesses termos com os Conselhos do Brasil, cresciam em poder administrativo e executivo. Na Constituição espanhola: "Artículo 335.- Tocará a estas diputaciones: Primero. Intervenir y aprobar el repartimiento hecho a los pueblos de las contribuciones que hubieren cabido a la provincia. Segundo. Velar sobre la buena inversión de los fondos públicos de los pueblos y examinar sus cuentas, para que con su visto bueno recaiga la aprobación superior, cuidando de que en todo se observen las leyes y reglamentos. Tercero. Cuidar de que se establezcan ayuntamientos donde corresponda los haya, conforme a lo prevenido en el artículo 310. Cuarto. Si se ofrecieren obras nuevas de utilidad común de la provincia, o la reparación de las antiguas, proponer al Gobierno los arbitrios que crean más convenientes para su ejecución, a fin de obtener el correspondiente permiso de las Cortes. En Ultramar, si la urgencia de las obras públicas no permitiese esperar la solución de las Cortes, podrá la diputación con expreso asenso del jefe de la provincia usar desde luego de los arbitrios, dando inmediatamente cuenta al Gobierno para la aprobación de las Cortes. Para la recaudación de los arbitrios la diputación, bajo su responsabilidad, nombrará depositario, y las cuentas de la inversión, examinadas por la diputación, se remitirán al Gobierno para que las haga reconocer y glosar y, finalmente, las pase a las Cortes para su aprobación. Quinto. Promover la educación de la juventud conforme a los planes aprobados, y fomentar la agricultura, la industria y el comercio, protegiendo a los inventores de nuevos descubrimientos en cualquiera de estos ramos. Sexto. Dar parte al Gobierno de los abusos que noten en la administración de las rentas públicas. Séptimo. Formar el censo y la estadística de las provincias. Octavo. Cuidar de que los establecimientos piadosos y de beneficencia llenen su respectivo objeto, proponiendo al Gobierno las reglas que estimen conducentes para la reforma de los abusos que observaren. Noveno. Dar parte a las Cortes de las infracciones de la Constitución que se noten en la provincia. Décimo. Las diputaciones de las provincias de Ultramar velarán sobre la economía, orden y progresos de las misiones para la conversión de los indios infieles, cuyos encargados les darán razón de sus operaciones en este ramo, para que se eviten los abusos: todo lo que las diputaciones pondrán en noticia del Gobierno". – Disponível em: <http://www.

O decreto foi imediatamente entendido como "centralista" e essa definição integrou boa parte das interpretações divulgadas pela historiografia brasileira. No entanto, como referimos anteriormente, o revogado decreto de Lisboa recebeu a mesma apreciação quando aprovado e enviado para as províncias do Brasil. Tratava-se, na verdade, de propostas diferentes para atingir objetivos semelhantes. As aprovações de 1823 expressavam ainda a adesão aos princípios da nação única e soberana representada no Legislativo, mas incorporavam a necessidade da representação local do Executivo Imperial junto aos Conselhos eleitos. Os deputados optaram por não alterar sensivelmente o método eleitoral já definido em Lisboa para a formação dos órgãos provinciais, mas limitaram as deliberações pertinentes a essa

---

cervantesvirtual.com/servlet/SirveObras/02438387547132507754491e/index.htm.> No artigo 24º da lei brasileira: "Tratar-se-ão pelo Presidente em Conselho todos os objetos, que demandem exame e juizo administrativo, tais como os seguintes: 1º Fomentar a agricultura, comercio, indústria, artes, salubridade e comodidade geral. 2º Promover a educação da mocidade. 3º Vigiar sobre os estabelecimentos de caridade, prisões e casas de correção e trabalho. 4º Propor que se estabeleçam Câmaras, onde as deve haver. 5º Propor obras novas, e concertos das antigas, e arbítrios para isto, cuidando particularmente na abertura de melhores estradas e conservação das existentes. 6º Dar parte ao Governo dos abusos que notar na arrecadação das rendas. 7º Formar censo, e estatística da Província. 8º Dar parte à Assembleia das infrações das Leis, e sucessos extraordinários que tiverem lugar nas Províncias. 9º Promover as missões, e catequeses dos índios, a colonização dos estrangeiros, a laboração das minas e o estabelecimento de fábricas minerais nas Províncias metalíferas. 10º Cuidar em promover o bom tratamento dos escravos, e propor arbítrios para facilitar a sua lenta emancipação. 11º Examinar anualmente as contas de receita e despesa dos Conselhos, depois de fiscalizadas pelo Corregedor da respectiva comarca, e bem assim as contas do Presidente da Província. 12º Decidir temporariamente os conflitos de jurisdição entre as Autoridades. Mas se o conflito aparecer entre o Presidente e outra qualquer Autoridade, será decidido pela Relação do Distrito. 13º Suspender Magistrados na conformidade do artigo 34. 14. Suspender o Comandante Militar do comando da Força Armada, quando insta a causa pública. 15º Atender às queixas que houverem contra os funcionários públicos, mormente quanto à liberdade da imprensa, a segurança pessoal, e remetê-las ao Imperador, informadas com audiência das partes, presidindo o Vice-Presidente, no caso de serem as queixas contra o Presidente. 16º Determinar, por fim, as despesas extraordinárias, não sendo porém estas determinações postas em execução sem prévia aprovação do Imperador. Quanto às outras determinações do Conselho, serão obrigatórias enquanto não forem revogadas, e se não oporem às Leis existentes." – Coleção de Leis do Império – lei de 20 de outubro de 1823: "Estabelece provisoriamente a forma que deve ser observada na promulgação dos Decretos da Assembleia Geral Constituinte e Legislativa do Brasil" – Disponível em: <http://www2.camara. gov.br/atividade-legislativa/legislacao/publicacoes/doimperio/colecao2.html>

participação "popular". Alinhavam-se, já nesse momento anterior à outorga de 1824, às necessidades previstas pela ordem de Viena, mas, como pretendemos ressaltar, inspiraram-se em soluções anteriores, que já adiantavam a necessidade de conciliar as diversas expressões da soberania nos termos da moderação.

# LINGUAGENS, CONCEITOS E REPRESENTAÇÕES: REFLEXÕES E COMENTÁRIOS SOBRE *AS APROPRIAÇÕES PORTUGUESAS* DO DEBATE GADITANO[1]

*Lúcia Maria Bastos Pereira das Neves*
Professora Titular História Moderna – UERJ[2]

Nos estudos recentes, tanto sobre a história cultural quanto sobre a história política, uma noção que se tornou fundamental em tais abordagens foi a de "apropriação". Na perspectiva de Roger Chartier, tal conceito possibilita pensar os empregos diferenciados, os usos contrastantes dos mesmos textos e ideias ao fornecer a caracterização das práticas que se encontram "no próprio cerne dos processos de recepção". Logo, permite a análise das distintas leituras que uma dada sociedade faz dos materiais e debates que circulam em seus diversos círculos e estratos sociais.[3] Desse modo, um discurso, um texto, um ordenamento não mais são aceitos enquanto modelos que determinam ou influenciam, numa abordagem estática, uma sociedade em um momento histórico específico. As práticas decorrentes desses textos e discursos devem ser entendidas, antes de tudo, uma vez que, organizadas "pelas estratégias de distinção ou imitação", como concorrentes e, mais ainda, como formas diversas dos mesmos bens políticos, culturais e simbólicos que se enraizam nas disposições do *habitus* de cada grupo social.[4]

Deve-se ressaltar ainda que o político também se inscreve em um domínio particular de produções e práticas, supostamente distintas de outros níveis, como as

---

1   Esse texto é um comentário ao trabalho apresentado por Márcia Berbel e Paula Botafogo C. Ferreira, intitulado *Soberanias em questão: apropriações portuguesas sobre um debate iniciado em Cádis*.

2   Pesquisadora do CNPq, Cientista do Nosso Estado/Faperj, Coordenadora do Pronex Faperj/CNPq (2010-2012) *Dimensões e fronteiras do Estado brasileiro no século XIX*.

3   CHARTIER, Roger. *História Cultural entre práticas representações*. [Trad.]. 2ª ed. Lisboa: Difel, 2002, p. 136.

4   *Idem, ibidem*, p. 137. Para a expressão *habitus*, cf. BOURDIEU, Pierre. *A economia das trocas simbólicas*. [Trad.]. São Paulo: Perspectiva, 1974, p. 183ss.

do econômico ou do social. Ele pode ainda se manifestar em palavras, em gestos, em ritos e em discursos, possibilitando fornecer elementos para *representações* e *apropriações* múltiplas, por meio das quais os indivíduos elaboram o sentido de sua existência, ao traduzirem mentalmente a realidade exterior que percebem.[5]

Em meio a tais perspectivas, deve ser inserido o texto apresentado por Márcia Berbel e Paula Botafogo Ferreira – "Soberanias em questão: apropriações portuguesas sobre um debate em Cádis". Trazendo à tona aspectos múltiplos sobre o processo de formação do Império do Brasil, por meio da estruturação de suas bases políticas e administrativas, mais especificamente, a organização dos governos provinciais, na Assembleia Constituinte de 1823, as autoras procuram resgatar as apropriações que aqueles políticos e letrados, ainda herdeiros de uma ilustração luso-brasileira,[6] fizeram de um ideário liberal e constitucional, característico das revoluções do final do século XVIII e início do XIX. Ou seja, ideário pautado, sobretudo, no pensamento e/ou discurso da Constituição Francesa de 1791, das Cortes de Cádis e das Cortes de Lisboa de 1821/1822. Tais apropriações demonstram como tais políticos leram, em função de seus interesses e em dois momentos históricos distintos – o das Cortes de 1821 e o da Assembleia de 1823 – as diversas nuances que passaram a caracterizar as linguagens políticas[7] do constitucionalismo. Buscavam conciliar uma pluralidade de opiniões, interesses e convicções, embora desejassem manter uma unidade que se pudesse traduzir em uma nação una e indivisível que se construía por meio do Império do Brasil.

\* \* \*

---

5  Cf. Rosanvallon, Pierre. *Por uma História do Político*. [Trad.]. São Paulo; Alameda, 2010, p. 72-74

6  Para o conceito de ilustração luso-brasileira, ver, entre outros, Cf. M. Silva, Odila da. Aspectos da ilustração no Brasil. *Revista do Instituto Histórico e Geográfico Brasileiro* (doravante *RIHGB*). Rio de Janeiro: 278:105-170, jan-mar. 1968. Novais, Fernando A. O reformismo ilustrado luso-brasileiro: alguns aspectos. *Revista Brasileira de História*. São Paulo: n° 7, 1984, p. 105-118. Guilherme P. Neves. Ilustração. In: Vainfas, Ronaldo. (dir.). *Dicionário do Brasil Colonial (1500-1808)*. Rio de Janeiro: Objetiva, 2000, p. 296-299. Ramos, Luis A. de Oliveira. *Sob o signo das "luzes"*. Lisboa: Imp. Nacional, 1988; Araújo, Ana Cristina Bartolomeu de. *A Cultura das luzes em Portugal*. Lisboa: Livros Horizonte, 2003.

7  Para o conceito de linguagens políticas, cf. J. Pocock, G. A. *Politics, Language and Time. Essays on Political Thought and History*, Nova York: Atheneum, 1971; Pagden Anthony.(ed.). *The Languages of Political Theory in Early-Modern Europe*. Cambridge: University Press, 1990.

Da leitura atenta do texto de Márcia Berbel e Paula Botafogo, diversas questões instigantes podem ser levantadas. Para minha análise, proponho três aspectos que considero relevantes no trabalho e que possibilitam pensar politicamente o Império em uma perspectiva mais ampla. Em primeiro lugar, as linguagens políticas e os conceitos que aqueles homens utilizavam em seus discursos, nos novos espaços de discussão pública[8] – as Assembleias – revestidas agora de um caráter deliberativo e não mais consultivo, como as antigas Cortes do Reino. Em segundo, as leituras e apropriações que Antonio Carlos de Andrada e Silva e alguns outros deputados elaboraram acerca da Constituição de Cádis e das discussões na feitura da Constituição Portuguesa de 1822, em função, algumas vezes, de interesses privados e de sensibilidades diferentes. Por fim, aparentes desencontros entre a postura desses políticos em Lisboa e, depois, no Brasil, mas que, em verdade, buscavam conciliar uma política moderna com traços ainda que difusos de uma política antiga, porém, sempre pelo viés de uma linguagem constitucional e liberal.[9]

## Linguagens e Conceitos

"Tudo está por fazer. Não há constituição, códigos legais, sistema de educação; nada existe exceto uma soberania reconhecida e coroada". Dessa forma, afirmava em um ofício a seu governo, em meados de dezembro de 1822, Felipe Leopoldo Wenzel, barão de Mareschal e agente diplomático da Áustria na Legação do Brasil.[10] Homem

---

8   Para o conceito de espaço público, ver GUERRA, François-Xavier e LEMPÉRIÈRE, Annick *et al. Los espacios públicos en Iberoamérica: ambigüedades y problemas. Siglo XVIII-XIX.* México: Centro Francés de Estudios Mexicanos y Centroamericanos/FCE, 1998, p. 5-21.

9   Segundo Javier Fernández Sebastián o adjetivo liberal era de uso pouco frequente no final do século XVIII, consolidando-se enquanto conceito político apenas nas primeiras décadas do oitocentos. O conceito, aos poucos, foi sendo utilizado como um conjunto de práticas e valores relacionados ao governo representativo, à constituição, aos direitos individuais e à separação de poderes. Cf. "Liberalismos nascientes en el Atlántico Iberoamericano: Liberal como concepto y como identidad política, 1750-1850". In: SEBASTIÁN, Javier Fernández (dir.). *Diccionario político y social del mundo iberoamericano.* Madrid, Fundación Carolina/Centro de Estudios Políticos y Constitucionales, 2009, p. 696-701. Para o uso do conceito no Brasil, ver LYNCH, Christian E. Cyril. "Liberalismo-Brasil". In: SEBASTIÁN, Javier Fernández (dir.). *Diccionario político y social del mundo iberoamericano... op. cit.,* p. 744-755.

10   Ofício de 18 de dezembro de 1822. Transcrito em MELLO, Jeronymo de A. Figueira de. (org.). A

preso aos ditames da política estabelecida em Viena, desde 1815, utilizava o conceito de Constituição muito mais como "um estatuto, uma regra", que regulamentava o "exercício do domínio", na expressão de Dieter Grimm, pautado nas leis fundamentais do reino, resultado das disposições legais e da prática do direito consuetudinário, corporificadas na "antiga constituição", que deviam ser respeitadas pelo soberano, como registrava o padre Raphael Bluteau, no início do século XVIII.[11]

Não obstante, a concepção moderna de *constituição*, resultante das revoluções do setecentos – a Independência dos Estados Unidos e a Revolução Francesa –, já aparece de forma clara nos discursos desses políticos, que atuaram nas Cortes de Lisboa e na Assembleia Constituinte de 1823, significando a defesa e a garantia de direitos e deveres, estabelecidos por um novo pacto social – distinto daquela perspectiva contratual surgida no século XVII – mas agora elaborado entre o rei e o indivíduo, símbolo da política moderna, na visão de François-Xavier Guerra.[12] Desse modo, Constituição transformou-se em um conceito normativo, que se compunha como uma lei que regulamentava a organização e o poder do Estado. Doravante, as formas de vinculação jurídica não eram apenas válidas entre as partes contratantes, mas resultavam em benefícios para todos os que estavam submetidos ao poder, sendo seus efeitos, portanto, universais.[13]

Em sessão de 6 de maio de 1823, o deputado Antonio Carlos de Andrada e Silva destacava a obrigação, que aquela Assembleia possuía, de "formar o pacto Constitucional; de dar-lhes leis conforme a razão, adequadas ao Estado de Civilização do Brasil e que sejam a expressão da vontade geral".[14] Verifica-se, portanto que se tratava de definir um ordenamento político que adquiria uma característica jurídica, ligada a uma ideia de formação de um governo e de um Estado,

---

Correspondencia do Barão de Wenzel de Mareschal. *RHIGB*, Rio de Janeiro, n. 80, 1916, p. 139-140.

11 GRIMM, Dieter. *Constitucionalismo y derechos fundamentales* [Trad.]. Madrid: Editorial Trotta, 2006. p. 49-50. BLUTEAU, Raphael. *Vocabulario Portuguez & Latino*. Lisboa: Officina de Pascoal Silva, vol. 2, 1712, p. 485.

12 A nação moderna: nova legitimidade e velhas identidades. In: JANCSÓ, István (org.). *Brasil: Formação do Estado e da Nação*. São Paulo/Ijuí: Hucitec/Editora Unijuí/Fapesp, p. 53-60.

13 GRIMM, Dieter. *Constitucionalismo y derechos...* p. 50ss. *Idem, ibidem.*

14 *Diário da Assembleia Geral, Constituinte e Legislativa do Brasil, 1823*. Sessão de 6 de maio de 1823. Brasília, Senado Federal, 1973, vol. 1, p. 29.

como bem destacou Andréa Slemian.[15] Ao mesmo tempo, havia uma relação íntima entre a abordagem do conceito de Constituição[16] enquanto um pacto feito pelas vontades individuais ou coletivas e a proposta de fundar a nação. Como afirmava o deputado paulista, era necessário entender "o espírito popular" para que este também fosse o dos deputados, uma vez que tais representantes deviam respirar o mesmo espírito da Nação.[17] Nesse sentido, o texto em tela leva a uma indagação: se os deputados luso-brasileiros de 1821, como aqueles políticos que representavam, doravante, a nação em 1823, partilhavam todos dessa proposta ou buscavam, como os deputados moderados das Cortes de Cádis, contemporizar as ideias do Antigo Regime e aquelas favoráveis à nova ordem liberal, por receio de se ampliar em muito a base social que sustentava o processo revolucionário. Não à toa, Antonio Carlos invocava "o célebre Burke" para justificar seu pensamento. Os deputados expressavam "a vontade geral", cumprindo com seus deveres, se fizessem uma Constituição em que os direitos da Nação fossem garantidos, mas ao mesmo tempo que não se aniquilassem "as legítimas prerrogativas da Coroa" a fim de afiançar não só a existência da Monarquia como também da "ordem social".[18]

Um segundo conceito, sem dúvida o mais importante que o texto destaca, é o de soberania – aquele que representou a tendência de impessoalização do poder, em oposição ao soberano na época do Antigo Regime, designando uma autoridade pessoal e exclusiva do monarca. Desde o movimento constitucional de 1820/1821, soberania tornou-se um conceito chave do novo vocabulário político, principalmente, nas formas de soberania da Nação e soberania do povo, que se transformaram em traços indicativos da cultura política luso-brasileira daquela conjuntura. O "princípio fundamental de toda a monarquia constitucional era o exercício da soberania da Nação", sendo inquestionável qualquer oposição, pois tal ato seria um atentado

---

15  SLEMIAN, Andréa. Um pacto constitucional para um novo Império: Brasil, 1822-1824. In: CUARTERO, Izaskun Álvarez e GÓMEZ, Julio Sánchez (eds.). *Visiones y Revisiones de la Independencia Americana. La Independência de América: la Constitución de Cádiz y las Constituciones Iberoamericanas.* Salamanca: Ediciones Universidad de Salamanca, 2007, p. 178.

16  NEVES, Lucia Maria Bastos P. e NEVES, Guilherme P. "Constitución-Brasil". In: SEBASTIÁN, Javier Fernández (dir.). *Diccionario político y social del mundo iberoamericano...* p. 337-351, *op. cit.*

17  *Diário da Assembleia Geral, Constituinte...,* Sessão de 6 de maio de 1823, vol. 1, p. 29.

18  *Ibidem.*

"contra o princípio mais santo das Constituições liberais".[19] Esta proposição era aceita por todos os representantes de um pensamento liberal, contudo, uma grande questão era levantada. Permeando toda a análise do texto, tal aspecto fica evidenciado: havia, naquele momento, especialmente, nas discussões da Assembleia de 1823, duas concepções de soberania. Sob a visão da primazia de uma soberania una e indivisível, que residia na nação, escondia-se a formulação de quem a exercia ou a delegava: de um lado, a soberania popular que indicava a perspectiva que o povo, por meio do voto, transmitia a seus representantes, reunidos em Assembleia o exercício da nação; de outro, aqueles que, contrários a essa visão, recuperavam a soberania do chefe da nação, tal como Antonio Carlos. Ainda que defendendo o poder da nação una e indivisível, esse deputado nas sessões da Assembleia, afirmava que havia uma diferença entre "povo e nação" e se as palavras se confundem, a desordem nascia. Para ele, Nação abrangia o Soberano e seus súditos; o povo compreende apenas os seus súditos. Da "amalgamação infilosófica da Soberania e povo tem desmanado absurdos que ensanguentaram a Europa e nos ameaçam também".[20]

Por conseguinte, como bem apontou o trabalho em tela, não havia um consenso entre os deputados de 1823 para a prática da soberania nacional, ou seja, a proposta de uma soberania que, residindo essencialmente na nação – como proclamava o artigo 3 do texto constitucional de Cádis[21] –, emanava do povo, permitindo amplos poderes à Assembleia e implementando uma subordinação do monarca a esta. A discussão acalorada tanto em Lisboa, quanto no Rio de Janeiro, não foi, como indicaram as autoras, uma simples questão de retórica,[22] mas se tratava de duas *percepções* distintas que os homens possuíam sobre o vocabulário, de que se valiam,

---

19  Bahia. *O Constitucional*, n. 30, 17 junho 1822; Rio de Janeiro. *Correio do Rio de Janeiro.* n. 1, 10 abril 1822.

20  *Diário da Assembleia Geral, Constituinte...*, Sessão de 6 de maio de 1823, vol. 1, p. 31.

21  "A soberania reside essencialmente em a Nação, e por isso a esta pertence exclusivamente o direito de estabelecer suas leis Fundamentais". Cf. *Constituição Política da Monarquia Hespanhola, promulgada em Cádis em 19 de março de 1812.* Traduzida em português por A. M. F. Coimbra, Real Imprensa da Universidade, 1820, p. 6.

22  Para o papel da retórica entre as elites políticas do Brasil do oitocentos, cf. CARVALHO, José Murilo de. "História intelectual no Brasil: a retórica como chave de leitura". *Revista Topoi*, Rio de Janeiro, n. 1, jan-dez. 2000, p. 123-152.

ao formularem as opiniões que os situavam no espaço público de poder, a fim de viabilizar a apreensão das variadas visões de mundo de uma época.[23]

Por fim, cabe examinar se tais percepções presentes na Constituição de Cádis, nas discussões das Cortes de Lisboa (1821/1822) e dos deputados brasileiros na Assembleia de 1823 eram visões de mundo que aqueles políticos realmente acreditavam. Tal indagação faz sentido, uma vez que essas propostas acabaram por ser bastante efêmeras pois, em curto prazo, foram destituídas pelo poder do monarca – na Espanha, em maio de 1814, Fernando VII derrogava a Constituição gaditana, junto com os demais decretos das Cortes; em 3 de junho de 1823, a Vila Francada colocava fim à primeira experiência liberal portuguesa, com o fechamento das Cortes, pelas armas, e com o restabelecimento do poder absoluto de D. João VI; no Império do Brasil, o decreto de 12 de novembro de 1823 de Pedro I ecoava essa reviravolta portuguesa, determinando a dissolução da Assembleia Constituinte, o que também levou ao fim da experiência liberal, com o fechamento do Congresso pela força das armas. Dessa forma, tais acontecimentos demonstravam que ainda na prática, por certo tempo, prevalecia a antiga soberania pessoal do monarca. Tal questão não invalidou que, anos mais tarde, outras tentativas de práticas liberais fossem introduzidas nestas monarquias, algumas com relativo êxito.

## Leituras e Apropriações

Com a aclamação do Príncipe regente D. Pedro como imperador do Brasil, foi iniciada a construção, no imaginário político dos povos, outrora irmãos, da ideia de um Império autônomo em terras americanas. A *Gazeta do Rio de Janeiro*, em 21 de dezembro de 1822, publicava uma proclamação dos habitantes de Pernambuco, em que se afirmava: "O Brasil [...] era um Reino dependente de Portugal; hoje é um vasto Império, que fecha o círculo dos povos livres da América; era colônia dos portugueses, hoje é Nação".[24] Logo, a partir do final de 1822, a palavra nação começava

---

23 SEBASTIAN, Javier Fernández. Apresentação: Notas sobre história conceptual e sua aplicação ao espaço ibero-americano. *Ler História*, Lisboa, n. 55, 2008, p. 5-15.

24 N. 153. Para o conceito de nação, naquele momento, ver NEVES, Lucia Maria Bastos P. *Corcundas e constitucionais: a cultura política da independência*. Rio de Janeiro: Revan/Faperj, 2003, p. 204-213 e cf. ISTVÁN, Jancsó e PIMENTA, João Paulo G. Peças de um mosaico (ou apontamentos para o estudo

a despertar um sentimento de separação, de distinção de um povo em relação ao outro, despontando a ideia de nacional, como oposto de estrangeiro.

No entanto, como o texto em tela destaca, a aceitação de várias províncias ao Império do Brasil não era por si só suficiente para construir uma unidade interna e, posteriormente, a própria nação. Desde a aclamação de Pedro I como Imperador, muitas das juntas provinciais não se mostraram fiéis ao novo soberano, havendo o problema daquelas que continuavam ligadas às Cortes de Lisboa – Bahia, Pará, Maranhão e Piauí. Como Márcia Berbel e Paula Botafogo indicam, os deputados já reunidos em Assembleia constatavam a ausência de representantes de algumas províncias, como a Bahia, por estarem tomadas de inúmeros conflitos.[25] O Maranhão, por sua vez, fiel ao mundo português, principalmente por seu ativo comércio com a antiga metrópole, em dezembro de 1822s ainda elegia deputados para as Cortes ordinárias de Lisboa e não para a Assembleia do Rio de Janeiro. A ata da eleição registrava a data de 9 de fevereiro de 1823, quando a notícia da Independência já havia chegado até mesmo a Portugal, desde inícios de dezembro.[26]

Tornava-se necessário para a manutenção da unidade do Império, definir a questão fundamental da distribuição de poder, entre a autoridade nacional no Rio de Janeiro e os governos provinciais. Era preciso, por conseguinte, dar início à montagem na Corte de um governo central e viável, capaz de oferecer uma direção e um sentido de identidade ao novo Império. Em função do clima gerado pelo constitucionalismo e pelas ideias liberais, a opção escolhida não podia deixar de buscar "as experiências forjadas", na expressão de Márcia e Paula, no espaço atlântico das últimas décadas do século XVIII e, também, das primeiras do oitocentos – as Cortes de Cádis e as de Lisboa. Daí, a opção de uma monarquia constitucional, mas que devia ser detalhada, sob a forma de leis, para que o novo regime obtivesse credibilidade. Para tal objetivo, uma Assembleia foi convocada em 3 de junho de 1822, a fim de, em

---

da emergência da identidade nacional brasileira). In: MOTA, Carlos G. (org.). *Viagem incompleta; a experiência brasileira (1500-2000). Formação: histórias.* São Paulo: Editora Senac, 2000, p. 127-175.

25 A Bahia só foi integrada ao Império do Brasil em 2 de julho de 1823, quando, finalmente, ocorreu a retirada dos militares portugueses e de seus partidários, passando esta data a ser considerada como a da Independência da Bahia.

26 A.N.T.T. Ministério do Reino. Negócios do Brasil: Maranhão. Caixa 623, maço 500, nº 93. de 16 maio 1823.

A EXPERIÊNCIA CONSTITUCIONAL DE CÁDIS

primeiro lugar, adaptar a Constituição Portuguesa ao Brasil e, depois, em virtude dos acontecimentos, para elaborar uma Constituição, instrumento essencial para consolidar o Império nascente.

Desse modo, torna-se fundamental, como o texto aponta, analisar as soluções que os deputados evocavam não só para firmar a independência como também para dar corpo à Constituição. Segundo as autoras, o ponto primordial, que também concordo, era definir a organização dos governos provinciais, uma das questões mais polêmicas, pois fundamentava a relação entre a autoridade do Rio de Janeiro e aquela dos demais governos locais. Este não era um problema novo. Vale lembrar que, ao longo do Brasil Reino, inúmeras tensões ocorreram no jogo político, nas diversas províncias, que compunham esse imenso território do Brasil, e que adotaram posturas que evidenciavam um conflito entre o centralismo da Corte fluminense e o seu desejo de um autogoverno provincial, como por exemplo, a Revolta de Pernambuco em 1817, como explica Evaldo Cabral de Melo.[27] Segundo Sierra y Mariscal, espanhol que presenciou o movimento de 1821, na Bahia, a passagem de Ds. João para o Brasil fez do Rio de Janeiro o "receptáculo de todas as riquezas do Império Português", atraindo não só um intenso movimento comercial para seus portos, como também colhendo um grande número de impostos das demais províncias, especialmente as do Norte, que passaram a obter menos vantagens do que a sede da nova Corte. Assim, o Rio de Janeiro transformou-se no "parasito do Império português" acabando por atrair "o ódio de todas as províncias".[28]

O ponto de partida da discussão referia-se ao decreto de setembro de 1821 aprovado pelas Cortes de Lisboa, que criava as juntas de Governo, eleitas localmente por aqueles que eram considerados cidadãos. Para as autoras, o projeto apresentado por Antonio Carlos de Andrada e Silva punha abaixo a proposta de se eleger o governador de província, pois este devia ser nomeado pelo Imperador. Em sua argumentação, criticava o modelo francês de 1789 e 1790 – "antes dos infelizes anos

---

27  MELLO, Evaldo Cabral de. *A outra Independência. O federalismo pernambucano de 1817 a 1824*. São Paulo: Editora 34, 2004, p. 11-63.

28  MARISCAL, Francisco de Sierra y. "Idéas geraes sobre a Revolução do Brazil e suas consequências". *Anais da Biblioteca Nacional*, ns. 43-44. Rio de Janeiro: Off. Graphicas da Biblioteca Nacional, 1931, p. 60. Cf. também MELLO, Evaldo Cabral de. *A outra independência...* p. 28-29.

de 1789 e 1790, Nação alguma tinha caído em tal absurdo"[29] – e a administração policéfala, inaugurada pelas Cortes de Lisboa. Apropriava-se da Constituição de Cádis, ao proclamar que o chefe político das províncias seria nomeado pelo Rei[30], e da Constituição francesa de 1791. No entanto, na própria perspectiva do conceito de apropriação, Antonio Carlos abandonava aquilo que não lhe interessava em sua opinião política na Constituição gaditana. O Presidente de província proposto por Antonio Carlos tinha funções distintas daquelas atribuídas aos chefes políticos na Constituição de Cádis. Da mesma forma, abandonava alguns princípios de 1812 e 1822, ao indicar um reforço do poder do Rio de Janeiro e, indiretamente, do próprio Imperador. Cabe indagar o que justificava, por conseguinte, a leitura distinta de Antonio Carlos da Constituição de Cádis, apropriando-se apenas de alguns pontos, que lhe pareciam fundamentais, naquele momento de 1823. Talvez, caminhasse na mesma visão de Francisco de Paula Sousa e Melo, deputado também pela província de São Paulo, que apresentou um projeto em relação aos governos provinciais, pois acreditava que os "povos" têm sido "vexados e oprimidos pelas funestas consequências que trazem sempre consigo os Governos Populares", numa clara alusão às juntas provinciais eleitas em 1821.[31]

Ainda sobre a estruturação do governo provincial, o texto aponta outras questões fundamentais discutidas pelos deputados na Assembleia de 1823: a nomeação do comandante de armas; a formação de um Conselho Consultivo, do qual deveriam participar como membros natos o mais importante magistrado e a maior patente de Ordenanças da Capital, enquanto os restantes (dois ou quatro, de acordo com o tamanho da província) seriam eleitos de acordo com os critérios adotados pelas das Cortes de Lisboa para a escolha dos deputados; a administração da justiça e a organização provincial da Fazenda. Para cada ponto, as leituras faziam-se diversas em função de interesses próprios – aqui pensados em relação às correntes de opinião, que se agrupavam ou dividiam no desenrolar dos debates uma vez que ainda não se encontravam partidos estruturados – e de sensibilidades distintas.

---

29  *Diário da Assembleia Geral, Constituinte...*, Sessão de 26 de maio de 1823, vol. 1, p. 124.

30  "O Governo Político das Províncias residirá no Chefe Superior, nomeado pelo Rei, em cada uma delas". Cf. *Constituição Política da Monarquia Hespanhola...*, art. 324, capítulo II, p. 66.

31  *Diário da Assembleia Geral, Constituinte...*, Sessão de 26 de maio de 1823, vol. 1, p. 124.

A EXPERIÊNCIA CONSTITUCIONAL DE CÁDIS

Tornava-se claro, no entanto, que, em diversos momentos, os deputados adotavam posturas que tinham por objetivo defender os interesses das regiões de onde provinham. Vislumbravam-se visões múltiplas de se pensar o próprio exercício da soberania da nação.

Se, de um lado, havia os defensores da proposta de Antonio Carlos, como outro deputado paulista, José Ricardo da Costa Aguiar, que indicava a monstruosidade dos Governos provisórios, instituídos pelo Decreto do Congresso português de 29 de setembro de 1821, de outro, muitas vozes dissonantes levantavam-se.[32] Um destes elementos de oposição foi José Martiniano de Alencar (Ceará), pai do conhecido escritor José de Alencar, que se opôs ao projeto de Antonio Carlos acreditando que as Juntas deviam ser mantidas, pois eram "obras do Povo".[33] Da mesma forma, argumentava que o projeto permitia que o governador, agora com o nome de Presidente; o governador das Armas, que continuava independente; e o Secretário, que era o "mesmíssimo dos antigos generais", fossem todos enviados pelo Rio de Janeiro, conhecido como o "foco do Despotismo". Ora, o povo não podia ver com bons olhos esses agentes do Ministério, que tinham como função primordial preparar as Províncias a fim de que estas depois "docilmente" recebessem a Constituição.[34] Então, indagava: era prudente se chocar assim com a Opinião Pública?[35] Justificava sua ideia de votar contra o projeto, não por capricho nem por obstinação, mas porque acreditava que "as teorias são suscetíveis de alguma modificação; as teorias nem sempre são praticáveis; é necessário, às vezes, modificá-las, e esta modificação depende sempre da índole, localidades e mais das circunstâncias dos Povos".[36] Talvez, aqui se encontre, de forma clara, o que os homens daquela época entendiam por leituras e apropriações de projetos. Desse modo, pode-se também refletir o que levava o deputado Alencar a pensar dessa maneira? Estaria pautado nos princípios de Cádis?

---

32  *Diário da Assembleia Geral, Constituinte...*, Sessão de 27 de maio de 1823, vol. 1, p. 138-139.

33  *Diário da Assembleia Geral, Constituinte...*, Sessão de 16 de junho de 1823, vol. 1, p. 221.

34  *Diário da Assembleia Geral, Constituinte...*, Sessão de 16 de junho de 1823, vol. 1, p. 221.

35  *Diário da Assembleia Geral, Constituinte...*, Sessão de 27 de maio de 1823, vol. 1, p. 141.

36  *Diário da Assembleia Geral, Constituinte...*, Sessão de 27 de maio de 1823, vol. 1, p. 141.

Ou em verdade, ele e o grupo descontente raciocinavam devotando lealdade prioritariamente à sua *pequena pátria*[37] local, que viam, essencialmente, como auto-suficiente?

Por conseguinte, para alguns deputados, ao se insistir na centralização do poder, por meio de indicações do presidente de província pelo governo do Rio de Janeiro ou por interferências deste na administração provincial, transpareciam as reminiscências de um caráter despótico, que decorria da herança portuguesa do imperador. Tais descontentamentos e desencontros prolongariam-se ao longo de todo o Primeiro Reinado (1822-1831) e culminariam na época das Regências (1831-1840).

## Desencontros entre Lisboa e Rio de Janeiro

Desde os primeiros alvores das revoluções liberais na Espanha e em Portugal, uma questão primordial que se levantava dizia respeito ao estatuto das chamadas províncias de Ultramar. Se havia uma preocupação em por fim ao "antigo sistema colonial", nas palavras das autoras, nem sempre as medidas tomadas em Cádis ou em Lisboa afinaram-se com as esperanças e anseios das antigas colônias hispano-americanas. As leituras que cada parte do Império faziam sobre as ideias liberais e constitucionais também eram distintas.

De início, os deputados representantes do Brasil nas Cortes de Lisboa não se preocuparam em defender qualquer atitude de caráter separacionista, como já foi apontado por Márcia Berbel e por mim em trabalhos distintos.[38] Havia sobretudo um ponto fundamental: manter a unidade dos Impérios. Apesar de ser frequente a venda de constituições espanholas, tanto em Portugal, quanto no Brasil, e de quase todos os decretos iniciais adotados pelo governo constituído em Lisboa, depois da revolução de 1820, serem copiados ou baseados naqueles editados pelos espanhóis, como as instruções para as eleições dos deputados às Cortes Constituintes. Nem sempre as soluções encontradas pelas duas monarquias foram idênticas.[39] Por con-

---

37 BARMAN, Roderick J. *The forging of a nation, 1798-1852*. Stanford: Stanford University Press, 1988, p. 58-60 e 111.

38 BERBEL, Márcia. *A Nação como artefato: deputados do Brasil nas Cortes portuguesas (1821-1822)*. São Paulo: Hucitec/Fapesp, 1999; Lucia Maria Bastos Pereira das Neves. *Corcundas e constitucionais...*

39 Para uma análise da influência da Constituição de Cádis no processo político luso brasileiro de 1820/1821, ver BERBEL, Marcia. A Constituição Espanhola no mundo luso-americano (1820-1823).

A EXPERIÊNCIA CONSTITUCIONAL DE CÁDIS

seguinte, as estratégias de Espanha e de Portugal, para buscar a unidade de seus Impérios foram diferentes. Segundo o texto em tela, uma primeira distinção referia--se aos habitantes livres do Brasil, que as Bases da Constituição Portuguesa não diferenciavam – ao contrário da proposta da Constituição de 1812. De acordo com esta última, em seu artigo 22, todos os espanhóis, que por qualquer linha eram "reputados originários da África", tinham a porta aberta "da virtude e do merecimento para serem Cidadãos". As Cortes concederiam "carta de cidadão" àqueles que fizessem "serviços qualificados à Pátria" ou aos que se distinguissem "por seus talentos, aplicação e conduta", desde que fossem filhos de "legítimo matrimônio de pais ingênuos, que fossem casados com mulheres ingênuas e estabelecidos nos domínios das Hespanhas".[40] Já no caso do Brasil, africanos livres e seus descendentes poderiam votar no primeiro nível do processo eleitoral. No texto das *Bases*, não se encontrava distinção entre homens livres e escravos, como não havia uma definição exata a fim de se atribuir o direito de cidadão.[41] A Constituição portuguesa de 1822 decretava, inclusive, que todos os escravos, que alcançaram carta de alforria, eram considerados como cidadãos.[42] Já em 1823, ao se discutir a extensão do direito de cidadania aos diversos membros da sociedade, um caloroso debate levantou-se na Assembleia quanto à inclusão dos alforriados e libertos. No pensamento da época, a Lei inibia, como afirmava o deputado José de Alencar do Ceará,

> de fazer Cidadão aos escravos, porque além de serem propriedade de outros e de se ofender por isso este direito se os tirássemos do patrimônio dos indivíduos a que pertecem, amorteceríamos a agricultura, um dos

---

*Revista de Indias*, vol. LXVIII, n. 242, p. 225-254, 2008. Disponível em: <revistadeindias. revistas. csic.es/index.php/revistadeindias/article/.../707>. Acesso em: 30 de agosto de 2010.

40 *Constituição Política da Monarquia Hespanhola...*, art. 22, capítulo IV, p. 10.

41 *Bases da Constituição da Monarquia Portuguesa*. Lisboa, Typographia de J. F. M. de Campos, 1820. Disponível em http://www.fd.unl.pt/Anexos/Investigacao/992.pdf. Acesso em 25 de agosto de 2010. Cf. ainda ver BERBEL, Marcia. A Constituição Espanhola no mundo luso-americano... p. 235.

42 *Consituição Política da Monarquia Portuguesa de 1822. Decretadas pelas Cortes Extraordinárias e Constituintes reunidas em Lisboa em janeiro de 1821*. Título II, art. 21º § 4º. Disponível em http://www.fd.unl.pt/Anexos/Investigacao/993.pdf. Acesso em 20 de junho de 2011.

primeiros mananciais da riqueza da nação; e abriríamos um foco de desordem na sociedade [...].[43]

Os escravos podiam ser brasileiros, mas jamais cidadãos brasileiros. Se o direito de cidadania não cabia aos escravos, a questão voltava-se para aqueles que haviam sido libertos. Todos os alforriados, fossem nascidos no Brasil ou nas costas de África, deveriam usufruir do mesmo direito? Nesse caso, distintas foram as linguagens políticas adotadas pelos deputados. Muitos foram contra a inclusão de todos os alforriados gozarem dos mesmos direitos, porque assim pedia o bem da ordem social. Só poderiam ser incluídos como cidadãos aqueles escravos libertos que fossem nascidos no Brasil, pois os outros não deixavam de ser estrangeiros.[44] Questão instigante, que merece, sem dúvida, um estudo comparativo mais aprofundado pelos historiadores.

Em segundo lugar, as Cortes propunham para a organização do governo das diversas províncias no Brasil a formação de juntas eleitas pelo povo, separando-se o mando civil do mando militar, em que ambos eram subordinados às Cortes portuguesas. A admistração das rendas era também, doravante, sujeita ao Rei e às Cortes – aspecto mantido no projeto de 1823, como indicam as autoras – e, por fim, centralizava-se a justiça em Portugal. Se as Cortes objetivavam a instauração de uma "administração policéfala" e visavam a substituir o governo absoluto das províncias depositados nas mão dos antigos capitães generais/governadores, tinham ainda como ponto primordial determinar que a esfera de decisão do Império passasse a se subordinar ao poder central, agora sediado em Portugal. Em verdade, servindo para encobrir o desejo, mais ou menos consciente, de hegemonia portuguesa no interior do Império, tratava-se da ideia de uma política integradora, na expressão do historiador português Valentim Alexandre,[45] em que o Reino Unido deixasse de significar a união de dois reinos distintos, para compreender uma única

---

43  *Diário da Assembleia Geral, Constituinte...*, Sessão de 27 de maio de 1823, vol. 1, p. 133.

44  *Diário da Assembleia Geral, Constituinte...*, Sessão de 26 de maio de 1823, vol. 1, p. 130. Para essa discussão ver ainda Vantuil Pereira. *Ao Soberano Congresso – Direitos do Cidadão Na Formação do Estado Imperial Brasileiro* (1822-1831). São Paulo, Alameda, 2010.

45  Valentim Alexandre. *Os sentidos do Império: questão nacional e questão colonial na crise do Antigo Regime Português*. Porto: Afrontamento, 1993, p. 573-608.

A EXPERIÊNCIA CONSTITUCIONAL DE CÁDIS

entidade política da qual, substituindo a figura do rei, o Congresso se tornava o símbolo. Postura que foi defendida por Manuel Fernandes Tomás, um dos líderes do Vintismo português. Segundo ele, não havia "distinção entre o Brasil e Portugal; tudo é o mesmo: e estas Cortes nem fazem, nem devem fazer diferença de interesses desta ou daquela província". Acrescentava: "A soberania é igual para todos, e para todos são iguais os benefícios: pensar de outro modo até é indecoroso".[46]

Acredito que essa questão sobre a relação entre a autoridade do Rio de Janeiro e os governos provinciais seja fundamental para os desdobramentos acerca dos encontros e desencontros dos deputados luso-brasileiros em Lisboa e, mais tarde, no Brasil, em 1823. Mesmo após, a outorga da Constituição de 1824, novas leituras foram propostas para tentar desatar esse nó górdio da estrutura política e administrativa do Império do Brasil. Como já apontou Miriam Dolhnikoff,[47] em sua obra *O pacto imperial*, o ponto nevrálgico não se resumia na relativa oposição entre centralização e federação, mas sim na negociação da divisão de competências entre os governos provinciais e o central, situado no Rio de Janeiro. De certa forma, não deixava de ser uma herança de vários aspectos que foram discutidos nas Cortes de Lisboa em relação à posição que o Brasil viria a ocupar, naquela época, no interior do Império português.

Entre maio e julho de 1822, em meio a um ambiente político e ideológico emocionalmente carregado no Congresso Português, discutiram-se uma série de aspectos fundamentais das relações Brasil-Portugal. Um ponto essencial referiu-se aos artigos adicionais relativos ao Brasil na Constituição portuguesa. Quando a proposta foi apresentada em 17 de junho e debatida a partir do final do mês, ficava claro que longe de buscar uma fórmula de compromisso, o texto consagrava uma concepção federalista para o mundo luso-brasileiro, numa perspectiva de completa igualdade e autonomia entre os dois reinos.

> A Comissão encarregada da redação dos artigos adicionais, que devem completar a Constituição Portuguesa e consolidar a união dos dois Reinos e mais Estados que formam o Império luso-brasileiro, depois de maduras reflexões [...], convenceu-se que o sistema de unidade inteira

---

46  *Diário das Cortes.* Sessão de 14 junho 1821, p. 1214.

47  DOLHNIKOFF, Miriam. *O pacto imperial: origens do federalismo no Brasil.* São Paulo: Editora Globo, 2005, p. 11-22.

dos dois Reinos é quase de absoluta impossibilidade, que a legislatura a respeito de certos negócios deve de necessidade ser diversa em cada um dos respectivos Reinos e que o poder executivo não pode obrar no Brasil sem uma delegação permanente e ampla; e que todas as suas ramificações devem ser independentes imediatamente de Portugal.[48]

Esse preâmbulo do Ato adicional refletia a presença de deputados brasileiros, como a do próprio Antonio Carlos Andrada e Silva, e a do deputado baiano, José Lino Coutinho, no grupo redator do projeto, e não escondia os seus objetivos de sacrificar a hegemonia portuguesa no interior do Reino Unido em prol de sua integridade. Por tal proposta, concedia-se ao regente do Brasil, como delegado do poder executivo, o direito de exercer as atribuições do poder real, com algumas exceções. Autorizava-se a reunião de um Congresso brasileiro no Rio de Janeiro e admitia-se que as províncias da Ásia e da África escolhessem o reino a que se queriam incorporar para terem parte na respectiva representação legislativa. Na defesa do projeto, a comissão fez ver que esse era "o único laço de união" que poderia "resistir aos embates da demagogia e independência". Caso contrário, a separação do Brasil de Portugal mostrar-se-ia inevitável, e perderiam "na sua consideração política ambos os Reinos, que unidos podiam e deviam formar uma grande e respeitável nação".[49] Para os portugueses, no entanto, a aceitação dessa imposição significava eliminar todos os vestígios da hegemonia de Portugal no interior do Império. Votada, a proposta foi derrotada, afastando-se definitivamente qualquer possibilidade de solução para a questão brasileira, por via do consenso.[50]

Passado apenas um ano, a questão da estruturação de poderes vinha novamente à tona. Sem dúvida, não se tratava mais de manter a unidade do Império Português, porém do Império Brasílico, buscando-se um ponto de equilíbrio entre o poder do Imperador, centrado no Rio de Janeiro e o poder das províncias, representado por

---

48 *Diário das Cortes*. Sessão de 26 junho 1822, p. 588.

49 *Ibidem*, p. 588-9.

50 Sobre a votação dos artigos do Ato Adicional e posteriores modificações, cf. Rio de Janeiro. *O Espelho*, nº 97, 22 outubro 1822.

A EXPERIÊNCIA CONSTITUCIONAL DE CÁDIS

seus presidentes. Restava decidir como tais governantes deveriam ser escolhidos – pelo "povo" ou pelo Imperador.

Aqui encontra-se, a meu ver, uma das chaves explicativas das leituras distintas que Antonio Carlos, tanto em Lisboa quanto no Rio de Janeiro, fez sobre um mesmo tema – a eleição por parte do "povo" (cabe indagar quem era o povo para o deputado) dos poderes provinciais ou por indicação do Imperador. Igualmente, deve ser ressaltada a questão da organização da justiça em relação às províncias. Em Portugal, os deputados do Brasil não defenderam a autonomia de um "possível poder judiciário", nas palavras das autoras, nem mesmo Cipriano Barata, deputado pela Bahia e conhecido, mais tarde, por suas posturas radicais. Além do já citado Antonio Carlos, Lino Coutinho e Araújo Lima partilhavam a tese da interferência do executivo na justiça, mas deslocando esse executivo para o Brasil. Posteriormente, em 1823, alguns deputados sustentavam a proposta de transferir o mesmo direito para o governo das províncias, prevalecendo, no entanto, a ideia de que a administração da Justiça era independente do Presidente da Província ou do Conselho, uma vez que, na visão do deputado pelo Rio Grande do Sul, José Feliciano Fernandes Pinheiro, só haveria "liberdade pública" quando o poder Judicial fosse "absolutamente independente dos outros dois".[51]

Conjunturas distintas levaram a leituras e apropriações diferenciadas. Em Lisboa, pelo menos até o momento do decreto de setembro de 1821 e quando das primeiras notícias da convocação de uma Assembleia em território americano – ideia, aliás que ao chegar em Portugal, era considerada pelas Cortes e pela imprensa como o selo final da separação do Brasil e de Portugal, antes mesmo de sua proclamação oficial: o Brasil caminhava para a independência, enquanto Portugal dormia, proclamava a *Gazeta de Portugal*[52] –, havia uma certa unanimidade de posturas entre os deputados do Reino do Brasil e de Portugal. À medida que os acontecimentos se precipitavam, em meio uma autêntica guerra de palavras e versões, tornada mais confusa pelo descompasso das notícias que a lenta comunicação através do

---

51 *Diário da Assembleia Geral, Constituinte...*, Sessão de 23 de junho de 1823, vol. 1, p. 275- 278. Citação à p. 277.

52 Para a visão da imprensa portuguesa, cf. Lisboa. *Gazeta de Portugal*. n° 47, 26 agosto 1822. *Apud* M. Valentim Alexandre. *Os sentidos do Império:...* p. 697.

Atlântico causava, precipitaram-se os acontecimentos, cujo desfecho é conhecido por todos – a Independência do Brasil.

Em 1823, nas discussões de uma Assembleia Brasílica que buscava dar corpo ao novo Império do Brasil, as leituras foram distintas – Cádis, Lisboa ou os princípios franceses – deviam ser tomados segundo as sensibilidades daquele momento. Naquelas circunstâncias, como apontaram Marcia e Paula, os deputados apropriaram-se dos princípios da Constituição de 1812 referentes à nomeação central de um executivo para os governos provinciais em oposição àqueles de Lisboa. Lá os deputados americanos deviam representar a nação portuguesa una e indivisível, na visão dos políticos portugueses. Aqui, não se tratava mais de estruturar o Império luso-brasileiro, mas sim o Império Brasílico. Os deputados continuavam, muitas vezes, a representar suas pátrias locais em oposição ao centralismo do Rio de Janeiro, não mais ao de Lisboa.

\* \* \*

A partir do texto em tela, original por sua abordagem e instigante pelas inúmeras questões que traz acerca da organização provincial (em seus aspectos administrativos, judiciários e fazendários) e pelas considerações que levanta, pode-se verificar muitas das questões políticas e administrativas, relativas, sobretudo, aos conceitos de soberania e representação. Estas questões, que continuaram a ser debatidas na Assembleia de 1826 e, posteriormente, na época das Regências, encontravam seu ponto de partida não só na Constituinte de 1823, mas também na postura de muitos deputados americanos nas Cortes de Lisboa. Nesse sentido, serve como importante tema de reflexão para as novas esferas de discussão que se estruturavam no espaço Atlântico desde o final do século XVIII: as Assembleias, bem como os canais de divulgação dessas discussões – a imprensa periódica e os folhetos políticos que inundaram a vida cotidiana dos indivíduos, não só daqueles que pertenciam às elites mas sobretudo daqueles que se situavam nas fímbrias da sociedade. Em verdade, essas discussões, leituras e apropriações servem também para demonstrar que as ideias liberais e constitucionais naquele momento apresentavam linguagens diversas que caminhavam desde princípios mais radicais até alguns mais moderados, ainda influenciados por um discurso da Europa restaurada.

# A CARTA DE 1824 E O PODER DO MONARCA: MEMÓRIAS E CONTROVÉRSIAS EM TORNO DA CONSTRUÇÃO DO GOVERNO CONSTITUCIONAL NO BRASIL

*Cecilia Helena de Salles Oliveira*

Museu Paulista da USP

Pesquisadora do CNPq

*[…] Les hommes, seuls objets de h´istoire […] mais aux hommes toujours saisis dans le cadre des sociétés dont ils son membres – aux hommes de ces sociétés à une époque bien determinée de leus développement – aux hommes dotes de fonctions multiples, d´activités diverses, de préoccupations et d´aptitudes variées, qui toutes se mélent, se heurtent, se contrarient […]*

Lucien Febvre

Resultado das intensas lutas políticas que promoveram a Independência, o texto constitucional de 1824 estabeleceu os fundamentos da organização do Estado monárquico e da nação, mas em concomitância, foi alvo de disputas, críticas e interpretações ao longo de todo o século XIX. Desde o momento em que foi divulgado, o documento foi tema recorrente na imprensa e gerou inúmeras reações pelos princípios ali adotados e por ter sido outorgado por D. Pedro I.

Para diferentes segmentos da sociedade brasileira à época, a experiência revolucionária motivada pela atuação das Cortes em Lisboa, pela separação de Portugal e pela aclamação popular de D. Pedro I, em 12 de outubro de 1822, era incompatível com o fechamento da Assembleia Constituinte, em novembro de 1823, e com a imposição pelo governo do dispositivo jurídico que deveria ser a garantia das liberdades fundamentais dos cidadãos. Mas foi, sobretudo, a inclusão do poder moderador, a ser exercido exclusivamente pelo monarca, o ponto que alimentou as mais vivas polêmicas, quer em 1824, quer posteriormente.

MÁRCIA BERBEL & CECÍLIA HELENA DE SALLES OLIVEIRA (ORGS.)

Redigida por pequeno grupo de políticos,[1] ligados à Corte e ao monarca, e associada à repressão violenta aos opositores do governo, dentro e fora da Assembleia, a Carta de 1824 ficou conhecida na literatura como expressão do caráter "absolutista" de D. Pedro e como manifestação cabal de que a Independência não teria acarretado mudanças substanciais nas relações de poder vigentes durante o período colonial. Vários políticos, em momentos diferentes de suas trajetórias, defenderam essa versão, a exemplo de Francisco Salles Torres Homem, em 1849, Teófilo Ottoni, em 1860, e membros de agremiações republicanas organizadas a partir de 1870.[2] Em meio à

---

1   Eram membros do Conselho de Estado, nomeado especialmente por D. Pedro I, em novembro de 1823, para redigir a Carta Constitucional: Manuel Jacinto Nogueira da Gama, José Joaquim Carneiro de Campos, o desembargador Antônio Luiz Pereira da Cunha, José Egídio Álvares de Almeida, todos constituintes fluminenses; João Severiano Maciel da Costa, Luiz José de Carvalho e Melo, Clemente Ferreira França, Mariano José Pereira da Fonseca, João Gomes da Silva Mendonça e Francisco Vilela Barbosa, estes seis ministros recém indicados haviam participado tanto nas Cortes em Lisboa quanto na Assembleia dissolvida. Faziam parte do seleto grupo de famílias que, ao longo do primeiro reinado, iria compor as primeiras casas titulares do Império. Eram homens cujas fortunas vinham se consolidando desde os fins do século XVIII e que, além de controlarem largas faixas do mercado – pois atuavam na produção e comercialização de gêneros de exportação e de abastecimento e no tráfico negreiro-, exerciam cargos na magistratura e na administração, ascendendo a postos importantes do Banco do Brasil e do Real Erário durante o período joanino. Por vínculos de parentesco e negócios, pertenciam aos setores mercantis os mais ricos e poderosos da província fluminense e da região centro-sul e haviam atuado de forma direta nas decisões que ensejaram a separação de Portugal, pois antes mesmo da revolução de 1820 partilhavam o projeto de construir um Império no Brasil. Possuíam amplo conhecimento da administração pública e estavam munidos de um saber a respeito da sociedade brasileira, respaldado em suas próprias trajetórias, como estudantes em Coimbra, homens de negócios e políticos de reconhecido prestígio, e em ampla produção literária estrangeira e portuguesa com a qual tiveram contato seja em viagens a Europa seja por meio dos instrumentos de divulgação que a permanência da Corte portuguesa ajudara a implementar. Em muitos casos, como no de Maciel da Costa, Vilela Barbosa e Pereira da Cunha, eram estudiosos que escreveram memórias e reflexões, publicadas pela Academia de Lisboa, a respeito de temas como o aprendizado da geometria, engenharia, melhoramentos na produção agrícola e trabalho escravo. Informações biográficas preciosas sobre esses políticos e suas trajetórias encontram-se em: BLAKE, Antonio V. Sacramento. *Dicionário bibliográfico brasileiro.* Rio de Janeiro: Imprensa Nacional, 1898, 7 vols.

2   HOMEM, Francisco Salles Torres. O libelo do povo (1849). In: MAGALHÃES, Raimundo (org). *Três panfletários do segundo reinado.* São Paulo: Nacional, 1956; MAGALHÃES, Basílio de. A circular de Theophilo Ottoni de 1860. *Revista do Instituto Histórico e Geográfico Brasileiro.* Rio de Janeiro:

crítica ao regime monárquico e à campanha por profundas alterações no modo de governar, o que incluía a supressão do poder moderador, o texto constitucional era apresentado, especialmente nas décadas finais do Império, como o sinal mais evidente do peso do passado: a permanência da dinastia dos Bragança, após 1822, expressaria a continuidade das estruturas econômicas e sociais coloniais enquanto o poder moderador exemplificava práticas "despóticas" herdadas da monarquia portuguesa.

No entanto, ao lado desta, sedimentou-se também uma outra versão: a de que o marco institucional do Império era tão liberal quanto outras Constituições da época. Nesse entendimento, defendido no primeiro reinado por José da Silva Lisboa e nos anos de 1860 por Pimenta Bueno e Paulino de Souza,[3] entre outros, que a introdução do poder moderador não só era adequada aos princípios dos governos representativos como havia, ao longo do tempo, possibilitado um equilíbrio entre o executivo e o legislativo, permitindo que o arbítrio da Coroa na definição dos conflitos políticos acabasse por garantir a centralização administrativa, a unificação do território, bem como a alternância partidária no poder.

Durante o período imperial, a Carta, à medida que foi sendo aplicada, sofreu modificações,[4] passou por reinterpretações, mas foi usada, concomitantemente, como instrumento na competição pelo poder travada por grupos dos mais variados

---

Imprensa Nacional, 1916, tomo LXXVIII, parte II, p. 145-387; Manifesto do partido republicano (1870). In: CHACON, Vamireth (org.). *História dos partidos brasileiros*. 2ª ed. Brasília: UnB, 1985, p. 237-254.

3   LISBOA, José da Silva (Visconde de Cairú). *História dos principais sucessos do Império do Brasil*. Rio de Janeiro, Tipografia Nacional, 1827-1830, 2 vols; BUENO, José Antonio Pimenta ( Marquês de São Vicente). *Direito público brasileiro*: análise da Constituição do Império (1857). 2ª ed. Brasília: Senado Federal, 1978; SOUZA, Paulino José Soares de. Ensaio sobre direito administrativo (1862). In: *Visconde de Uruguai*. Introdução e organização de José de Murilo de Carvalho. São Paulo: Editora 34, 2002.

4   A Carta constitucional de 1824 foi alterada pelo Ato Adicional aprovado pela Câmara e pelo Senado em 1834. A lei n. 16 de 12 de agosto de 1834 determinou profundo ajustamento nas relações entre províncias e governo central, mas manteve a vigência do poder moderador, apesar de abolir o Conselho de Estado. Em 12 de maio de 1840 foi aprovada pelo legislativo a lei n. 105 de Interpretação do Ato Adicional que redefiniu algumas das atribuições das Assembleias provinciais, especialmente no tocante à criação de empregos e dispositivos legais. No que diz respeito ao poder moderador, foram a lei n. 234, de 23 de novembro de 1841, e o regulamento n. 124, de 5 de fevereiro de 1842, que consolidaram seu exercício no segundo reinado, reintroduzindo não só as atribuições do Imperador como o Conselho de Estado. Consultar: www.camara.gov.br/legislação.

interesses e matizes partidários. Curiosamente, porém, um dos principais motivos da condenação ao texto – o poder moderador – foi mantido por toda a vigência da monarquia, excetuando-se os anos da Regência, quando uma lei especial impossibilitou que os governantes pudessem exercer todas as atribuições originalmente conferidas ao monarca.[5]

Quais seriam, então, os sentidos desse quarto poder, considerado por muitos historiadores como a característica mais marcante da Carta constitucional do Império? Sua introdução representaria, conforme tantas vezes propalado, um distanciamento em relação a outras constituições contemporâneas formuladas no restante da América e na Europa? As análises elaboradas no século XIX que ora defendem ora atacam o texto constitucional não estariam atravessadas por propostas de ação política que acabaram obscurecendo as significações da Carta e do poder moderador ?

No debate político do início do século XIX, um dos temas centrais foi, sem dúvida, o papel a ser ocupado pelos governantes na composição de regimes constitucionais e representativos tanto na Europa quanto, em especial, na América de colonização portuguesa e hispânica. Fontes desse período, como periódicos, opúsculos e diários de debates legislativos de Cortes e Assembleias constituintes,[6] apontam para profundos entrelaçamentos entre experiências revolucionárias em curso no mundo ibérico nos fins do século XVIII e nas duas primeiras décadas

---

5   Trata-se da lei de 14 de junho de 1831. Por esse instrumento, os regentes poderiam desempenhar as prerrogativas do poder executivo e do poder moderador, excetuando-se o poder de dissolver a Câmara dos deputados. Sobre o tema, consultar: BARBOSA, Silvana Mota. *A sphinge monárquica: o poder moderador e apolítica imperial*. Campinas: IFCH/Unicamp, 2001.

6   Consultar, especialmente, *Diários das Cortes Gerais e Extraordinárias da Nação Portuguesa, 1821/1822*. Disponíveis no site www.fd.unl.pt. Ver, também, *Diário da Assembleia Geral Constituinte e Legislativa do Império do Brasil, 1823*. Edição fac-similar. Brasília, Senado Federal, 2003, 3 vols. Sobre a produção de periódicos e opúsculos no período, consultar, entre outros: OLIVEIRA, Cecilia Helena de Salles. *A Astúcia Liberal: relações de mercado e projetos políticos no Rio de Janeiro, 1820/1824*. São Paulo: USF/Ícone, 1999; NEVES, Lucia Maria Bastos Pereira das. *Corcundas e constitucionais*. A cultura política da Independência, 1820/1822. Rio de Janeiro: Revan/Faperj, 2003; *idem* (org). *Livros e Impressos*. Retratos do setecentos e do oitocentos. Rio de Janeiro: UERJ, 2009; FONSECA, Silvia Carla Pereira de Brito & CORRÊA, Maria Letícia (org). *200 anos de Imprensa no Brasil*. Rio de Janeiro: ContraCapa, 2009.

do século XIX. Refiro-me não só às articulações entre a Revolução de 1820, em Portugal, e a emergência de movimentos de caráter libertário e liberal em diversas províncias do Brasil, dos quais resultou a Independência, mas a uma aproximação de ações e pensamento entre políticos luso-brasileiros e seus contemporâneos que atuaram na Espanha, na América do Norte, na Cisplatina e em Buenos Aires, apenas para citar ligações mais conhecidas.

Esses entrelaçamentos não se circunscreveram à apropriação formal de referenciais, palavras de ordem e representações que circulavam nos meios políticos de ambos os lados do Atlântico.[7] Para segmentos diferenciados da sociedade colonial, procedimentos e experiências constitucionais, como os das 13 colônias inglesas nos anos de 1770, da Espanha em 1812 e de Portugal em 1821 e 1822, compunham um leque matizado de argumentos a serem utilizados nos embates pelo poder e, também, no esforço para a institucionalização de um governo constitucional no Brasil. O que se pretende problematizar neste artigo é o entendimento de que, em função do poder moderador e de ter sido outorgada, a Carta de 1824 tenha deixado de lado ensinamentos e princípios postos à prova pelos protagonistas das revoluções durante as guerras de Independência na América, pelas Cortes espanholas de 1812 e 1820, pelas Cortes portuguesas de 1820 e pela Assembleia Constituinte de 1823. Busca-se, assim, sublinhar vinculações e compartilhamentos entre experiências constitucionais diferentes, mas coetâneas, o que contribui para tornar ainda mais complexas as circunstâncias históricas nas quais a Carta de 1824 foi escrita e implementada.

---

7   Sobre o tema consultar entre outras obras: BERBEL, Márcia Regina. *A nação como artefato*. Deputados do Brasil nas Cortes Portuguesas, 1821/1822. São Paulo: Hucitec, 1999; PIMENTA, João Paulo Garrido. *O Brasil e a América Espanhola, 1808/1822*. Tese de Doutorado. São Paulo, FFLCH-USP, 2004; MATTOSO, José (dir). *História de Portugal*. Vol. 5: Liberalismo. Lisboa: Estampa, 1993; BERBEL, Márcia Regina & MARQUESE, Rafael de Bivar. "A escravidão nas experiências constitucionais ibéricas, 1810/1824". In: OLIVEIRA, Cecilia Helena de Salles; COSTA, Wilma Peres & BITTENCOURT, Vera Lucia Nagib (org.). *Soberania e Conflito. Configurações do Estado Nacional no Brasil do século XIX*. São Paulo: Hucitec/Fapesp, 2010, p. 78-117; FRASQUET, Ivana e SLEMIAN, Andréa (eds.). *De las independências iberoamericanas a los estados nacionales (1810/1850), 200 años de historia*. Estúdios Ahila. Madrid, Iberoamericana, 2009.

## A Assembleia Constituinte e a memória sobre a origem do governo constitucional e representativo no Brasil

Na investigação, pacientemente instituída sobre o nosso passado por alguns pensadores severos, há um trabalho, que ainda não está feito. É a história do sistema constitucional no Brasil, no período decorrido de 1822 até hoje. Como um ensaio destinado a despertar os tão fecundos talentos de nossa terra para essa ordem de ideias, aí lançamos ao seio do futuro esse modesto estudo sobre a Constituinte Brasileira de 1823. Em face dos documentos aqui apresentados, não terá eco na posteridade essa mentira histórica, que proclama a nossa primeira assembleia nacional como um clube de facciosos...

Francisco Ignácio Marcondes Homem de Mello, 1863[8]

*A Constituinte perante a História,* de Francisco Ignácio Marcondes Homem de Mello, foi obra publicada quando o debate acerca do poder moderador e da monarquia ganhava contornos específicos, em função da formação da chamada Liga Progressista e do antagonismo criado entre ligueiros e "conservadores emperrados", oposição registrada formalmente, em 1862, pela edição da obra do Visconde de Uruguai, *Ensaio de Direito Administrativo,* e pela segunda edição do opúsculo de Zacarias de Góis e Vasconcellos, *Da natureza e limites do poder moderador.*[9] Compõe, juntamente com essas obras, o campo político e simbólico no qual foi forjada a memória sobre a fundação do Império e da monarquia constitucional, o que implicava a retomada das polêmicas interpretativas que envolviam a Carta de 1824. Nessa disputa pelo domínio sobre o passado e pelo controle das ações de governo no presente, diluíam-se distâncias temporais, projetando-se para a década de 1820 questões que não faziam parte dos horizontes dos protagonistas da Independência, em especial o regime parlamentar.[10]

---

8  MELLO, Francisco Ignácio Marcondes Homem de. *A Constituinte perante a história* (1ª ed. 1863). Edição fac-similar. Brasília: Senado Federal, 1996, prefácio.

9  Ver: *Zacarias de Góis e Vasconcelos.* Organização e introdução de Cecilia Helena de Salles Oliveira. São Paulo: Editora 34, 2002.

10  LYNCH, Christian Edward Cyril. O discurso monarquiano e a recepção do conceito de poder moderador, 1822/1824. *Dados,* vol. 48, n. 3. Rio de Janeiro: jul/set, 2005; BOBBIO, Norberto *et al.*

Aparentemente o objetivo de Homem de Mello, político que se situava entre os liberais, era escrever uma obra de História que sublinhasse as origens do constitucionalismo no país. A seu ver,

> o ano de 1823 é o período mais importante de nossa história constitucional. É a primeira palavra do sistema representativo entre nós. 1823 é a crença pura da primeira idade, como 1831 é a idade heroica de nossa história. Aqui o civismo brasileiro ostentou toda a sua potente virilidade. Ali a pureza de uma fé robusta, um patriotismo cheio de grandeza, alguma coisa de inocência das primeiras impressões, selaram com uma glória eterna os trabalhos da constituinte. Entretanto período nenhum da história do Brasil tem sido tão desfigurado, tão desapiedadamente caluniado, como o da constituinte de 1823.[11]

Saía a público, assim, para defender a Assembleia, buscando retirar do esquecimento seu caráter seminal em termos das práticas constitucionais. Mais ainda: os constituintes teriam elaborado um projeto tão fundamentado e adequado que seus adversários e o Imperador praticamente o copiaram sem, contudo, dar publicidade do que fizeram.

Segundo o autor, "insultos" cobriam "uma geração inteira para sobre as ruínas de sua reputação erguer o vulto dos ídolos do dia". Sua preocupação era a de "restaurar uma época desfigurada de nosso passado", recuperar a "verdade" perante a qual a "história não pode ser estátua muda",[12] numa clara referência à escultura equestre em homenagem a D. Pedro I, inaugurada em março de 1862, e que aliava a proclamação da Independência à feitura da Carta constitucional de 1824.[13] Recobrava, sob condições históricas específicas, argumentos de grande repercussão em 1822 e em

---

*Dicionário de Política*. 12ª ed. Brasília: UnB, 1999, 2 vols.

11    MELLO, Francisco Ignácio Marcondes Homem de, *op. cit.*, p. 1.

12    *Idem, ibidem*, p. 1-2.

13    Sobre a estátua equestre de D. Pedro I, situada na atual Praça Tiradentes, na cidade do Rio de Janeiro, consultar, entre outros: OLIVEIRA, Cecilia Helena de Salles. *O espetáculo do Ypiranga*. Tese de Livre-Docência. São Paulo, Museu Paulista da USP, 2000; SOUZA, Iara Lis Carvalho. *A pátria coroada. O Brasil como corpo autônomo, 1780/1831*. São Paulo: Editora Unesp, 1999.

1831, segundo os quais a proclamação da Independência e a separação de Portugal não tinham sido frutos da vontade do Príncipe, mas resultados da ação de liberais, empenhados em erguer nas províncias do Brasil os mesmos princípios defendidos pela Constituição de 1822, elaborada pelas Cortes da "nação portuguesa" em Lisboa. Nesse entendimento, a outorga da Carta, em 1824, seria um interregno forçado na construção de um governo representativo e constitucional, iniciado em 1823 e retomado em 1831, com a abdicação.

Citando trechos de Armitage e de Varnhagen,[14] Homem de Mello frisou que ambos emitiram juízos desfavoráveis à Assembleia. O negociante inglês teria sublinhado a falta de conhecimentos e de prática política da maior parte dos deputados. Excetuando da mediocridade apenas os três irmãos Andrada, assegurava que se o ministério, em 1823, tivesse sido mais competente poderia ter dominado inteiramente os trabalhos legislativos. Já Varnhagen havia observado que 1822 foi o momento certo para que D. Pedro outorgasse uma constituição "bem concebida e meditada". A Assembleia convocada para redigir a Constituição teria sido tomada pelas "paixões", pelo excesso de discussões e pela decorrente impossibilidade de executar sua tarefa, o que foi realizado pelo Imperador. Segundo Homem de Mello, opiniões como estas conduziam à compreensão de que a Constituinte nada produziu o que, a seu ver, não se sustentava. Daí a proposta de seu ensaio: apresentar um exame das discussões, projetos e leis que a Assembleia formulou, valorizando não só os princípios de liberdade constitucional que a teriam presidido como sua imersão nos debates travados na Europa e na América naquela época, o que teria sido brutalmente solapado pelo governo de D. Pedro I.

Argumentava que, em 1822, quebravam-se os vínculos com o passado, ponderando que o estabelecimento de uma nova ordem política demandava a realização de um pacto social, sendo o primeiro ato da soberania nacional precisamente a convocação e posterior reunião da Assembleia. Ressaltou que os deputados não só pertenciam às classes "elevadas e importantes" da sociedade como estavam dotados dos

---

14 ARMITAGE, João. *História do Brasil, desde a chegada da família real, em 1808, até a abdicação de D. Pedro I, em 1831*. 1ª ed. 1836. Belo Horizonte/São Paulo: Edusp/Itatiaia, 1981; VARNHAGEN, Francisco Adolfo de. *História Geral do Brasil*. Rio de Janeiro: Laemmert, 1854/1857, 2 vols.

conhecimentos necessários para o exercício da política, quer pelos estudos que a maior parte havia realizado quer pela experiência adquirida nas Cortes em Lisboa.[15]

Fundamentou-se nos *Diários da Assembleia Constituinte e Legislativa do Brasil*, publicados na Tipografia Nacional, para fazer suas considerações, citando também o então recém publicado *Ensaio de direito administrativo* do Visconde de Uruguai. A partir dessas leituras, assegurava que os deputados seguiam suas "inspirações e luzes" individuais e que "não havia maioria arregimentada, nem oposição constituída, nem grupos".[16] Se "as fórmulas e estilos parlamentares eram pouco conhecidos e por vezes preteridos", esses aspectos não impediram que, enquanto José Bonifácio esteve à frente do governo, se instaurasse completa harmonia entre monarca e deputados, o que possibilitou que a Assembleia coadjuvasse a ação de governar. Homem de Mello, em 1863, atribuía à Assembleia, reunida 40 anos antes, o papel de germe do regime parlamentar, para o qual teria concorrido sobremaneira a figura experiente e autorizada de José Bonifácio, tido como ministro chefe do governo a agir como intermediário entre esses poderes, até por ocupar simultaneamente uma cadeira no legislativo.

Assim, enquanto funcionava a comissão encarregada da elaboração da Constituição – composta pelos deputados Antônio Carlos Ribeiro de Andrada Machado e Silva, Antonio Luiz Pereira da Cunha, Manuel Ferreira da Câmara de Bittencourt Sá, Pedro de Araújo Lima, José Ricardo da Costa de Aguiar Andrada e Francisco Muniz Tavares[17] – foram discutidos e aprovados, "independentes da sanção real como era de direito", projetos de lei promulgados todos com data de 20 de outubro de 1823.[18]

---

15  MELLO, Francisco Ignácio Marcondes Homem de. *Op. cit.*, p. 4.

16  *Idem, ibidem*, p. 6

17  Sobre a trajetória desses políticos consultar, além da obra de Sacramento Blake, já mencionada, verbetes editados em: VAINFAS, Ronaldo (dir). *Dicionário do Brasil Imperial*, 1822/1889. Rio de Janeiro: Objetiva, 2002.

18  *Idem, ibidem*, p. 8. O autor se refere às seguintes leis: Lei regulando a forma que devia ser observada na promulgação dos decretos da Constituinte, sem dependência da sanção imperial: projeto da comissão de constituição, relator Araújo Lima, na sessão de 12 de junho; Lei revogando o decreto que criara, em 1822, o conselho de procuradores das províncias, projeto de Antônio Carlos, na sessão de 21 de maio; Lei revogando o alvará de 30 de março de 1818 sobre as sociedades secretas

O projeto de Constituição, apresentado a 1º de setembro, continha "todos os grandes princípios das liberdades constitucionais, todas as novas conquistas do sistema representativo" entre os quais: a liberdade pessoal, a igualdade perante a lei, a publicidade do processo, a abolição do confisco e da infâmia das penas, a liberdade religiosa, a liberdade de imprensa e indústria, a garantia da propriedade e o julgamento pelo júri, tanto no cível quanto no crime. Entretanto, os deputados em geral e especialmente os Andrada, segundo Mello, foram acusados de defender propostas "ultra-democráticas", associando-se a casa legislativa à agitação social que adquiriu visibilidade no Rio de Janeiro e em outras províncias nos fins de 1823.[19]

Nessa versão, as relações entre o governo e a Assembleia se alteraram com a demissão e substituição do "gabinete Andrada", em 17 de julho de 1823. A nova administração coube a homens tidos como "mais moderados" e a política do ministério deu mostras de que seria "favorável aos portugueses" quando ainda não havia se confirmado o reconhecimento da Independência. Além disso, governo e Imperador mostraram não estar acostumados "a contrariedades e à fiscalização severa de seus atos".[20] Criticando novamente a *História* de Armitage, por sugerir que a Assembleia afrontava o Imperador, Homem de Mello argumentou que o poder executivo não estava " afeito às exigências do regime constitucional", interpretando "incorretamente" a atitude da Assembleia e de alguns de seus deputados, a exemplo de Montezuma, contrários aos títulos nobiliárquicos com os quais D. Pedro agraciava quem havia prestado relevantes serviços ao governo, como Lord Cochrane. A

---

e dando novas providências, projeto de J. A. Rodrigues de Carvalho, na sessão de 7 de maio; Lei proibindo aos deputados o exercício de qualquer outro emprego durante o tempo da deputação, exceto o de ministro e intendente de polícia, projeto de Araújo Vianna, na sessão de 21 de julho; Lei abolindo as juntas provisórias estabelecidas pelo decreto de 29 de setembro de 1821, dando nova forma aos governos das províncias, que passaram a ser administradas por presidente e conselho, projeto de Antônio Carlos, na sessão de 9 de maio; Lei marcando qual a legislação que ficava vigorando no Império após a independência, projeto de A. L. Pereira da Cunha; projeto de lei de 2 de outubro regulando a liberdade de imprensa, apresentado pela comissão de legislação (Silva Maia, Bernardo José da Gama, Estevão Ribeiro de Rezende, Fonseca Vasconcellos e Rodrigues de Carvalho), posto em execução por decreto do poder executivo em 22 de novembro de 1823.

19 *Idem, ibidem*, p. 9-10. Sobre o assunto, consultar, obras já citadas de Cecilia Helena de Salles Oliveira e Iara Lis Carvalho Souza.

20 MELLO, Francisco Ignácio Marcondes Homem de. *Op. cit*, p. 11

esse estremecimento aliaram-se "rivalidades de nacionalidades". A seu ver, "[…] o país ensaiava a nova ordem de coisas com os hábitos inveterados do antigo regime. Entre novas e velhas ideias a luta era o resultado necessário de uma lei histórica".[21]

Mas, o confronto que se evidenciava entre governo e Constituinte sofreu a intervenção de um outro protagonista: a tropa. Quase toda composta por portugueses, teria adotado uma atitude hostil à Assembleia, disso resultando seu fechamento. Para Homem de Mello, o governo, ao invés de punir os oficiais da guarnição da Corte, a um só tempo, afirmava a tranquilidade dos corpos militares enquanto os reunia com pólvora e balas em São Cristóvão. Fez duras acusações aos ministros João Vieira de Carvalho – pela proposta de incorporar às tropas brasileiras os soldados portugueses que na Bahia lutaram contra a separação – e Francisco Villela Barbosa, chamado a dar explicações sobre a movimentação militar, em 12 de novembro de 1823. Barbosa não apenas teria feito comparações entre a situação no Rio de Janeiro e aquela que havia ocorrido em Lisboa quando do retorno do absolutismo como, segundo Mello, "envolveu em suas respostas o nome do Imperador, cuja pessoa foi posta pela frente, e ficou assim fora de todas as condições constitucionais". Ou seja, Barbosa teria retirado ao Imperador a condição de pessoa sagrada e irresponsável, tornando-o agente ativo do embate.[22] Na narrativa de Mello era como se, antes mesmo do fechamento da Assembleia, o poder moderador já estivesse instituído, assim como a prática que foi se configurando a partir da Regência de os ministros assumirem e assinarem atos decorrentes das atribuições do quarto poder.[23]

Para Mello, em nenhum momento a Assembleia teria se apartado de sua postura e de seu dever. Em contrapartida, "o poder prolongava a agonia da vítima. Estava resolvido que a assembleia seria dissolvida à força armada, porque assim o exigira a tropa portuguesa. Para este golpe tremendo tudo estava de antemão preparado".[24] Os ministros e deputados José Joaquim Carneiro de Campos e Manuel Jacinto Nogueira da Gama, que segundo Mello não concordaram com o plano, foram

---

21  *Idem, ibidem*, p. 12-13.

22  *Idem, ibidem*, p. 14-15.

23  Sobre o tema, consultar a tese de doutorado de Silvana Mota Barbosa, já mencionada.

24  Mello, Francisco Ignácio Marcondes Homem de. *Op. cit*, p. 15.

demitidos. Um novo ministério, nomeado a 10 de novembro, e o Imperador em pessoa teriam executado o fechamento.

É importante registrar que, nessa narrativa, governo e Imperador sofriam críticas públicas em periódicos da época. Mas, além de não mencionar quais seriam esses periódicos, Mello faz questão de isentar *O Tamoyo* por qualquer ofensa à autoridade imperial.[25] Não inocentava a folha por ter feito violentas contestações a ministros. Porém, enfatizava a disposição dos redatores em resguardar a figura irresponsável, frisando que, na devassa aberta para "descobrir-se a sedição promovida para a ruína da pátria", a 24 de novembro de 1823, nada teria sido encontrado contra os Andrada, *O Tamoyo* e tampouco contra outros deputados. Ou seja, direciona toda a argumentação para apontar que imprensa e casa legislativa, em 1823, não ultrapassaram os limites de suas atribuições e que se houve conspiração, essa foi feita pelo governo e pela Coroa contra os espaços das liberdades individuais e coletivas. No entanto, os debates na Assembleia, especialmente durante o mês de novembro, dão conta de que, por várias vezes, governo e Imperador interrogaram a ação de deputados junto à imprensa e ao *Tamoyo*, vistos como instrumentos para "insuflar" conflitos entre tropas, portugueses recém-imigrados e "povo", cotidianamente reunido nas galerias.[26]

> A dissolução da constituinte brasileira de 1823 ainda não foi julgada. O rancor das paixões políticas não é juízo da posteridade. A história, cúmplice do sucesso, santifica todas as injustiças, contanto que ao lado delas se ponha a força vitoriosa.[27]

A questão central para Mello era comprovar, por meio de cuidadoso recorte de trechos recolhidos dentre os debates legislativos, que a versão "verdadeira" dos

---

25 O periódico *O Tamoyo* circulou na cidade do Rio de Janeiro entre 12 de agosto e 11 de novembro de 1823, sendo produzido inicialmente na Oficina de Silva Porto e em seus últimos meses na Imprensa Nacional. Atribuiu-se a redação aos irmãos Andrada, que nessa empreitada seriam auxiliados por Francisco França de Miranda e Vasconcellos Drumond. *O Tamoyo*. Edição fac-similar. Rio de Janeiro: Zélio Valverde, 1944.

26 Ver *Diário da Assembleia Constituinte e Legislativa do Império do Brasil*, 1823, 3º. vol.

27 MELLO, Francisco Ignácio Marcondes Homem de. *Op. cit.*, p. 17-18.

episódios era a dos deputados. Em sua generalidade, os legisladores não tinham questionado a monarquia, tampouco se levantaram contra o imperador, "mal aconselhado e arrastado pela impetuosidade de seu caráter". Além disso, mesmo com a dissolução, os ideais de liberdade e constitucionalismo defendidos na Assembleia teriam vingado. O mais significativo para ele, a despeito de o governo tentar esconder, a Carta outorgada não foi "dádiva graciosa do Imperador e dos conselheiros de Estado que a assinaram", pois se fundamentou no projeto formulado pela Constituinte. "[...] A atual constituição tem sobre ele a superioridade da forma e do método, contendo algumas disposições novas", que o autor procura indicar: no projeto de 1823 havia três poderes de Estado e nenhuma menção fora feita ao poder moderador, cujas funções estavam distribuídas entre o poder executivo e a iniciativa legislativa do Imperador; este não podia dissolver a câmara, apenas convocá-la, adiá-la ou prorrogá-la; o herdeiro da coroa ou imperador do Brasil que aceitasse coroa estrangeira renunciava à do Império; e, aos ministros condenados por corrupção ou improbidade, o Imperador somente podia perdoar a pena de morte.[28]

A partir dessas considerações, Mello elaborou severas críticas aos políticos que ajudaram a formular a Carta, especialmente o Visconde de Paranaguá, o marquês de Queluz, o Visconde de Caravelas, o Barão de Cairú e o Visconde de Santo Amaro.[29] O eixo da condenação está no fato de acreditar que esses políticos não sabiam avaliar a importância das casas legislativas e que defendiam a presunção de que o sistema constitucional não convinha a países de grande extensão. Entretanto, observou:

> [...] Nesta grande crise do nosso passado, há para o historiador um desenlace consolador. A força não venceu o direito. Consumada a violência contra os mártires da pátria, o triunfo ficou à causa da liberdade constitucional. Após a vaga inquietação que acompanha sempre todos os atos de força material, o Imperador inclinou-se perante a soberania nacional,

---

28 *Idem, ibidem*, p. 19-21.

29 Refere-se a Francisco Vilela Barbosa, depois Marquês de Paranaguá; João Severiano Maciel da Costa, Marquês de Queluz; Felisberto Caldeira Brant Pontes, Marquês de Barbacena; João da Silva Lisboa, depois Visconde de Cairú; e José Egídio Álvares de Almeida, depois Marquês de Santo Amaro. Nota-se que Homem de Mello incluiu Silva Lisboa e Caldeira Brant na relação de autores da Carta, o ue oficialmente não aparece nos decretos da época.

e o dia 25 de março veio realizar os votos da constituinte. A memória do primeiro Imperador não precisa viver à custa da calúnia lançada sobre uma geração inteira [...] Na carreira política do fundador do Império, há mais de um título legítimo de glória que o recomenda à posteridade e à gratidão dos brasileiros. O ano de 1822 honra sua memória. O ato violento da dissolução da constituinte foi um gravíssimo erro político [...] que repercutiu dolorosamente em todo o seu reinado [...] Nunca mais se atou o laço rompido da confiança nacional [...] 7 de abril é resultado de 12 de novembro [...] É tempo, que o sol da posteridade desponte para esses manes sacrossantos da pátria, que, há quase meio século, aguardam sob a campa a tardia justiça de seus ingratos netos [...] Em presença dos rancores contemporâneos, que se atiram implacáveis sobre o nosso passado, só há um meio de salvar a verdade histórica: é deixar falar os monumentos do tempo, reunir as provas, preparar o processo para geração vindoura julgar [...] Há nas escolas, nos partidos, nas seitas políticas, uma tendência irresistível para modificar o passado no sentido de suas ideias e muitas vezes de seus interesses. Um episódio de história pátria é tratado como tese de partido; e a geração passada comparece ante o tribunal das paixões do dia para ser louvada ou vituperada conforme os preconceitos de cada um [...][30]

Essa é uma das formas pelas quais Homem de Mello se situou no matizado e amplo debate sobre os poderes de Estado e o funcionamento da monarquia na década de 1860. E o fez por meio de caminho original, se comparado a Zacarias de Góis e Paulino de Souza, por exemplo, que discutiram o poder moderador e o lugar a ser ocupado pelo monarca no governo, recorrendo ao passado da fundação do Império e ao texto original da Carta de 1824, mas sem mencionar a Assembleia, seus atos e o projeto de 1823.

A narrativa de Mello estabelece um percurso sobre a origem da monarquia parlamentar no Brasil, cuja semente estaria na Constituinte. Ao mesmo tempo, porém, sugere que havia profunda diferença entre 1823 e sua época, sublinhando que as preocupações dos constituintes eram de natureza conceitual e normativa, estando perfeitamente afinadas às condições políticas então vigentes no Brasil e em outros países. Na década de 1860, as controvérsias eram de interpretação e se relacionavam

---

30 *Idem, ibidem*, p. 25-30.

A EXPERIÊNCIA CONSTITUCIONAL DE CÁDIS

à prática que deveria reger a convivência entre Câmara, ministério e imperador. Em função disso, procurava valorizar o espaço da Câmara dos deputados, contrapondo a ele o lugar a ser ocupado pelo monarca. O poder dotado de legitimidade e representação era o legislativo, muito embora parecesse concordar com o papel simbólico e de intermediação que D. Pedro II pudesse usufruir.

À primeira vista, então, propunha uma leitura da Carta de 1824 que não rechaçava o poder moderador ou tampouco retirava do monarca o caráter sagrado e irresponsável que o documento lhe conferiu. Aparentemente, procurava harmonizar o reconhecimento da figura do imperador à revalorização do projeto de 1823. Este seria o texto de fundação política do Brasil, que referenciou a Carta outorgada e que merecia profunda reavaliação no momento em que, tanto do campo conservador quanto do campo liberal, brotavam questionamentos acerca da propriedade do regime parlamentar e dos obstáculos a sua plena consecução.

Entretanto, como a própria narrativa do autor sugere, não havia possibilidade de harmonizar o projeto de 1823 e a divisão de poderes estabelecida pela Carta de 1824. Homem de Mello procurava no passado a origem popular e revolucionária da Independência e da Abdicação e, na Constituinte, a representação da soberania da nação assim como os princípios que melhor poderiam justificar ou a supressão do quarto poder ou a alteração profunda no modo pelo qual deveria ser exercido.

Novamente propondo paralelos, considerava que no episódio da dissolução, em novembro de 1823, a atuação de ministros e tropas havia colocado o Imperador em situação difícil, descoberto da aura sagrada que deveria cercá-lo, sugerindo que, no momento em que escrevia, também D. Pedro II ficara desprovido da proteção do ministério, expondo-se publicamente e colocando em risco sua imagem sagrada e acima dos partidos.[31] Sublinhava-se, assim, o "mau uso" que os ministros faziam do poder irresponsável, rebaixando a figura real à crítica imediata da imprensa e do legislativo.

Meses antes da edição dessa obra, Teófilo Ottoni viera a público para justificar as razões de sua ausência na cerimônia de inauguração da estátua equestre em homenagem ao primeiro Imperador, em março de 1862. Ao fazê-lo recorreu a

---

31  Sobre o período, consultar ABRÊU, Eide Sandra Azevedo. *O evangelho do comércio universal*: o desempenho de Tavares Bastos na Liga Progressista e no Partido Liberal. Tese de doutorado. Campinas: IFCH/Unicamp, 2002.

argumentos semelhantes aos utilizados por Mello, também recuperando a memória da Assembleia de 1823.[32]

> [...] Em vista de seus antecedentes e origem, o monumento da praça da Constituição significa: que a Independência de 1822 foi uma doação do monarca [...] que a constituição foi, senão uma outorga de direito divino, ao menos espontânea concessão da filosofia do Príncipe, e documento de sua adesão às ideias liberais; que o 7 de abril de 1831 foi um crime de rebelião [...] Ao menos é isso que eu leio na praça da Constituição. Mas pondo os olhos em Deus e a mão na consciência, sinto necessidade de protestar contra essas epopeias que o arauto de bronze quer levar à posteridade [...].[33]

Em outra passagem ressaltava: "[...] a dissolução da Constituinte atribuída cavilosamente nas proclamações imperiais ao desejo de abafar projetos que os deputados tinham contra a nossa santa religião" fez do Imperador um "ditador", dele retirando a legitimidade constitucional, o que se pretendia apagar com o monumento em bronze.[34] Por meio de palavras diferentes, frisava a mesma versão, esquadrinhando o passado para dele retirar elementos factuais e de princípio que colocavam o poder moderador sob severa condenação, particularmente no tocante à possibilidade de a Coroa inverter a situação política, pela dissolução da Câmara, ou montar o Senado a seu arbítrio, "desrespeitando" a ordem das listas tríplices saídas das eleições, situação vivida pelo próprio Ottoni, em 1858. Tanto Homem de Mello quanto Ottoni reavivaram a memória da Constituinte e de sua dissolução por intermédio de uma oposição entre Imperador e deputados, representativa de um confronto entre a continuidade e a ruptura em relação ao passado da monarquia portuguesa e do absolutismo. Essa é também uma das imagens que os próprios protagonistas de 1823 alimentaram às vésperas do episódio do fechamento da Assembleia. As discussões entre os deputados sugerem, porém, outros meandros: não só uma fragmentação de posições no interior daquele fórum como o

---

32 OTTONI, Teófilo. *A estátua equestre*. Rio de Janeiro: Tipografia do Diário, 1862. Sobre a trajetória desse político, consultar verbete no *Dicionário do Brasil Imperial*, já citado.

33 *Idem, ibidem*, p. 2-3

34 *Idem, ibidem*, p. 8

A EXPERIÊNCIA CONSTITUCIONAL DE CÁDIS

delineamento de opiniões compartilhadas por deputados e ministros que acabaram ensejando o apoio de parte dos legisladores aos atos que resultaram na dissolução da Assembleia pela força e por meio do poder executivo.

## Texto constitucional e debates na Constituinte

Tradicionalmente na literatura historiográfica e jurídica, os dispositivos constitucionais de 1824 foram interpretados como se decorressem de um consenso entre "elites" do centro-sul do Brasil, genericamente idealizadas. Os suportes desse consenso estariam em uma suposta homogeneidade de formação e atuação desses segmentos e na continuidade de uma concordância tácita, articulada desde 1822, em torno da separação de Portugal e da prevalência da dinastia de Bragança.[35] No entanto, há estudos e referências que permitem problematizar essas certezas.[36]

Refiro-me não só à constatação de que a sociedade colonial, entre os fins do século XVIII e as duas primeiras décadas do XIX, guardava especificidades, particularismos e incongruências, mas, principalmente, ao reconhecimento de que a complexidade das relações sociais e econômicas, nessa época, exteriorizou-se por intermédio, entre outras circunstâncias, de múltiplos projetos políticos concernentes tanto ao reajustamento das formas de produção, de circulação e de poder no âmbito interno à sociedade da América portuguesa quanto em termos da possibilidade (ou não) da reconfiguração dos vínculos que articulavam os Reinos do Brasil e de Portugal.[37] Nesse sentido, ao mesmo tempo em que vêm sendo investigados e evidenciados os matizados termos e dimensões do debate e dos confrontos políticos nos quais se definiram a

---

35 São exemplares dessa posição as considerações de João Camilo de Oliveira Torres, na obra Os construtores do Império. São Paulo: Nacional, 1968; bem como ponderações de José Murilo de Carvalho em *Pontos e Bordados*. Belo Horizonte: UFMG, 1999.

36 Ver, entre outros: JANCSÓ, István (org). *Brasil: formação do Estado e da nação*. São Paulo: Hucitec/Fapesp/Editora Unijuí, 2003; MARSON, Izabel Andrade. *O império do progresso*. São Paulo: Brasiliense, 1987; BITTENCOURT, Vera Lúcia Nagib. *De alteza real a imperador: o governo de D. Pedro de abril de 1821 a outubro de 1822*. Tese de doutorado. São Paulo, FFLCH/USP, 2007.

37 Ver: OLIVEIRA, Cecilia Helena de Salles. *A Astúcia Liberal*, cap. 2; JANCSÓ, István & PIMENTA, João Paulo Garrido. As peças de um mosaico: apontamentos para o estudo da unidade nacional brasileira. In: MOTA, Carlos Guilherme (org). *Viagem incompleta*. São Paulo: Senac, 2000, 1º. vol, p. 125-175.

"emancipação", a "independência" e as condições do rompimento entre a Corte do Rio de Janeiro e as Cortes constituintes de Lisboa,[38] também vem merecendo reavaliação os modos pelos quais o conteúdo da Carta foi interpretado.

A esse respeito é possível propor pelo menos três linhas de reflexão articuladas que, nos limites deste artigo, serão apenas esboçadas. A primeira, debruça-se sobre os princípios e fundamentos da Carta, explorando-se os liames com outras Constituições e com outras experiências constitucionais. A segunda, dedica-se a investigar as circunstâncias históricas e políticas de elaboração da Carta e das opções ali contidas, particularmente no âmbito da posição a ser ocupada pelo monarca no governo constitucional e no das relações entre poder executivo e poder moderador. Finalmente, a terceira reconhece a necessidade de reconstituir o movimento de configuração de memórias sobre a Carta de 1824 profundamente entrelaçadas à dinâmica político-partidária durante o século XIX, conforme evidenciam obras como as Homem de Mello e Ottoni, tratadas no item anterior.

No tocante aos referenciais teóricos e às experiências que podem ter guiado os redatores do documento, é pertinente sublinhar a complexidade da cultura política à época seja na Corte, seja nas demais províncias do Brasil, à qual se soma o conhecimento acumulado a respeito das revoluções em curso desde fins do século XVIII. Além disso, a circulação de livros, folhas volantes e periódicos facultava a leitura e a transmissão oral de variadas propostas constitucionais. Por outro lado, interpretações e avaliações acerca de premissas e possíveis opções foram impregnadas pelas repercussões dos movimentos de "povo e tropa" que ocorreram em 1817, em Pernambuco, e se intensificaram em diversas províncias a partir de fins de 1820, após as notícias sobre a revolução em Portugal. A isso é preciso acrescentar

---

38  Cabe lembrar que, no período histórico em questão, conforme observou Maria de Lourdes Viana Lyra, a palavra "emancipação" estava referida à condição política e administrativa delineada a partir da elevação do Brasil a Reino Unido à Portugal. Tratava-se, portanto, de um novo estatuto, criado em dezembro de 1815, que complementava inúmeras outras decisões adotadas desde 1808. Já a expressão "independência" possuía na época sentido diverso e preciso: indicava o poder da sociedade civil para elaborar as leis que deveriam estabelecer as relações políticas e mercantis entre os homens livres. Foi ao longo do processo de lutas políticas, entre 1821 e 1822, que a palavra teve sua significação alargada, tornando-se sinônimo da decisão de promover o rompimento com as Cortes em Lisboa. Sobre o tema consultar: *A Astúcia Liberal*, p. 197-ss; LYRA, Maria de Lourdes Vianna. *A utopia do poderoso império*. Rio de Janeiro: Sette Letras, 1994.

A EXPERIÊNCIA CONSTITUCIONAL DE CÁDIS          237

o impacto social dos debates nas Cortes em Lisboa, bem como as decisões adotadas pelo governo do Rio de Janeiro, entre 1822 e 1823, envolvendo a declaração
de Independência e de separação de Portugal. Nesse sentido, carecem de questionamento as relações imediatas que geralmente são estabelecidas entre dispositivos
presentes na Carta e princípios defendidos por Benjamin Constant a respeito do
"poder real".[39]

Cabe lembrar, igualmente, que as polêmicas envolvendo o lugar a ser ocupado
pelo rei em um governo constitucional manifestaram-se com veemência na Corte
do Rio de Janeiro, logo no início de 1821, quando das movimentações de rua que
obrigaram o governo joanino a reconhecer a "regeneração da monarquia portuguesa" e a jurar as bases da futura constituição que as Cortes em Lisboa deveriam elaborar. Foi nesse momento, também, que ganharam ressonância artigos e propostas
presentes no texto constitucional produzido pelas Cortes de Cádis, em 1812. Tanto
em 26 de fevereiro de 1821 quanto por ocasião dos confrontos na Praça do Comércio,
em abril do mesmo ano, opções adotadas naquele documento foram brandidas por
grupos políticos que faziam oposição aos membros do governo da Corte e que,
valendo-se dos pressupostos apontados inicialmente pelo governo revolucionário
em Portugal, defendiam a construção de uma "nação portuguesa" unida em torno
de um governo constitucional.[40] A Constituição espanhola serviu como luva em
ambas as ocasiões para justificar a legalidade das manifestações públicas em defesa
do reconhecimento das liberdades e espaços de atuação dos cidadãos. O texto previa a reunião dos "espanhóis de ambos os hemisférios" em torno de uma monarquia constitucional, composta por três poderes de Estado, na qual era reconhecida
a potência legislativa do monarca em conjunto com as Cortes, porém, afirma-se
a soberania do poder legislativo unicameral, eleito e renovável pelos cidadãos livres, atribuindo-se ao rei unicamente o poder executivo, com elenco significativo

---

39  Sobre as articulações entre a Carta de 1824 e as propostas de Constant são fundamentais as con-
    tribuições de Silvana Mota Barbosa na tese já mencionada. Além disso, é possível consultar as
    obras desse político através do site da Biblioteca Nacional de Paris (www.bn.fr). Vale a pena
    verificar, também, os textos de Constant traduzidos e publicados na *Revista de História*, do De-
    partamento de História da FFLCH/USP, n. 145 e 146, assim como o artigo de Modesto Florenzano
    que os acompanha.

40  Ver: *A Astúcia Liberal*, caps. 2 e 3.

de restrições, entre as quais se destacam a impossibilidade do rei suspender ou dissolver as Cortes, impor por seu arbítrio taxas e contribuições, conceder privilégios ou privar os cidadãos da liberdade.[41]

Em linhas gerais, esses mesmos princípios compunham as Bases da futura Constituição a ser formulada pelos deputados das Cortes em Lisboa.[42] Esse documento, que pode ser considerado como uma reatualização da Constituição de Cádis de 1812, manteve-se como horizonte político, entre 1821 e 1822, para importantes periódicos fluminenses, particularmente o *Revérbero Constitucional Fluminense* e o *Correio do Rio de Janeiro*.[43] Além disso, as experiências políticas motivadas pela organização de juntas de governos nas províncias e o enfraquecimento dos laços entre o governo sediado no Rio de Janeiro e autoridades provinciais, em função dos desdobramentos dos movimentos revolucionários dos dois lados do Atlântico, foram situações amplamente aproveitadas por setores que sustentavam esses jornais e que pretendiam, por meio de um governo constitucional, ampliar poder e participar diretamente das decisões de governo, seja em âmbito local, seja em termos do Reino do Brasil.

Mesmo quando, em meados de 1822, se desfazem as possibilidades da configuração da nação portuguesa e de um novo Império Português, dada a emergência de profundas contradições entre interesses de deputados de Portugal e de representantes das províncias do Brasil, periódicos como os mencionados acima mantiveram-se apegados aos princípios da Constituição que se fazia em Lisboa. Atentavam, especialmente, para a opção por um legislativo eleito e unicameral, representativo da soberania dos cidadãos, e para a construção de uma monarquia na qual a ação do rei fosse restrita. Na Constituição formulada pelas Cortes, e promulgada em 23 de setembro de 1822, o rei não poderia criar tributos, comandar as forças de terra e mar, impor leis e, em especial, intervir nos trabalhos do legislativo, adiando ou dissolvendo as Cortes. Ademais, sublinhava-se que a autoridade do rei provinha da

---

41  O texto integral da "Constituição política da monarquia espanhola: Cádis, 19 de março de 1812" pode ser consultado no endereço http://bib.cervantesvirtual.com

42  O texto integral das "Bases da Constituição da nação portuguesa" pode ser consultado no endereço www.fd.unl.pt

43  Ver: *A Astúcia Liberal*, cap. 3

nação, desqualificando-se sua autonomia e direitos que adviessem da tradição ou de forças transcendentais e externas à sociedade e às Cortes.[44]

Nesse sentido, o projeto formulado pela Comissão de Constituição da Assembleia, em 1823, pode ser interpretado como um dos desdobramentos do intenso debate que estava em curso desde, pelo menos 1820, espelhando reivindicações de setores produtores e mercantis de diferentes graus de riqueza, para quem a Independência significava a participação nos negócios públicos como condição essencial para o compartilhamento das oportunidades que a supressão das regulamentações coloniais oferecia.

Entretanto, a discussão sobre projetos constitucionais superava os espaços institucionalizados da política. Vinte dias após a apresentação do projeto da Comissão, o redator de o *Correio do Rio de Janeiro* divulgava uma outra proposta, também tributária de experiências anteriores, especialmente a das Cortes de Cádis e das Cortes em Lisboa, apontando a complexidade das circunstâncias em que se situavam as decisões do legislativo e do governo.[45]

O projeto valorizava os direitos dos cidadãos – liberdade, propriedade, manifestação, petição – e retomava o princípio, defendido pelo *Revérbero* e pelo *Correio* anteriormente, segundo o qual "a nação em sua maioria tem o direito de organizar a sua Constituição, mudá-la, reformá-la, quando e como julgar conveniente, independente da vontade de ninguém", em particular, do monarca.[46] Previa que o Império do Brasil seria regido por três poderes, "independentes e harmonizados": o legislativo, o executivo e o judiciário. O legislativo, composto pelo "Congresso Geral dos representantes", teria uma câmara, eletiva e temporária, prevendo-se igualmente a organização de assembleias legislativas provinciais.[47] Recorrendo aos exemplos da Espanha, Portugal e da América do Norte, o redator considerava o poder

---

44 O texto integral da "Constituição política da nação portuguesa", promulgada pelas Cortes, em 1822, pode ser consultado no endereço www.fd.unl.pt

45 *Correio do Rio de Janeiro*, n. 42, 20 de setembro de 1823. Coleção de Obras Raras da Biblioteca Nacional.

46 *Idem, ibidem*, p. 165. O projeto de Constituição foi discutido pelo periódico também nos números 43, 44 e 45 de setembro de 1823.

47 Ao longo das justificativas do projeto, o redator sugere, também, a possibilidade de duas câmaras, assim como a adoção da eleição direta por parte dos cidadãos, retomando debate deflagrado em meados de 1822.

legislativo como o de maior expressão e potencialidade não só por fazer, interpretar e revogar as leis, mas por "vigiar" sobre sua execução, agregando, também, funções de natureza jurídica: julgava a responsabilidade de ministros e juizes, fiscalizava a cobrança e aplicação das rendas públicas, reconhecia a legalidade de impedimentos do Imperador, nomeava a Regência e decretava a dotação da família imperial, entre outras atribuições. Ao mesmo tempo, considerava que o Imperador deveria exercer, junto com os ministros, o poder executivo, cabendo a ele a missão de "vigiar sobre todas as autoridades".[48]

Nesse âmbito, a análise das teorias Constant, especialmente os *Princípios de Política*, editados em 1815, ganha outros contornos, diversos da mera comparação entre seus argumentos e os que eventualmente foram expostos na Assembleia e posteriormente no documento de 1824. É essencial confrontar suas reflexões com o intenso debate promovido pelos periódicos que circulavam no Rio de Janeiro. Isto porque, a despeito da aproximação entre as Constituições de Cádis e de Lisboa com a proposta de o *Correio*, é possível perceber que o redator incorpora e reinterpreta a figura do monarca como aquele que deve "vigiar" a observância das leis e a harmonia entre os poderes, imagem tão cara a Constant, como se, independente do exercício do poder executivo, coubesse a ele uma posição distanciada e "irresponsável" em relação à dinâmica da luta política mais imediata.

As observações de Constant sobre a composição dos poderes de Estado em uma monarquia constitucional foram exploradas particularmente pelo *Regulador Brasileiro*, única publicação que, nessa época, fez circular uma tradução dos *Princípios* e do *Curso de Política Constitucional*.[49]

Em meados de 1822, nas páginas de *O Regulador* – periódico que recebeu apoio explícito do governo de D. Pedro nessa ocasião[50] – ressaltava-se um

---

48 *Idem, ibidem*, p. 166-171.

49 O periódico *Regulador Brasileiro*, surgiu originalmente como *Regulador Brasílico-Luso*, e foi editado pela primeira vez em julho de 1822, às vésperas das eleições dos deputados provinciais à Assembleia Constituinte. O periódico era semanal e seus redatores foram Frei Francisco de Santa Teresa Sampaio e Antônio José da Silva Loureiro, um pregado régio, e o outro, oficial da Secretaria dos negócios estrangeiros desde o período joanino.

50 Consultar decreto de 5 de agosto de 1822, assinado por José Bonifácio, que elegeu o periódico como publicação digna de circular entre todas as províncias, já que considerado pelo governo do então

A EXPERIÊNCIA CONSTITUCIONAL DE CÁDIS

Constant preocupado com a extensão do poder público e com as repercussões da intervenção do Estado nas liberdades individuais e na esfera de atuação privada. Um dos desígnios dos redatores era o de comprovar, frente ao amplo e matizado espectro político, que a monarquia não era necessariamente um regime que tolhesse a liberdade ou significasse o monopólio do poder político nas mãos de um só. O pensador franco-suíço seria uma autoridade inquestionável para demonstrar a compatibilidade entre o desejo de liberdade e de participação e uma monarquia que garantisse a representação de diferentes segmentos sociais, criando as condições do exercício da soberania da "nação", sem tiranias e opressões, fossem elas derivadas do recém rechaçado absolutismo, fossem decorrentes da ação de representantes do "povo" que extrapolavam suas atribuições, a exemplo da caracterização feita por esse jornal sobre as Cortes em Lisboa.[51]

Além da possibilidade de justificar a opção por uma monarquia simbolizada por D. Pedro, desqualificando-se discursos e práticas de adversários, como os grupos que davam sustentação ao *Correio do Rio de Janeiro*, visto como órgão de "republicanos",[52] o que parece ter chamado a atenção dos redatores na obra de Constant foram três elementos de sua teoria: o de que o equilíbrio dos poderes de Estado era a salvaguarda das liberdades coletivas e individuais; o de que a soberania, qualquer que fosse seu agente, o povo ou o rei, deveria ser limitada e circunscrita com clareza para evitar arbitrariedades; e o de que equilíbrio e soberania limitada dependiam de arranjo entre os poderes de Estado que, ao mesmo tempo, assegurasse um espaço para o poder real, compatível com sua majestade e com o regime monárquico, mas não desse margem para uma justaposição ou promiscuidade indesejável entre o poder executivo e ministerial e o poder real e medianeiro.

---

Regente D. Pedro obra destinada à difusão de "corretas" teorias políticas. *Coleção das Leis do Brasil*, vol. 1822, p. 68.

51    A coleção completa do periódico encontra-se na Biblioteca Nacional do Rio de Janeiro. As edições que trazem a tradução de Constant foram publicadas entre novembro e dezembro de 1822, n. 16 a 23 do jornal.

52    Sobre a emergência de projetos republicanos na Corte, nesse período, consultar o livro *A Astúcia Liberal*, cap. 3-4 e as reflexões de Hanna Arendt na obra *Da Revolução*. Brasília: UnB/Ática, 1988. Ver, também, o verbete correspondente no *Dicionário de Política*, organizado por Bobbio *et al*.

Ou seja, os redatores de o *Regulador* procuraram divulgar trechos recortados das obras de Constant para enfatizar que a "chave da organização política" estava na precisa separação entre o poder ministerial e o poder real, entre a autoridade responsável e a autoridade investida de inviolabilidade, a quem competia "vigiar" e intermediar o equilíbrio – sempre precário – entre executivo, legislativo e judiciário. As reflexões do pensador davam argumentos, então, para que fosse justificada a proposta segundo a qual D. Pedro, assim como o projeto separatista e monárquico que expressava, era uma alternativa viável e confiável às propostas "recolonizadoras" das Cortes, à possibilidade de concretização de projetos "republicanos", e ainda ao risco de retorno do absolutismo, motivado ora pela ausência de alianças sólidas entre os "constitucionais", ora pela atuação de seus "retrógrados" defensores.

Nessa leitura privilegiava-se a importância da atuação do Príncipe e a discussão sobre o "poder real" ou "poder neutro", poderia ser interpretada mais como metáfora do lugar a ser ocupado pelo monarca no novo governo que se pretendia formar e menos como dispositivo a ser sacramentado por lei escrita. Não seria preciso, na opinião dos redatores, traçar no papel o espaço de atuação real, se os poderes fossem definidos com clareza e fosse observada a separação entre executivo e chefe de Estado.

Quando se analisam as discussões travadas durante a Assembleia Constituinte, em 1823, é possível observar que as posições adotadas pelo *Regulador*, em fins de 1822, adquiriam ressonância apenas nas falas de alguns dos deputados, havendo matizadas apropriações das palavras de Constant, como apontam as considerações de o *Correio* sobre o que deveria ser a Constituição modelo. Praticamente em todo o período de funcionamento da Assembleia esteve presente a preocupação em definir o lugar a ser ocupado pelo monarca na estrutura do Estado e isso fica claro nas primeiras sessões, ainda em abril de 1823, quando se realizavam os trabalhos preparatórios, a verificação dos diplomas dos deputados e especialmente o modo como seria conduzida a cerimônia de abertura da Assembleia, marcada para 3 de maio daquele ano.[53]

---

53  *Diário da Assembleia Geral Constituinte e Legislativa do Brasil*, 1823. Edição fac-similar. Brasília: Senado Federal, 2003, 10. vol, p. 1-20, sessões de 17 de abril a 3 de maio de 1823.

O debate se amplia após o discurso do Imperador na abertura dos trabalhos, durante a definição da resposta à Fala do trono[54] e mantém-se nos meses seguintes, até porque a Assembleia atua como constituinte e como câmara de legislação ordinária. Não se tratava de polemizar sobre um governo parlamentar e sim sobre a escolha de alternativas que permitissem a configuração de um governo constitucional e representativo. Ademais, não se observam preocupações com maiorias ou com oposições sistemáticas a este ou aquele aspecto. O que parecia agregar os deputados ali reunidos era a imposição de entraves ao poder, ao arbítrio e, por outro lado, a apresentação de propostas que visavam a garantir espaços no novo governo para câmaras municipais, lideranças provinciais e diferentes segmentos da sociedade, dispostos a garantir liberdade política e liberdade de negócios.

Os registros diários das sessões permitem evidenciar a impossibilidade de um grupo político predominar de modo contínuo sobre as decisões, resultando disso a delonga nas discussões, as idas e vindas sofridas pela redação de moções, ofícios e leis aprovados e a sobreposição incontornável entre demandas imediatas e o trabalho de reflexão política e harmonização de divergências a respeito de questões-chave, como a lei de imprensa e a liberação ou não das sociedade secretas, por exemplo. Paralelamente, é possível perceber a atuação sistemática de um conjunto de deputados que defendia posições quase individualizadas, a exemplo de Pereira da Cunha, Alencar, Henrique de Rezende e Muniz Tavares. Isso não impediu as deliberações, mas ajuda a dissolver a imagem de que havia uma maioria oposicionista na Assembleia agindo contra o governo estabelecido a partir da aclamação do Imperador, em outubro de 1822.

Concomitantemente nota-se com clareza nas discussões uma estratégia política buscada pelo poder executivo, especialmente entre maio e julho de 1823, com o apoio dos irmãos Andrada. José Bonifácio era então ministro e deputado e tentava, juntamente com Antonio Carlos e Martim Francisco, conduzir a pauta das sessões e os resultados das votações ou decisões, defendendo naquele momento o governo e a vontade do monarca. Mostrou-se vitoriosa em determinadas votações, como a dos governos provinciais que substituíram as juntas governativas eleitas em 1821 e 1822, muito embora fosse confrontada não por uma maioria

---

54  *Idem, ibidem*, sessões de 5 a 9 de maio de 1823.

oposicionista, mas sobretudo por vozes divergentes que tentavam solapar as pressões do executivo e dos Andrada. Essa estratégia se esgarçou – ou não se revelou mais tão evidente – quando o Imperador modificou a composição do ministério, em julho de 1823, alijando os Andrada e os substituindo por outros deputados no comando das pastas do executivo.[55]

Havia, entretanto, uma questão de fundo em termos da configuração do governo e do Estado imperial: em diferentes sessões foi levantada a possibilidade de a Assembleia, como Constituinte, deter o direito de aprovar outra forma de governo que não a monarquia. A isso estaria articulada a potência soberana do legislativo em impor a execução de suas decisões, em qualquer nível de governo, sem a sanção do Imperador.[56]

É interessante observar, por outro lado que, desde as primeiras sessões, estava na ordem do dia a distinção e harmonia entre os poderes e que em vários momentos surgem nos discursos referências a um "poder moderador". Assim, por exemplo, na sessão de 16 de maio de 1823, Antonio Carlos, rebatendo colocações de Carneiro da Cunha e Paula Souza, contestou: "Quando uma nação é regida por um só indivíduo, o governo desta nação é monárquico, se o poder é hereditário na dinastia reinante e se o monarca tem alguma parte ao menos no poder moderador nacional [...]".[57] Em outra passagem, o mesmo deputado, ao debater com colegas o direito de graça conferido ao monarca, comentou: "[o poder de graça] em uma monarquia constitucional, qual é a que a Nação brasileira quer, compete não ao poder legislativo, mas ao Monarca não na qualidade de poder executivo, mas sim na de poder moderador, para evitar males que se seguiriam da estrita aplicação da lei [...]".[58] Destas

---

55 Em 17 de julho de 1823, o ministério passou a ser composto por: José Joaquim Carneiro de Campos, futuro Marquês de Caravelas, que substituiu José Bonifácio na pasta do Império e Estrangeiros; Caetano Pinto de Miranda Montenegro, na Justiça; Manuel Jacinto Nogueira da Gama, na pasta da Fazenda, anteriormente ocupada por Martim Francisco; José Vieira de Carvalho, na pasta da Guerra; e Luis da Cunha Moreira no comando da pasta da Marinha. Nova alteração verificou-se em novembro do mesmo ano, às vésperas da dissolução da Assembleia, o que preparava a intervenção. Ver: *Organizações e programas ministeriais*. Obra composta pelo Barão de Javari. 2ª ed. Rio de Janeiro: Arquivo Nacional/Ministério da Justiça, 1962.

56 *Diário da Assembleia*, 2°. vol, p. 474-ss.

57 *Idem, ibidem*, 1°. vol., p. 56.

58 *Idem, ibidem*, 1°. vol., p. 85.

A EXPERIÊNCIA CONSTITUCIONAL DE CÁDIS 245

colocações, bem como das de outros deputados, depreende-se que o poder moderador do monarca era não só compatível com um governo constitucional e representativo como adequado a uma monarquia, atentando-se para a função mediadora que o rei poderia exercer, sem imiscuir-se nos demais poderes e particularmente na autonomia do legislativo. Posição próxima à divulgada pelo *Correio* e que também estava nos horizontes políticos de o *Regulador*, em 1822.

As preocupações de vários deputados, como Henrique de Rezende, por exemplo, não se fixavam na função do monarca. Se cabia ao legislativo elaborar normas para bloquear qualquer tipo de abuso do poder por parte do imperador e também do executivo, havia uma outra dimensão da divisão de poderes muito candente: a da definição das atribuições dos governos provinciais e o modo pelo qual seriam formados. Temia-se – no caso dos presidentes de província serem nomeados pelo imperador, o que ao final foi aprovado – a ingerência do poder executivo nas localidades, assim como uma dependência das províncias para com o Rio de Janeiro, o que teria sido sublimado durante o período das juntas governativas.[59]

Entretanto, o debate em torno da posição especial ocupada pelo monarca – e que nesse momento, para os deputados, não é empecilho para o desenvolvimento de governo e legislação liberais – agita-se em junho de 1823, quando a pauta será ocupada, entre outros temas, por projeto de lei que fixa as formalidades para o relacionamento com o executivo e o Imperador, interpretado como figura à parte, que não se associa diretamente a nenhum dos poderes. Neste momento, lança-se a proposta de que as leis ordinárias feitas pela Constituinte e o projeto de constituição estão liberados de qualquer sanção real, cabendo à Comissão de Constituição indicar se haverá a sanção real e como ela poderá ser exercida, mas após a aprovação do pacto social.[60]

A 25 de junho assim se pronunciou o deputado Almeida Albuquerque, referindo-se ao monarca como "dignidade eminente" cuja função seria a de "vigiar" pela felicidade geral:

> É visto a todas as luzes que o Chefe da Nação é o guarda nato da felicidade geral; é aquele a quem pertence vigiar sobre todos os outros poderes

---

59  *Idem, ibidem*, 1º. vol., p. 122-ss.

60  *Idem, ibidem*, 1º vol., p. 294-ss.

> [...] Mas como é e quando lhe compete este poder? Incontrastavelmente quando, e pela maneira que a lei fundamental lhe marcar: logo antes desta lei fundamental estar organizada, antes de estar determinado o modo porque a dignidade eminente há de exercer as funções nas relações marcadas, como as exercerá ele? De modo algum [...] os decretos da presente Assembleia serão promulgados sem preceder sanção [...][61]

Pode observar-se, então, que mesmo quando o deputado procura salvaguardar o espaço de soberania da Assembleia, não parece causar celeuma o reconhecimento de lugar especial destinado ao monarca. Ou seja, ao contrário do que a princípio poder-se-ia imaginar, no ambiente da Assembleia repercutem princípios e experiências referentes à divisão de poderes segundo as quais na monarquia constitucional o rei não pode se confundir com nenhum dos poderes de Estado, mantendo-se à distância e em posição vigilante, sem intervir necessariamente nas circunstâncias políticas e na dinâmica administrativa.

Sob esse tema, talvez um dos discursos mais contundentes seja o do deputado Carneiro de Campos que, na sessão de 29 de julho de 1823, assim se pronunciou:

> Eu demonstrei que nós não vínhamos fazer a Constituição de uma Nação nova, que não tivesse ainda decretado a forma de governo porque queria ser regida, pois antes da nossa instalação o Brasil no exercício imediato da soberania nacional havia já adotado por unânime deliberação e vontade o governo monárquico constitucional; que nesses termos não podíamos considerar esta augusta Assembleia revestida da plenitude do exercício da soberania nacional [...] a Nação não nos delegou o exercício de todos os poderes; concedeu-nos simplesmente o exercício do poder legislativo com a comissão soberana e extraordinária de formarmos a constituição do Império do Brasil; [...] que tirando-se ao Imperador a autoridade de sancionar as leis [...] excedemos os nossos poderes, alteramos infalivelmente a forma de governo monárquico constitucional.[62]

---

61  *Idem, ibidem*, 1º vol, p. 294-ss.

62  *Idem, ibidem*, vol. 2, p. 473-474.

Para Carneiro de Campos o que distinguia a monarquia constitucional de outras formas de governo é a "necessidade de um poder moderador e vigilante" que, "como atalaia da liberdade e direitos dos povos, inspeciona e contrabalança todos os mais poderes, para que se contenham nos limites marcados por sua mesma natureza".[63] Ou seja, não estava em pauta a inserção ou não no texto constitucional de um quarto poder, mas a defesa do reconhecimento do papel desempenhado pelo monarca, bem como a exigência de que, na condição de autoridade singular, o monarca não se confundisse diretamente com nenhum poder. Esta posição sobressaiu no projeto constitucional de 1823.

O texto do projeto[64] sugere uma interpretação da configuração do Estado em que, a despeito do reconhecimento do poder real e da inviolabilidade da pessoa do Imperador, procurava-se limitar a capacidade de intervenção do Estado nos espaços individuais e coletivos. O que se buscava era criar obstáculos e dificuldades para conter o exercício do arbítrio e, nesse caso, também se observa como os deputados andavam sobre o fio da navalha. Mostravam-se em sua maioria partidários da monarquia mas, ao mesmo tempo, cerceavam a atuação do monarca. Mantinha-no como "atalaia", maximizando a ação dos legisladores, especialmente, a Câmara eletiva.[65]

Apesar da contundência das observações e da enfática defesa da atuação do monarca, nada indica que se possa considerar o discurso de Carneiro de Campos um prenúncio do texto de 1824, até porque o deputado preservou um dos pontos fundamentais da teoria de Constant – a impossibilidade de se confundir o poder ministerial e o poder moderador – sugerindo que, ao menos em 1823, tal como o pensador franco-suiço, também tomava como referência a monarquia inglesa, interpretada naquele momento como parâmetro de governo constitucional. Todavia, o mesmo político aceitou fazer parte do Conselho de Estado que elaborou o documento jurado em março do ano seguinte. O que o teria levado a propor, juntamente com os demais membros do colegiado, escolhidos a dedo por D. Pedro, princípios destoantes em relação aos que propunha pouco tempo antes? Através desse pergunta é possível

---

63  *Idem, ibidem*, vol. 2, p. 473-474.

64  *Idem, ibidem*, vol. 2, p. 689-ss.

65  Sobre a atuação da Constituinte, ver RODRIGUES, José Honório. *A Assembleia Constituinte de 1823*. Rio de Janeiro: Vozes, 1973.

enveredar pela segunda linha de reflexões que mencionei, retomando, simultaneamente, questões indicadas no início dessa exposição.

Cabe lembrar, antes disso, que às vésperas da definição dos termos da Carta, ainda eram notórias as resistências à separação de Portugal e conflitos armados estavam em curso em várias províncias.[66] Somavam-se a isso as críticas que circulavam contra o governo pelo desfecho dado aos trabalhos da Assembleia, o que na prática significava que o executivo e o Imperador tinham atribuído a si próprios o poder de dissolver o legislativo, contrariando vivamente matizados setores da sociedade, na Corte e nas províncias, a exemplo dos que davam sustentação ao *Correio do Rio de Janeiro* e dos que meses depois optaram pela Confederação do Equador. Por outro lado, havia dificuldades nas tratativas diplomáticas para o reconhecimento da Independência, o que obstava negociações locais e regionais de adesão à autoridade do monarca e da Corte do Rio de Janeiro.[67] Além disso, o debate pela imprensa indicava a fragmentação das posições políticas, a fluidez de acordos e alianças, bem como entraves encontrados pelos segmentos que davam sustentação a D. Pedro no sentido de consolidar sua capacidade de governar num momento marcado, também, pela contínua chegada de portugueses e pelo complicado ajustamento desses

---

66  Refiro-me à guerra civil em curso, especialmente no Pará e na Bahia, episódios consagrados e reiteradamente descritos pela historiografia da Independência. No entanto, Iara Lis F. S. Carvalho Souza, em *Pátria Coroada*, São Paulo: Unesp, 1999, indica, por intermédio de detalhado levantamento documental, a emergência, entre 1822 e 1824, de vários outros movimentos de rua, envolvendo homens livres pobres, pequenos proprietários, escravos e libertos em cidades como São Luís e Recife.

67  A respeito das tratativas diplomáticas para o reconhecimento e sobre a conhecida missão Vila Real, ver: ALEXANDRE, Valentim. *Os sentidos do Império. Questão Nacional e Questão colonial na crise do Antigo Regime Português*. Porto: Afrontamento, 1993, especialmente cap. 8. Discussões fundamentais a respeito do movimento de construção do Império e sobre a viabilidade da organização de um centro decisório de poder frente às especificidades locais podem ser encontradas em: LYRA, Maria de Lourdes Viana. A unidade brasileira: uma questão preliminar ao processo de Independência. *Revista do Instituto de Estudos Brasileiros*. São Paulo: IEB/USP, 1992, n. 34, p. 121-138. Destacam-se também os trabalhos de István Jancsó, especialmente o artigo *A construção dos Estados Nacionais na América Latina. Apontamentos para o estudo do Império como projeto*. In: SZMRECSÁNYI, T. e LAPA, J. R. do Amaral (org.). *História econômica da Independência e do Império*. São Paulo: Hucitec/ Fapesp, 1996, p. 3-26.

imigrantes ao mercado local.[68] Foi nessa ambiência que o Conselho de Estado produziu sua obra, mas isso não quer dizer que o peso de imediatismos tenha determinado escolhas previstas para longo prazo.

Experiências anteriores, como o percurso dos acontecimentos na Espanha e em Portugal, particularmente os reveses sofridos pelas Cortes e pelos projetos que acalentou, influenciaram nas opções adotadas, assim como o conhecimento de textos constitucionais produzidos e aplicados, em particular os da França revolucionária e o da Restauração dos Bourbons.[69] Entretanto, o ato de força do executivo e do Imperador revelou-se instrumento eficaz para, momentaneamente, encurralar os opositores do governo e do projeto de Constituição que deveria ser debatido e aprovado pela Assembleia. Mostrou-se, também, mecanismo de governabilidade usado para recompor as bases do Imperador, nas províncias do Rio de Janeiro, Minas Gerais e São Paulo, e para garantir a esses setores as condições políticas necessárias à continuidade dos negócios e da produção.

É precisamente a imbricação entre o exercício da política e o curso das relações mercantis, marca da biografia dos membros do Conselho de Estado que formulou a Carta de 1824, que abre a possibilidade de interpretá-la como expressão de um projeto que, ao contrário de ser amplamente compartilhado pelas chamadas "elites coloniais", recolocava em outros termos o debate explicitado em 1815 e profundamente matizado a partir de 1820 com a deflagração de movimentos revolucionários em Portugal e nas províncias do Brasil. O texto configurava-se como instrumento de luta, na defesa e imposição de interesses e propostas específicos. Idealizado pelo Imperador e pelos grupos dirigentes da Corte do Rio de Janeiro naquele momento, por meio dele articulava-se o respaldo de empreendedores comerciais e agricultores de grande porte radicados nas províncias do centro-sul, para a concretização do rompimento com Portugal e o reconhecimento da legitimidade/autoridade do monarca.

O documento espelhava recortes e articulações específicos de princípios e experiências anteriores, mas anunciava, de forma original, a emergência de nova entidade nacional dotada de recursos naturais, materiais e humanos que, no futuro,

---

68  Ver: *A Astúcia Liberal*, cap. 4.

69  Sobre os debates que envolveram a Carta de 1814, consultar: ROSANVALLON, Pierre. *La monarchie impossible. Les Chartes de 1814 e de 1830*. Paris: Fayard, 1994.

estaria consubstanciada em enorme extensão territorial e em poder soberano, protagonizado por D. Pedro e pela representação metafórica do "povo". Por outro lado, firmava as bases de monarquia constitucional e criava condições para a liberação das relações econômicas de tradicionais restrições, processo iniciado durante o período joanino, indicando que alternativas conceituais e institucionalização do governo estavam entrelaçados, de modo incontornável, à luta pelo controle do mercado e da política.[70]

---

70 Sobre a concepção de mercado e suas implicações no século XVIII e XIX, consultar: FRANCO, Maria Sylvia de Carvalho. All the world was América. *Revista USP*, n. 17, março/maio, 1993, p. 30-53. Em perspectiva diversa mas elucidativa, ver sobre o tema: ROSANVALLON, Pierre. *O liberalismo econômico*. História da ideia de mercado. Bauru: Edusc, 2002.

# A ADMINISTRAÇÃO DA JUSTIÇA COMO UM PROBLEMA: DE CÁDIS AOS PRIMÓRDIOS DO IMPÉRIO DO BRASIL

*Andréa Slemian*

Departamento de História – Universidade Federal de São Paulo

Na Assembleia Constituinte e Legislativa do Império do Brasil, instalada no Rio de Janeiro em maio de 1823, como desdobramento do projeto de Independência encabeçado por D. Pedro no ano anterior, já ficava claro que um dos problemas para construção de uma nova unidade política seria o da administração da justiça. Nesse quesito, os posicionamentos dos deputados expressavam experiências atlânticas recentes em relação às reformas na justiça, em voga pelo menos desde meados do Setecentos, e aos impasses na construção de um novo e independente poder, o judiciário. Por um lado, era difusa a crítica à magistratura, identificada como reprodutora de valores antigos e despóticos e seus agentes como responsáveis por injustiças, corrupção e parcialidade, tal qual fora comum em praticamente todos os processos constitucionais europeus e iberoamericanos. Não era surpreendente, portanto, o discurso de que caberia a eles, representantes da nação, o papel de denunciar/conter as injustiças cometidas pelos juízes, conforme aparece nas palavras do deputado cearense José Martiniano Alencar:

> Dizer-se igualmente que a classe da Magistratura tem entre nós adquirido contra si a indignação e ódio do Povo, é outra verdade inegável [...] vejo que a responsabilidade dos juízes ainda é entre nós uma quimera, pois não sei onde estão os Tribunais competentes, e as leis que façam efetiva essa responsabilidade. Não resta portanto ao miserável Cidadão que presentemente sofrer qualquer injustiça, senão a consolação de ser ao menos esse infame Magistrado denunciado pelos Representantes do Povo à opinião Pública e ao Governo.[1]

---

1 *Diário da Assembleia Geral, Constituinte e Legislativa do Império do Brasil – 1823* [*DAG*] (edição fac-similar), Brasília: Senado Federal, 1973, vol. 2, 24 out., p. 300.

O mesmo deputado arrematava o discurso defendendo que um "Magistrado deve[ria] cingir-se à letra da Lei, e não ter arbítrio", ou seja, atuar como seu mero aplicador, contrariamente à toda tradição da interpretação doutrinária de tipo Antigo Regime.

Por outro lado, cabia cumprir a agenda liberal – haja visto que o Império se alicerçava em bases constitucionais – no tocante à formação de um judiciário independente em relação aos outros poderes. Slogan que estaria na boca de nossos representantes em muitos momentos em que se tratou de debater os limites das ações de suas autoridades e cargos. Em um desses, sobre a formação do governo nas províncias, ele seria a base de argumentação para os que defendiam a independência do magistrado em relação ao presidente de província (escolhido pelo Imperador), como se vê na frase lapidar de um deputado pelo Rio Grande:

> Sr. Presidente: insisto, e para quando se tratar da Constituição me guardo para mais insistir, não haverá liberdade pública enquanto o poder judicial não for absolutamente independente dos dois outros Poderes; a justiça deriva imediatamente da Lei, e radicalmente da Nação, por isso a Lei não é mais que a expressão da vontade geral; e a menor ingerência nas funções dos juízes, se foi admitida em uma Monarquia absoluta, é um atentado no Governo Constitucional.[2]

Como enunciamos, ambas questões não foram específicas da jovem nação, ao contrário: fizeram parte das "pedras de toque" do discurso ilustrado e, posteriormente, do revolucionário, na consecução de um novo paradigma político, que envolvia a racionalização da administração, em oposição ao das tradicionais monarquias.[3] Ou seja, vinculavam-se diretamente à temática da necessidade de separação entre os poderes e da garantia dos direitos dos cidadãos que, de acordo com Maurizio Fioravanti, seriam a base do que se convencionou chamar de

---

2   *Idem*, vol. 1, 23 jun., discurso do deputado José Feliciano Fernandes Pinheiro, p. 277.

3   Seguimos aqui a interpretação geral de Reinhardt Koselleck, *Crítica e crise. Uma contribuição à patogênese do mundo burguês*, Rio de Janeiro: Eduerj/Contraponto, 1999, que postula ser o aparecimento da crítica ilustrada fruto de uma crise que afetaria os alicerces políticos e ideológicos das monarquias em todo mundo ocidental.

A EXPERIÊNCIA CONSTITUCIONAL DE CÁDIS

constitucionalismo moderno – mesmo que o termo contenha significações distintas entre os estudiosos.[4]

Ainda que o processo de Independência das Treze Colônias americanas tenha sido precursor na experiência de construção de bases constitucionais modernas, é evidente que o desenrolar dos acontecimentos na Europa continental estabeleceu maiores pontos de ligação entre suas monarquias e processos constitucionais. Nesse sentido, por mais legitimistas que muitos deles se revelassem, é evidente como tentaram dar conta de controlar os próprios monarcas e, por conseguinte, a magistratura que detinha, até então, amplos poderes de ação.[5] Nesse sentido, não há como negar que as propostas institucionais francesas, surgidas na esteira da Revolução e feitas em nome da negação do passado, encontrassem, em um primeiro momento, um terreno mais fértil no mundo ibérico e iberoamericano.

Foi na França que, a partir de 1789, se projetaria com ênfase a primazia do legislativo como encarnação da "nação" – fonte de um dos maiores dilemas normativos relegados à posteridade devido ao ideal de um legislador "virtuoso", respeitoso com os direitos dos indivíduos como expressão da "vontade geral"[6] –, num escancarado ataque à jurisprudência, definida como "tirania" dos juízes. Identificados com o caráter casuísta e flexível das decisões, eram eles acusados de tornar o direito um saber hermético, de resultados imprevisíveis e incontroláveis pelos cidadãos.[7] Sob essa inspiração, criou-se o Tribunal da Cassação em 1790, o qual, sob as mãos dos representantes da nação, seria uma instância recursal fora do âmbito dos juízes. Semelhante argumentação serviu à concepção de uma jurisdição privilegiada para o que se concebeu como administração, a qual se fortaleceria no período

---

4    Ver, FIORAVANTI, Maurizio. *Constituición: de la antiguidade a nuestros dias*, Madri: Trotta, 2001; e *idem Los derechos fundamentales. Apuntes de Historia de las constituciones*, Madri: Trotta, 1998; ver também GRIMM, Dieter. *Constitucionalismo y derechos fundamentales*, Madri: Trotta, 2006; e DIPPEL, Horst. *Constitucionalismo moderno*, Madri, Marcial Pons, 2009.

5    José R. de L. Lopes e Andréa Slemian, *"A justiça na criação dos Estados ibero-americanos. Experiência comparada Argentina – Brasil – México"* (inédito).

6    Fioravanti, *Los derechos fundamentales*; e Bartolomé Clavero, *Happy Constitution. Cultura y lengua constitucionales*, Madri: Trotta, 1997.

7    HESPANHA, Antonio Manuel. *Panorama histórico da cultura jurídica europeia*, Mem Martins: Publicações Europa-América, 1998.

napoleônico, garantindo inviolabilidade aos agentes que desempenhassem funções administrativas, e definindo uma esfera especial de contencioso para decisão de suas questões, separada da justiça comum. A base deste princípio, de preservar um espaço de autonomia para o que envolvesse as questões públicas, ou seja, a ação do próprio governo, seria um tema de permanente debate nas décadas que se seguiram à Restauração.[8] Seu surgimento significava a tentativa de delimitação de um espaço para a ação da magistratura diferente do que acabaria por vingar na norte-americana – em que o judiciário fora, na relação entre os poderes, entendido como o mais fraco, precisando ser institucionalmente fortalecido, mesmo que controlado em seus vícios.[9]

As bases ideológicas tradicionais das monárquicas continentais aproximaram os processos constitucionais ibéricos das soluções continentais, sobretudo no que dizia respeito à força dada inicialmente ao legislativo, à preocupação com o controle à magistratura, e, após 1814, à preservação de um papel ativo do monarca e da administração pública, ainda que o funcionamento das instituições recriadas no seu contexto fosse peculiar. Desse modo, defendemos que, sob essa inspiração, houve uma certa proximidade entre as culturas jurídicas de Cádis e de Lisboa que, consequentemente, teria papel importante na construção do Império do Brasil. Não apenas porque a tradição do direito herdada em terras brasileiras seria a portuguesa, nem somente porque muitas das soluções pensadas nas Cortes gaditanas, como se sabe, serviriam de experiência para as Cortes lisboetas – e que a própria Constituição espanhola de 1812 chegaria a ser momentaneamente adotada no Império português por D. João VI após seu juramento de adesão às Cortes em fevereiro de 1821.[10] Mas, sobretudo pelo caráter legitimista, em nome da regeneração da monarquia e da *nação*, que acabaria por vigorar como herança de ambos os processos constitucionais. Caráter legitimista que igualmente marcaria o projeto de Independência do Brasil sob a manutenção de uma dinastia portuguesa, por maiores que tenham

---

8 BIGOT, Grégoire. *Introduction historique au droit administratif depuis 1789*, Paris: PUF, 2002.

9 Assim já aparecia na argumentação de JAY, John, HAMILTON, Alexander e MADISON, James. *Os Federalistas 1787-1788*, Rio de Janeiro: Nova Fronteira, 1993.

10 ALEXANDRE, Valentim. *Os sentidos do Império – questão nacional e questão colonial na crise do Antigo Regime Português*, Porto: Afrontamento, 1993.

sido a ruptura do ponto no tocante à criação de uma nova unidade política. Para os três casos, a construção de um judiciário independente em regimes de monarquias constitucionais seria, sem dúvida, um grande impasse.

No entanto, a aproximação entre os processos ajuda igualmente a pensar suas diferenças. A maior herança da cultura jurídica ibérica seria, como tem apontado a mais recente historiografia sobre o tema, o do funcionamento jurisdicional de suas instituições; ou seja, o da permanência de uma lógica antiga de separação entre "poderes" (*potestas*), de conflitos de jurisdições, que teriam dificultado a própria separação dos *novos* poderes constitucionais, sobretudo no caso da justiça.[11] Continuidade evidente no caso do funcionamento de cargos e funcionários, em que o monarca/regime (via poder executivo) preservava seu papel ativo na escolha de empregados públicos, incluindo juízes. Mas, em se tratando da América, o caso é igualmente distinto: em primeiro lugar, pela necessidade de construção de um novo Estado, que tinha que dar conta de um território, em que muitas vezes, a ação do governo não chegava. Problema que aproximava, sem dúvida, o Brasil de seus vizinhos.[12] Daí a força maior que novas soluções e inventos constitucionais teriam, sobretudo, nas duas primeiras décadas após a Independência. Período este de ampla experimentação na justiça, inserido num verdadeiro programa de criação e implementação de novas instituições em nome de uma ordem interna.[13]

Tarefa hercúlea, em que o Estado imperial nunca deixou de contar com o auxílio dos particulares, "privados", na sua consecução. O mais emblemático deles, que se assentava sob a recriação da escravidão no Brasil, reforçava inclusive a necessidade de investimento em mecanismos constitucionais. Longe de ser um problema, essa solução reverberava em outras, como na própria implementação da justiça cuja ação de seus agentes, em especial na primeira instância, continuaria a se inserir nos

---

11   José M. L. Subtil, discute como no Estado moderno já havia uma percepção, e mesmo tensão, entre as esferas da *iurisdictio* e da *administratio* (associado à razão de Estado), que nos Setecentos ganharia novos contornos com a defesa da "polícia", de uma nova forma de administração ativa. *Actores, territórios e redes de poder, entre o Antigo Regime e o Liberalismo*, Curitiba: Juruá, 2011.

12   Além de outros, conforma já apontado por PIMENTA, João Paulo. *Brasil y las independencias de Hispanoamérica*, Castelló de la Plana: Publicacions de la Universitat Jaume, 2007.

13   SLEMIAN, Andréa. *Sob o império das leis: constituição e unidade nacional na formação do Brasil (1820-1834)*, São Paulo: Hucitec, 2009.

limites, ou na falta de, entre o particular e o público. Mas era especialmente pelo reforço e valorização do universo dos livres, de seus direitos, que as soluções liberais teriam um papel ainda mais fundamental; o que ocasionaria especiais conflitos, mais evidentes do que nas ex- metrópoles, com o passado institucional.[14]

## Os impasses na construção de uma justiça independente em Cádis e em Lisboa

Um dos historiadores espanhóis mais importantes sobre o tema de Cádis, Miguel Artola,[15] escreveu que no sistema de monarquia parlamentar no século XIX os poderes ficariam, na prática e em geral, reduzidos a dois: o executivo e o legislativo. Nem mesmo na Grã-Bretanha se criaria uma instituição capaz de reivindicar para si o poder judicial. Ainda que os tribunais tenham reiteradamente afirmado sua independência, eles não alcançariam uma efetiva participação política diante do fato de ter-lhes sido garantida, no que se tratava de questões de Estado, apenas a custódia das garantias constitucionais e a possibilidade de processar e condenar alguns agentes do poder executivo (quando estes não respeitassem os direitos individuais). Mesmo que a afirmação de Artola seja contundente, ela escancara o que significou o judiciário em muitas das monarquias continentais; o qual, longe de ser independente (quiçá mesmo um *poder*) estaria muito mais envolvido no arbítrio da justiça ordinária, dos indivíduos entre si, em função de lhe ter sido negada a jurisdição de casos que tocassem na esfera da administração, bem como a interpretação da lei (que caberia geralmente ao

---

14  Para o caso do Império do Brasil, ver José R. de L. Lopes, "Iluminismo e jusnaturalismo no ideário dos juristas da primeira metade do século XIX". JANCSÓ, István (org.). *Brasil. Formação do Estado e da nação*. São Paulo/Ijuí: Hucitec/Fapesp/Editora Unijuí, 2003, p. 195-218; Marta Lorente chega a defender que a cultura institucional iberoamericana deve ser vista numa chave um pouco distinta da Espanha, por maiores que sejam as semelhanças; o que acreditamos que, na sua lógica, possa ser estendido para a América portuguesa. "División de poderes y contenciosos de la administración: una- breve – historia comparada", Carlos Garriga (coord.), *Historia y Constitución. Trayectos del constitucionalismo hispano*, Mexico: Cide/Instituto Mora/El Colegio de Michoacán/ELD/Hicoes/El Colegio de Mexico, 307-345.

15  "La monarquía parlamentaria", Miguel Artola (ed.). *Las Cortes de Cádiz*, Madri: Marcial Pons, 2003, p. 111-2.

legislativo) sob a bandeira ilustrada de que seus tribunais e agentes deveriam se concentrar, de forma clara, na aplicação da lei apenas.

Montagem que correspondia aos anseios revolucionários de finais do século XVIII e início do XIX que, mesmo na construção de regimes moderados, buscava controlar a atividade dos magistrados identificados com práticas associadas com a cultura jurisdicional herdada. Neste funcionamento tradicional, a justiça tinha um papel central, identificada como função exclusiva do poder político, sendo o rei seu legítimo provedor aos povos, responsável pela manutenção da ordem social. Os magistrados e juízes, por sua vez, eram entendidos como os grandes intérpretes da doutrina e do direito, já que suas virtudes serviam à realização da justiça, indissociável do governo e da administração. Sendo a pluralidade de foros e jurisdições uma das bases da concepção dessa sociedade corporativa, era comum uma multiplicidade de espaços contenciosos, de corpos e agentes dotados do poder de *jurisdição*, ou seja, de fazer justiça.[16]

Essa forma de organização já era alvo de críticas e de propostas de reformas no Setecentos quando a concepção de que a administração deveria ser transformada num instrumento ativo, "racional e adequado", esteve na base de muitas das medidas hoje conhecidas como ilustradas em todo mundo ocidental. No campo jurídico, e no rol das tradicionais monarquias ibéricas, ela se revelou num ataque ao pluralismo jurídico e na tentativa de reforço do poder político e legislativo do monarca, também por meio das reformas nos cursos jurídicos e da prática da jurisprudência como forma de contemplar as bandeiras de separação de poderes e melhor funcionamento da justiça.[17] No entanto, por mais controversa que seja a discussão acerca do nível e da eficácia das transformações operadas na justiça no mundo iberoamericano – autores como Carlos Garriga defendem inclusive que, na prática, o pluralismo seria então

---

16  Notar que *iurisdictio* originalmente significava a autoridade de "declarar o direito e estabelecer a equidade", ou seja, designava o poder de resolver uma controvérsia e estabelecer a justiça. Ver: Alejandro Aguerro, "Las categorias básicas de la cultura jurisdicional", Marta Lorente (coord.). *De justicia de jueces a justicia de leyes: hacia la España de 1870*. Madri: Consejo General del Poder Judicial, 2007, p. 19-58.

17  HESPANHA, António Manuel "Para uma teoria da história institucional do Antigo Regime", HESPANHA, A. M. (org.). *Poder e instituições na Europa do Antigo Regime*, Lisboa: Fundação Calouste Gulbenkian, 1984, p. 7-89.

reforçado por meio do poder real[18] – era já possível D. José I de Portugal afirmar, aos magistrados da Casa da Suplicação, que os juízes seriam "meros executores das leis".[19] O que aqui nos interessa é que um dos maiores problemas deste programa de reformas tocava na chave do que deveria ser enfrentado na construção dos novos regimes representativos no século seguinte: o da separação entre as esferas da administração e da justiça, imbricadas na unidade de funcionamento do modelo jurisdicional, e que as novas Constituições pretenderam extinguir.[20]

No mundo iberoamericano, a primeira vez que essa agenda tomava definitivamente sua centralidade seria com as Cortes de Cádis, em 1810. A despeito de seu caráter legitimista, em nome do monarca que se encontrava impedido de governar, as Cortes significaram uma evidente ruptura política no tocante à tentativa de projeção de um regime constitucional que buscasse unir todos os súditos, inclusive os americanos, da nação espanhola.[21] A questão da justiça seria considerada um dos pontos de mais importante e urgente reformulação, e a ela seriam posteriormente dedicados 66 dos 384 artigos da Constituição de 1812 (ou seja, cerca de um sexto do total). Nesta, seria garantida, por um lado, a afirmação da autoridade judicial como a única responsável pela aplicação das leis nos tribunais, funções negadas ao monarca e às Cortes (art. 243); por outro, que os magistrados não poderiam

---

18 Ver do autor, "*Justicia animada*: dispositivos de la justicia en la monarquía católica", Marta Lorente (coord.), *De justicia de jueces a justicia de leyes: hacia la España de 1870*, p. 59-104.

19 VIEIRA, Benedicta Maria Duque. *A justiça civil na transição para o Estado liberal*, Lisboa: Edições João Sá da Costa, 1992, p. 14.

20 Nesse sentido, foi quando o vocábulo *constituição* deixava de significar uma ideia descritiva, ligada a normas que regulamentavam o "exercício do domínio", para tornar-se um "conceito-objetivo" prescritivo que passava a transportar expectativas definidas na construção de um novo ordenamento político. Dieter Grimm, *op. cit.*

21 Segundo José Portillo Valdés, foi com a crise monárquica espanhola de 1807 que se colocaria a necessidade de unificação da nação espanhola como unidade das partes até então vinculadas à monarquia; isso porque, até o século XVIII, e mesmo na base de seu movimento de ilustração, predominava uma diferença entre a *nação* peninsular e a monarquia, constituída essa sim de todos os seus domínios. Os problemas que viriam daí não seriam poucos. Ver do autor: "Crisis de la monarquía y necesidad de la Constitución", LORENTE, Marta (coord.). *De justicia de jueces a justicia de leyes: hacia la España de 1870*, p. 107-134; e *Crisis atlántica. Autonomia e independencia en la crisis de la monarquia hispana*, Marcial Pons/Fundación Carolina/Centro de Estudios Hispánicos e Iberoamericanos, 2006.

ser depostos dos seus destinos, fossem temporários ou vitalícios, senão por causa legalmente provada e sentenciada, nem suspensos sem acusação legal (art. 252). No entanto, segundo análise de Terán de la Hera,[22] o termo "administração da justiça" da forma como usada no seu título V (*De los tribunales y de la administración de justicia en lo civil y criminal*), ao invés de poder judicial, já representaria uma concepção de que a judicatura não seria independente, mas sim um conjunto de órgãos subordinados ao executivo; tema de polêmica na Espanha durante todo o século.

Deve-se pontuar que uma das linhas mestras do projeto gaditano para a justiça foi o do estabelecimento tanto de uma nova divisão do território nacional, como de uma escala hierárquica dos juízes e tribunais distribuídos pelo mesmo. Nesse esquema, em que se tentaria marcar as atribuições dos agentes desde suas esferas mais baixas, estaria na cúspide um Supremo Tribunal de Justiça,[23] instalado para conhecer os recursos de nulidade das sentenças,[24] resolver as dúvidas surgidas no funcionamento dos tribunais[25] e examinar as listas das causas civis e criminais que deveriam ser remetidas às Relações para pronta administração da justiça. Teria ele competência penal para entrar no conhecimento dos delitos cometidos em exercício de altos cargos políticos, administrativos e judiciais – inclusive para julgar os secretários de Estado, desde que as Cortes aprovassem a formação da causa –, além de eclesiásticos, mas, sobretudo, fazer efetiva a responsabilidade dos empregados públicos, em especial, os judiciais? Questão esta que preocupara especialmente os constituintes gaditanos ao conceberem o Supremo como uma instância adequada para julgar os secretários de despacho e os magistrados das Audiências, cujo espírito corporativo poderia viciar as decisões. Por essa razão, Lorente afirma que o foco do projeto normativo de Tribunal Superior teria menos que ver com o *leitmotiv* da

---

22  *La administración de justicia en la época constitucional (1812-1936)*, Cuenca: Editorial Alfonsípolis, s/d, p. 30-31.

23  Criado por decreto de 17 de abril 1812, cujo Regulamento foi aprovado em 13 de março de 1814.

24  Recurso que poderia ser utilizado de todas as causas em que se produziu uma violação das normas reguladoras do processo.

25  Logo seria aprovado o *Reglamento de las Audiências y juzgados de primera instancia* (outubro de 1812) que foi uma explicação pormenorizada dos princípios desenhados na Constituição de 1812: separação das funções judiciais das governativas, responsabilidade judicial e unificação de foros (Terán de la Hera, p. 101).

criação do Tribunal de Cassação francesa – concebido, sobretudo, como um instrumento para defender as leis das possíveis violações cometidas por membros do poder judicial[26] – ao valorizar muito mais a necessidade de se controlar os abusos dos juízes.[27]

Para que se tenha ideia da contundência da questão, quando se tratou do controle da judicatura na constituinte gaditana, os parlamentares espanhóis chegariam a discutir uma proposta que previa a existência de outro tribunal, emanado das Cortes, e que pudesse fazer efetiva a responsabilidade dos magistrados do próprio Supremo.[28] O deputado Augustín de Argüelles insistiria na necessidade de que o Supremo fosse igualmente controlado:

> es preciso que el centro de la autoridad judicial, esto es, el Tribunal Superior de Justicia en los casos de alta Traicion, ó semejantes, sea juzgado por la única autoridad competente. Y ya que la Nacion no puede por sí misma ejercer actos judiciales, a lo menos haya una autoridad nombrada inmediatamente por las Cortes.[29]

A despeito de vozes dissidentes, a ideia geral seria contemplada na Constituição de Cádis, que previa a nomeação de um tribunal composto de nove juízes, eleitos

---

26 O Tribunal de Cassação francesa (1790) nasceria como órgão anexo ao legislativo, responsável, sobretudo, por verificar a legalidade das decisões judiciais, ou seja, zelar pela fiel observância da lei no que concernia aos direitos, sem tomar conhecimento dos fatos (provas, testemunhas, etc.) do processo. No caso de anulação de sentença, cabia a ele reenviar o julgamento final para outra jurisdição do mesmo nível. É fato que o Tribunal Supremo espanhol, que funcionou num curto período de tempo em 1814, e voltaria a ser instalado após 1820, com o triênio liberal, sofreria mudanças na sua interpretação ao longo do século XIX, e até se aproximaria de um ideal de cassação após a Constituição de 1837 (Terán de la Hera, p. 128).

27 LORENTE, Marta. "División de poderes e interpretación de la ley". *Materiales para el estudio de la Constitución de 1812*, 1988, p. 401-420; PÉREZ, Fernando Martínez. *Entre confianza y responsabilidad. La justicia del primer constitucionalismo español (1810-1823)*, Madri: Centro de Estudios Políticos y Constitutcionales, 1999.

28 A proposta foi apresentada nas Cortes pelo Conde de Toreno, em novembro de 1811, e consistia em formar um tribunal separado, nomeado pelos representantes da nação, não podendo ser eleitos entre os magistrados.

29 *Diário de las Cortes Constituyentes*, n. 415, sessão de 22/11/1811, p. 2316.

pelas Cortes, para os casos em que devesse ser exigida a responsabilidade dos membros do próprio Supremo.

Se a cobrança de responsabilidade era vista como uma forma de garantir aos cidadãos que as autoridades, fossem judiciárias ou não, não excedessem suas funções, é também fato que se considerava fundamental garantir a inamovibilidade dos magistrados, para que os mesmos não pudessem ser rápida e equivocadamente destituídos sem acusação formada.[30] Afinal, a questão da separação dos poderes e independência dos magistrados era um problema a ser resolvido. Questão que se relacionava diretamente com a carreira judicial que, por maiores que tenham sido as tentativas contrárias, continuaria vinculada ao executivo. Primeiro, pelas nomeações. Segundo, e sobretudo, porque as principais condições de ingresso na carreira, além de ser espanhol com idade maior de 25 anos e possuir "ciência, desinteresse e moralidade", eram "ser adito à construção da monarquia, e haver dado prova nas circunstâncias atuais de estar pela independência e liberdade política da nação".[31] Ainda que tais critérios devessem ser dispostos sem prejuízo do de antiguidade para escolha dos magistrados para os cargos, o fato é que prevaleceriam os políticos para os quadros funcionais judiciais, depurador de agentes "afrancesados" ou "absolutistas",[32] e que os mesmo critérios seriam ainda reforçados em 1820 quando, na volta dos liberais, tratava-se de premiar aqueles que, desde 1814, não tivessem se destacado pela adesão ao absolutismo.

Consagrava-se na Espanha uma estreita relação entre os cargos públicos e a adesão ao governo, o que acabaria afetando a inamovibilidade dos juízes. Para que se tenha uma ideia do tamanho do problema, em decreto de dezembro de 1838, publicariam-se regras para melhorar a condição dos magistrados e juízes afetados por "funestas e abusivas práticas de intervencionismo governamental no traslado, suspensão, e substituição do pessoal jurisdicional".[33] Tratava-se de uma tentativa

---

30 É notável como Ramón Salas, nas suas coevas *Leciones de Derecho Público Constitucional* (1821), chegava a defender que os juízes nem pudessem ser nomeados nem reconduzidos/mudados pelo governo para que se assegurasse sua independência real, apostando apenas no critério de antiguidade para sua admissão, por maiores inconvenientes que ele mesmo visse na sua proposta.

31 Decreto de 03/06/1812, citado por Terán de la Hera, p. 49.

32 Pérez, Martinez, *op. cit.*

33 *Apud* Terán de la Hera, p. 58.

de se criar, realmente, uma carreira judicial, com introdução de regras para nomeações e suspensões (como a qualidade dos juízes, e mesmo a antiguidade no serviço). O que atestava ser o projeto de separação das esferas da administração e da justiça, anteriormente unidas nos regimes monárquicos tradicionais, difícil de ser colocado em prática.

Na mesma seara, estava a tentativa de extinção do arbítrio judicial, embasada na ideia ilustrada de apartar o juiz de toda atividade criadora do direito, da prática antiga vinculada à interpretação da doutrina, para torná-lo um aplicador de leis a casos particulares,[34] deixando ao legislador sua interpretação. Mas ela também encontraria sentidos ambíguos no constitucionalismo gaditano. Segundo sua Constituição, os juízes seriam dispensados de fundamentar as sentenças – fornecer os motivos, as fontes de direito que embasavam a decisão –, da mesma forma como se alegava no estilo do direito comum que preservava seu arbítrio e autoridade em julgar as causas.[35] Dessa forma, a assertiva de que as decisões deveriam trazer de forma clara seus motivos, conforme previa a proposta revolucionária francesa como forma de garantia aos cidadãos comuns o conhecimento e controle das mesmas,[36] ficava igualmente comprometida. Assim, a permanência, por vários anos, de uma resistência a declarar obrigatória a motivação das decisões judiciais apontava os limites da possibilidade de controle dos próprios magistrados.

Também em Cádis, a solução dada para circunscrever a ação da justiça conviveu com a manutenção/recriação de poder contencioso por parte de agentes do executivo; ou seja, muitas dessas autoridades acabariam preservando espaços de *jurisdição* para solução de conflitos de acordo com práticas herdadas, pré-constitucionais. Assim, ficava estabelecido na Constituição no título dedicado à "administração da justiça" que a ela caberiam questões civis e criminais, ou seja, ordinárias,

---

34  Na prática comum às monarquias tradicionais, o juiz, como intérprete decodificar da doutrina, era concebido como um indivíduo virtuoso e que deveria ser, na medida do possível, alheio à vida social, para garantir a justeza das decisões. Nos Setecentos, a difusão da ideia de que apenas as instituições, e não os próprios indivíduos, seriam capazes de controlar os comportamentos humanos seria essencial para idealização do controle de sua ação.

35  GARRIGA, Carlos e LORENTE, Marta. "El juez y la ley: la motivación de las sentencias", *Cádis 1812. La Constitución jurisdicional*, Madri: Centro de Estudos Políticos e Constitucionales, 2007, p. 261-312.

36  HUFTEAU, Y. L. *Le référé législatif et les pouvoirs du juge dans le silence de la loi*, Paris: 1965.

A EXPERIÊNCIA CONSTITUCIONAL DE CÁDIS

mas não contendas no âmbito da administração. Nesse sentido, segundo González Alonso,[37] o primeiro constitucionalismo se transmutou num sistema baseado no reforço e centralização da administração receptora de sucessivos privilégios que culminaram no estabelecimento da jurisdição contenciosa-administrativa (apenas por lei de 02 de abril de 1845) paralelamente a uma judicial (focada sobretudo em questões ordinárias).[38] O que permitiu que autores como Marta Lorente e Carlos Garriga tratassem o momento gaditano como de reformulação de velhos dispositivos institucionais, pela manutenção, ao menos nesse caso específico, do funcionamento de várias instituições paralelas com prerrogativa de decisão (*jurisdição* no sentido antigo) e de poderes concorrenciais.

Para ambos supracitados autores, a manutenção de práticas antigas em outras questões basilares da ruptura proposta pelo primeiro constitucionalismo espanhol permitiria a classificação da Constituição espanhola de 1812 como "jurisdicional". Uma das mais importantes destas práticas seria a da responsabilidade: concebida como peça central para que os empregados públicos, entre eles os magistrados, não exorbitassem no exercício de suas funções. Ela acabaria por encontrar dificuldades devido a não delimitação clara das funções das autoridades, o que dificultaria a própria realização do contencioso de administração.[39] Outra questão fundamental seria a da manutenção do aparato legal herdado, pois, a despeito do impacto normativo e dos efeitos jurídicos que teve a Constituição de Cádis, as Cortes não tiveram um programa articulado de derrogação das leis antigas que continuaram a ter intensa validade.[40] Para esses historiadores, preocupados sobretudo com o funcionamento

---

37 "La Justicia", *Enciclopédia de la Historia de España*, Madrid:1988.

38 B. Clavero, *Manual de historia constitucional de España*, Madri: 1990. Marta Lorente discute como, haja visto o funcionamento do contencioso de administração nos moldes como foi criado e desenvolvido na França (em que se previu, de fato, a inviolabilidade dos cargos administrativos, além da separação de funções entre os mesmos), na Espanha ela não se concretizaria de igual maneira, devido à manutenção de culturas e práticas institucionais (que dificultava a separação entre os poderes), além da ênfase que se deu na cobrança de responsabilidade dos funcionários públicos. Ver: *Divición de poderes y contenciosos de la administracion*.

39 GARRIGA, Carlos e LORENTE, Marta. *Cádis 1812. La Constitución jurisdicional*, p. 30-1.

40 GARRIGA, Carlos. "Constitución política y orden jurídico: el *efecto derogatorio* de la Constitución de Cádiz", *Cádiz, 1812. La Constitución jurisdicional*, 119-168.

institucional, não se sustentaria falar em *revolução* para o caso gaditano; no entanto, isso merece ser matizado, se tivermos em mente o universo do político, seus discursos, transformações e práticas, inclusive no próprio uso da Constituição dentro e fora da Espanha, e que cabe ter em vista, sem dúvida.[41]

No mundo português, os problemas que envolveram a definição da justiça e de seus agentes apareceriam com grande força nas Cortes Constituintes da Nação Portuguesa, instaladas em Lisboa, em janeiro de 1821. A crítica à ação dos magistrados e à má administração da justiça estaria presente desde antes do início das suas sessões legislativas, como se vê pelo caráter revolucionário que adquiriu o movimento do Porto no ano anterior, e nas palavras de um de seus mais decididos e vigorosos adeptos, Manuel Borges Carneiro:

> E que direi eu do foro judicial e da administração da justiça? Quem poderá sem lágrimas e sem indignação, considerar que o povo português achou a vexação e a espoliação no mesmo santuário onde buscava o seu amparo? Que o poderoso e o rico encontraram o meio de esmagar o pobre no mesmo lugar que as leis ofereciam a este para seu asilo?[42]

A avaliação altamente negativa dos negócios da justiça seria onipresente nas mesmas Cortes, fosse em nome da ignorância e sordidez dos juízes, da arbitrariedade dos tribunais arbitrários, ou pela legislação herdada, sendo a questão de sua reforma tida como uma das principais prioridades entre os deputados.[43] Esta,

---

41  Ampla bibliografia tem se produzido sobre as rupturas políticas ocorridas a partir de Cádis, sobretudo para os processos de Independência da América Latina. Nessa chave, alguns enfatizam o aspecto revolucionário das mesmas Cortes, como CHUST, Manuel. *La cuestión nacional americana em las Cortes de Cádiz (1810-1814)*, Valencia: Fundación Instituto Historia Social/Unam, 1999; e outros que matizam esse aspecto para o caso ibérico e iberoamericano, a partir das proposições de GUERRA, François-Xavier *Modernidad e independências. Ensayos sobre las revoluciones hispânicas*, México: Mapfre/FCE, 1993. É fato que aqui tratamos de uma temática vinculada ao funcionamento das instituições, nem sempre discutidas a fundo nas análises políticas, e cujos ritmos de mudanças, criações, recriações etc. tem que ser valorizados. A dificuldade está em observarmos as mediações entre um e outro nível, por mais que o recorte privilegie um ponto de olhar.

42  *Portugal regenerado em 1820.*

43  MARQUES, Mário Reis. "A resistência das velhas estruturas à nova ordem". In: MATTOSO, José.

A EXPERIÊNCIA CONSTITUCIONAL DE CÁDIS

já desde o diagnóstico ilustrado dos setecentos, era vista como um problema diante do novo ideal de regime em que a lei deveria ser instrumental racional de construção do direito. Tais críticas mostravam possuir uma abrangência social, conforme aponta Benedicta Vieira ao verificar terem sido encaminhadas à nova Casa legislativa uma dezena de memórias e projetos denunciando a situação judicial e oferecendo sugestões para sua melhoria.[44] No entanto – como aponta a mesma autora – as Cortes foram especialmente reticentes em agir diante de pedidos específicos de intervenção em decisões e/ou recursos que caberiam ao poder judicial: isso porque, a despeito de sua legitimação como lócus de representação dos interesses da nação, as mesmas Cortes não deveriam intervir nos negócios particulares da justiça, pois a ela caberia, conforme slogan liberal difundido pela casa legislativa, primar pela sua independência em relação aos outros poderes. Questão que, da mesma forma que nas primeiras Cortes espanholas, seria marcada por ambiguidades.

No entanto, os constituintes portugueses foram menos incisivos na marcação do que caberia à justiça em relação aos seus vizinhos espanhóis, como demonstra a transformação pela qual passou o artigo que definia suas atribuições no Projeto de Constituição. Inicialmente, ele estabelecia que o "poder judicial, isto é, a faculdade de aplicar leis aos negócios contenciosos, civis ou criminais, pertence exclusivamente aos juízes" (art. 146), e que nem as Cortes, nem o rei, poderiam ter qualquer exercício nessa esfera, de forma semelhante ao definido em Cádis. A matéria suscitou discussão no tocante à definição do que caberia aos agentes judiciais: deveriam os juízes tratar de questões contenciosas ou deveria existir uma esfera de poder administrativo autônomo para conflitos que não fossem os civis ou criminais? Devido à fala de consenso em relação à matéria, acabou prevalecendo na Constituição uma formulação mais genérica: "o poder judicial pertence exclusivamente aos Juízes. Nem as Cortes nem o Rei o poderão exercitar em caso algum" (art. 176), deixando

---

*História de Portugal. O liberalismo (1807-1890).* Lisboa: Estampa, p. 167-181.

44 *A justiça civil na transição para o Estado liberal.* Lisboa: Edições João Sá da Costa, 1992 (vol. V da col. *A crise do Antigo Regime e as Cortes Constituintes de 1821-1822*). Ver também, da mesma autora, *O problema político português no tempo das primeiras Cortes liberais.* Lisboa: Edições João Sá da Costa, 1992 (vol. 1).

implícita a retirada das atribuições de administração ativa e política, tal como vigorava no período pré-constitucional, aos seus agentes e órgãos.[45]

Mesmo assim, a desconfiança em relação à magistratura encontraria dispositivos constitucionais, tanto na aprovação dos "juízes de fato" (eletivos), para causas cíveis e também criminais, como dos jurados. A justificativa para constituição de ambos era de que nos governos legítimos e representativos todos os poderes deveriam estar divididos e constituídos de modo a poder expressar melhor a *vontade geral*. Quanto aos jurados, em especial, seus defensores falavam igualmente em uma maior imparcialidade nos julgamentos, além de combater o despotismo dos magistrados. É fato que quanto aos juízes letrados, valorizou-se igualmente uma maneira de torná-los independentes ao se estabelecer a vitaliciedade de seus cargos – logo que tenham sido publicados os códigos e estabelecidos os juízes de fato – e o critério de antiguidade para promoção na magistratura. Critério este que tentava diminuir a utilização política direta dos cargos, conforme acontecido a partir das Cortes gaditanas, mas que valorizava os mais antigos e consolidados magistrados na ordem portuguesa. Nesse quesito, há que se notar que mesmo a discussão sobre a formação dos juízes letrados valorizava a tradição: diferentemente do que ocorreu na França – onde junto ao descrédito em relação aos magistrados havia um desprezo com o saber acadêmico e com as universidades –, em Portugal predominou um respeito à tradição coimbrã. Exemplo dessa reverência foi a negação de um projeto apresentado pelo deputado Manuel António de Carvalho nas Cortes, o qual admitia ser juiz de direito todo homem que tivesse dado provas de saber o direito português perante um mestre ou uma Relação, mesmo sem formação acadêmica.[46] Isso se deu

---

45 Vale notar que no primeiro arranjo para divisão das pastas dos negócios de Estado proposto por Fernandez Tomás contavam-se: Reino, Fazenda, Guerra, Marinha e Estrangeiros, sendo que os da justiça fariam parte da primeira. A Secretaria da Justiça ganharia alforria meses depois, ficando a ela subordinadas as questões civis e criminais, todos os negócios eclesiásticos, a expedição das nomeações dos magistrados, ofícios e empregos pertencentes à repartição, inspeção de prisões e o que mais fosse relativo à segurança pública (Vieira, *A justiça civil na transição para o Estado liberal*, p. 7-8). Ver também Mário Reis Marques, *op. cit.*

46 *Apud* Vieira, *op. cit.*, p. 18.

mesmo quando as profissões jurídicas eram atacadas pelo seu "caráter parasitário", e os lentes da faculdade de Coimbra acusados de "trapaças" da doutrina tradicional.[47]

Havia porém uma pressão para que funcionassem mecanismos de fiscalização e cobrança de responsabilidade dos juízes e magistrados, clara na discussão sobre quem deveria suspender ou demiti-los com justa causa, após aprovação da perpetuidade.[48] Os defensores de um maior controle sobre os magistrados, entre eles Borges Carneiro, alegariam que tais atribuições deveriam caber ao executivo, poder que seria fundamental na fiscalização dos poderes da magistratura. Chegou-se a propor uma sindicância, de tempos em tempos, sobre os juízes, o que levou ao desabafo do deputado Castelo Branco Manuel: "desgraçada é certamente a classe da magistratura, e tão desgraçada que não pode gozar de todos os direitos que competem a qualquer cidadão".[49] Desabafo retórico, se não irônico, mas afinado com as polarizações que marcavam as sessões da Casa legislativa.

As Cortes aprovariam igualmente a criação de um Supremo Tribunal de Justiça que, com uma conformação um pouco distinta de seu congênere espanhol, resvalariam no mesmo problema do controle/autonomia do órgão. Também aqui se fixava que o Supremo deveria conhecer os erros de ofícios de várias autoridades (inclusive Regentes) para formação de culpa, as questões de competência e de jurisdição nas Relações, a proposição ao rei das dúvidas encaminhadas pelas diversas autoridades, além de poder para conceder ou denegar a revisão das sentenças (como forma de recurso). No que tocava a esse último item, o Supremo português possuía especificidades: em primeiro lugar, trataria tanto de nulidade das sentenças, ou seja, dos erros no seu procedimento, como de casos de "injustiça notória"[50] que se referiam a equívocos na aplicação do direito, ampliando sua esfera recursal; em segundo, seria um Tribunal cujas decisões sobre recursos teriam força vinculativa, pois apenas autorizaria, ou não, a *revisão* da sentença, e a enviaria para decisão final da Relação com-

---

47   *Apud* HESPANHA, António M. "Um poder pouco mais que simbólico: juristas e legisladores em luta pelo poder de dizer o direito", FONSECA, Ricardo e SEELAENDER, Amirton (orgs.). *História do Direito em perspectiva. Do Antigo Regime à Modernidade*, Curitiba: Juruá, 2008, p. 157.

48   *Idem*, p. 19.

49   *Diário da Cortes*, vol. IV, p. 3784.

50   Ambas categorias de "nulidade manifesta" e "injustiça notória" tinham sido marcadas nos termos da carta de lei de 03 de novembro de 1768 (parágrafos 2 e 3).

petente (ou seja, o Tribunal não se configurava como instância final). A definição das atribuições do Supremo português não tocava em questões contenciosas, o que ficava subentendido – da mesma forma que na definição do poder judicial – já que ele se constituiria, sobretudo, como uma instância recursal às questões civis e criminais. Dessa forma, e em relação ao Supremo espanhol, ele seria muito mais um tribunal recursal (instalado em Portugal em 1833, sob a égide da Carta Constitucional de 1826, e posteriormente ao do Brasil), sendo que o controle sob sua ação se daria muito mais pelo fato de não se constituir como a última instância.

Quanto à questão do arbítrio judicial, a solução portuguesa foi igualmente particular. Diferentemente da gaditana, que dispensava os juízes de motivarem as sentenças, o primeiro constitucionalismo defendeu tanto a obrigação de se explicitarem os motivos, bem como reforçou que as mesmas pudessem ser revistas nos casos de nulidade e injustiça (pelo Supremo).[51] Mas isso não significava necessariamente uma supremacia dos juristas sobre os legisladores, ao contrário. É fato que, já desde as reformas pombalinas na prática jurídica, proibia-se igualmente a interpretação doutrinal da lei pelos magistrados, devendo as dúvidas sobre matérias serem encaminhadas ao soberano. Na mesma linha, o ato de motivar seria entendido como uma forma de controle, pois, ao invés de demonstrar a supremacia dos juristas, resguardados pela sua consciência da exposição dos motivos, obrigava-os a explicitaram a base onde se apoiaria sua decisão, de maneira direta e objetiva. Obviamente que a linha entre motivar e interpretar poderia ser tênue, e a exigência na transparência da ação dos juízes encontraria ampla resistência, a despeito da contundência que o discurso da desconfiança dos tribunais ganhara nesse momento.

Mas seria na separação entre as esferas da administração e da justiça que a agenda liberal encontraria um dos maiores impasses para sua realização, diante da manutenção de uma pluralidade de micro poderes herdados da cultura jurisdicional.[52] Vai nesse sentido a afirmação de José Subtil de que, apesar das profundas mudanças político-constitucionais propostas pelo vintismo, a administração da justiça não teve expressão institucional nos anos que se seguiram a ele. É fato que o projeto de

---

51  HESPANHA, António M. "Um poder pouco mais que simbólico", p. 149-199.

52  SUBTIL, José. *op. cit.*, p. 257- 274; ver também de HESPANHA, António M. *Guiando a Mão Invisível. Direitos, Estado e Lei no Liberalismo Monárquico Português.* Coimbra: Almedina.

A EXPERIÊNCIA CONSTITUCIONAL DE CÁDIS

transformação da administração em um instrumento ativo, de maior complexidade, e separada da *jurisdictio* de antigo regime, encontrara suas bases no movimento
ilustrado português, sendo sua eficácia igualmente controversa do ponto de vista da
lógica de interpenetração de funções entre órgãos e autoridades. Era, portanto, um
dado de cultura jurídica e dificultaria a implementação de um modelo de separação
de poderes em função da manutenção de práticas, inclusive contenciosas, na ação
cotidiana dos seus mais agentes que não apenas os da justiça.

O próprio movimento de recuo constitucional, com a volta de D. João VI
em 1823, e os embates entre os apoiadores da restauração e os do liberalismo durante toda a década, fizeram com que fosse errática a consolidação de um novo
regime. Um exemplo está na derrogação que se fez às leis aprovadas pelas Cortes
Constituintes de Lisboa, a partir da instalação de uma Junta de Revisão em 1826,
a qual deveria analisa-las a partir de critérios que contemplavam sua adequação
aos "princípios da monarquia" e mesmo aos "atuais usos e costumes e opiniões do
povo português".[53] Como nota da preservação do passado, no entanto, vale dizer
que as mesmas Cortes não revogaram as leis anteriores à ruptura revolucionária,
ao contrário, já que elas fizeram parte da base de legitimidade da nação que deveria ser regenerada.

Dessa forma, nas primeiras experiências constitucionais espanhola e portuguesa, as rupturas em relação à administração da justiça foram evidentes se
levamos em conta a ação que se fez pela circunscrição do espaço que caberia ao
judiciário, e mesmo suas formas de controlá-lo, como um poder separado da
administração. Mas a nova ordem jurídica constitucional também era marcada
por uma cultura vigente, cujas continuidades do ponto de vista dos poderes e jurisdições nas novas instituições foram igualmente perceptíveis. No entanto, mais
do que um jogo em que se pode estabelecer em negro e branco as peças das continuidades e das rupturas, a dificuldade está em marcar como um velho funcionamento institucional fez-se sob novas bases legais. Se isso foi menos ressaltado
na historiografia mais recente sobre as instituições na Península Ibérica – mais

---

53  MARTINS, J. (et. alli.), "Projecto institucional do tradicionalismo reformista: a crítica da legislação
vintista pela junta da revisão das leis", PEREIRA, Miriam H. (coord) (et. alli.), *O liberalismo na
Península Ibérica na primeira metade do século XIX*, Lisboa: Sá da Costa Editora, 1982, p. 155-172.

focada na apreensão das dificuldades na construção de um regime verdadeiramente constitucional – talvez seja especialmente importante para se entender o caso da construção do Império do Brasil.

## A administração da justiça nos primeiros anos do Brasil independente

Na América portuguesa, a situação era, em si, distinta das ex-metrópoles: com a Independência tratava-se de constituir um Estado tanto em nome da legitimidade da dinastia, que fornecia uma base legítima para o projeto imperial, como diante da negação da herança portuguesa e necessidade de construir uma unidade, inclusive de direito, nacional.[54] Nesse sentido, é mais evidente como a permanência de velhos dispositivos institucionais e políticos passou, muitas vezes, pela sua recriação sob novos moldes constitucionais: assim, foi a definição de seu território, bem como da escravidão, que se mantiveram e, ao mesmo tempo, foram recriados como sustentação da legitimidade de uma nova ordem política. Afinal, a reivindicação do passado português comum aos luso-americanos seria um ponto fundamental na tarefa de definição do Império do Brasil, tanto no seu aspecto ideológico como institucional.

Foi assim que, quando se instalou a Assembleia Constituinte de 1823, os representantes aí reunidos logo aprovaram uma lei – aliás, umas das poucas aprovadas pelos constituintes, já que a Casa legislativa seria fechada pelo Imperador, seis meses após sua abertura – que declarava "em vigor a legislação pela qual se regia o Brasil até 25 de abril de 1821 e bem assim as leis promulgadas pelo Senhor D. Pedro, como Regente e imperador daquela data em diante, e os decretos das Cortes portuguesas que são especificados".[55] Ou seja, se os constituintes se mostravam reticentes na aprovação da produção legislativa das Cortes de Lisboa (contra as quais todo o discurso da Independência se faria), aceitavam toda a legislação portuguesa herda-

---

54 Pode-se dizer que a análise desse processo já se tornou um tema para a historiografia brasileira. Sobre ele, ver: MATTOS, Ilmar R. de. "Construtores e herdeiros. A trama de interesses na construção da unidade política" e COSTA, Wilma P. "A Independência na historiografia brasileira", ambos em István Jancsó (org.), *Independência: história e historiografia*, São Paulo: Hucitec/Fapesp, 2005, p. 53-118, 271-300.

55 Lei de 20 de outubro de 1823. *Colleção das leis do Império do Brasil*, Rio de Janeiro: Typographia Nacional.

da, numa tentativa de reformulação, sem maiores rupturas imediatas, do funcionamento do sistema jurídico. É fato que a Carta Constitucional, outorgada no ano seguinte, previa em um de seus artigos que se organizariam, o quanto antes, os códigos civil e criminal (artigo 179, parágrafo XVIII). Mas mesmo asim, a adaptação da antiga legislação em relação à nova seria evidente. O que acabaria por, contraditoriamente, tornar mais complexa a tarefa da jurisprudência por todo o século XIX.[56]

No que toca aos problemas que envolviam a administração da justiça, eles já se colocariam com contundência desde o início dos trabalhos da mesma Assembleia. O ataque à magistratura e ao funcionamento do aparato judicial seria constante nas sessões; mas foi, em especial, na discussão sobre a instituição do júri (ou jurados) que ele encontraria terreno especialmente fértil.[57] No debate, a questão da corrupção, parcialidade e arbitrariedades dos juízes, somadas à suposta confusão legislativa herdada de Portugal, apareceriam como as principais mazelas contra as quais a instituição dos jurados poderia ser uma eficaz solução. Segundo seus defensores, sendo o júri formado por membros eletivos, não necessariamente formados em Direito, poderia ele garantir sua independência em relação à política, bem como maiores direitos aos cidadãos em função de uma diluição dos poderes. Vale dizer, inclusive, que não só a matéria possuía adeptos como se ampliou, na discussão, a atuação dos jurados tanto para causas crimes como para as civis. Mesmo após a abrupta interrupção da discussão do Projeto de Constituição (momento das sessões

---

56 Nesse sentido, um caso revelador da tensão existente entre antigos e novos dispositivos legais foi o de uma representação enviada pela Câmara de Caeté ao Conselho Geral da Província de Minas Gerais contra medida tomada pelo ex-Ministro do Império, José Clemente Pereira, que "a despeito das nossas Leis Constitucionais, quis ressuscitar o império dos Portugueses e instituir aos Ouvidores das Câmaras a já perdida posse de expedirem Ordens aos corpos municipais, que nenhuma sujeição lhes deve" (*Diários do Conselho Geral da Província de Minas Gerais*, sessão de 07 de janeiro de 1831, p. 63-62). O ataque era movido contra a portaria de 19 de novembro de 1829, que obrigava as Câmaras a "receberem, registrarem e publicarem todas as Leis que lhes receitarem para este fim os respectivos Ouvidores", e possuía, sem dúvida, uma forte dose de antilusitanismo. No entanto, colocava a nu o problema da reificação do corpo de leis e práticas usuais que, mesmo contrárias aos pressupostos constitucionais, seguiram tendo vigência.

57 Debate foi pormenorizadamente discutido por LOPES, José R. de L. "Governo misto e abolição de privilégios: criando o Judiciário Imperial". In: OLIVEIRA, C. H.; BITTENCOURT, V. L.; COSTA, W. P. *Soberania e conflito. Configurações do Estado nacional no Brasil do século XIX*. São Paulo: Hucitec/Fapesp, 2010, p. 149-184.

em que tal debate aconteceria), assim estariam prescritos jurados e juízes de paz na Constituição de 1824.

A questão da independência da justiça e dos seus agentes era, conforme já enunciamos acima, um outro problema. Nesse sentido, afirmou-se tanto a necessidade da vitaliciedade como da inamovibilidade dos juízes, ao lado da participação dos jurados na realização do processo. Mas também é evidente que os representantes da Assembleia tenham sido cautelosos, como no exemplo de suas congêneres citadas acima, no que tocasse ser matéria especial da justiça; comportamento que se manteria no Parlamento brasileiro, após sua instalação em 1826, como forma de preservar a separação entre os poderes.[58] Mais do que isso, a própria questão da independência judicial, como "pedra de toque" que nortearia o novo regime, era igualmente avocada como uma tópica quando posições políticas distintas estavam em jogo. É o que se vê na discussão de um dos artigos sobre o governo das províncias, proposto por Antonio Carlos de Andrada Machado: inicialmente, previa ele a autonomia da administração da justiça, mas concedia ao presidente de província o direito de suspender o magistrado, desde que este logo desse parte à Corte.[59] Nesse sentido, a proposta do deputado ia contra o que, em 1821, as Cortes lisboetas haviam fixado

---

58 Um exemplo dessa cautela é o do requerimento enviado, em 1826, à Câmara dos Deputados por Candida Joaquina de Jesus que, condenada ao degredo, afirmava que não lhe haviam sido concedido os dez dias marcados por lei para a colocação de embargos à pena (*Anais do Parlamento Brasileiro. Câmara dos Deputados. Ano de 1826*. Rio de Janeiro: Tipografia de Hipolito José Pinho e Companhia, 1874, t. 1, sessão de 20/maio, p. 111). Diante do fato da condenada afirmar que deveria partir no dia seguinte, um imediato parecer da comissão de justiça e legislação apontou que a queixa não tinha fundamento; após discussão, assim foi aprovado. No entanto, dois dias depois, novo parecer sobre o caso vinha à tona sob a alegação da existência de uma certidão que dava à condenada direito ao pedido (sessão de 24/maio, p. 129.). Então o caso voltaria à discussão. Os deputados contrários ao pedido argumentaram que a lei para o caso já teria sido cumprida, não havendo nada mais a considerar. Os que propugnavam um efetivo papel da Câmara na defesa dos "interesses da sociedade", sustentaram que eles teriam poder para passar por cima das normas existentes, se assim lhes parecesse. Mesmo assim, esta última posição foi derrotada, vencendo uma proposta mais "moderada" que pediria informações ao governo, por meio do envio de um requerimento ao ministério da justiça.

59 A apresentação do projeto foi feita na sessão de 09 de maio de 1823, ver *DAG*, vol. 1.

A EXPERIÊNCIA CONSTITUCIONAL DE CÁDIS    273

para o governo das províncias,[60] numa visível tentativa de fortalecer o poder do presidente de província, escolhido pelo Imperador, frente a outros poderes locais.

A preocupação de Andrada Machado não era infundada, já que era comum, no funcionamento das autoridades, a prevalência de grande poder aos magistrados na solução de conflitos das mais diversas ordens, em função da imbricação entre funções administrativas e judiciárias. No entanto, devido à pressão existente nesse momento na Assembleia, materializada pela acusação de que a proposta seria "uma implícita invasão do poder Executivo nas atribuições, e exercício do poder Judiciário",[61] e em vista de seu autor representar um projeto mais centralizador no que tocava as bases do Império, ele foi reformulado. Na última discussão do mesmo, decidiu-se que, apenas tendo consultado seu Conselho, e de comum acordo com o Chanceler (cargo superior existente nas Relações), é que o presidente poderia suspender, apenas temporariamente, o magistrado em casos de revolta e motim.[62] Dessa forma, preservar-se-ia, ao menos no texto da lei, uma defesa da ação do magistrado em relação à autoridade executiva.

O funcionamento do governo das províncias nos anos que se seguiram à Independência permite que se observe a manutenção de conflitos jurisdicionais entre autoridades, uma típica herança da cultura jurídica portuguesa no cotidiano permanente das novas instituições criadas. Isso porque, da mesma forma que nas soluções constitucionais dadas pelos exemplos ibéricos, as atribuições da justiça que extrapolassem a esfera ordinária (dos cidadãos entre si, criminais e civis), e que tocassem em questões contenciosas da administração e em conflitos entre os poderes, foram implicitamente retiradas de sua esfera – ao contrário da prática corrente até então, em que os agentes judiciários possuíam uma ampla atuação na vida e política local.[63] Assim, se, por um lado, tentou-se restringir a atribuição dos agentes

---

60 O artigo 7.º do decreto de 29 de setembro de 1821 aprovado pelas Cortes, dizia que "todos os magistrados e autoridades civis ficam subordinados às Juntas do Governo nas matérias indicadas no artigo antecedente, exceto no que for relativo ao poder contencioso e judicial, em cujo exercício serão somente responsáveis ao Governo do Reino, e às Cortes". *Diário das Cortes Gerais e Extraordinárias da Nação Portuguesa*, Sessão de 29 de setembro de 1821, p. 2463-4.

61 DAG, vol. 1, 21/junho, discurso do deputado pelo Rio de Janeiro, Manuel José de Sousa França, p. 271.

62 DAG, vol. 2, 28/julho, p. 467-9

63 Em pesquisa sobre a Relação no Rio de Janeiro, Arno e Maria José Wehling demonstram como

da justiça em relação à administração, a inexistência de uma circunscrição precisa de ação dos agentes públicos, por outro, dificultou sua implementação mantendo a decisão de conflitos (inclusive os que tocassem em questões judiciais) por agentes do executivo.

Problemas que claramente se pode auferir a partir da lei que criou o cargo de presidente de província (20 de outubro de 1823), e que também instituiu um Conselho a ele privativo (chamado de conselho do "governo" ou "administrativo"), sendo ambas autoridades responsáveis pela execução das leis e administração da vida local. Na prática, tinham elas um grande poder de ação ao deliberarem sobre matérias as mais diversas, além do dever de "dar parte ao governo dos abusos", "à Assembleia das infrações das leis", e de "decidir temporariamente os conflitos de jurisdição entre as autoridades" – desde que suas resoluções fossem endereçadas à Corte. Não era incomum se tratar de abusos, e mesmo da suspensão de agentes do judiciário.[64] O Conselho, juntamente com seu presidente, chegaria mesmo a interferir diretamente na realização dos processos judiciais, como se vê em um caso ocorrido em Minas Gerais, no ano de 1829, em que ele aprovou a realização de uma

---

era ampla a gama de atribuições dos magistrados no Tribunal que, para além de sua atividade judicial constante, tratavam de questões políticas (em apoio aos projetos do governo, e mesmo no sentido de equilibrar as várias autoridades), administrativas, e mesmo de planejamento e execução de políticas públicas. Ver, dos autores: *Direito e justiça no Brasil colonial: o Tribunal da Relação do Rio de Janeiro (1751-1808)*, Rio de Janeiro/São Paulo/Recife: Renovar, 2004; e NEVES, Guilherme P. das. *E receberá mercê: a Mesa de Consciência e Ordens e o clero secular no Brasil – 1808-1828*, Rio de Janeiro: Arquivo Nacional, 1997.

64  Veja-se o ocorrido, em agosto de 1826, quando o presidente de São Paulo convocava uma sessão do seu Conselho para tratar de uma queixa contra as "violências e arbitrariedades" praticadas pelo ouvidor da comarca de Itu, Antônio de Almeida Silva Freire da Fonseca (*Atas do Conselho da Província de São Paulo*, vol. 86, sessão de 08/agosto/1826, p. 137-8). Meses antes, outra denúncia contra o mesmo ouvidor adentrara na Casa, acusando-o de ter prendido despropositadamente vários cidadãos; na ocasião, fora aprovado que ele deveria ir pessoalmente ao Conselho responder pelas acusações (*Idem*, sessão de 02/março/1825, p. 41-2). O não cumprimento dessa solicitação era agora agravado pelas novas denúncias, o que fez que os conselheiros considerassem as ações do ouvidor realmente "despóticas", responsáveis por "flagelar" e "pôr em desesperação os povos" da citada localidade, decidindo remeter tudo ao conhecimento do Imperador. Além disso, frisavam que "poderosos e verídicos motivos" obrigavam o presidente a pedir à Sua Majestade que se "Dign[asse] mandar recolher o dito ouvidor".

devassa na Vila de Paracatu, solicitada por autoridades locais.[65] Após a exposição dos fatos, o mesmo Conselho havia determinado que o ouvidor mandasse proceder a um "corpo de delito" dos acusados, bem como à inquirição de testemunhas. Após a chegada dos resultados, apresentados pelo respectivo juiz ordinário, os conselheiros decidiram pela completa "nulidade" a que estaria fadada a devassa, devido ao "tumultuoso ajuntamento" do processo que não comprovava que as desordens teriam sido motivadas pelas razões alegadas. Assim, foi aprovado um "perpétuo silêncio" sobre o caso, sendo o Conselho responsável pela determinação de erros no procedimento.

Tensões causadas pela ação das autoridades judiciais eram matéria constante nas deliberações dos presidentes em Conselho. Um exemplo foi um caso discutido entre os conselheiros de Pernambuco que, em sessão de junho de 1832, aprovaram que se pedisse informações ao juiz de paz da Freguesia do Recife sobre um processo em que libertara da prisão um indivíduo que ferira mortalmente outrem.[66] Dias depois, tendo chegado à Casa as explicações do dito juiz, foi elaborado um parecer que o acusava de ter "dormitado sobre a execução dos seus deveres", mas que o eximia de culpa em função de doença que o mesmo alegara;[67] por fim, ordenava que se procedesse a "corpo de delito" e se formalizasse o "processo criminal" (como já deveria ter feito o dito juiz). Deliberações como estas deixam claro como uma autoridade do executivo interferia em questões de amplo espectro, sob a justificativa do bom funcionamento da administração local.[68]

Uma outra questão somava-se ao problema do recorte da circunscrição da esfera judicial: a própria dificuldade em se criar uma carreira de juiz/magistrado

---

65  *Anais do Conselho Geral de Minas Gerais* (1829), sessão de 17/março, p. 94-100.

66  *Anais do Conselho Geral de Pernambuco*, vol. 2, sessão de 03/julho/1832, p. 184.

67  *Idem*, sessão de 10/julho/1832, p. 187.

68  Um outro exemplo é o caso de um ofício encaminhado ao Conselho de Governo de Pernambuco, em 1828, pelo ouvidor da comarca, pedindo-lhe a intervenção para sanar um atrito com a Mesa do Desembargo do Paço da Província (*Anais do Conselho de Pernambuco*, vol. 2, sessão de 04/agosto/1828, p. 56): o ouvidor se recusara a fazer a apuração dos juízes de paz, alegando tratar-se de competência da dita Mesa; esta, por seu lado, decidiu que cumpria ao ouvidor fazê-la, o que lhe ordenou em duas provisões. Por fim, o Conselho decidiu que não havia nenhum conflito de jurisdição, e que ao ouvidor cumpria obedecer à ordem.

que fosse consequentemente separada da administração. Não há como negar que a entrada na magistratura era uma forma privilegiada de entrada na política imperial.[69] Em geral, a carreira dos magistrados era marcada pela passagem por diversos cargos, os quais incluíam funções judiciais e também administrativas, em que se adquiria experiência, além de inserção definitiva no jogo político, inclusive partidário. Além disso, havia a compatibilidade entre ocupações exercidas sob a tutela de poderes distintos, que não apenas o judiciário. Mas, como vimos, isso não era um problema específico do Império do Brasil, sendo igualmente vivido pelas demais monarquias ibéricas, e mesmo pelas novas repúblicas iberoamericanas.[70] Para isso, a inamovibilidade dos cargos judiciais e também o antigo critério de antiguidade – que continuaria tendo vigência para promoção na carreira de maneira geral, ao contrário de critérios políticos de adesão ao regime como vigoraram na Espanha –, seriam armas recorrentemente evocadas no Brasil para defesa dos próprios juízes.[71]

Mas tudo isso deve ser visto diante de um quadro de experimentações e inovações que se fizeram na justiça durante os primeiros anos do Brasil independente.

---

69 KOERNER, Andrei. *Judiciário e cidadania na constituição da República brasileira*. São Paulo: Hucitec/Depto. Ciência Política-USP, 1998; CARVALHO, José Murilo de. *A construção da ordem. A elite política imperial*. Brasília: UnB, 1981.

70 Antonio Annino analisa a manutenção da *iurisdictio* na justiça no México após a Independência, o que lhe permite analisar como várias autoridades públicas acabavam por exercer funções contenciosas e, portanto, julgarem e decidirem casos. Ver do autor: "La ruralizacion de lo politico", *Paper* apresentado no Colóquio Internacional *A experiência constitucional de Cádis: Espanha, Portugal e Brasil*, Depto. História/Universidade de São Paulo, outubro/2010.

71 A defesa do critério de antiguidade geraria algumas polêmicas devido ao fato da legislação portuguesa não ter sido revogada. Em provisão da Mesa do Desembargo do Paço, de 23 de setembro de 1826 (*Colleção das decisões do Governo do Império do Brasil de 1826*, p. 104-5), os desembargadores mandaram obedecer a antiguidade na escolha do juíz ordinário, que deveria incidir sobre o vereador mais velho, não atendendo a solicitação de um outro vereador que alegava a qualidade de seus serviços já prestados. O fato é que a Constituição de 1824 marcara no artigo 179, título 8º., que as pessoas deveriam ser admitidas nos cargos sem outras diferenças que seus talentos; o seria evocado contra a antiguidade, por exemplo, quando o Ouvidor da comarca do Rio da Mortes burlara o direito de "preferência do mais velho", nomeando outro "pelas relações de afinidade e intimidade, evocando o mesmo artigo (SILVA, Ana Rosa C. *Identidades em Construção. O processo de politização das identidades coletivas em Minas Gerais: 1792 a 1831*. Relatório final (pósdoutorado). São Paulo, Fapesp, 2007, p. 270-1).

A EXPERIÊNCIA CONSTITUCIONAL DE CÁDIS

Com poderes amplos, que competiam com algumas atribuições dos juízes das câmaras, seriam criados juízes de paz, por lei de 1827. Teriam eles seus poderes aumentados no Código do Processo Criminal, aprovado em 1832, quando estava previsto que poderiam não apenas proceder a tentativas de conciliação e julgar pequenas causas, como também proceder a corpo de delito, iniciar os processos, além de ter funções de policiamento e utilização de força armada quando necessário. O mesmo Código aprovaria a instituição do júri, também eletivo, ainda que apenas para os casos criminais e não para os civis, como havia sido votado na primeira Assembleia. Ambas as soluções significavam a tentativa de negação do passado institucional, e mesmo de crítica à magistratura, por apostar em juízes não formados em direito e com um significativo leque de atuação. Mas foram elas entendidas como as possíveis para institucionalização da justiça pelo vasto território que se pretendia como parte do novo Império; tarefa entendida, sem dúvida, como a mais urgente para criação de uma ordem interna.[72]

A aposta nessas autoridades significou o investimento na ação dos indivíduos, no poder dos *privados* em nome do Estado nascente, sem a qual não teria sido possível a colonização. O que é especialmente claro pela criação da Guarda Nacional, em 1831, subordinada ao ministério da justiça: uma corporação paramilitar que deveria atuar como reforço ao poder civil, cujos oficiais seriam inicialmente eleitos e seus membros armados em nome da defesa da "Constituição, Liberdade, Independência e Integridade do Império".[73] Como cidadãos em defesa da "causa pública", ela reproduzia a mesma lógica dos juízes de paz, adequando-se à realidade de uma sociedade escravista pós-colonial onde o monopólio da força armada era uma quimera.[74] A Guarda acabaria por exercer funções que iam além de seu papel como auxiliar, fosse na repressão dos movimentos de insubordinação e revoltas, fosse como responsável

---

72  SLEMIAN, Andréa. *Sob o império das leis.*

73  CASTRO, Jeanne B. de. *A milícia cidadã: a Guarda Nacional de 1831 a 1851*, São Paulo/Brasília: Companhia Editora Nacional/INL, 1977.

74  Essa tese foi desenvolvida por COSTA, Wilma Peres. *A Espada de Dâmocles. O Exército, a Guerra do Paraguai e a crise do Império*. São Paulo/Campinas: Hucitec/Editora da Unicamp, 1996; CASTRO, Jeanne B. de. *op. cit.*, apesar de já ter apontado para adaptação da instituição em terras brasileiras, tende a vê-la muito mais como um produto "desvirtuado" do que como recriação de acordo com as práticas presentes na sociedade da época.

pelo poder policial e nas rondas promovidas nas cidades pelo controle da ordem. Nesse quesito, os juízes de paz tinham poder de solicitá-la, o que significava a junção, na sua autoridade, de atribuições judiciais e policiais.[75]

Deve-se notar que mesmo com a reforma do Código do Processo, em 1841, quando houve de fato uma tentativa de se retirar o grande espectro de poder conferido aos juízes de paz, reforçou-se o que poderíamos chamar de "polícia judiciária": criou-se, em cada província, a figura do "chefe de polícia", escolhido pelo Imperador entre os desembargadores e os juízes de direito, que possuía auxiliares como delegados e sub-delegados, os quais também seriam nomeados após indicação (e que poderiam ser juízes ou não), o que, na prática, mantinha uma forte imbricação entre as esferas judiciárias e policiais no controle da ordem pública. Também a reforma da Guarda Nacional, ocorrida em 1850, e por meio da previsão de um aumento significativo do controle das autoridades centrais sobre sua organização, não retirou da mão dos particulares o cerne de seu funcionamento.

No entanto, estudos historiográficos mais recentes tendem a demonstrar como as instituições dos juízes de paz e dos jurados tiveram um papel importante na implementação de um novo padrão jurídico constitucional.[76] Por mais que se possa discutir o nível e qualidade de seu alcance, ambas instituições apresentaram efetivos esforços na tentativa de atendimento a direitos, não podendo ser caracterizadas apenas como cópias de modelos estranhos à realidade brasileira, de pouca eficácia.[77] Mesmo não sendo esse o objeto central dessa discussão, tais indícios nos

---

75 Por essa razão, Ivan Vellasco argumenta como a organização policial predominante era precária e desprofissionalizada, com imensas dificuldades para contenção de conflitos interpessoais e manutenção da ordem pública. Ver, do autor: "Policiais, pedestres e inspectores de quarteirão: algumas questões sobre as vissicitudes do policiamento na província de Minas Gerais (1831-50)", CARVALHO, J. M. De. *Nação e cidadania no Império: novos* horizontes, Rio de Janeiro: Civilização Brasileira, 2007, p. 237-265.

76 Ver, especialmente, os dados trabalhados por: VELLASCO, Ivan. *As seduções da ordem. Violência, criminalidade e administração da justiça. Minas Gerais, século XIX*, Bauru/São Paulo: Edusc/Anpocs, 2004; CAMPOS, Adriana P. "Crime e escravidão: uma interpretação alternativa". CARVALHO, J. M. de. *Nação e cidadania no Império: novos horizontes*. Rio de Janeiro, 2007, p. 207-235; e AMENO, Viviane P. C. S. *Implementação do júri no Brasil: debates legislativos e estudo de caso (1823-1841)*. Dissertação de Mestrado. Belo Horizonte, FAFCH/UFMG, 2011.

77 Interpretação que ainda vigora nos estudos sobre o tema no Brasil em função da seminal obra de

permitem perscrutar como, num momento de construção de um novo Estado independente, o estímulo para funcionamento de instituições trazidas pelos ventos liberais tinha um forte impulso. Provavelmente maior do que no caso das monarquias ibéricas, em que ainda os embates entre os que referendavam uma volta ao passado e os que apostavam na construção de algo novo – exemplificados pelas várias idas e voltas dos absolutistas no poder –, na América, o reforço das novas autoridades era também uma questão de sobrevivência aos projetos políticos em disputa, o que ocorria mesmo diante da permanência de espaços jurisdicionais de conflitos e sobreposição de funções.

Vejamos um exemplo de uma contenda ocorrida em São João del Rei (Minas Gerais) em que o juiz de fora mandara prender o juiz de paz, e a Câmara municipal decidiu entrar na questão. O caso seria discutido no Conselho Geral da Província (em sessão de dezembro de 1830), e levara a um posicionamento favorável ao juiz de paz que fora preso sem suspensão, considerando convir "muito ao bem público que os Juízes de Paz, como Magistrados Populares, ganhem grande força moral, e Opinião Pública, visto que se acham revestidos de cargos assaz transcendentes". A Câmara julgaria seu "dever intervir neste negócio", avaliando que o juiz de fora infringira a lei ao mandar prender o juiz de paz do Carmo, "em contravenção do Aviso de 28 de junho de 1788, que declara 'não pode ser preso, o que tem Jurisdição antes de suspenso dela', como se vê do Repertório Geral das Leis extravagantes".[78] A

---

FLORY, Thomas. *El juez de paz y el jurado en el Brasil, 1808-1817. Control social y estabilidad política en el nuevo Estado*. México: FCE, 1986.

78  Caso analisado por Ana Rosa C. da Silva (2007, cap. 4, p. 287-88) Como a mesma autora complementa: "O fato causava igual indignação do Juiz de paz suplente do Curato de Três Pontas, o qual retrucava ao ato ofensivo do referido juiz de fora como atentando à condição essencial ao exercício do cargo, 'porque, que poderão fazer os Juízes de Paz uma vez que lhe falte a força moral: nada pela palavra. A força moral unida à persuasão do Juiz de Paz, faz e pode fazer coisas muito boas, porém sem ela nada podem fazer [...] eu não digo, e nem quero, que os Juízes de Paz não sejam sujeitos à Lei, porque isso seria um delírio meu, eu sim pensava que estes Juízes não podiam ser presos sem serem suspensos [...]. Se os Juízes de Paz, torno a dizê-lo, são submetidos à prisões dos Srs. Juízes de Fora, eu fugirei ao lugar de ser Juiz do Juízo de Paz, porque muito bem conheço o grande ódio e aversão mortal que a chicana tem à instituição de Paz, porque o contrário é comprometer-me a mim mesmo procurando a minha perdição, [...]" O que mostrava que havia clivagens nas relações entre os juízes ordinários e eletivos na compreensão dos direitos e independência de seus cargos, mas uma tentativa de reforçar o poder dos segundos.

resposta dada pelo juiz de fora alegava "falta absoluta de conhecimento do Direito", pois que seria muito "trivial, e da ordem do dia" determinar prisão a qualquer autoridade mediante infração "imputada" mas não "provada", e mesmo aos juízes de paz cuja lei não proibia que fossem pronunciados pela autoridade competente. Mostrava uma superioridade na sua posição ao lembrar ser o "Poder Judiciário e independente", e possuir uma "natureza mais nobre que um Corpo Administrativo requer perante ele", inexistindo lei que autorizasse este último "a tanto".

Como se vê, várias instâncias – inclusive das Câmaras municipais que, desde lei aprovada em 1828, foram declaradas como instâncias meramente administrativas[79] – e autoridades acabaram interferindo no encaminhamento da questão entre juízes. Além disso, era evidente o posicionamento a favor da atuação do juiz de paz, afinal, ele deveria ser reconhecido como autoridade tão importante como a do antigo juiz de fora. Caso semelhante se deu, em julho de 1828, quando o ministro da justiça declarou, em função de representação da Câmara de Valença, que os mesmos órgãos não possuíam prerrogativa para suspender juízes de paz, apesar da justificativa dos vereadores dos motivos que os levaram a isso.[80] Argumentava o ministro que "apesar de serem legais os fundamentos que se oferecem para ser declarada nula a eleição do mesmo juiz", nem por isso "deixa de ter sido manifestamente ilegal, abusiva, e de perniciosas consequências a ingerência" que a Câmara "se arrogou na decisão de um negócio que não era da sua competência", já que deveria apenas ter informado o acontecido à Corte.

No ano anterior, outra decisão do mesmo ministro recomendava a "literal" observância do artigo 34, da lei de organização das províncias de 1823,[81] que determinava os únicos casos em que os magistrados poderiam ser suspensos pelo presidente

---

79 Andréa Slemian, *Sob o império das leis*, cap. 2.

80 *Colleção das decisões do Governo do Império do Brasil de 1828*, 17/julho/1828, p. 75-6.

81 "Pode porém o Presidente em Conselho, e de acordo com o Chanceler, onde houver Relação, suspender o Magistrado depois de ouvido, isto tão somente no caso em que, de continuar a servir o Magistrado, se possam seguir motins, e revoltas na Província, e se não possa esperar resolução do Imperador. Feita a suspensão, dará imediatamente parte pela Secretaria da Justiça, e remeterá o autos comprobatórios da urgência e necessidade da suspensão ao Tribunal competente, para proceder-se como for de direito"(Lei de 20 de outubro de 1823).

A EXPERIÊNCIA CONSTITUCIONAL DE CÁDIS

da província.[82] Sua justificativa era o abuso com que juízes vinham sendo suspensos do exercício de suas funções sem se verificarem as condições citadas na lei, e a exigência era que o governo tivesse "um perfeito e particular conhecimento da conduta dos magistrados, para os fazer processar e punir legalmente". Além disso, não era incomum que se recomendasse aos presidentes esse comportamento.[83] O tema revelava ser palco de muito conflitos pois que, nem três meses depois, uma nova decisão do ministro afirmava que receberia queixas quaisquer contra magistrados; para abreviar a decisão sobre as acusações, ordenava que imediatamente fosse "ouvido por escrito" o juiz contra quem foram dirigidas e as fizesse subir imediatamente a sua presença de forma circunstanciada para se evitar demoras.[84]

Nesse sentido, investia o governo imperial no funcionamento de novas e constitucionais instituições de justiça como uma condição de sua própria existência. Os problemas na circunscrição e nos limites do poder judiciário, em função de tudo o discutido, permaneceriam obviamente. Inclusive na alta cúpula, onde a ideia de manter a justiça nos limites marcados das questões ordinárias, sem definição das esferas contenciosas, ficaria clara pela criação e atuação do Supremo Tribunal de Justiça. A instituição seria concebida, no Brasil, em moldes bastantes semelhantes a sua congênere portuguesa: tinha prerrogativa para conhecer delitos de autoridades executivas, conceder ou denegar revistas (de forma semelhante à prevista no

---

82  *Colleção das decisões do Governo do Império do Brasil de 1827*, 17/09/1827, p. 181-2.

83  Esse é o caso de uma outra decisão do governo que respondia a uma consulta feita pelo presidente de província de Goiás acerca da validade de um processo feito pelo seu ouvidor. Tratava-se de uma disputa entre o vereador e o juiz que fora, em que o primeiro teria dito injúrias ao segundo, ao que o ouvidor formara um processo. A decisão do ministro defendia a total validade do processo e recomendava que o presidente e seu conselho não poderiam ter qualquer ingerência sobre a administração da justiça. *Colleção das decisões do Governo do Império do Brasil de 1828*, 20/ março/1828, p. 37-8. Posteriormente com o Ato Adicional e a criação das Assembleias Legislativas Provinciais, o Conselho do Governo – que auxiliava as decisões do presidente – seria extinto, e uma nova lei de 03 de outubro de 1834 regulamentaria as atribuições dos presidentes que continuariam com prerrogativas para eventuais suspensões dos magistrados. Em 1841, numa consulta realizada no Conselho de Estado sobre a matéria, os conselheiros resolviam que a matéria só caberia ao Imperador, sendo mesmo contrário ao artigo 101 da Constituição – que dizia ser o poder judicial independente – qualquer ingerência nessa questão.

84  *Colleção das decisões do Governo do Império do Brasil de 1827*, 06/dezembro/1827, p. 208-9.

Reino), e conhecer conflitos de jurisdição e competência das Relações; além disso, possuiria, igualmente, caráter vinculante, pois que a decisão final dos processos caberia à Relação após emitido parecer do Supremo – no caso do Brasil, optou-se por marcar na lei que o caso deveria ser encaminhado a outra Relação, que não a de origem, para se evitar conflitos e constrangimentos entre os magistrados que já haviam sentenciado sobre o caso.[85] Definiria-se igualmente o critério de antiguidade para escolha dos seus ministros, o que afastava o critério político, mas, voltamos a dizer, reforçava o da tradição.[86] Na discussão sobre a criação do Tribunal no Senado, chegou-se a propor que o mesmo órgão ficasse expressamente responsável por considerar todos conflitos de jurisdição, fossem administrativos ou judiciários, visivelmente ampliando a ação de sua vigilância para além da justiça.[87] Os críticos à matéria argumentariam que ela interpretava equivocadamente a Constituição, pois que assim o Supremo arbitraria sobre conflitos entre distintos poderes como um grande tribunal; o que não só foi recusado, como também confirmava a opção (aliás, muito semelhante à ocorrida em Lisboa) de não se definir a matéria. Na prática, o Tribunal atuaria durante todo o século XIX como de recursos para questões civis e criminais, e muito poucos seriam os casos de conflitos de jurisdição por ele julgados. Implementar-se-ia também aqui uma lógica de funcionamento inspirada no contencioso administrativo francês, com criação de um Conselho de Estado, órgão irresponsável e vinculado diretamente ao Imperador que teria um importante papel na tarefa de decodificação e interpretação da lei ao longo dos Oitocentos.[88] Mesmo

---

85  SLEMIAN, Andréa. "O Supremo Tribunal de Justiça nos primórdios do Império do Brasil (1828-1841)", LOPES, José R. de L. *O Supremo Tribunal de Justiça do Império (1828-1889)*. São Paulo: Saraiva/FGV, 2010.

86  Vale notar que, nesse sentido, a nova legislação seria bastante condescendente com os juízes de carreira, como também se nota com a extinção da Mesa do Desembargo do Paço e da Consciência e Ordens: o artigo 3º. marcava que todos os membros dos tribunais extintos que não forem empregados, seriam aposentados no Supremo com o tratamento, honras e prerrogativas concedidas aos seus membros, conservando seus ordenados (lei de 22/09/1828).

87  LOPES, José R. de L. "O Supremo Tribunal de Justiça no apogeu do Império (1840-1889), *O Supremo Tribunal de Justiça do Império (1828-1889)*, p. 166-9.

88  LOPES, José R. de L. *O oráculo de delfos. O Conselho de Estado no Brasil Império*, São Paulo: Saraiva/FGV, 2010.

sendo essa outra história, seu desenho teve fundamental importância nos caminhos da institucionalização da justiça no Império do Brasil.

\* \* \*

Do que aqui se expôs, fica evidente como a questão da administração da justiça colocou impasses do ponto de vista da circunscrição de um poder, ao mesmo tempo independente e controlado, após a eclosão dos movimentos constitucionais discutidos. Mais que isso, da proximidade entre os três casos analisados em função de heranças institucionais, bem como dos impasses na construção de um futuro institucional para cada uma de suas monarquias. Nesse quesito, fica evidente como, para se entender o caso do Brasil, é igualmente fundamental olhar para a experiência espanhola para além da, já evidente, portuguesa.

Poderíamos concluir que a despeito de várias transformações ocorridas do ponto de vista político, as mesmas não romperiam totalmente com o universo de uma cultura institucional jurisdicional de tipo Antigo Regime, como tem enfatizado a historiografia mais recente sobre a península ibérica. No entanto, gostaríamos de terminar com um problema que a análise mais detida do caso brasileiro, nos permite realçar. Se é verdade que a ruptura constitucional não pode ser vista como uma imediata alteração nas instituições e na sua lógica de funcionamento, também é real que a primeira lançaria novos valores e desafios que acabariam por interferir na ações institucionais. O que foi evidente no Brasil, em que a manutenção de esferas jurisdicionais, do poder na mão dos *privados*, na complexificação dos conflitos de jurisdição, não impediria, mas contribuiria, para a construção de um Império sob a égide liberal. Talvez ela impedisse a separação real entre os poderes tendo como modelo os ocorridos fora da realidade brasileira. Mas acreditamos que entender o lugar dos valores constitucionais nessa sociedade valha mais que seguir modelos normativos e a indagação sobre sua verdadeira realização; pergunta que pode guiar, mas não dominar, as explicações sobre as consequências sociais em um espectro mais amplo.

# A CONSTITUIÇÃO MODERNA

*José Reinaldo de Lima Lopes*
Faculdade de Direito USP
Direito GV

A constituição moderna nasce na América. A convenção da Filadélfia dá ao mundo a primeira constituição escrita, feita no espírito de criação *ab ovo* de um novo Estado. Como nasce de um pacto entre as treze colônias, só ao longo de sua prática no século XIX é que virão, progressivamente, a surgir ali também alguns dos traços que marcarão o constitucionalismo seguinte. Foi muito feliz o título dado a este colóquio: a experiência constitucional. De fato, creio que uma das coisas mais interessantes dos debates que ouvimos nos últimos dias e que mais me chamou a atenção foi o tema do experimentalismo. Assim como na América do Norte experimenta-se alguma coisa – e após quatro anos de experiência começam a vir as emendas à Constituição, na forma de aditamentos – assim os eventos do Império espanhol e do Império português, postos em ritmo acelerado por Napoleão, aquele "secretário do Espírito universal", na frase de Hegel, dão origem a diversos experimentos. O fato de a França conhecer tantas constituições é resultado desse experimentalismo. E o fato de nos Estados Unidos a constituição de 1787 permitir alterações, por meio de emendas, e – pela prática, se não pela doutrina – permitir que a Corte Suprema assumisse o papel de interpretação dinâmica do texto fixado, é também experimentalismo. O que se segue durante todo o século XIX, pode-se dizer, são experimentos.

## Experimentalismo e cosmopolitismo jurídico

O experimentalismo é também comparação. No curso do século XVIII, ao seu final, estavam em andamento tentativas aqui e ali de refazer os fundamentos políticos daquela invenção moderna que fora o Estado monárquico. Um dos elementos importantes desse experimentalismo foi a publicação de *O Espírito das leis,* de Montesquieu (1689-1755), de tanto sucesso no século XVIII. Trata-se de um extenso trabalho de comparação sincrônica e diacrônica de instituições. O pensamento jurídico é, nessa linha de ideias, tradicionalmente cosmopolita, como a recepção de Montesquieu demonstra mais uma vez. Por cima dos costumes locais, por cima das diferenças nacionais, formou-se uma disciplina, uma ciência, um saber jurídico. Essa ciência forneceu sempre a uma camada mais ou menos cosmopolita, uma linguagem comum e um conjunto de artefatos de poder mais ou menos comuns. Por mais que as diferenças se manifestassem, os juristas as elevavam a uma esfera conceitual comum. Isso formou uma espécie de pensamento mestiço no direito ocidental. Esta mestiçagem das instituições faz que os autores das constituições contrastem sua própria experiência com experiências alheias e tendam a propor como solução a seus problemas e conflitos certas misturas de coisas.

Isso foi assim no tempo das leis fundamentais, *leges fundamentales,* que se convertem num lugar comum de debate nos tratadistas franceses a partir da segunda metade do século XVI[1]. Essas leis fundamentais aparecem entre os franceses em primeiro lugar (Seyssel e Bodin, por exemplo) porque, como explica muito propriamente Mohnhaupt[2], na França a cisão religiosa, a guerra civil e a disputa pela sucessão do trono levaram a uma ampla bibliografia polêmica em torno da ideia do Estado e de seu ordenamento. Nesse contexto ganham forma as afirmações de um Bodin de que algumas leis, diretamente ligadas à majestade da Coroa, não podem ser modificadas ou abolidas pelos príncipes (*príncipes nec eas abrogare nec iis derogare possunt*), expressão que também se encontra, no século XVII em Portugal exemplarmente na obra de Domingos Antunes Portugal.[3] Há uma linguagem

---

1   BIROCCHI, Ítalo. *Alla ricerca dell'ordine: fonti e cultura giuridica nell'etá moderna.* Torino: Giappichelli, 2002, p. 158-21.

2   MOHNHAUPT, Heinz. "Verfassung". In: MOHNHAUPT, H e GRIMM, D. *Verfassung – zur Geschichte dês Begriffs Von der Antike bis zur Gegenwart.* Berlin: Duncker & Humblot, 1995, p. 36-39.

3   Ainda que a linguagem justificadora seja corporativa ou mística, pois os deveres do rei de se abster de ultrapassar as leis inderrogáveis procedem de ele ser *pater vassalorum et Republicae maritus* (D. A. Portugal, *Tractatus de donationibus…*, 1699, L. I, c 2, §. 24). Segundo Barbas Homem as leis fundamentais desempenham justamente o papel de leis constitucionais na monarquia pura, analisando mais detidamente os autores portugueses que introduzem o conceito em Portugal. BARBAS HOMEM, Antonio Pedro. *Judex perfectus: função jurisdicional e estatuto judicial em Portugal – 1640-1820.* Coimbra: Almedina, 2003, p. 97-115. Para o caso alemão, Grawert indica a data de 1636, nas Capitulares da Eleição de Ferdinando III, embora também mencione os cânones da escolha de

comum a uma disciplina, e comum a um grupo social, nomeadamente os juristas, que bem pode iniciar-se em uma parte, mas com o tempo contamina outros lugares, mesmo que aqui e ali tenha que adaptar-se, qual régua de lesbos, àquilo que os juristas sozinhos não podem mudar.[4]

Ao lado das leis fundamentais, a prática dos grandes conselhos ou grandes tribunais encontra-se também espalhado em vários lugares e adquire em vários momentos tons de debate sobre os fundamentos da organização monárquica desde o século XVI até o advento das revoluções (final do século XVIII, primeira metade do século XIX). Em todos eles, quando os respectivos membros eram vitalícios – como no Senado de Milão, os Parlamentos de França, a Casa da Suplicação e o Desembargo do Paço em Portugal – os juristas do Antigo Regime viam reencarnações do Senado romano. "Os desembargadores", dizem os juristas portugueses, "são propriamente senadores". Esses grandes conselhos são responsáveis pela manutenção das leis fundamentais. Na França reivindicam mesmo sua pertença ao corpo do rei! [5] São cortes soberanas! É apenas mais um exemplo desse cosmopolitismo favorecido pela existência de uma "ciência" jurídica, de um direito gramaticado para além da simples força.[6]

Não é de estranhar todo este processo de comparação, empréstimo, mestiçagem. Na tradição jurídica ocidental, o direito civil havia durante séculos se aproximado

---

Carlos V, em 1519. Ver: GRAWERT, Rolf (1992). In: GESETZ, Brunner, O. *et al* (ed.). *Geschichttliche Grundbegriffe: historisches Lexikon zur politisch-sozialen Sprache in Deutschland.* Vol. 2, 3ª ed. Suttgart: Ernst Klett Verlag GmbH, 1992.

4   Para o caso francês ver também BUSSI, Emilio. *Evoluzione storica del tipi di stato.* 3ª ed. Milano: Giuffrè, 2002, p. 236-243.

5   Para o caso de Portugal ver HESPANHA, A. M. *História das instituições: épocas medieval e moderna.* Coimbra: Almedina, 1982; e SUBTIL, J. M. L. L. *O Desembargo do Paço (1750-1833).* Lisboa: Universidade Autônoma de Lisboa, 1996. Hespanha informa que o Desembargo do Paço, um grande tribunal, não se distinguia propriamente do corpo do Rei.

6   Para uma visão ampla do tema, leia-se ASCHERI, Mario. *Introduzione storica al diritto moderno e contemporâneo.* 2ª ed. Torino: Giappichelli, 2008, p. 129-160; e BIROCCHI, Ítalo. *La Carta autonomistica della Sardegna tra ântico e moderno.* Torino: Giappichelli, 1992, p. 85-93. Para uma visão mais detalhada do caso português cf. Barbas Homem, *op. cit.*, p. 88-93; o caso napolitano pode ser apreendido em AJELLO, Raffaele. "La rivolta contro il formalismo giuridico". In: *Arcana juris.* Napoli: Jovene Editore, 1976, p. 315-332; uma história específica dos grandes tribunais franceses encontra-se em KRYNEN, Jacques. *L'idéologie de la magistrature ancienne.* Paris: Éditions Gallimard, 2010. Emilio Bussi na obra citada, p. 249-253, dá a sintética visão do tribunal do império alemão.

de um modelo de razão natural. Essa aproximação, também ela foi experimental. Tomemos o caso mais paradigmático de todos, o do direito dos mercadores, transformado depois em direito mercantil: o que foi senão uma série de experimentos e invenções a gerar, finalmente, formas hoje reconhecidas e universalizadas, como as sociedades mercantis, os diversos institutos do crédito, negócios de seguros e assim por diante. O direito público vivera em outro ritmo. De fato, os séculos do Antigo Regime e, por que não dizer, os séculos transcorridos desde o final da Idade Média, haviam a seu modo consolidado umas práticas que representavam, por sua tradição, longevidade, antiguidade, uma certa garantia de ordem. Dentro dessa longa tradição, os experimentos havidos eram ajustes aqui e ali, interrompidos vez ou outro por tentativas de mudança mais brusca, como foi o tempo das guerras de religião, ou revoltas de certos corpos, como a Fronda, cujos resultados se acrescentavam alguma coisa ou se acresciam poder a algum grupo, entravam a fazer parte do grande álveo da tradição das *leis fundamentais*.

Certo, essa unidade terá também seu lado negativo. Haverá um certo doutrinarismo constitucional, uma espécie de constitucionalismo de peritos, com menos flexibilidade e menos abertura ao experimentalismo. Mas a despeito disso, os juristas continuarão a exercer um papel unificador. O direito é um saber hermenêutico, e quando se fazem os experimentos constitucionais os juristas estarão outra vez envolvidos na fixação dos sentidos. Não digo apenas fixação do sentido dos textos, isto é, exegese, mas fixação do sentido do jogo, esse novo jogo que vai chamar-se governo constitucional. Essa fixação de sentido não se faz *ab ovo*, embora se faça de maneira nova. A constituição não é apenas mais um texto legislativo, o texto legislativo mãe de todos os outros textos legislativos. Ela inaugura um novo jogo, uma nova ordem. Por mais que em toda parte apareçam argumentos legitimistas, continuístas, historicistas, burkeanos, o constitucionalismo e a ordem constitucional – positivamente posta em vigor e jurada – pretende instituir algo novo.

Lembremos que a palavra *constituição* em direito queria dizer até o século XVII pura e simplesmente "lei", e os juristas a explicavam assim: chama-se constituição aquilo que é instituído… vale dizer, aquilo que por ato do príncipe passa a valer. No constitucionalismo do século XIX a constituição é também aquilo que institui, mas não institui parcialmente, não institui um negócio ou uma relação, mas institui o todo, o corpo político. Se anteriormente a constituição era fruto só da experiência e da tradição, com o novo constitucionalismo ela é fruto de deliberação expressa, e esse novo corpo instituído precisa ter um sentido. Quem lhe dará esse sentido? Em primeiro lugar os juristas, se a constituição for concebida como o pacto inicial do sistema jurídico, a origem de toda validade jurídica. Os juristas responsabilizam-se pela determinação de sentido. Não é, portanto, sem importância sua luta por apropriar-se da constituição, para fazer dela leituras conservadoras, republicanas, populares, monarquistas, ou o que seja. Estamos na fase do estabelecer o sentido de um jogo que é realmente novo. Novo não só nos seus atores (quem é o soberano? Quem é o cidadão?), novo não só nos seus lances (como se fazem as leis? Quais são os direitos válidos?), mas novo também no seu todo: a que razões podem ser reconduzidas as instituições criadas? A que razões podem ser reconduzidas as liberdades? A que razões o poder?

Esse mesmo cosmopolitismo está presente nos primeiros experimentos constitucionais, na medida mesma em que os juristas que se alinham à novidade do constitucionalismo liberal estão atentos a toda produção nova. Leem e conhecem as experiências alheias e, quando é o caso, experimentam-nas. A Constituição de Cádis é, outra vez aqui, um caso exemplar: no momento de crise do Império português é ela o primeiro documento a ser lembrado para se colocar em vigor como constituição. Em janeiro de 1821 ela é adotada na primeira província a aderir ao governo revolucionário português, o Pará. Em fevereiro é adotada na Bahia e no Rio de Janeiro.[7] Em 13 de março de 1821 Carlos Alberto, regente da Sardenha no lugar de Vitório Emanuel, põe em vigor naquele embrião do futuro estado nacional italiano a Constituição espanhola de 1812, com apenas duas ressalvas: não seria alterada a forma de sucessão no trono, e o rei manteria a fé católica. Não é pouca coisa, não é sinal de um fracasso! Quero com isso, com o exemplo da repercussão extranacional da Constituição de Cádis, insistir nesse caráter transnacional que o pensamento jurídico manterá. Ainda que em cada lugar haja modificações, o constitucionalismo continental terá sua unidade.

Mas as raízes do próprio constitucionalismo espanhol não estariam deitadas elas também em outra fonte, também ela de fôlego universal? Penso aqui na fortuna da obra de Caetano Filangieri (1752-1788), muito especificamente sua *Ciência da*

---

7    BERBEL, Márcia R. *A nação como artefato.* 2ª ed. São Paulo: Hucitec, 2010, p. 57-68.

*legislação,* traduzida e publicada na Espanha entre 1787 e 1789.[8] Ou no mais divulgado autor da política, Montesquieu e *O Espírito das leis.* Quem não os conhecia na Europa, ou mesmo entre os americanos? Os temas constitucionais são objeto de uma onda transnacional: limites ao poder, separação e equilíbrio entre os órgãos do poder, um sujeito novo (nação, povo, cidadão), garantias individuais etc. Meu propósito aqui não é fazer um balanço da recepção de Filangieri e Montesquieu e dos temas dos quais trataram, mas indicar essa república de letras do constitucionalismo moderno, que antecede e sucede imediatamente o momento revolucionário. A seguir sugiro alguma comparação entre dois temas relevantes para o experimentalismo constitucional, o da cidadania e o do equilíbrio entre os poderes, tomando como referência dois modelos constitucionais: o norte-americano, de 1787, e o europeu continental, em cujo âmbito se inserem as experiências francesas e a espanhola de 1812, a rigor o caso mais exemplar de tentativa de fixação de monarquia constitucional (antes da Restauração monárquica francesa).

O constitucionalismo moderno vai trazer inúmeras novidades. Outro fundamento de legitimidade, outra concepção mesma de constituição, mas para o que interessa aqui, sobretudo certa disponibilidade dessa tradição. As revoluções revertem totalmente a imagem do direito público: as garantias de ordem que ele passará a oferecer virão não de sua vetustez, mas de sua adequação a uns propósitos novos: virá de sua adaptabilidade a desenhos institucionais, e sobretudo virá de sua legitimidade moderna. Essa legitimidade expressa-se em conceitos novos integrados em discursos novos: cidadania, igualdade, liberdade, controle e limite de poder, direitos fundamentais, e assim por diante. Em resumo, o constitucionalismo moderno abre as portas para o experimentalismo como talvez não se tivesse conhecido antes. Esse experimentalismo assusta e disso vários de nós falamos nestes dias. Mas gostaria de falar de alguns iniciando por uma comparação, um contraste, ou provavelmente uma história partilhada, a indicar alguns elementos comuns dos experimentos, embora não dos produtos acabados, desse constitucionalismo iniciante. Cádis, na Espanha, é um excelente lugar para se observar, porque é onde se realiza de forma exemplar uma tentativa de estabelecer uma constituição monárquica no contexto

---

8    Sobre a obra de Filangieri e sua `fortuna` europeia ver TRAMPUS, Antonio (org.) *Diritti e costituzione: l'opera di Gaetano Filangieri e la sua fortuna europea.* Bologna: Il Mulino, 2005.

napoleônico, embora de algum modo em oposição a Napoleão. O contraste que vou estabelecer tomará alguma coisa da tradição norte-americana. Essa ideia simples, ou talvez mesmo banal e trivial, precisa ser lembrada aqui para seguir uma advertência dos filósofos: saber do que se fala sempre ajuda. Lembrar que há um contexto americano, para além do que se passa nos estados centrais não é totalmente inútil. Evita, pelo menos, o hábito de tomar as revoluções europeias como o padrão pelo qual se confrontam os outros eventos históricos em andamento.

## Experimentando formas diferentes

Contrastando duas tradições de constitucionalismo, Tomás y Valiente faz a feliz síntese: "houve uma cultura predominantemente política da Revolução francesa, e houve uma cultura jurídica da Revolução americana como substrato predominante daquela revolução constitucional."[9]. A primeira especificidade do constitucionalismo americano é seu nascimento em forma de controvérsia propriamente constitucional entre as colônias e o Parlamento. Assim, desde o ano de 1765, ano de tentativa de imposição de um novo imposto criado pelo Parlamento, até a declaração de 1776 passa-se uma década de acusações de caráter jurídico. Nesse período é cada vez mais explícita a ideia de que a revolução abriria as portas para se fazer as instituições políticas de modo totalmente novo. O mesmo não se dá na tradição brasileira, em que o debate sobre a constituição mescla-se diretamente com o debate sobre a independência e em que as razões para uma constituinte são políticas em primeiro lugar – a oposição ao projeto imperial português. Na Espanha é certo que a legitimidade da monarquia entra em colapso com presença francesa, mas o discurso concentra-se numa chamada à volta ao regime de Cortes.

Segunda diferença do constitucionalismo americano pode ser sua estabilidade, atribuída por alguns ao caráter da constituição ou do processo do qual ela resultou. A constituição estabelece uma forma de governo de uma grande república: reparte as competências entre os diversos departamentos e entre as unidades federadas e a nova união. Isso é o básico. A declaração de direitos virá mais tarde. Esse modo de

---

9   Tomás y Valiente, Francisco. (1996) *Constitución: escritos de introducción histórica*. Madri: Marcial Pons, 1996, p. 35.

olhar o fenômeno constitucional moderno permite uma comparação com o que se passa na experiência continental. E a comparação com a América, como sabemos, fascinou John Locke, um dos mais influentes pensadores no processo revolucionário norte-americano, a ponto de Jefferson referir-se a ele como uma das três mais importantes pessoas que jamais viveram. Para Locke, "no começo o mundo inteiro era como a América",[10] isto é, aberto e disponível à apropriação pela abundância e largueza de suas terras. Para Tocqueville, entretanto, o mundo inteiro – ou melhor dito, a Europa liberal – viria a ser como a América, se quisesse ser constitucional e liberal pelo menos. Tocqueville: "Parece-me que nós, mais cedo ou mais tarde, como os americanos, atingiremos a quase completa igualdade de condições. Mas isso não me leva a concluir que estamos destinados um dia necessariamente a tirar disso as mesmas consequências políticas. Portanto, estudei a América não por satisfazer uma curiosidade, mesmo legítima: busquei ali lições das quais pudéssemos tirar proveito. Eu aceito aquela revolução como um fato consumado, ou um fato que será brevemente consumado e escolhi, dentre todos os povos que a experimentam, aquela nação em que ela chegou a seu termo mais completo e pacífico."[11]

Uma terceira característica diz respeito ao próprio experimentalismo. Nos Estados Unidos há duas coisas a considerar. Em primeiro lugar cada uma das colônias, depois estados, dedica-se a elaborar sua própria constituição. Em segundo lugar, a constituição de 1787 sucede uma década de experiência e engenharia institucional vivida sob os Artigos de Confederação. Na América hispânica, como diz Gargarella, essas experiências vão dar-se nas primeiras décadas do século XIX, depois de as primeiras constituições tentarem, em vão, reproduzir para grandes repúblicas o ideal de governo rousseauniano, mais típico das sociedades menores. Os Artigos de Confederação foram de grande valia para os convencionais da Filadélfia, que se reuniram ali justamente para superar as falhas vividas desde a Guerra Revolucionária.[12]

---

10  LOCKE, John. *Dois tratados sobre o governo.* (trad. J. Fischer) São Paulo: Martins Fontes, 2005, p. 427.

11  TOCQUEVILLE, Alexis. *Democracy in America.* Chicago: The University of ChicagoPress, 2000, p. 12-13.

12  Sobre o debate constitucional ver, entre outros, REID, C. *Constitutional history of the American revolution* (abridged version). Madison (WI), The University of Wisconsin Press., 1995; e McILWAIN, Charles H. *The American Revolution: a constitutional interpretation.* Nova York: MacMillan Co., 1924. Sobre os Artigos da Confederação e sua importância ver RAKOVE, Jack N. "The legacy of the Articles of Confederation". *Publius*, vol. 12, 4 (autumn of 1982), p. 45-66.

## Cidadãos

Prossigamos com as comparações, especialmente dos temas tratados neste colóquio. Tomemos o tema da cidadania: a constituição norte-americana de 1787 não determinava quem seriam os cidadãos da nova República, mas incorporava os cidadãos das diversas colônias. Não havia, portanto, uma cidadania nacional e no texto fundador da Filadélfia o apelo à nacionalidade era pura e simplesmente silenciado. A única provisão a respeito é a de que os cidadãos de um estado gozariam da cidadania dos outros estados. A provisão encontra-se no Artigo IV, seção 1, item 1, o que vale dizer, está inserida na parte relativa às relações entre os estados federados e a união, não entre cidadãos e governo em geral. O artigo 4° traz o título: "Os estados e o governo federal". Sua seção 2° (artigo 2°) diz: "Os cidadãos de cada um dos estados terá direito aos privilégios e imunidades dos cidadãos dos outros estados". As alíneas seguintes da seção dizem respeito às pessoas, não aos cidadãos. Uma fala do tratamento das pessoas fugitivas da justiça, a outra, das pessoas fugidas do trabalho.

Quatro anos depois, em 1791, aprovam-se as dez emendas, declaradoras de direitos. Os direitos declarados como pertencentes ao povo aparecem de forma indireta, pondo-se limites tanto aos poderes do Congresso (como por exemplo na primeira emenda: "O Congresso não fará lei alguma dizendo respeito ao estabelecimento de uma religião...") ou a qualquer autoridade. A palavra cidadão só aparece na 9° emenda, restringindo a jurisdição ou competência do judiciário federal para apreciar questões trazidas contra um cidadão de um estado contra outro estado. Outra vez, o tema estava vinculado às relações federativas, não as relações governo/povo. No que diz respeito às eleições, o "povo" indicaria os representantes (deputados) federais, mas cada estado era livre para determinar as qualificações eleitorais dentro de suas fronteiras.

É só em 1868, depois 90 anos de prática constitucional e, especialmente, depois de uma guerra civil sangrenta, que se fixa um primeiro embrião de conceito de cidadão dos Estados Unidos, uma cidadania nacional. Trata-se da 14ª Emenda, que diz: "Todas as pessoas nascidas ou naturalizadas nos Estados Unidos e sujeitas a sua jurisdição são cidadãs dos Estados Unidos e do Estado onde residem. Nenhum Estado fará nem executará lei alguma que restrinja os privilégios ou imunidades dos cidadãos dos Estados Unidos; nem governo algum privará qualquer pessoa da vida, liberdade, ou propriedade sem o devido processo legal; nem negará a qualquer pessoa, em sua respectiva jurisdição, a igualdade perante a lei." Nessa emenda, aprovada quase cem anos depois da guerra da independência, pela primeira vez os chamados direitos burgueses de liberdade e propriedade são constitucionalizados. Seu contexto, porém, é o da chamada nacionalização da carta de direitos, isto é, da extensão a todos os Estados dos direitos mínimos. É também o contexto da reafirmação da preeminência da União sobre os Estados, ao fim de uma guerra devastadora para todos, mas na qual a vitória coube à União.[13] Talvez essa forma de resolver o problema tenha gerado, no que diz respeito à nacionalidade norte-americana, as condições que permitiram a afirmação de que "ser francês é um fato: ser americano é uma escolha."

No caso europeu, em que as monarquias nacionais já se definiram, tratava-se de transformar os súditos em cidadãos.[14] Todos os súditos poderiam converter-se em cidadãos? A discussão é longa e importante. A monarquia francesa expandira-se por meio de anexações de territórios diversos, quer por meio de guerras, quer por alianças dinásticas. Territórios e "nações" conservavam ali dentro direitos e costumes locais e próprios. Até o advento da Revolução havia diversas jurisdições e mesmo diversas cortes soberanas – os Parlamentos – espalhados por todo o território. Entre os franceses, o caso mais exemplar é o dos judeus, particularmente dos judeus menos culturalmente integrados. O que fazer com eles? A Constituição de 1791 declara: "Não há mais, para nenhuma parte da Nação, nem para qualquer indivíduo, privilégio algum, nem exceção ao direito comum a todos os franceses." Esse propósito não foi muito diferente do que se passou em Cádis ou no Brasil.

O Brasil, como os estados americanos saídos do império espanhol, precisou distinguir dentro de si um corpo de cidadãos. Em que condições poderiam ser distintos brasileiros e portugueses? Silvestre Pinheiro Ferreira, influente conselheiro de D. João VI, informava às Cortes reunidas em Lisboa após a Revolução do Porto de 1820 que "brancos europeus, brancos brasileiros, pretos e pardos, uns livres, constituem tantas classes, que se têm jurado ódio eterno, em razão de antigas e não

---

13 Ver a síntese em ACKERMAN, B. *We the people.* Vol. 1. Cambridge (MA)/Londres: Harvard University Press, 1991.

14 Sobre o assunto ver STOLLEIS, Michael. "Untertan-Bürger-Staatsbürger. Bemerkungen zur juristischen Terminologie im späten 18. Jahrhundert". In: *Staat und Staatsräson in der fruhen Neuzeit.* Frankfurt: Suhrkamp Verlag, 1990.

interrompidas queixas de uns contra outros".[15] Havia, pois, divisões reconhecidas e de difícil superação. A solução *proposta pela Constituinte* outorgava cidadania a "todos os homens livres" habitantes do Brasil e nele nascidos, porém sob um nome geral, o de 'brasileiros'.[16] Uma saída, à época, inclusiva. Os portugueses residentes no Império em 12 de outubro de 1822 (data da aclamação de D. Pedro no Rio de Janeiro) teriam também cidadania. (art. 5º do Projeto de Constituição, discutido a partir de 24 de setembro de 1823). A *carta outorgada em 1824* mudou a proposta: o art. 6º explicitou que também os libertos seriam cidadãos (afastando dúvidas sobre se a expressão "livres" referia-se aos livres de nascença – *ingênuos* – ou também aos libertos), e igualmente os portugueses mediante adesão tácita à independência por terem continuado a residir no Brasil. Embora a escravidão não tivesse estatuto constitucional, não fosse mencionada no texto, ficou determinado que os libertos seriam cidadãos. No caso do Brasil havia, portanto, diversos grupos a serem levados em consideração.

No entanto, para o restante da América, como sugerem os estudos de Bartolomé Clavero, continuaram os povos indígenas a viver uma situação bastante ambígua, um limbo constitucional. Dada a existência de uma igreja nacional (no Brasil e na maioria dos Estados monárquico-constitucionais do século XIX, e mesmo nas repúblicas latinoamericanas daquele tempo), a entrada na "comunhão nacional" como se dizia deveria ser precedida pelo abandono dos modos tribais de vida, ou seja, pela 'civilização' dos indígenas. De modo que não são apenas os escravos a colocar problemas para as constituições, mas também os índios.[17]

---

15  Cf. MONTEIRO, Tobias. *História do Império: Primeiro Reinado*. Belo Horizonte/São Paulo: Itatiaia, Edusp, 1982, p. 30.

16  O artigo começava assim: "São brasileiros..." Isso gerou uma longa discussão sobre a necessidade de se acrescentar a palavra "cidadãos" A emenda foi apresentada pelo deputado França, e na sessão seguinte (25 de setembro) foi aprovada a nova redação: "São cidadãos brasileiros...", mantida na Carta outorgada em 1824 (art. 60.).

17  Cf. Clavero, Bartolomé. Minority making: indigenous people and non-indigenous law between México and the United States (1785-2003). *Quaderni Fiorentini per Lastoria Del pensiero giuridico moderno*. (32), 2004, p. 175-290. O autor lembra que a admissão dos indígenas à cidadania constituiu-se em estratégia dos europeus-americanos para garantir um equilíbrio em sua representação nas cortes, contra outro cálculo (excluindo os indígenas), que manteria o novo império forjado em Cádis como um império ainda espanhol continental. No entanto, a acomodação dos indígenas não

Nem Cádis, nem a Filadélfia, nem o Rio de Janeiro, entretanto, têm dúvidas de que só os livres podem ser cidadãos. Se a pretensão dos constitucionais de Cádis é controlar a monarquia, não está em seus projetos expressos abolir a escravidão americana de chofre. Ou não seria o artigo 5° redigido da seguinte maneira: "São espanhóis todos os homens *livres* nascidos e domiciliados nos domínios da Espanha..." *A contrario senso...* Da mesma maneira, no que diz respeito as eleições, todas essas primeiras experiências constitucionais repetem o que se havia determinado na França desde 1789: os membros do corpo legislativo seriam eleitos indiretamente (dois graus de eleição).

## Governar – experimentando formas de mudar e conservar

O fato de a constituição norte-americana contar poucos artigos teria contribuído, segundo alguns, para sua longevidade. Não creio que essa versão mereça grande destaque. Os sete artigos são, de fato, aquilo que na técnica legislativa contemporânea de alguns países de direito romano-canônico chamamos *Títulos*. O que os americanos chamam cláusulas é que são, propriamente os artigos. Ao todo, portanto, são sete títulos: um sobre o poder legislativo – contendo **40** cláusulas (artigos) e uma lista de 10 alíneas sobre a competência legislativa da União; outro sobre o poder executivo, contendo **13** (artigos) cláusulas; o terceiro título refere-se ao judiciário e contém o equivalente a **6** artigos; o quarto título refere-se ao que chamamos repartição das esferas de governo, ou na linguagem política contemporânea, ao *pacto federativo,* e engloba **7** artigos. O quinto título regula o processo de emenda constitucional, e contém apenas **1** artigo procedimental, com três ressalvas substantivas: até 1808 não se poderia mudar o artigo que permitia a importação de escravos pelos Estados, o artigo que proibia imposto pessoal e direto, e finalmente a proibição de alterar a igualdade de representação dos Estados no Senado. O sexto título chama-se "Disposições gerais" e contém **3** artigos: um sobre a dívida pública, outro sobre a hierarquia das leis e um terceiro sobre a proibição de qualquer teste religioso para exercício de emprego público. O último título, com **1** artigo, regula a ratificação da

---

lhes teria garantido verdadeiros direitos, transformando-os em uma minoria legal em contraste com sua maioria populacional.

Constituição por *referendum* nos Estados.[18] Temos, portanto, 68 artigos. O segredo da longevidade estará em outra parte.

Esses 68 artigos, acrescidos das demais emendas, foram submetidos a duras provas. Algumas já na primeira metade do século XIX, quando a alternância entre republicanos e federalistas mostrou o quanto era importante a prática e a interpretação constitucionais antes que a letra pura e simples do texto. O problema central da Constituição federal era, como o nome indica, a própria federação. Não é um acaso que os dois partidos que se formaram logo após a convenção da Filadélfia tivessem da federação concepções e práticas muito diferentes. Um elemento central da disputa federativa estava na sobrevivência ou não da escravidão, vale dizer, de um modo de vida para uma parte considerável do país.[19] A escravidão colocava, naturalmente, um problema elementar quer para a igualdade, quer para a pertença social, ou em termos políticos, para a cidadania. Fazer sobreviver a escravidão era manter uma parcela considerável da população fora das fronteiras civis da cidadania. A segunda grande prova foi, portanto, a própria guerra civil. No século XX outras provas vieram e são de todos conhecidas.

Ora, a convenção da Filadélfia havia sido convocada para suprir os males da confederação e havia um certo espírito que consistia em reforçar a União. Parte dessa necessidade surgira de os governos locais não obedecerem certos limites e se acreditar que seriam necessários esses limites, que viriam na direção de um freio a pretensões excessivamente populares, democráticas e ameaçadoras de direitos privados. A inspiração dos constitucionalistas é o governo moderado ou misto. É muito moderado e muito misto. Os mecanismos de moderação são aqueles em que o poder das maiorias eleitorais é contido. Assim, por exemplo, o voto indireto é um mecanismo moderador. O Senado é um moderador: o mandato dos senadores é três vezes mais longo do que o dos deputados, e sua eleição é atribuída aos Estados, não ao povo. Os juízes são vitalícios e não eleitos, afastando-se as escolhas populares, como se fazia em alguns estados ou nos tribunais de jurados. Além disso, o governo

---

18  São, pois, 68 artigos. A primeira constituição republicana brasileira continha 91 artigos. A diferença, como se vê, não é tão grande.

19  A União foi proibida de legislar sobre o tráfico de escravos até o ano de 1808 por disposição expressa (Sec. 10, 1), condição de garantia de que os estados escravistas aceitariam a constituição.

é misto, não porque diretamente se integram distintos *corpos* ou *corporações*, mas porque o poder soberano é composto por departamentos que interferem uns nos outros. Os freios e contrapesos são a metáfora mecânica do governo misto: cada um dos poderes pode interferir nos outros conforme o disposto na Constituição. Ou há uma interferência no acesso ao poder – os juízes são indicados pelos outros poderes constituídos – ou uma interferência no exercício do poder – os juízes podem invalidar a lei feita pelo Congresso. Em outras palavras, para usar os termos tradicionais do pensamento político pré-moderno: evita-se a tirania tanto regulando o acesso ao poder (*ex titulo*), quanto regulando seu exercício (*ex exertitio*). Esses traços eram salientes para o mais arguto observador do sistema norte-americano da primeira metade do século XIX, ninguém menos do que Tocqueville.

Hannah Arendt[20] dirá que não se devem tomar os muitos mecanismos moderadores ou conservadores da constituição por pura e simples reação ou contra-revolução. "Não era o constitucionalismo, no sentido de [governo] 'limitado', jurídico, o que preocupava os fundadores... o problema principal não era o modo de limitar o poder, mas o modo de estabelecê-lo, não era como limitar o governo, mas como criar um novo governo."[21] Quanto ao processo, a mesma Hannah Arendt distingue a *rebelião*, que tornou as treze colônias independentes após a vitória militar, da *constitucionalização*, que consiste "na fundação da liberdade". A constitucionalização é um momento calmo, mas não por isso reacionário. A liberação e a liberdade não se confundem. A primeira é obtida por uma rebelião, mas a segunda na constitucionalização. Revoluções permanentes não fundam a liberdade, assim como não geram instituições de liberdade.

Então vale comparar o que fazem os americanos, que instituem um governo sob a ideia de que o governo permitirá a liberdade. Os constitucionais da Filadélfia representam os governos dos estados, antigas colônias. Constituem um governo

---

20  O caráter inspirador do trabalho de Arendt é expressamente reconhecido por Bruce Ackerman no seu controvertido *We the people,* de 1991, já citado. Ackerman destaca dois pontos de *On revolution* que chamam sua atenção: em primeiro lugar a centralidade da ideia política (a ideia justamente de *fundação* e recomeço da vida política) e, em segundo lugar, a prioridade que o livro atribui à experiência norte-americana, que não deve ser lida anacronisticamente como se enfrentasse os problemas que os franceses viriam a enfrentar.

21  ARENDT, Hannah. *On revolution.* Harmondsworth: Penguin Books, 1973, p. 147-148.

sob a condição de que haverá poderes distintos na União e que a União mesma não avançará sobre a soberania dos estados. Tanto em um mecanismo (o da repartição dos poderes) quanto no outro (o da federação) a experiência americana não encontra o precedente francês ou revolucionário.

Mas não é assim para os franceses e muito menos para os espanhóis de Cádis. O que saiu vitorioso em Cádis foi um projeto monárquico que não parte *ab ovo*, que não institui um governo do nada. Reforma, antes que revoluciona. Não por acaso, tanto da linguagem de Cádis é apelo a velhas leis, a leis esquecidas, a praticas anteriores. No Brasil a experiência é semelhante. Mesmo alguém que nossos mitos chamaram de radical, como foi Frei Caneca, porta-voz do republicanismo pernambucano, quando profere seu famoso voto na Câmara do Recife, contra o projeto de constituição enviado por D. Pedro, entende o contrato social como um contrato entre o príncipe e o povo. Não pode expressar a ideia de que o pacto constitucional é horizontal, entre aqueles que vão fazer entre si um contrato plurilateral para governar-se. Não me parece desimportante o fato de que o preâmbulo da constituição norte-americana comece simplesmente com as palavras "nós, o povo…", enquanto que Cádis não ousa ir além da fórmula contratual entre rei e povo: "D. Fernando VII, *por graça de Deus…* faz saber que… as mesmas Cortes". Ora, nem o rei (por graça de Deus), nem as cortes eram criação revolucionária. Eram antes instituições anteriores à própria constituição que se decretava, em linha semelhante a experiência brasileira. O preâmbulo da constituição monárquica dizia que o imperador havia jurado um projeto a pedido das câmaras e a partir dele procederia a sua observância. Vale notar, porém que os esforços de grupos antiabsolutistas resultaram pelo menos em matizes importantes: o imperador ainda se dizia feito "pela graça de Deus", mas se acrescentava de maneira relevante "e unânime aclamação dos povos'" Mas tanto o príncipe quanto os povos, que na linguagem da época correspondia a câmaras (isto é, os povos politicamente reunidos) provinham de uma institucionalização anterior.

Outra vez, permitam-me referir-me um caso ocorrido na experiência norte-americana para realçar e dar clareza a uma ideia, que tanto mais evidente se mostra quanto mais alheia nos parece: a ideia de que existe um verdadeiro começo no direito constitucional norteamericano. Quando nos inícios do século XIX começa-se a discutir a extensão da vigência da *common law* inglesa nos Estados Unidos, a interpretação vencedora será a seguinte: a *common law* continuará sendo a lei americana no que diz respeito ao direito privado (propriedade, contratos e delitos) e criminal na jurisdição dos estados, mas em direito público, isto é, constitucional e administrativo, os tribunais americanos (federais) dirão que não há *common law*: eles mesmos teriam que desenvolver esse novo direito. Isso equivale a dizer, não há tradição anterior, não há precedente que vincule os tribunais. Sua tarefa de interpretar e aplicar a constituição é nova, e será levada a cabo tendo em vista os marcos fixados na Filadélfia.[22]

Mais uma vez, porém, gostaria de voltar à intuição de Hannah Arendt: o constitucionalismo não pode ser compreendido apenas como o negativo, o limite do poder. Certo que boa parte do constitucionalismo é, em sua vertente continental, luta contra o absolutismo. Mas aqui, outra vez, vale lembrar que a luta dos colonos não foi contra o rei, mas contra o parlamento, e a constituição da Filadélfia não foi aprovada contra um governo forte – a Inglaterra havia sido derrotada, a coroa e o parlamento já não controlavam a América, mas contra o governo nenhum – a confederação, que vencera a guerra, era tida como demasiadamente débil para continuar a garantir a integridade da independência dos treze estados. [23]

O fato de ter sido travada contra o parlamento, não contra o rei, tem como consequência institucional o fato muito importante de que a desconfiança dos americanos

---

22  O caso em que essa opinião se formou foi *United States v. Hudson & Goodwin*, em 1812. Para a referência e interpretação desse episódio ver HALL, K., Finkelmlan, P. & Ely Jr., J. *American legal history – cases and materials*. 3a ed. New York/Oxford: Oxford University Press, 2005, p. 163, TRIBE, Laurence. *American constitutional law*. Mineola (NY): The Foundation Press, 1978, p. 115 e O'BRIEN, David M. (1995) *Constitutional law and politics*. 2ª ed, vol. 2. Nova York: W. W. Norton & Co, 1995, p 372. No caso a Suprema Corte decidiu que não havia *common law* federal e a jurisdição dos tribunais federais restringia-se aos termos da constituição. Trinta anos mais tarde a Corte reconheceu aos tribunais federais a competência para desenvolver um direito jurisprudencial dentro de sua jurisdição própria.

23  Essa é a tese de McILWAIN, Charles H. *The American Revolution: a constitutional interpretation*. Nova York: MacMillan Co.,1924, segundo a qual a primeira fase da Revolução norte-americana foi uma longa confrontação com o Parlamento, o qual se atribuira o direito de legislar para a America tratando-a como um domínio seu. Os americanos reconheciam a autoridade do rei, mas não a do Parlamento, nos pontos em que contestavam sua autoridade. Diante da hesitação do rei, a refrega passou de um embate constitucional contra um órgão alegadamente incompetente (o Parlamento) para o desafio revolucionário contra a autoridade real. Para isso, a Declaração de Independência procurou mostrar que o poder do próprio rei perdera legitimidade, dando vez à resistência armada.

dirige-se mais à soberania parlamentar e às maiorias eleitas do que o que se dá na Europa. Ali a esperança de garantia da liberdade em geral é esperada do caráter popular, representativo, eleitoral das assembleias. Uma segunda consequência é também a relativa confiança nos juízes e no judiciário. Talvez não seja um acaso que justamente nesse poder inativo – embora sempre potencialmente perigoso como qualquer poder – os americanos tenham finalmente encontrado o árbitro das grandes questões do Estado (árbitro entre os poderes e entre o Estado e os cidadãos). De certa maneira, não surpreende, visto desta perspectiva, que a Constituição da Filadélfia dedique tão poucas linhas (apenas seis artigos) ao poder judiciário.

Ora, o que levou os representantes à Filadélfia não foi uma onda popular: eles nem mesmo foram eleitos em eleições populares. O que os levou para lá foram as preocupações dos homens já encarregados da direção das colônias que viam na ausência de um governo central articulado um defeito importante.[24] Eles tiveram que criar a máquina de governar capaz de conduzir uma grande república, sem, no entanto, usurpar liberdades dos povos. Nada mais esclarecedor do que a famosa carta de James Madison dirigida a George Washington em 16 de abril de 1787. Diz ele:

> Proporia, a seguir, que em acréscimo ao atuais poderes federais, o governo nacional disponha de autoridade positiva e completa em todos os casos que exijam uniformidade, tais como a regulamentação do comércio, inclusive o poder de tributar importações e exportações, a fixação dos termos de naturalização, etc. etc. (*apud* Rakove 2006, 325)

Como se vê, o centro da questão não é a limitação do governo, mas a criação do governo. E nessa linha de ideias não é sem importância sua reflexão na mesma carta:

> O grande *desideratum* que ainda não se atingiu nos governos republicanos parece ser um árbitro desinteressado e desapaixonado nos conflitos entre as diferentes paixões e os diferentes interesses no Estado. A maioria que sozinha tem o direito de decidir frequentemente tem um interesse, real ou potencial, de abusar dele. Nas monarquias o soberano é mais

---

24  Cf. BEARD, Charles. ( ed. orig. 1913) *An economic interpretation of the Constitution of the United States.* Mineola (NY): Dover Publications Inc, 2004, p. 52-ss.

neutro em relação aos interesses e pontos de vista das diferentes partes; infelizmente, porém, ele também cultiva com frequência seus próprios interesses repugnantes àqueles do todo.[25]

Por contraste e comparação, talvez a experiência de Cádis tenha realmente isso em comum com a tradição europeia: mais atenção ao controle do poder do que a seu exercício. Um exemplo que se poderia estudar está na própria ideia do Conselho do Rei que se institui na constituição espanhola de 1812. Recordo aqui o estudo de Tomás y Valiente sobre o tema, no qual ele nos diz que os liberais de Cádis não eram republicanos nem democratas, mas, com Argüelles à frente, eram *monarquistas desconfiados* "com mais cautela que entusiasmo".[26] Ao criarem um Conselho de Estado, fazem-no de modo tal que este seja o contrário do que haviam sido os conselhos do Antigo Regime. É um órgão consultivo novo. Esse órgão, porém, não era de livre nomeação do rei: antes, o rei escolheria os conselheiros dentre os nomes apresentados pelas Cortes. Por outro lado, o Conselho combinava estruturas muito distintas: aparentemente compensava a representação dos americanos ao dar doze assentos cativos aos nascidos no ultramar, mas também garantia oito cargos aos antigos estamentos (quatro para eclesiásticos, sendo dois para bispos, e quatro para *Grandes de Espanha*). Assim, o Conselho, diz Tomás y Valiente, se chamava Conselho do Rei, mas era em boa parte um Conselho das Cortes, e embora fosse apenas consultivo, era ouvido necessariamente pelo rei ao sancionar leis. Funcionaria, provavelmente, como uma Câmara Alta. Tomo o caso do Conselho apenas como um exemplo dessa linhagem de ideias que será tão importante no constitucionalismo do século XIX, essa linha de permanente desconfiança do poder, de criação de obstáculos ao Estado, que na experiência norte-americana teve talvez de início menos impacto.

Dessa maneira, no desenho constitucional saído de Cádis o Conselho é diferente do órgão moderador que se estabeleceu no Brasil. Aqui, o Conselho é também proposto para tirar ao Rei parte do poder de decidir de forma absoluta, pois apesar de ser apenas consultivo, na solução constitucional de 1824 sua oitiva

---

25  Cf. RAKOVE, Jack N. (org.). *Founding America – documents from the Revolution to the Bill of Rights.* Nova York: Barnes and Noble Classics, 2006.

26  Tomás Y Valiente. *Op. Cit,* p. 100.

A EXPERIÊNCIA CONSTITUCIONAL DE CÁDIS 303

é obrigatória nos casos graves e "em todas as ocasiões em que o imperador se proponha a exercer qualquer das atribuições próprias do Poder Moderador" (art. 142°), exceto a nomeação e demissão dos ministros que compõem o Executivo. Obrigatoriamente ouvido, o assunto ganha certo foro de publicidade e de deliberação impessoal. Ao contrário do que acontece na Espanha, entretanto, a nomeação dos Conselheiros é do próprio imperador, sem obrigação qualquer de atender a quem quer que seja. O Conselho é mais caracteristicamente um conselho do próprio monarca. Com a reforma constitucional de 1834, única havida durante os 67 anos de monarquia, o Conselho deixou de ser órgão constitucional e só foi recriado por lei ordinária em 1841. Foi apenas pela prática e por uma flexível determinação legal que o imperador tomou sobre si a responsabilidade de ouvir o Conselho nos casos graves. Nesse caso, como no restante da experiência monárquica, houve uma adaptação, um uso, um costume constitucional. Poderia ter sido, este conselho, não só moderador dos grandes conflitos mas também um conselho reacionário. Não o foi, como mostrei em outro texto[27], embora nunca tenha sido um colégio de inspiração ou tendência democrática.

No "outro novo mundo", como diz Braudel, a América espanhola conheceria um primeiro momento de grande atividade revolucionária, de maneira a expressar as influências de Paine e Rousseau no seu primeiro constitucionalismo. Mas a confiança nas maiorias e na liberdade republicana, num contexto de guerra contra a Espanha e de autonomias locais radicalmente fortalecidas daria lugar a uma segunda onda de constitucionalismo de caráter conservador ou, em alguns casos, autoritário.[28] O Brasil conhece algo dessa ebulição, se considerarmos não só os movimentos do final do século XVIII,[29] mas também a Revolução pernambucana de 1817 e a Confederação

---

27 LOPES, J. R. L. *O Oráculo de Delfos – Conselho de Estado e direito no Brasil-Império*. São Paulo: Saraiva, 2010.

28 Para uma visão integral desse processo, ver GARGARELLA, Roberto. *Los fundamentos legales de La desigualdad – el constitucionalismo en America (1776-18760)*. Madrid: Siglo XXI, 2005 e do mesmo autor *Radicalismo político en los Orígenes Del constitucionalismo: el legado intelectual de radicalismo en las Américas*, 2011, no prelo, onde para além das comparações com os Estados Unidos (já que o objeto de sua investigação é a América, em geral) o autor relata os episódios relevantes em alguns países da América espanhola. Deixa de lado, porém, a experiência brasileira.

29 Sobre a Bahia, ver István Jancsó, *Na Bahia, contra o Império – história do ensaio de sedição de*

do Equador de 1824 para ficar apenas nos anos do Primeiro Reinado. Passado o susto dessa primeira fase, tanto a Constituinte de 1823 quanto a Carta de 1824 aceitam já o que se chamaria um constitucionalismo moderado e conservador. O constitucionalismo brasileiro tem inícios incertos, desencadeados pela Revolução do Porto em 1820, mas termina com a imposição de uma constituição claramente restauradora, do modelo que a Santa Aliança vinha aprovando pela Europa.[30]

Essa origem marca a percepção de nossa história constitucional. A constituição do Império no Brasil é tida, por muitos, como um caso exemplar de falta de eficácia, o momento "em que o poder mais se apartou talvez da Constituição formal, e em que essa logrou o mais baixo grau de eficácia e presença na consciência de quantos, dirigindo a vida pública, guiavam o Pais para a solução das questões nacionais da época."[31] O juízo se expressa levando em conta que "a verdadeira constituição não estava no texto outorgado, mas no pacto selado entre a monarquia e a escravidão."[32] Esse julgamento parece repetir-se em Sérgio Buarque de Holanda quando se refere mais especialmente ao funcionamento político do regime, no seu *A letra e o espírito do regime*. Para ele, havia uma letra na constituição, inspirada na restauração francesa e, portanto, eivada de grande autonomia do executivo diante do parlamento; a prática, porém, que vai se firmar depois dos fracassados embates de D. Pedro I e do regente Feijó para sobrepor o executivo à Câmara, determinará uma linha se-

---

*1798*. São Paulo/Salvador: Hucitec/Ed UFBA, 1996, p. 190-192, especialmente a síntese sobre os resultados da devassa sobre a sedição; assim como JANCSÓ, Istvan e PIMENTA, João P. G. "Peças de um mosaico" (ou apontamentos para o estudo da emergência da identidade nacional brasileira). In: MOTA, Carlos G. (org.). *Viagem incompleta – a experiência brasileira (1500-2000)*. 2ª ed. São Paulo: Editora Senac, 2000, p. 144-148.

30  Para que não se esqueça: D. Pedro I é casado com uma arquiduquesa da Áustria, D. Leopoldina, genro de Francisco I, o mesmo imperador austríaco que lidera a onda contra Napoleão e pela restauração dos Bourbons. As cartas de D. Leopoldina, inclusive a seu pai, foram recentemente editadas e mostram sua reação ao processo revolucionário desencadeado no Brasil imediatamente antes da outorga da carta por seu marido. Cf. SLEMIAN, Andrea. "O paradigma do dever em tempos de revolução: D. Leopoldina e o 'sacrifício de ficar no Brasil' ". In: *D. Leopoldina, Cartas de uma imperatriz* [B. Kann e P. Souza Lima (seleção e transcrição), Guilherme J. Teixeira e Tereza M. Castro (tradução)]. São Paulo: Estação Liberdade, 2006.

31  BONAVIDES, P. *História constitucional do Brasil*. 3ª ed. Rio de Janeiro: Paz e Terra, 1991, p. 7.

32  *Idem, ibidem*.

A EXPERIÊNCIA CONSTITUCIONAL DE CÁDIS          305

melhante à de Luis Filipe, o rei burguês dos franceses, que ficou conhecida como o "espírito do regime".[33]

Ambas interpretações ressaltam, pois, a distância entre o ideal proclamado e as instituições criadas para dar-lhe vida (Bonavides), e a teoria adotada e a prática levada a cabo (Holanda). Coisas, aliás, perfeitamente compreensíveis tratando-se de instituições jurídicas e de experimentos liberais e proto-democráticos. O fato de serem instituições jurídicas introduz sempre o hiato entre o tempo e as pessoas que as põem de pé e as gerações seguintes que as devem usar, aplicar e interpretar. Chega a ser trivial dizer que para toda letra de lei há um espírito que a vivifica e difere necessariamente do espírito imaginado por quem a positivou. O fato de serem liberais e proto-democráticas justifica o caráter permanentemente polêmico e criticável de qualquer tentativa de fixação de seu sentido. O que o regime constitucional liberal visava em primeiro lugar não era exatamente permitir a emergência de uma opinião publica que controlaria as direções políticas da vida comum? Como então excluir desse modelo constitucional positivo a possibilidade de disputa pelo sentido das próprias instituições?

Ora, esse juízo crítico dos dois autores não evita outra avaliação feita por ambos como balanço mais geral da prática constitucional do Brasil monárquico. Holanda reconhece que a despeito de seu *pecado original* (a outorga após a dissolução da assembleia constituinte),[34] a carta de 1824 correspondia em vários pontos ao projeto da constituinte melhorado, particularmente no que diz respeito aos direitos de cidadania: ali o censo exigido pela carta era menor, os escravos eram simplesmente ignorados como cidadãos, mas não como brasileiros, sendo expressamente admitidos os libertos no corpo dos eleitores, e se impunham ao Estado deveres de assistência social universal aos carentes e de educação primária também universal. Bonavides, no balanço que faz do constitucionalismo monárquico brasileiro, observa que a carta terminou por ser um compromisso entre o absolutismo pretendido por D. Pedro

---

33  HOLANDA, S. B. "A letra e o espírito do regime". In: *O Brasil monárquico,* tomo 5 (*História geral da civilização brasileira*). 4ª ed. São Paulo: Difel, 1985, p. 21.

34  HOLANDA, S. B. "A fundação de um império liberal: discussão de princípios". In: *O Brasil monárquico,* tomo II, vol. 1 (*História geral da civilização brasileira*). Rio de Janeiro: Bertrand do Brasil, 1993, p. 253-256.

I (e sua *ditadura constitucional do imperador*) e o liberalismo reformista.[35] Embora nitidamente classista, em sua avaliação apresentou duas inovações notáveis para as primeiras décadas do século XIX. A primeira era o regime de reforma constitucional, impondo às emendas substantivas e substanciais um verdadeiro sistema de convocação de uma constituinte (pois a reforma se faria com uma câmara especialmente eleita para esse fim). A segunda era o principio social de solidariedade pelo qual os necessitados seriam abrigados por um regime de *socorros públicos*.[36]

Essa avaliação também não deve ser feita sem levar em conta o problema completamente novo trazido pela constituição liberal, o do governo representativo. Esse problema consiste em saber em primeiro lugar quem representa quem e, em segundo lugar, qual a extensão da representação da mesma, ou seja, do mandato. A ideia de poderes ou instituições moderadoras responde a essas duas questões nos seguintes termos. À questão "quem representa quem?" a resposta moderadora é que a maioria não representa a unanimidade. A maioria representa uma parte, a maior parte, nada mais. Esse tema é rousseauniano e distingue a vontade geral da vontade da maioria, a vontade do cidadão da vontade do indivíduo – ecoa a seu modo nos debates sobre os organismos conservadores. Como se sabe, a vitória dos federalistas na Convenção da Filadélfia justificou-se contra partidários da defesa das maiorias. Para os federalistas, a abertura "excessiva" aos interesses (locais, populares, majoritários) era uma concessão às "facções", cuja perspectiva não "representava" o interesse de todos, comum, da república. Igualmente a monarquia brasileira assenta-se na ideia de que a Nação não pode ser representada apenas pelos interesses dos grupos majoritários, canalizados para os partidos e para a Câmara dos deputados eleitos: deve também ser representada pelo espírito

---

35  Bonavides, P. *Op. cit.*, p. 95.

36  *Idem, ibidem*, p. 98, 99-101. Um juízo muito ambíguo do sistema constitucional do Império é também oferecido por Franco, A. A. de M. "As ideias políticas no Brasil". In: *O som do outro sino*. Brasília: Editora da UnB, 1978. O Poder Moderador simultaneamente dava dignidade e distanciamento à Coroa e impedia o funcionamento adequado do Parlamento, dificultando o surgimento de partidos políticos bem organizados. Mas, diz ele, "a constituição representava no Império uma religião cívica. Depois da República, a Constituição brasileira tornou-se uma publicação periódica: a gente toma a assinatura da Constituição e de meses em meses a gente recebe a Constituição nova pelo correio. Mas isso não depende mais de nós, porque perdemos a tradição de um legalismo político que se sobrepõe não apenas aos interesse mas a todas as classes profissões, agremiações, etc." (p. 154)

de unidade, de unanimidade, encarnado no Imperador. Por isso, diz o texto constitucional, que a Nação é representada pela Assembleia Geral (os representantes eleitos) e pelo Imperador (art. 11°). A representação é dual, uma incorporando as maiorias, outra incorporando a unanimidade. Não se pense que essa era uma inovação imposta por D. Pedro I depois de dissolver a Assembleia Constituinte. Igual dispositivo já se encontrava no projeto elaborado pela própria Assembleia (art. 38° do projeto). Essa talvez seja a razão pela qual ao longo da história monárquica o Imperador Pedro II nomeou conselheiros de Estado políticos saídos dos dois partidos em números praticamente equivalentes.[37]

O Conselho de Estado foi também uma instituição de cunho conservador e misto. No desenho constitucional saído de Cádis o Conselho difere do órgão que se estabeleceu no Brasil. Na Espanha, a representação teve mais peso, de modo que o Conselho do Rei seria tirado de lista encaminhada pelas Cortes. Visava tirar ao Rei parte de seu poder e introduzir no coração da monarquia elementos vindos do sistema representativo. Aqui, o Conselho é também proposto para tirar ao Rei parte do poder de decidir de forma absoluta, tanto que apesar de ser apenas consultivo, sua oitiva é obrigatória nos casos graves e "em todas as ocasiões em que o imperador se proponha a exercer qualquer das atribuições próprias do Poder Moderador" (art. 142°, Constituição de 1824), exceto a nomeação e demissão dos ministros que compõem o Executivo. Obrigatoriamente ouvido, o assunto ganha certo foro de publicidade e de deliberação impessoal. Ao contrário do que acontece na Espanha, entretanto, a nomeação dos Conselheiros é do próprio imperador, sem obrigação qualquer de atender a quem quer que seja. O Conselho é, pois, mais caracteristicamente um conselho do próprio monarca. Com a reforma constitucional de 1834, única havida durante os 67 anos de monarquia, o Conselho deixou de ser órgão constitucional e só foi recriado por lei ordinária em 1841. Foi apenas pela prática e por uma flexível determinação legal que o imperador tomou sobre si a responsabilidade de ouvir o Conselho nos casos graves. Poderia ter sido, este conselho, não

---

37 Para um estudo recente sobre o Conselho de Estado e seu funcionamento ver a obra *O Oráculo de Delfos – Conselho de Estado e direito no Brasil-Império*, já citada. Para outros aspectos do governo misto cf. Lopes, J. R. L. "Governo misto e abolição de privilégios: criando o judiciário imperial". Oliveira, C. H. S.; Bittencourt V. L. N.; Costa, W. P. (org.). *Soberania e conflito: configurações do Estado nacional no Brasil do Século XIX*. São Paulo: Editora Hucitec/Fapesp, 2010.

só moderador dos grandes conflitos mas também um conselho reacionário. Não o foi, como mostrei em *O oráculo de Delfos,* embora nunca tenha sido um colégio de inspiração ou tendência democrática.

## O experimentalismo como condição?

Seja-me permitido concluir com apenas uma nota que sintetiza algo dos parágrafos anteriores. O tema do congresso, para cujo encerramento este texto foi preparado, chamou de experimentalismo o processo constituinte de Cádis. Tentei apontar para *Três* dimensões desse experimentalismo, fruto de uma determinada prática. Em primeiro lugar os juristas fornecem uma parte do discurso com o qual se fazem as revoluções constitucionais do século XIX (e final do século XVIII), outra parte vindo dos *philosophes,* da ilustração. Bem, nesse particular aspecto chama a atenção a comunidade de pensamento desses letrados, seu cosmopolitismo, cuja origem remota está na própria existência dessa *gens de justice,* desses letrados, desde o renascimento dos estudos jurídicos nas universidades europeias ou nos tribunais de justiça. Em segundo lugar, a definição dos cidadãos, isto é, de quem está dentro, dependeu muito de circunstâncias diversas. Estados Unidos, Brasil e a Espanha imaginada em Cádis tiveram como problema a existência de uma grande parcela dos nascidos em seus territórios que precisavam ser mantidos fora: os escravos. Nos Estados Unidos a questão foi acomodada no arranjo constitucional, deixando-se a cidadania ser definida nas esferas estaduais. No Brasil a questão foi silenciada, sendo apenas marginalmente tocada no tratamento dos ex-escravos, os libertos, que são expressamente incluídos entre os cidadãos. Em Cádis a incorporação dos escravos foi expressamente negada. Já na arte de governar, os *Três* experimentos aventuraram-se em combinações de separação de poderes diferentes. Estados Unidos fizeram uma constituição mais para garantir o governo, do que para limitá-lo, permitindo-se desenhar diversos órgãos conservadores, o mais importante e de maior sucesso sendo a Suprema Corte, em reação ao constitucionalismo eventualmente mais radical de alguns estados. O Brasil adotou a monarquia restauradora, na qual o Poder Moderador e o Conselho de Estado jogaram um papel central. Cádis, neste aspecto, mantém a monarquia mas parece confiar mais nas cortes do que no rei, como diz Tomás y Valiente. O resultado dessas experiências foram outras tantas constituições, ou emendas constitucionais, ou refinamentos, que ou bem saltaram pelos ares ou bem se tornaram parte do legado de que hoje dispomos.

## Referências complementares

BEARD, Charles. *The Supreme Court and the constitution.* Nova York: MacMillan Co, 1912.

BIROCCHI, Ítalo. *La Carta autonomistica della Sardegna tra ântico e moderno.* Torino: Giappichelli, 1992.

EDLING, M. *A Revolution in favor of government – origins of the U. S. Constitution and the making of the American state.* Oxford: Oxford University Press, 2003.

FIORAVANTI, M. *Costituzionalismo: percorsi della storia e tendenze attuali.* Roma-Bari: Editori Laterza, 2009.

KETCHAN, Ralph. (org.) *The Anti-federalist papers and the constitutional convention debates.* Nova York: Signet Classic, 2003.

MONTEIRO, Tobias. *História do Império: a elaboração da independência.* Belo Horizonte/São Paulo: Itatiaia, Edusp, 1981.

NEVES, L. M. B. P. (2003) *Corcundas e constitucionais.* Rio de Janeiro: Revan, 2003.

OLIVEIRA, C. H. de S. *A astúcia liberal.* Bragança Paulista: Edusp e Ícone, 1999.

RAKOVE, Jack N. *Declaring rights: a brief history with documents.* Boston: Nova York: Bedford Books, 1998.

REID, C. *Revolutionaries.* Boston/Nova York: Mariner Books, 2011.

SLEMIAN, Andrea. *Sob o império das leis.* São Paulo: Hucitec, 2009.

WOOD, Gordon. Rethoric and reality in the American revolution. *The Wiiliam and Mary Quarterly, 3rd series,* vol. 23, 1, 1966.

_____. *Revolutionary characters.* Nova York: Penguin Books, 2007.

Esta obra foi impressa em Santa Catarina no inverno de 2012 pela Nova Letra Gráfica & Editora. No texto foi utilizada a fonte Minion Pro em corpo 10,5 e entrelinha de 16 pontos.